◎京师刑事法文库（39）

教育部人文社科规划项目

宽严相济刑事政策与刑法改革研究

On the Criminal Policy of Tempering Justice with Mercy and Reform of Criminal Law

张远煌　主编

中国人民公安大学出版社

·北　京·

图书在版编目（CIP）数据

宽严相济刑事政策与刑法改革研究/张远煌主编．—北京：中国人民公安大学出版社，2010.1

（京师刑事法文库）

ISBN 978-7-81139-834-2

Ⅰ.宽…　Ⅱ.张…　Ⅲ.①刑事政策—研究—中国②刑法—司法制度—体制改革—研究—中国　Ⅳ.D924.04

中国版本图书馆CIP数据核字（2009）第216681号

京师刑事法文库

宽严相济刑事政策与刑法改革研究

On the Criminal Policy of Tempering Justice with Mercy and Reform of Criminal Law

张远煌　主编

出版发行：中国人民公安大学出版社
地　　址：北京市西城区木樨地南里
邮政编码：100038
经　　销：新华书店
印　　刷：北京兴华昌盛印刷有限公司

版　　次：2010年1月第1版
印　　次：2010年1月第1次
印　　张：15.875
开　　本：880毫米×1230毫米　1/32
字　　数：430千字
印　　数：1~2000册

书　　号：ISBN 978-7-81139-834-2/D·683
定　　价：40.00元

网　　址：www.cppsup.com.cn　www.porclub.com.cn
电子邮箱：cpep@public.bta.net.cn　zbs@cppsu.edu.cn

营销中心电话（批销）：（010）83903254
警官读者俱乐部电话（邮购）：（010）83903253
读者服务部电话（书店）：（010）83903257
教材分社电话：（010）83903259
公安图书分社电话：（010）83905672
法律图书分社电话：（010）83905637
公安文艺分社电话：（010）83903973
杂志分社电话：（010）83903239
电子音像分社电话：（010）83905727

宽严相济刑事政策与刑法改革研究

主　编　张远煌

副主编　李汉军

撰写人（按章节顺序）：

张远煌　袁　彬

莫晓宇　李汉军

郭理蓉　杨　雄

肖　萍

北京师范大学刑事法律科学研究院
京师刑事法文库

总　序

现代化的国家是法治国家。现代文明进步的社会是法治社会。我国依法治国、建设社会主义法治国家之基本治国方略的确立及其贯彻，对社会的发展进步至关重要。而现代刑事法治则在现代化法治国家中扮演着非常重要的角色。改革开放以来，我国的刑事法治已经取得了长足的进步。但是，在新世纪建设社会主义法治国家的进程中，无论是刑事法学理论还是刑事法治实践，都仍需要进一步发展与完善，以更为充分地发挥其应有的作用。

北京师范大学刑事法律科学研究院于2005年8月建立，系专门从事刑事法学研究的、中国刑事法学领域首家且目前唯一的、独立的实体性综合性学术研究机构。研究院以一批中青年专家学者为中坚，并聘请了包括老一辈著名刑法学家、中央政法机关专家型领导以及重要国际组织领导人在内的国内外知名刑事法专家、学者担任特聘顾问教授、专家委员会委员、兼职教授（研究员）。研究院的设立，旨在建设全国领先并与国际知名刑事法学机构看齐的新型刑事法学术机构，本着刑事法学一体化的精神，逐步全面发展中外刑法学、国际刑法学、区际刑法学、刑事政策学、犯罪学、刑事执行法学、中外刑事诉讼法学、刑事证据学、刑事司法制度等刑事法的诸多学术领域，培养高级刑事法学专门人才，为中国法学研究和高层次人才培养进行新的探索，力争为中国依法治国、建设社会主义法治国家的伟大事业在刑事法学领域作出更大的贡献。

为达此目标，研究院成立伊始即创办“京师刑事法文库”。研究院的主要成员在中国人民大学刑事法律科学研究中心工作时，亦曾设立“刑事法律科学文库”与“国际刑法研究所文库”，并已颇具规模。为获得更为广阔的学术发展空间与学术交流平台，数位专家学者首批加入北京师范大学创立了全国首家实体性的刑事法律科学研究院。学术事业是薪火相传、继承发展的事业，为使刑事法学术事业得到进一步传承和发扬，北京师范大学刑事法律科学研究院遂在我们设立的原“刑事法律科学文库”与“国际刑法研究所文库”的基础上，重新创办两个系列著作项目，并定名为“京师刑事法文库”和“京师国际刑事法文库”。两个文库是分工不同、相辅相成的姊妹项目，前者以国内刑事法著作为范围，后者以国际刑事法著作为范围。两个文库以百年名校北京师范大学深厚的学术积淀、悠久的历史传统和浓郁的文化氛围为依托，凭借北京师范大学坚实宽广的人文社会科学和自然科学的综合实力，并广泛争取和吸纳中外刑事法学界的支持与帮助。“京师刑事法文库”的出版领域主要包括国内刑事法律与刑事法学方面（包括刑法、犯罪学、刑事执行法学、刑事诉讼法学、刑事侦查、刑事物证技术等领域）的有新意、有深度、有分量的著作与译作，也会涉及我国港澳台地区刑事法暨中国区际刑事法等领域的科研成果，可以是专题研究、综合研究，也可以是论集、有价值的文献资料等形式。同时，为积极关注刑事法治领域的重大现实问题，“京师刑事法文库”还将相关专题的著作予以集中，设立若干系列，并聘请著名刑事法学专家担任总主编。文库的作者以研究院专职、兼职研究人员为主，并向其他专家、学者开放。

我们希望通过文库的形式能逐步积累学术成果，繁荣、深化和开拓刑事法领域的学术研究，促进国内外刑事法学界的交流与合作，不断提高我国刑事法理论与实践水平，进而有力地促进国家现代法治之昌盛和社会的文明进步。

北京师范大学刑事法律科学研究院

院长　赵秉志　教授

谨识于乙酉年初秋

College for Criminal Law Science of Beijing Normal University

Criminal Law Library of BNU

Preface

A modern country and a modern civilization should be governed by law. The establishment and actualization of the principal guideline of rule by law is crucial for our society to make progress in the efforts of constructing socialism under rule of law. Modern criminal law, playing a very important part in the development of modern society under rule of law, has achieved great progress since 1978 when the reform and opening - up policy was carried out. Whereas, further development and reform for both theory and judicial practice of criminal law are required in the process of building socialist legal democracy, so as to bring it into full play.

The College for Criminal Jurisprudence Studies of Beijing Normal University, founded in August of 2005, is the first and, at present, the only academic research organ in China specializing in criminal jurisprudence that is independent and comprehensive entity. The College is staffed with a group of famous young and middle - aged criminologists as academic nucleus and a group of criminologists and scholars known home and abroad as specially invited consultative professors, member of experts committee, guest research fellows (professors), including those senior professors, leaders with judicial expertise from the central procuratorial, judicial and public security departments and leaders of some important international academic organizations. The college, aiming at turning into a new national leading academic body which can keep pace with international prestigious organs of criminal jurisprudence, is gradually extending its research fields covering Chinese and foreign criminal jurisprudence, international criminal law, trans - regional criminal law, criminal policy science, criminology, criminal executive law, Chinese and foreign criminal procedure law, criminal evidence law, criminal judicatory and so on following the spirit of integrated criminal science. Meanwhile, the College trains high - level criminal jurisprudence professionals and makes new exploration into research of jurisprudence and cultivation of high - level professional in China. We are trying our best to make a greater contribution in the field of criminal law science to the great cause of building our socialism under rule of law.

Cherishing this hope, the College initiated the *Criminal Law Library of BNU* as soon as it is founded, with the working experience of *Criminal Jurisprudence Library of Renmin University of China* (*RUC*) and *International Criminal Jurisprudence Library of RUC* which had been established in the Criminal Jurisprudence Research Center of RUC and in a rather large scale before the main staff's transfer to the College. In order to obtain a broader space for academic research, we six scholars transferred from RUC to BNU and founded this first and the only one independent academic entity in our country—College for Criminal Law Science of BNU. Learning is a continuous business, so the College re - establishes two book - series programs named "*Criminal Law Library of BNU*" and "*International Criminal Law Library of BNU*" based upon the former two libraries so as to further develop our academic cause. The two sisterly programs undertake different missions and supplement each other. The domain of the former focuses on domestic criminal jurisprudence literatures and the latter on international criminal jurisprudence literatures. Depending upon the profound academic deposit, centuries - old historical traditions and full - bodied cultural atmosphere of the prestigious Beijing Normal University and with BNU's comprehensive and powerful integrative strength in both fields of humanity social science and nature science, the two libraries will attract and accept the contributions from the field of criminal jurisprudence home and abroad. The publications of *Criminal Law Library of BNU* cover the creative and profound works and translations on domestic and foreign criminal jurisprudence (criminal law, criminology, criminal execution law, criminal procedure law, criminal investigation and criminal evidence etc.) and those academic and research fruits in the field of extroversive criminal law (including international criminal law, comparative criminal law, foreign criminal law and criminal laws of Hong Kong, Macao and Taiwan). The publications may be of either special topics or general topics or translations of foreign literatures and codifications. Meanwhile, in order to attract active concerns with important realistic issues, publications on the related topics will be collected and affiliated to *Criminal Law Library of BNU* as new book - series with famous criminal jurisprudence specialists as their chief editor. The authorships of *Criminal Law Library of BNU* are mainly entitled to full - time and guest research fellows besides other experts and scholars engaged in criminal jurisprudence.

Through these programs of libraries, we seek to help to accumulate academic fruits, to exploit and deepen and thrive the academic researches on criminal jurisprudence, to facilitate exchanges and co – operations between domestic and foreign colleagues engaged in criminal jurisprudence and to gradually improve our theoretical and practical expertise of criminal law so as to accelerate the prosperity of our country under rule of law and the progress of social civilization.

Prof. Zhao Bing – zhi
Dean of College for Criminal Law Science
Beijing Normal University
Autumn of 2005

目 录

Contents

前 言

《宽严相济刑事政策与刑法改革研究》，是2006年度教育部人文社科规划项目（课题编号：06JA820006）的最终成果形式。

任何刑事政策的出台，其直接目的无外乎促成刑事资源合目的的合理配置，以便在既存政治、经济和文化背景下对犯罪现象作出“有理、有利并有节”的反应。而一项刑事政策中究竟实际包含了多少科学精神和社会理性去切实引导立法和司法对犯罪现象作出理性反应，虽受制于一般的社会存在，但无疑更受政治决策者治理社会的意识和治理水平的直接影响。

对任何不抱意识形态或一般文化偏见的人而言，宽严相济刑事政策因其包含了对历史经验的合理继承、对具体国情的冷静判断、对时代精神的准确把握以及对犯罪规律的科学认识，其提出与实施反映了中国执政党在与犯罪作斗争的目标设定与策略构想方面的理性程度和驾驭反犯罪活动能力的重大提升。而这无疑与中国共产党对其自身执政能力的自信息息相关。

毛泽东说过，政策和策略是党的生命。在运用政策整合和调动社会资源以实现国家建设和发展目标方面，中国共产党具有其独特的传统和丰富经验。具体到刑事政策方面，新中国的刑事政策，因其始终与不同时期党和国家的中心任务相联系并切实反映出不同时期政治领导人对国情和犯罪态势的基本判断以及对犯罪现象的基本认识而具有极其鲜明的本土特征，并因此呈现自己独特的发展轨迹。这是在探讨中国刑事政策和面对刑事政策国际趋势时应当注意的一个基本前提。也正因为如此，作为本书写作出发点的基本指导思想是：宽严相济刑事政策是和谐社会语境下反犯罪策略的必然选择，是新时期党和国家解决社会矛盾和社会冲突的总思路在刑事领域中的具体表现。为此，具有强大能动性的刑事立法和司法，应确立“是否有利于促进和谐社会建设”的最高评价标准，并通过与时俱进的自身改良切实服务于和谐社会的建设。

具体地讲，宽严相济刑事政策指导下的中国刑事法治改革，在刑法的政治功能上，应从过去单纯地强调刑法应为经济改革和经济建设保驾护航，向努力减少、遏制犯罪的现实危害与弥合、消除犯罪的负面效应转变，使刑法的运行过程成为增进社会团结与和睦的一支重要力量；在刑法的价值追求上，应以“公正与效率”、“自由与秩序”的多元组合型价值为指导，从强调刑法的秩序维护价值和政治型执法向刑法的人权保障价值和社会服务型执法转变；在刑法运行的实效性上，应强调在充分考虑具有补充性和最后手段性的刑法调控与其他社会调节机制相协调的基础上，合理发挥刑事手段的积极功能，努力实现反犯罪活动的法律效益与社会效益的统一。

基于上述指导思想，本书将研究的重点集中于以下三个方面：

其一，在研究视角上，将宽严相济刑事政策研究与构建和谐社会紧密联系起来，并将宽严相济刑事政策的运行置于整个犯罪防控体系之中来加以考虑，注意克服“说轻忘重”、“说重忘轻”或就事论事所容易导致的理论分析偏颇、对策建议科学性和可操作性欠缺的弊端。为此，本书第三章着重对宽严相济刑事政策的时代精神进行了挖掘，第四章则对这一政策运行的条件进行了全面考察。

其二，突出在“宽严相济”这一特定化的政策语境下来探讨刑法改革问题，尽量避免一般化的改革论述。无论在立法完善（包括罪名设立、刑罚结构、刑罚制度）还是司法改革（实体与程序）方面，都注意贯彻和体现宽严适度、宽严有序、宽中有严、严中有宽的政策精神。同时，所提出的立法和司法改革建议，立足于中国本土进行思考，在适当考虑世界发展趋势的同时，突出对策、措施的针对性和现实可行性。这方面的研究取向在第五章至第七章的内容中有集中的体现。

其三，在内容的全面性与重点问题的把握上，以“问题意识”为主导，突出重点，兼顾一般。本书第一章在回顾宽严相济刑事政策历史发展的基础上，针对目前在理解这一政策的基本要求和把握其基本导向上存在的模式化认识以及实践中暴露出来的执行政策上的偏颇现象，在第二章中结合刑事政策的自身特性以及宽严相济刑事政策的时代精神，着力对其基本含义进行了解读，并以此为其后各章所涉及的立法完善、司法改革和制度创新设定出本书的写作语境与侧重点。

本人作为研究项目的主持人，拟订写作大纲后主要与北师大“法学两院”的青年教师共同完成本成果；四川大学的莫晓宇博士因其对刑事政策有独到的前期研究，受邀参与了写作；博士研究生姚兵及多位硕士研究生协助对初稿进行了统一校对，在此一并表示真诚的谢意！

本书的写作分工如下：

张远煌（法学博士，教授、博士研究生导师）撰写第一章，第二章，第三章第一节、第二节；

袁　彬（法学博士，讲师）撰写第三章第三节，第五章第一节、第二节、第三节；

莫晓宇（法学博士，四川大学法学院副教授）撰写第四章第一节、第三节，第七章第三节、第四节；

李汉军（法学博士，教授、博士研究生导师）撰写第四章第二节，第六章第三节、第四节；

郭理蓉（法学博士，副教授）撰写第四章第二节，第六章第一节、第二节；

杨　雄（法学博士，讲师）撰写第六章第五节，第五章第四节；

肖　萍（法学博士，讲师）撰写第七章第一节、第二节、第五节。

张远煌

2009 年 6 月

第一章　宽严相济刑事政策的历史演变

宽严相济刑事政策作为在和谐社会语境下国家的反犯罪活动对策，是我国新近提出的一项刑事政策。这一政策集中反映了党和国家在构建和谐社会语境下反犯罪活动的基本主张，是现阶段刑事执法和刑事立法的灵魂，是党和国家在长期同敌对势力和犯罪分子进行斗争中形成并逐步发展完善的，是长期司法和立法经验的科学总结。从历史演变的角度看，宽严相济刑事政策的提出，与我国先期贯彻的惩办与宽大相结合政策和“严打”政策之间，无疑存在着历史的承接和扬弃关系。透过宽严相济刑事政策的历史演变，可以更加清晰地把握这一政策的基本内涵和时代精神。

在新中国成立至今的数十年刑事立法和司法实践中，惩办与宽大相结合、“严打”以及宽严相济三项刑事政策之间，并不存在截然的时间分隔，而是呈现相互补充、交替进行的关系。当然，在不同历史时期，这三项刑事政策的主次地位是有显著差别的。按照居于主导地位的刑事政策的不同，可将宽严相济刑事政策的演变大致分为以下三个时期。

第一节　实施惩办与宽大相结合政策时期

“惩办与宽大相结合”政策是由国内革命时期一直延续到新中国成立初期的“镇压与宽大相结合”政策直接发展而来的。

在国内革命战争年代和新中国成立初期，鉴于激烈的阶级对抗是当时社会的主要矛盾，打击敌对势力、维护革命势力，建立和巩固革命政权，成为那个时代的中心任务。因此，适应政治斗争的需要，对反动派人员实行镇压与宽大相结合的政策，也就具有了历史的必要性和合理性。正如毛泽东同志于1940年12月在其《论政策》一文中所指出的那样：“应坚决地镇压那些坚决的汉奸分子和坚决的反共分子，非此不足以保卫抗日的革命势力。但是决不可多杀人，决不可牵涉到任何无辜分子。对于反动派中的动摇分子和胁从分子，应有宽大的处理。”[①] 在新中国成立初期召开的党的第七届中央委员会第三次全体会议（1950年6月6日）上，毛泽东同志在其题为《为争取国家财政经济状况的基本好转而斗争》的报告中，明确指出：“必须坚决地肃清一切危害人民的土匪、特务、恶霸及其他反革命分子。在这个问题上，必须实行镇压与宽大相结合的政策，即首恶者必办，胁从者不问，立功者受奖的政策，不可偏废。”[②] 1950年7月23日由政务院和最高人民法院联合发布的《关于镇压反革命分子活动的决议》，以法令的形式确认了“镇压与宽大相结合”这一基本对敌政策。[③] 由此可以看出，当时的镇压与宽大相结合政策，基于维护革命势力和巩固新生政权的需要，很大程度上体现了“你死我活”以及“对敌人的仁慈就是对人民的犯罪”的政治斗争哲学。作为一种政治斗争策略，固然尚不完全具有现代意义上的刑事政策属性，但其为后来新中国出台惩办与宽大相结合的刑事政策奠定了历史基础。

自1951年开始，新中国最初的“三部单行刑法”[④] 先后颁布实施，在惩治犯罪方面初步有法可依。尤其是随着1956年“社会主义三大改造”的基本完成，努力建设社会主义国家，以满足人

---

① 《毛泽东选集》（第二卷），人民出版社1991年版，第767页。

② 毛泽东：《为争取国家财政经济状况的基本好转而斗争》，载《人民日报》1950年6月13日。

③ 参见张希坡编：《中华人民共和国刑法史》，中国人民公安大学出版社1988年版，第145页。

④ 即《惩治反革命条例》（1951年2月21日）、《妨碍国家货币治罪条例》（1951年4月19日）和《惩治贪污条例》（1952年4月21日）。

民群众日益增长的物质文化需要，上升为当时国内的主要矛盾，对反革命势力而言，只是肃清残余的问题。在这种背景下，国家所要着重治理的，就不仅仅是肃清反革命残余分子的问题，而是如何与各种普通刑事犯罪作斗争的问题了。为此，在1956年9月19日党的第八次代表大会的政治报告中，明确宣称："我们对反革命分子和其他犯罪分子，一贯地实行惩办与宽大相结合的政策。"① 其基本内容也定型为："首恶必办，胁从不问，坦白从宽，抗拒从严，立功折罪，立大功受奖。惩办与宽大，两者是密切结合不可偏废的。"② 由此，作为对敌政治策略的"镇压与宽大相结合"，最终完成了向具有刑事政策语境的"惩办与宽大相结合"政策的转变。

由此至1983年"严打"政策提出之前，"惩办与宽大相结合"政策，是我国长期坚持的一项运用刑事手段惩治犯罪的基本刑事政策。③

新中国成立之后，其发展经历了一个跌宕起伏的过程，先后经历了社会主义改造、社会主义建设、"文化大革命"、改革开放等重大历史阶段。这也对我国刑事政策的发展产生了重大影响。大体而言，在这一期间惩办与宽大相结合政策的发展可作进一步细分。

一、1949～1956年：惩办与宽大相结合政策定型时期

从1949年到1956年是我国基本完成社会主义改造的时期。这

---

① 《刘少奇选集》，人民出版社1958年版，第254页。

② 1956年公安部部长罗瑞卿在党的八大第一次会议上的发言，载《人民日报》1956年9月20日。

③ 目前，理论上往往将惩办与宽大相结合政策理解为国家治理犯罪的基本刑事政策，这是不够准确的。因为该政策涉及的只是事后的刑事惩治方面，而并未涉及预防犯罪。作为一国基本刑事政策，必须包含事前预防与事后惩治两方面，并且预防是最根本、最重要的方面。如果将惩办与宽大相结合政策视为我国的基本刑事政策，必然会导致治理犯罪方略上的本末倒置。就现阶段而言，只有社会治安综合治理才能称为党和国家的基本刑事政策。

个时期的犯罪特点是：犯罪率高，形成我国第一次犯罪高峰；反革命犯罪比重大，据统计，1955 年全国逮捕的各类犯罪分子中，反革命分子占 42.2%；暴力犯罪数量多，其中包括武装土匪、强盗、杀人、放火、放毒等；经济领域里的犯罪十分猖獗，主要是偷工减料、偷税漏税、窃取国家经济情报以及投机倒把等犯罪活动。① 针对这一时期的犯罪特点，我国一方面对反革命分子和其他严重犯罪分子采取了严厉打击的态度以维护新生政权和稳定社会局势，另一方面又区分不同性质的犯罪案件，对一些因人民内部矛盾而引发的案件作宽大处理。同时，即便是严重的犯罪分子，如果有坦白、悔过、立功等表现的，也应予以宽大处理。1950 年 7 月 23 日由政务院和最高人民法院联合发布的《关于镇压反革命分子活动的决议》，以法令的形式确认了"镇压与宽大相结合"这一基本政策。② 自 1951 年开始，新中国最初的"三部单行刑法"先后颁布实施。随着社会主义和平建设事业的发展，在与犯罪作斗争方面，就不仅仅是逐步肃清反革命分子的问题了。在这种背景下，"镇压与宽大相结合"也就开始演变为具有刑事政策语境的"惩办与宽大相结合"；"党在肃反斗争中的严肃与谨慎相结合的方针，体现在对待反革命分子的政策上，就是惩办与宽大相结合的政策，它的具体内容就是：首恶必办，胁从不问，坦白从宽，抗拒从严，立功折罪，立大功受奖。惩办与宽大，两者是密切结合不可偏废的。"③ 由此，适用于所有犯罪并直接指导刑事立法和司法的惩办与宽大相结合政策及其基本内容得以定型。

1956 年中国共产党第八次代表大会的政治报告中又强调指出："我们对反革命分子和其他犯罪分子一贯地实行惩办和宽大相结合

① 参见康树华主编：《犯罪学通论》，北京大学出版社 1994 年版，第 93 页。

② 参见张希坡编：《中华人民共和国刑法史》，中国人民公安大学出版社 1988 年版，第 145 页。

③ 1956 年公安部部长罗瑞卿在党的八大第一次会议上的发言，载《人民日报》1956 年 9 月 20 日。

的政策，凡是坦白的、悔过的、立功的，一律给予宽大的处置。大家知道，这个政策已经收到巨大的成效。”① 这是新中国成立后执政党第一次正式地将“惩办与宽大相结合”政策确定为我国基本的刑事司法与立法政策。

二、1957～1966年：惩办与宽大相结合政策充分运用时期

1957年至1966年是全面建设社会主义时期。1957年我国在政治上取得了“镇反”、“肃反”和社会主义改造的伟大胜利，在经济建设方面即将超额完成第一个五年计划。党和政府为了调动一切积极因素，迎接第二个五年计划的来临，开始全面建设社会主义，大力发扬民主，对反革命分子和刑事犯罪分子进一步采取了宽大政策。在此时期，“惩办与宽大相结合”政策不仅是惩罚各类犯罪的指导原则，而且也是司法人员办案的主要依据。在此期间，由于惩办与宽大政策得到全面正确的贯彻，在犯罪控制方面产生了很好的社会效果。虽然其间的犯罪形势有一定的起伏，但是到1965年，全国犯罪数量大幅度下降，出现了至今为人们所怀念的“夜不闭户、路不拾遗”的良好治安形势，有力地保障了为实现全面建设社会主义目标所必需的政治和社会环境。

三、1966～1976年：惩办与宽大相结合政策停滞时期

1966年至1976年，发生了十年“文化大革命”，由于整个国家的正常秩序遭受严重破坏，国家正常的立法、司法工作也被迫停滞。一大批流氓分子、“打砸抢”分子被培植起来，致使社会秩序混乱，刑事犯罪猖獗，造成的损失难以计数。在这种十分反常的社会背景和政治环境中，具有理性而克制地运用国家暴力与犯罪作斗争特征的惩办与宽大相结合政策自然没有实施的余地，处于完全停

① 中共中央文献编辑委员会：《刘少奇选集》（下卷），人民出版社1985年版，第254页。

滞状态。

四、1976～1979 年：惩办与宽大相结合政策全面法定化时期

1976 年 10 月，在我党粉碎了“四人帮”反革命集团后，国家进入了一个新的发展时期。刑事立法、司法工作逐渐恢复，“惩办与宽大相结合”刑事政策被重新提了出来，并成为新中国第一部刑法的制定根据。在 1979 年颁布的《中华人民共和国刑法》第 1 条中明确规定：“中华人民共和国刑法，以马克思列宁主义毛泽东思想为指针，以宪法为根据，依照惩办与宽大相结合的政策，结合我国各族人民实行无产阶级领导的、工农联盟为基础的人民民主专政即无产阶级专政和进行社会主义革命、社会主义建设的具体经验及实际情况制定。”至此，这一包含着丰富的我国与各种犯罪作斗争的实践经验并切合刑罚运行规律的科学刑事政策得以全面法定化。

正是在惩办与宽大相结合这一刑事政策的指导下，1979 年《中华人民共和国刑法》总体上打击重点突出、罪刑配置比较合理，尤其是在死刑规定上，表现出了比较谨慎和宽容的理性态度。其对普通刑事犯罪的死刑设置，与中国于 1998 年 10 月签署的《公民权利和政治权利国际公约》第 6 条第 2 款“在未废除死刑的国家，判处死刑只能作为对最严重的犯罪的惩罚”的规定是比较接近的。

五、1980～1983 年：惩办与宽大相结合政策进一步司法化时期

1979 年制定的《中华人民共和国刑法》于 1980 年 1 月 1 日开始实施。惩办与宽大相结合刑事政策得以在司法中得到进一步的贯彻。在这几年中，不仅体现惩办与宽大相结合政策精神的累犯、数罪并罚、死刑、自首、立功、缓刑、减刑、假释等制度在实践中得到了切实的执行，而且体现这一政策精神的各种酌定情节，包括犯

罪动机、目的、手段、一贯表现等，也能在刑法适用中得到比较恰当的反映，由此呈现推动我国刑事司法逐步走向良性发展轨道的趋势。

应该说，由于惩办与宽大相结合政策“包容了党和国家在各个不同历史时期抗敌、制罪斗争中加以运用，并且卓有成效的最基本的政策策略”，① 具有与犯罪规律相吻合的科学性和利于实现刑罚目的的理性特征，是应当得到认真贯彻执行的。但是，这一政策指导下的刑事立法和刑事司法的良好发展势头，因“严打”政策的出台而出现了政策导向上的严重阻碍。

20 世纪 80 年代初，作为对改革开放初期因历史积累与现实诱发出现的犯罪增长的感应式反应，动用重刑压制严重犯罪的反犯罪国家意志开始确立。由于在政策导向和实际运作中，不适当地强调了以重刑主义为中心的“严打”的威慑性预防作用，对各种犯罪讲严厉打击的多，而贯彻宽大方面被严重忽视。自施行“严打”政策以后，虽然惩办与宽大作为党和国家运用刑罚方法惩治犯罪的基本政策在观念形态上无人否定，但在官方文件中这一政策似乎已经绝迹。及至 1997 年修订刑法时，惩办与宽大相结合政策因其基本精神已经“不合时宜”，最终也从刑法中消退。而在司法实践中，伴随着一轮又一轮的“严打”活动所产生的催化作用，不注重区别地一味“严打”，很大程度上已经发展成一种办案的习惯性思维和运行模式，惩办与宽大相结合政策对立法和执法应有的导向作用则基本丧失。

① 肖扬主编：《中国刑事政策与策略问题》，法律出版社 1996 年版，第 64 页。

第二节　实施“严打”刑事政策为主的时期

一、“严打”政策的出台

在20世纪80年代初，作为对改革开放初期因历史积累与现实诱发出现的犯罪增长的感应式反应，在刑事领域，动用重刑压制严重犯罪的反犯罪国家意志开始确立。及至1983年8月党中央正式作出“严打”决定，“严打”的常规政策地位得以确立。在这一政策的驱动下，再加上中国的法治基础原本就较差，历史上又有重刑主义传统，中国的刑事法治由此逐渐走上了一条注重惩办而忽视宽大的“严打”之路实属正常。①

透过“严打”政策“从重、从快”的形式要求，所应看到的不仅仅是重刑治罪的犯罪对策观，而且还应当看到，在改革开放的特定背景下，与犯罪作斗争由于与为“改革开放”保驾护航的政治任务联系在一起，在一定程度上也就具有了政治斗争的性质。对此，邓小平同志在“严打”政策决定出台前夕曾一针见血地指出：现在刑事犯罪，恶性案件，不是越来越少，而是越来越多，越来越严重，主要原因是对犯罪分子打击不力；在思想上不要怕搞错“两类”矛盾，应该把严重刑事犯罪分子当作敌我矛盾来处理。②

---

① 作为“严打”政策的法律化，在技术层面讲，就是犯罪化范围的扩大和死刑罪名的大量扩张。统计表明，在1982年3月8日至1995年10月30日的14年期间，在1982年至1995年期间出台的12部单行刑法中，就在原刑法基础上新增了33个死刑罪名（参见高铭暄：《我国的死刑立法及发展趋势》，载《法学杂志》2004年第1期）。在新增的死刑罪名中，非暴力犯罪的死刑罪名竟然多达29个，这在近现代中外立法上，是十分罕见的。到1997年修订刑法，在第1条中明确规定：“为了惩罚犯罪，保护人民……制定本法。”“严打”政策注重刑法的惩罚功能和维护秩序工具价值的思想得以进一步巩固。

② 参见刘复之：《“严打”就是专政》，载《中国检察报》1992年第1期，第31页。

这种见解与着力发展经济和维护社会稳定是全党在当前和今后一段时间内的最大政治这一逻辑是相吻合的。因此，至少在“严打”斗争发动之初，运用刑法武器与犯罪作斗争是带有较明显的意识形态上的敌对偏见的。这样，司法实践中，在“严打”政策的强力推动下，对犯罪分子注重适用重刑和不加区别地实施“严打”也就难以避免，并且在一年又一年的实践强化中，重有罪认定和重刑适用的思维惯性与办案模式也日渐形成，功利主义的严惩事实上成为20世纪80年代以来中国刑事司法的主旋律，而惩治犯罪的宽大或轻缓一面却日益被漠视。

单一实行“严打”政策的时间跨度为1983年至2005年。自20世纪80年代初开始，随着我国改革开放序幕的拉开，历史积累问题和现实诱发因素大量显现出来，犯罪总量在官方犯罪统计上也迅速增加。统计表明，1977年至1979年间，全国年均发案数为57万多起，发案率为万分之六点五；1980年全国的刑事犯罪案件总数为75万件，按当年全国人口总数为9.8亿计算，发案率为万分之七点七；1981年全国发生的刑事案件为89万件，发案率为万分之八点九；1982年全国刑事犯罪案件总数为74万件，发案率为万分之七点四。尤其突出的是，在进入80年代的头三年，青少年犯罪案件在整个刑事案件中的比率已高达70%～80%。[①]

犯罪形势的上述变化，与有犯罪统计可比的1950～1965年期间的犯罪形势形成了鲜明对照：在新中国成立后的15年期间，年均犯罪率不到万分之四点六。在这期间，犯罪绝对数和犯罪率最高的年份是1950年。当年全国统计的刑事案件为51万起，按照当时总人口5.5亿计算，发案率达到了万分之九点三。[②] 显然，在直观感觉上，80年代初的发案率不仅已明显高于新中国成立后的头15

① 参见中国青少年研究编委会编：《中国青少年犯罪研究年鉴》（1987年首卷），春秋出版社1988年版，第42页。

② 有关新中国成立初期的犯罪统计，可参见邵道生著：《中国社会的困惑》，社会科学文献出版社1996年版，第88～89页。

年，而且还出现了向历史上犯罪统计的最高年份 1950 年不断逼近的势头。①

正是在这种犯罪形势下，作为对改革开放初期出现的犯罪增长的一种感应式反应，沿袭传统的动用重刑压制犯罪的反犯罪国家意志也开始确立。而为第一次“严打”埋下重要伏笔的标志性案件，就是 1979 年 9 月 9 日下午发生在上海市的震动中央的恶性刑事案件——“控江路事件”。当时在控江路上执勤的交警在制止一青年抢夺一个农民出售的螃蟹时，引起群众围观，一些人趁机兴风作浪，在延续的 5 个半小时之内，多名民警受到攻击，附近的公共汽车、小汽车、农民的菜车、自行车被肆意阻拦、推翻和砸坏，过路群众的手表、皮包、皮夹趁机被抢夺，侮辱妇女的行为也接连发生……“控江路事件”发生后的两个月，时任中央政法委书记的彭真同志主持召开了全国城市治安会议，提出了对极少数杀人、抢劫、强奸、放火、爆炸和其他严重破坏社会秩序的犯罪依法从重从快打击，实现社会治安综合治理的思路。同一时期，一些严重的刑事案件在全国各地也频频发生。有鉴于此，1981 年 5 月，彭真同志代表党中央，在北京、上海、天津、成都、武汉 5 大城市治安座谈会上明确提出要抓一批、判一批、杀一批，坚决把社会治安整顿好，力争取得明显成效。随后，中央高层领导明确指出：“刑事案

---

① 事实上，1950 年之所以成为历史上发案率最高的年份，究其原因，一是 1949 年国民党政权崩溃时，残留的大批军警特务和反动党团分子，在各地进行了大量的破坏活动；二是新中国成立后，在全国范围内强力取缔贩毒吸毒、卖淫、赌博等旧社会遗留下来的并且与社会主义意识形态严重对立的违法犯罪活动。因此，就犯罪原因的性质看，新中国成立初期的这次犯罪高峰主要是外部环境因素所致，而与新生政权和社会深层结构并无多大联系。因此，经过有力的镇压和打击，这股犯罪浪潮很快被压制下去了。这种犯罪现象的特殊历史成因和对策方法，曾长期成为我国分析和处理社会主义条件下犯罪现象的一种标准模式。每当论及社会主义的犯罪现象，习惯于将其归结为“历史的残余”与“外部敌对势力的破坏”，忽视对社会自身客观存在的致罪因素进行冷静分析。这种反理性思维定式在现代刑事政策观念与实践中是应当彻底消除的。因为在现阶段，犯罪的最主要原因与最广泛和最便利的犯罪条件是来自于我们社会自身。

件，恶性案件大幅度增加，这种情况很不得人心。”“原因在哪里？主要是下不了手，对犯罪分子打击不严、不快、判得很轻。”① 到了1983年，“依法从重从快打击严重刑事犯罪”刑事政策终于出台：1983年8月25日，中央在全国政法会议上作出了《关于严厉打击刑事犯罪活动的决定》，开启了“三年为期，三个战役”的第一次大规模“严打”斗争；根据这个决定，在1983年8月25日至9月2日举行的第六届全国人大常委会第二次会议上审议通过了《关于严惩严重危害社会治安的犯罪分子的决定》和《关于迅速审判严重危害社会治安的犯罪分子的程序的决定》，对施行不久的刑法和刑事诉讼法的有关规定作了与“严打”相适应的补充和修改，用法律的形式肯定了从重从快惩处犯罪的方针，使“严打”刑事政策具有了法律依据，现实地转化为刑事立法政策。至此，“严打”政策开始逐渐主导刑事立法和刑事司法，此后颁布的多部单行刑事法律甚至1997年修订的刑法，都在很大程度上体现了“严打”政策的基本要求，使“严打”政策不断得到充分的贯彻落实。

二、“严打”政策实施的阶段性

就“严打”刑事政策的实施来看，还可分为两个阶段：一是“严打”作为临时刑事政策阶段；二是“严打”政策的常态化阶段。

（一）作为临时刑事政策的“严打”政策

在20世纪80年代初，“严打”政策最初是被作为一个临时政策提出的。1982年邓小平同志针对经济犯罪严重的情形指出：“现在刹这个风，一定要从快从严从重”；1983年邓小平同志针对严重刑事犯罪活动又指出：“解决刑事犯罪的问题是长期的斗争，需要做各方面的工作。现在是非常状态，必须依法从重从快集中打击，

① 参见刘复之：《忆邓小平同志坚持人民民主专政的一次重大实践》，载《民主与法制》1997年第6期。

严才能治住。搞得不痛不痒，不得人心。我们说加强人民民主专政，这就是人民民主专政。要讲人道主义，我们保护最大多数人的安全，这就是最大的人道主义!”① 为此，中央提出了严厉打击严重刑事犯罪分子的政策。应当说，当时的“严打”是在“非常状态”下采取的一种反犯罪活动策略，只是作为一个临时性政策而提出来的，尚未动摇惩办与宽大相结合政策的主导地位。实际上，1983 年制定“严打”政策时，其初步的设想也是“三年为期，三个战役”。

1983 年确立的打击重点是：流氓团伙分子；流窜作案分子；杀人犯、放火犯、爆炸犯、投毒犯、强奸犯、抢劫犯、重大盗窃犯；拐卖妇女、儿童的人贩子，强迫、引诱、容留妇女卖淫的犯罪分子和制造、复制、贩卖内容反动、淫秽的图书、图片、录像带的犯罪分子；组织反动会道门，利用封建迷信，进行反革命活动，严重危害社会治安的犯罪分子；劳动改造逃跑犯、重新犯罪的劳动改造释放分子和解除劳动改造的人员以及其他通缉在案的罪犯。1983 年的“严打”刑事政策持续了三年多的时间，到 1987 年 1 月底结束。这次“严打”在一定程度上收到了遏制犯罪增长的效果，社会治安形势有了较大的改善。统计表明，1983 年 8 月至 12 月，全国除二省一市外，发案率下降 10% 以上的 7 个省，下降 20% 以上的 8 个省，下降 40% 以上的两个省，下降 50% 以上的两个省。经过这次“严打”活动，重大刑事案件也开始呈同步下降的趋势。在此期间，摧毁了犯罪团伙 19.7 万余个，逮捕流氓犯罪分子数以十万计，缴获各种枪支 1.8 万余支，子弹 42 万余发，群众检举线索近 150 万件，群众扭送犯罪分子 4.7 万余名，投案自首的 10 万余名。②

---

① 邓小平:《严厉打击刑事犯罪活动》，载《邓小平文选》(第三卷)，人民出版社 1993 年版，第 33 页。

② 参见刘复之:《“严打”就是专政》，载《法制日报》1992 年 1 月 13 日第 2 版。

第一次“严打”斗争所取得的战果，进一步强化了以严厉打击应对犯罪增长的政治决心，“严打”政策也由临时性政策开始成为主导中国刑事立法和刑事司法的基本政策。至于“惩办与宽大相结合”的刑事政策，由于在法律文件中消失，并且在政治领导人的讲话和指示中也基本不再提及而逐渐被人们所淡忘。

(二)“严打”政策的常态化

1983年的“严打”斗争只是短暂地遏制了犯罪的增长，之后，犯罪形势又开始出现反弹。1989年公安机关大力整顿立案不实的情况，年立案数达到197万起，比1988年增长138.2%，比1981年的89万起增加1.2倍。1990年全国发生的各种犯罪案件又增至221.7万起，比1989年增长了12.5%；1991年的全国发案数又创新高，达到了236万起，比1990年增长6.5%。① 不断大幅攀升的犯罪形势使得“严打”刑事政策得以持续不断地推行。其具体表现是：继1983年的“严打”活动之后，又先后组织了全国范围内的第二次和第三次“严打”活动；而在“严打”活动的间歇期，各种规模相对较小的专项治理活动同样连续不断。

1996年4月到1997年2月的第二次“严打”斗争，是继1983年第一次“严打”后，在全国范围内进行的规模最大的集中打击行动。作为这次集中打击活动重要诱因的典型案件，是1996年2月全国人大常委会副委员长、民革中央主席李沛瑶在住所被担任驻地警卫任务的武警执勤哨兵杀害案。此案作为新中国成立以来首次发生的国家领导人遇害事件令全国上下为之震惊。同时，这一期间全国部分地区恶性案件增多，尤其是以金融单位、运钞车为目标的抢劫和持枪抢劫案件接连发生。作为民意最集中和最权威的反映，1996年3月全国“两会”期间，人大代表、政协委员对此发表了许多意见要求整顿社会治安秩序。正是在这种形势下，第二次全国

---

① 参见康树华：《新中国成立以来的犯罪发展变化及其理性思考》，载《中国刑事法杂志》1998年第3期。

“严打”得以启动。这次集中打击行动的重点为杀人、抢劫、强奸等严重暴力犯罪和流氓犯罪、涉枪犯罪、毒品犯罪、流氓恶势力犯罪以及黑社会性质的犯罪等严重刑事犯罪。

2001 年 4 月至 2002 年年底的第三次“严打”活动，其直接导火线是发生于 2001 年 3 月 16 日的“石家庄特大爆炸案”。该案件所造成的惨重后果令人触目惊心，社会影响极其恶劣。为此，在 2001 年 4 月的全国社会治安工作会议上，部署了在全国范围内进行新的声势更为浩大的“严打”斗争，以坚决打掉违法犯罪分子的嚣张气焰，尽快改变治安面貌。此次集中打击活动以“打黑除恶”为龙头，分为三个阶段，按三条战线展开。第一个阶段从 2001 年 4 月到 5 月；第二个阶段从 2001 年 6 月到 2002 年 6 月；第三个阶段从 2002 年 7 月至 2002 年年底。第一条战线，以深入开展“打黑除恶”为龙头，开展打击严重暴力犯罪和多发性侵财犯罪专项斗争；第二条战线，开展治爆缉枪专项行动；第三条战线，整顿和规范市场经济秩序，打击经济领域犯罪。

实际上，除了上述三次全国集中的大规模“严打”斗争外，全国及各地几乎每年都有针对某些犯罪的专项治理，都有一些重点打击的对象，如 1991 年的打击重点为毒品犯罪；1992 年为伪造国家货币；1993 年为挪用公款；1994 年为金融诈骗，伪造、倒卖、虚开增值税发票以及其他发票等犯罪行为；1996 年为危害国家安全犯罪、涉枪犯罪；1998 年为危害国家安全罪、黑社会性质组织犯罪等；1999 年为组织、利用邪教组织破坏法律实施、致人死亡的犯罪，泄露国家秘密的犯罪，骗购外汇的犯罪；2001 年“严打”的内容为黑社会性质组织犯罪以及其他危害社会治安的恶势力犯罪，爆炸、杀人、抢劫、绑架等严重暴力犯罪，盗窃等严重影响群众安全感的多发性犯罪。可以这样说，从 1983 年到 2005 年的 20 余年时间里，“严打”政策事实上主导着我国刑事立法和刑事司法的基本方向，并由最初的临时性刑事政策最终发展成为一项在改革开放的新形势下与犯罪作斗争的常规性刑事政策，而惩办与宽大相结合的政策，无论在观念上还是在实践层面几乎被人们淡忘了。

从社会控制的实际效果看，犯罪作为一种复杂的社会现象，有其本身的变化规律，既不会因为单纯地用刑严厉，甚至多杀些人而减少，也不会因为用刑比较轻缓就出现增长。因为，就真实的犯罪原因而言，“人类行为，无论是诚实的还是不诚实的，是社会性的还是反社会性的，都是人的自然心理机制和生理状况及其周围生活环境相互作用的结果”。[①] 就犯罪数量的变化规律而言，它始终遵循着菲利早就提出的“犯罪饱和法则”：无论是自然犯罪还是法定犯罪，在总量上都是继续增加的，但每年的变化有时候增多，有时候减少，这些变化在一个较长的时期内，会积累成为一系列真正的犯罪浪潮；犯罪的变化类似于化学定律，就像一定量的水在一定的温度下会溶解一定量的化学物质那样，在有一定的个人和自然条件的特定社会环境中，也会发生一定量的犯罪。[②] 严酷的现实也表明，一方面，我们“严打”了20多年，但严重犯罪始终呈上升趋势。这方面最为典型的就是，在“严打”的高压态势下，先前所没有的严重危害社会政治、经济和生活秩序的有组织犯罪不仅出现了，而且这种对社会危害甚烈的犯罪还出现了越打越多、越打越大的趋势。另一方面，现有的某些刑罚轻缓化实践并没有导致犯罪的上升。例如，1997年修订《刑法》时，严格限制了盗窃罪的死刑适用条件，司法实践对这种犯罪的死刑适用的实质性减少，并没有引起重大盗窃犯罪发案率的明显变化。同时，“最高人民法院收回死刑核准权以来，社会治安形势总体上平稳有序、发案率稳中有降，这说明我们的分寸把握是好的、政策是到位的、过渡是平

---

① ［意］菲利：《犯罪社会学》，郭建安译，中国人民公安大学出版社1990年版，第14页。

② Enrico Ferri, *Criminal sociology*, Translated by Joseph I. Kelly & John Lisle, Little Brown, Boston, 1917, p. 209.

稳的。”①

上述事实都证明刑罚的轻与重，与犯罪的发生之间并没有内在的联系。刑事立法和刑事司法一味地放大对犯罪从严的一面，不仅离预期的效果已经相差甚远，而且还造成了需要长时间才能消除的一系列负面影响，如司法人员在实践中业已形成的重刑主义的思维惯性和办案模式，在“严打”形势下被普遍强化的社会报应心理以及对程序正义的普遍漠视，以及最终累积的犯罪控制的社会效果十分不理想等。既然单纯的“严打”实践已经证明，如果在新形势下继续迷信“严打”的威力，就会发生刑事政策的方向性错误。其结果不仅仅是犯罪率降不下来，而且由于过分依赖运用刑罚方法控制犯罪，不仅会人为地扩大刑罚的副作用，而且还会进一步激发犯罪人方面与社会之间的剧烈冲突，成为引发社会不稳定甚至动荡的因素。基于社会发展的推力和执政党理性治理社会意识的觉醒，更由于党和政府统筹规划社会发展的信心与能力的显著提升，切合社会和谐发展要求的“宽严相济”刑事政策便呼之而出了。

三、宽严相济刑事政策的确立与贯彻时期

2005 年 12 月 5 日，时任中央政法委员会书记的罗干同志在全国政法工作会议上提出了要注意贯彻宽严相济的刑事政策。他指出，“宽严相济”是指“对刑事犯罪区别对待，做到既要有力打击和震慑犯罪，维护法制的严肃性，又要尽可能减少社会对抗，化消极因素为积极因素，实现法律效果和社会效果的统一。”② 这是中国决策层出台“宽严相济”刑事政策的重要标志，标志着执政党反犯罪观念的重大转变。随后，2006 年 3 月最高人民法院院长肖扬和最高人民检察院检察长贾春旺在向十届全国人大四次会议所作

① 肖扬：《死刑案件必须做到“杀者不疑　疑者不杀”》，http://news.sohu.com/20070610/n250486917s.html。

② 罗干同志在 2005 年 12 月 5 日至 6 日召开的全国政法工作会议上的讲话。

的工作报告中，均明确提出今后将实行“宽严相济”的刑事政策。

2006 年 10 月 11 日，中国共产党第十六届中央委员会第六次全体会议通过了《中共中央关于构建社会主义和谐社会若干重大问题的决定》，在这一党的纲领性文件中再次明确指出，“实施宽严相济的刑事司法政策，改革未成年人司法制度，积极推行社区矫正。”至此，宽严相济作为党和国家在新时期反犯罪策略方法的权威与合法地位得以正式确立，并成为指导今后刑事司法和刑事立法的基本政策。

从历史发展来看，可以说宽严相济政策是在总结新中国刑事政策实践，反思不同时期刑事政策的立论依据，立足于构建和谐社会的总目标而提出的反犯罪对策。它反映了执政党在与犯罪作斗争的策略构想方面理性程度的重大提升，是对历史的合理继承和对时代精神的科学反映。

宽严相济刑事政策的合法地位虽然才确立不久，但在构建和谐社会的时代背景下，由于它现实地体现了法律公平正义的永恒主题、顺应了人权保障的国际趋势、符合运用刑罚方法与犯罪作斗争的规律并具有鲜明的纠正过去偏颇和不良方面的针对性，故自提出之时起，就得到了理论界和实务的高度拥护。尤其在实践层面，正是在宽严相济刑事政策的指导下，立法和司法开始出现久违的新气象，预示着中国刑事法治正在步入更加理性的健康发展轨道。

第二章　宽严相济刑事政策的基本含义

第一节　宽严相济刑事政策的一般表述

一、宽严相济刑事政策的官方表述

关于“宽严相济”刑事政策的含义，罗干同志在2005年12月的全国政法工作会议上的讲话中指出：“贯彻宽严相济的刑事政策，一方面，必须坚持‘严打’方针不动摇，对严重刑事犯罪依法严厉打击，什么犯罪突出就重点打击什么犯罪，在稳准狠上和及时性上全面体现这一方针；另一方面，要充分重视依法从宽的一面，对轻微违法犯罪人员，对失足青少年，要继续坚持教育、感化、挽救方针，有条件的可适当多判一些缓刑，积极稳妥地推进社区矫正工作。”① 在2006年最高人民检察院的工作报告中，指出“宽严相济”刑事政策的主要内容是：“坚持区别对待，对严重刑事犯罪坚决严厉打击，依法快捕快诉，做到该严则严；对主观恶性较小、犯罪情节轻微的未成年人、初犯、偶犯和过失犯，贯彻教育、感化、挽救方针，慎重逮捕和起诉，可捕可不捕的不捕，可诉可不诉的不诉，做到当宽则宽。”②

---

① 罗干同志在2005年12月5日至6日召开的全国政法工作会议上的讲话。

② 最高人民检察院检察长贾春旺在十届全国人大四次会议上所作的最高人民检察院工作报告。

从中央和我国最高司法机关的上述表述中，可以看出宽严相济刑事政策的含义具体包括以下几个方面的内容：

（一）宽严相济刑事政策的基本原则是要合理地区别对待

“宽”与“严”是宽严相济刑事政策不可分割的两个方面。贯彻宽严相济刑事政策的要义在于：在“宽”和“严”之间寻求相互间的密切配合、高度协调、有效救济与有机统一。而实现宽严相济政策这一运行模式的前提就是要正确地区分“宽”和“严”的不同适用场合和对象。因此，合理地区别对待不同的犯罪和犯罪人是宽严相济刑事政策的内在要求和基本原则。

在宽严相济刑事政策中，区别对待原则有多个方面的体现，包括：区别宽严的不同程度；区别宽严的不同对象；区别宽严的不同方式，等等。只有准确区分了宽严的对象并正确适用了宽严相济的方法和掌握了宽严的合理尺度，宽严相济刑事政策才能在指导反犯罪活动中现实地充分发挥出增加和谐因素、减少不和谐因素的强大功能。如果宽严不分，该宽的不宽，该严的不严，或者宽严失度、宽严有误，都将难以实现宽严相济刑事政策的预定目标。

（二）宽严相济刑事政策中的“严”主要针对严重刑事犯罪

这也就是说，宽严相济中的“严”主要是对严重刑事犯罪的“严”。这里的“严重刑事犯罪”显然是一个相对的时间和空间概念。就当前而言，“严重刑事犯罪”主要是指有组织犯罪、严重暴力犯罪、跨国（境）犯罪、恐怖主义犯罪、严重影响群众安全感的多发性犯罪以及严重危害公共利益的犯罪等。

（三）宽严相济刑事政策中的“宽”主要针对的是轻微犯罪

所谓轻微犯罪，主要是指两个方面：一是指犯罪的情节比较轻微；二是指犯罪人的主观恶性较小。具体来讲，轻微违法犯罪主要包括主观恶性较小、犯罪情节轻微的未成年人犯罪、初犯、偶犯和过失犯。这也就是说，对未成年犯、初犯、偶犯和过失犯从宽处罚是基本方面，因为这些类型的犯罪人一般而言主观恶性比较小，尤其是未成年犯其可塑性较大，大多可以通过较轻缓的方法进行矫正。

（四）宽与严要有度并且适宜

一方面，宽严相济刑事政策中的“宽”与“严”都必须依法进行，都必须是在法律允许的范围内从宽或者从严。宽严相济刑事政策不仅要求在对待犯罪和处罚犯罪人时，要有宽与严的区别原则，而且在具体运用中还必须有宽与严的限度要求。这里的限度就是：对犯罪人的处理，不论“宽”或“严”都必须“以事实为根据，以法律为准绳”，在法律范围内做到定罪准确、量刑适当和程序公正。离开了“依法”从宽或者从严这一基本限度，就只能是非公正地追求从严或者从宽，从而就会破坏宽严相济刑事政策所追求的社会效果与法律效果的辩证统一。另一方面，宽与严本身和彼此之间要注意适宜，不能绝对化和相互对立。这也正如时任最高人民法院院长的肖扬所指出的那样：“‘宽’和‘严’都是相对的，不能强调一方面而弱化另一方面，必须做到该严则严，当宽则宽，不能‘宽’无边，也不能‘严’无度。‘宽’可以增加和谐因素，‘严’可以消除不和谐因素。重罪轻判固然不对，轻罪重判一样也是错误的。必须全面衡量从宽与从严情节，正确把握宽严尺度，做到因时而宜、因地而宜、因案而宜、因人而宜，确保罚当其罪。”①

二、宽严相济刑事政策的学界表述

在理论研究方面，对宽严相济刑事政策的含义，大多是依据领导讲话和官方文件，侧重于从司法运用层面进行解释的。对此，马克昌教授对宽严相济刑事政策的司法贯彻要求，作了比较全面和有代表性的概括。具体地讲，在刑事司法中贯彻宽严相济刑事政策，应当做到：

第一，对严重刑事犯罪，依法从严惩处。罪当判处重刑的，依

① 肖扬：《死刑案件必须做到“杀者不疑　疑者不杀”》，http://news.sohu.com/20070610/n250486917s.html。

法判处重刑，直至判处死刑立即执行。

第二，即使是严重刑事犯罪，犯罪人若有法定或酌定从轻、减轻处罚情节的，应予从宽判处；罪当判处死刑，如有上述情节不是必须立即执行的，应依法判处“死缓”、无期徒刑或者10年以上有期徒刑。

第三，罪行较轻，犯罪人主观恶性较小的，则应从宽处罚；对实施轻微犯罪的人员，特别是其中的青少年，根据条件可适当多判一些缓刑或者安排到社区进行社区矫正。

第四，虽然罪行较轻，但有法定从重处罚情节的（如累犯），则应依法从重处罚。

第五，刑罚的宽严在具体适用上，必须根据社会情况的不同而灵活掌握，而不能与当时的社会情况相脱离；否则，就会发生“宽严皆误”的后果。①

第二节　宽严相济刑事政策的含义解读

就字面含义而言，“宽严相济”的语句组合特点如同“软硬兼施”、“刚柔并济”一类的词语一样，是将作为行事方法或处理问题的两种相反的谋略和手段组合在一起，使表面相互矛盾的两方面在各自合目的的运行过程中，最终统一于达成所设定的价值目标。

刑事政策作为运用刑罚及类似方法与犯罪作斗争的谋略与措施的综合体，其基本路径和手段无外乎“宽”与“严”两手。随着对“宽”与“严”各自地位的界定不同以及对待二者之间关系的不同，便形成了不同的“宽”与“严”的观念构想和实践对策体系，并由此划分出不同的刑事政策类型，规定着刑事立法和刑事司法运行的不同轨迹。

---

① 参见马克昌：《“宽严相济”刑事政策与刑罚立法的完善》，载《法商研究》2007年第1期。

要正确理解宽严相济刑事政策，需要科学界定“宽”和“严”的含义，更需要正确理解“宽”与“严”的互动关系和运行形式。

一、“宽”与“严”的共同前提

“宽”与“严”是宽严相济刑事政策的两个侧面，共同构成了这一刑事政策的实质性内容。为了准确把握“宽”与“严”自身的特定含义，有必要明确二者共同面对的前提性问题，防止在辨析过程中出现共性分析妨碍个性把握的情形。

从运用刑罚方法反犯罪活动的策略和路径选择上看，“宽”与“严”面临的共同前提是：

（一）必须在法治的框架内展开

“宽”与“严”作为反犯罪的对策思路固然是抽象的，但在实践层面它们必须有具体的操作限度。否则，这种“宽”与“严”就会沦为犯罪治理者运用刑罚方法控制犯罪的任意妄为的活动。因此，在运用“宽”与“严”两种策略手段处理犯罪问题时，必须严守现代法治理念，严格执行现行实体法和程序法的规定。这既是整个社会大环境对宽严相济刑事政策运行的必然要求，也是宽严相济刑事政策通过对刑事立法和刑事司法调节社会关系、增强社会的法治意识和提高犯罪控制的法治化水平的必由路径。

（二）必须各自朝相反的两极用力

“宽”与“严”作为反犯罪活动的两种用力方向相反的策略和措施，从其发挥犯罪控制功能的客观需要角度看，虽然包含着刑事手段的运用要遵循“该宽则宽、该严则严”的法治原则要求，但其着力强调的则是“该宽者应更宽、该严者应更严”的策略思想。因为，如果只是四平八稳地强调“该宽则宽、该严则严”，这只是罪刑均衡原则的应有之义，只能满足在常态环境下应对常态犯罪情形的需要，而真正需要讲究犯罪控制艺术和提升犯罪控制效果的，则是处理属于“宽”与“严”两极化的非常态犯罪情形。因此，如果将宽严相济刑事政策中的“宽”与“严”，主要解读为“该宽则宽、该严则严”，则这一政策本身很大程度上就失去了借助于刑罚方法反犯罪活动的策略意境，其指导运用刑罚方法抗制犯罪的策略价值和有效性也会因此大打折扣，从而政治决策者所赋予宽严相济刑事政策的通过有效调节刑事立法和刑事司法活动来帮助促进社会和谐因素的政治目标就难以充分实现。

（三）必须有各自相对应的着力对象

“宽”与“严”由于用力方向相反，并且其真正的着力点不在于“该宽则宽、该严则严”，而在于“该宽者应更宽、该严者应更严”的两极化运行，因此“宽”与“严”都必须有各自不同的着力对象。这里的着力“对象”，基于符合犯罪规律和政策目的的需要，主要的方面当然是指与“该宽者应更宽”和“该严者应更严”各自相对应的一般犯罪类型或具体犯罪形态与犯罪人，但同时也包括与不同犯罪人各自相对应的犯罪被害人。如果在“宽”与“严”的策略上，只注意到了不同类型的犯罪人而忽视其相对一方，则宽严相济刑事政策所担负的指导刑事立法和司法遏制现行犯罪、修复被破坏的社会关系、减少社会不和谐因素的使命也难以全面实现。

（四）必须注意宽严之间的相互补益和协调

宽与严两方面虽然各自具有所侧重的具体价值目标，但任何一方面的单独运行，都难以适应复杂多变的犯罪情况。在价值观念层面，二者之间只有通过相互补益和适当救济，才能在维护秩序、保障公平和保护个人自由之间保持大体平衡；在立法和司法的操作层面，才能形成宽严审势、宽严有度和宽严皆宜的运行格局，从而适应罪质各异以及同质犯罪虽然外在表现形式类似，但犯罪的具体时空条件、对象条件、手段或方式条件以及犯罪人类型各异的复杂情况，最终实现刑法调节社会生活所承担的特殊综合职能的全面发挥。正是在这种意义上，如何实现宽与严之间的相互补益和协调，就成了理解和贯彻宽严相济刑事政策的关键和精髓所在。

在明确了“宽”与“严”两种对策思路和措施的上述基本前提后，还需要分别对“宽”与“严”自身的含义及其相互关系作进一步的分析。

二、宽严相济刑事政策中“宽”的具体含义

“宽”的本意是放宽，使松缓。具体到刑事政策语境中，“宽”不仅指“宽其该宽”，而且同时含有“宽者应更宽”的策略思想，以此彰显出当代刑事政策应有的宽容精神、人道情怀和尽量抑制、消除对立面的功利价值。这一策略思想具体通过刑事立法和刑事司法两个层面体现出来。

首先，从立法层面看，“宽”可分为三种情形：（1）对那些已不再具有严重社会危害性的行为及时进行出罪化处理；（2）对规定为严重犯罪但其间客观存在着可以从宽处罚的行为样态的，应当尽量保留或扩张适用较轻处罚的可能与条件；（3）对应当予以犯罪化但其社会危害性相对较轻的行为，在确定犯罪化的范围和犯罪化程度时应当尽量宽容和轻缓，在立法技术上或者收缩其犯罪圈，或者在处罚方式、处理程序上尽量和缓；（4）对就其实际危害性而言应当予以犯罪化的行为，如尚缺乏基本的前置性制度支持，就应当暂缓犯罪化。因为这种罪名设立后，很可能因事实上难以据实追究而出现罪名虚设的情形，这不仅不利于维护刑法的严肃性，而且也不必要地限制了公众的自由范围。

可以说，一方面，只有有了立法上合理的“宽”，刑法才能保持其应有的谦抑，才不至于过度膨胀；另一方面，也只有有了立法上的“宽”，司法效率的提高和因案、因人、因时而异的必要灵活性也才有现实的制度基础。

其次，从司法层面看，“宽”也包括三种情形：（1）在侦查、起诉、审判阶段，对一些危害比较轻微、不必以犯罪论处的行为，应及时终结犯罪的追究程序，并协调好相关的善后处理；（2）对应当作为犯罪处理的行为，如果可以不适用监禁刑的，要尽量对行为人适用非监禁刑；（3）对应当作为犯罪处理的行为，如果可以用非刑罚方法处理的，应当在宣判行为人有罪的同时，尽量采用非

刑罚处理方法；（4）在行刑过程中，对于确有悔改表现的犯罪人，该减刑的要及时减刑，该假释的要及时假释。

三、宽严相济刑事政策中“严”的具体含义

“严”的本意，一方面是指严密，不留空隙；另一方面是指不放松和厉害。基于刑事政策维护现行秩序的功利目标与满足报应正义的价值追求，此处的“严”不仅指“该严则严”，而且也指“严者应更严”，对此同样有立法和司法两方面的要求。

从立法角度看，一方面，“严”首先是指严密法网。它要求无论是在立法修订或者进行新的立法时，对严重破坏社会安宁和严重侵犯人类基本道德情感的重点犯罪，应当编织严密的法网，尽量为提高这些犯罪的追诉率和认定率提供必要的制度性便利，堵塞便于犯罪人逃脱惩罚的漏洞。另一方面，“严”还含有严厉之意，要求在对待少数严重犯罪时，在保障人权和防卫社会的双重价值目标下，应当适当侧重于社会防卫的需要，并在罪刑均衡原则的考量内，对重罪配置有别于轻罪的较重刑罚，对特别严重的犯罪和危险犯罪人，配置凸显特殊预防需要的特别严厉的刑罚。

这种严密法网与严厉制裁二者的密切结合，是对如下犯罪规律的应有反映：其一，对社会安宁威胁最大、对人类基本道德情感最粗暴践踏的是少数严重犯罪；其二，是犯罪人群中的少数人实施了绝大多数最严重的犯罪。这种符合犯罪规律的“严”，不仅是运用刑罚方法与犯罪作斗争的科学性与经济性方面的要求，而且也是刑罚作为实现刑事政策目标的手段之一所应有的角色定位。因为，在刑事政策的手段体系中，刑罚作为预防犯罪的最后暴力手段，原本就是主要用来遏制严重犯罪和打击危险度高的犯罪人的。从实际操作层面看，也只有对严重犯罪和严重犯罪人编织尽可能严密的法网和在不违反人道精神这一底线内配置尽可能严厉的处罚措施，才有利于集中有限的刑罚资源实现有针对性的社会防卫，最终也才有利于刑法回归其本来的位置，并体现出刑罚方法在整个犯罪预防体系中不可替代的独特价值。

从司法角度看，“严”首先是要在观念上更加严格地确立严肃追究、有罪必罚的执法责任感；在实际执法中，必须投入优势的司法资源，切实提高严重犯罪的揭露率。这是发挥刑罚威慑力、遏制严重犯罪的前提和基础。如果实际的查处率过低，再严密的法网、再严厉的刑罚也难以发挥出现实的预防功效。因为，过高的逃脱惩罚的现实机会，足以抵消原本就缺乏足够预见的犯罪人对刑罚处罚的畏惧。其次，“严”也是指包括行刑在内的全部刑事司法活动必须循法而治、该严惩的就必须从严惩处（处以重刑以及严格减刑、假释的程序和条件等），以此在充分发挥刑罚限制、矫正、隔离乃至消灭犯罪人的特殊预防功能的基础上，也相应发挥出刑罚运用蕴涵着的警示教育与心理威慑作用。

四、“济”是“宽”与“严”两方面运行的基本模式

宽严相济刑事政策中“济”的本意是帮助、补益的意思，“相济”则指两种或两种以上原本具有不同特性和功用的事物组合在一起时，相互间应当取长补短、相互促进、彼此支撑，才能发挥出组合运用所具有的功能，才利于实现主观预期的目标。

“宽”与“严”原本是两种相反的处事观念和处事方法，应对不同事物时它们各有各的功效，但基于一定目的把二者组合在一起以发挥更好的综合效益时，就必须避免二者发生相克或出现失衡的现象。为此，必须通过相互补充、相互协调的运行方式使二者在功能上各尽其能。作为一项具体指导刑事立法和刑事司法的基本刑事政策，宽与严二者之间的“相济”运行，正是这一刑事政策的精髓和灵魂所在，也是作为反犯罪活动的刑事政策在观念构想上的策略性与实践层面上的艺术性的生动体现。因为，如果离开了这种“相济”运行的策略性和艺术性，“宽”与“严”之间就难以形成相互补益的合力，其指导运用刑罚及类似方法应对复杂犯罪情形的活力就会丧失。

从刑事政策的运行角度看，宽严相济政策中宽与严两方面“相济”的要旨是：运用刑罚方法反犯罪活动无固定的模式，必须根据具体的犯罪事实和行为人的具体情况选择相应的惩罚方法，以获得宽严皆合理、宽严皆有益的实际效果。

具体地讲，宽严相济刑事政策中“宽”与“严”两方面的“相济”运动，就其策略性要求的高低而言，依次表现为以下三种形式：

一是交叉运动。其具体表现为“以宽济严”和“以严济宽”。其实质是宽与严二者之间遵循预定的价值目标，以相互交叉的运行形式，形成宽中有严、严中有宽的相互补充格局，并借助于在这种相互补充中形成的合力，获得运用刑罚控制犯罪的最佳法律效果与社会效果。这一运动形式对应了犯罪危害与表现形式的复杂性，反映了具体犯罪中不同犯罪人所具有的特殊反社会倾向，在哲学高度具体体现了宽与严的相对性，是运用宽严相济刑事政策所具有的策略性和艺术性的最集中体现。

二是反向运动。这是宽严相济刑事政策向两极化方向延伸的重要运行形式。它是在法定原则许可的范围内，强调应根据犯罪事实和犯罪人的具体情况，并适当斟酌犯罪形势和时局，对轻微犯罪，要予以行为人比一般情形下更为轻缓的处置；对严重犯罪，则应予以较一般情形更为严厉的处罚。为此，在立法上对轻微犯罪和人身危险性较小的犯罪人，就应规定更为轻缓的刑罚和更为灵活的处理方式，以便为司法实践中进行非监禁化、非刑罚化和非犯罪化处理提供有力的制度支持；而对严重犯罪和危险犯罪人，则应规定比一般情形更为严厉的刑罚和更为严格的处理方式，以此突出打击的重点，并彰显刑罚的报应正义和充分发挥刑罚的社会防卫功能。

三是平行运动。这是严格依据刑法的一般规定和犯罪的一般表现形态，对行为人进行该轻就轻、该重就重的处罚。对比较轻微的犯罪处以较为轻缓的刑罚，对比较严重的犯罪处以较为严厉的刑罚，这既是罪刑均衡原则的应有之义，也是刑法公正性的必然要求。在这种基本的常态运行形式下，立法方面所要强调的是要合理地划定犯罪圈并依据罪刑法定和罪刑相适应原则科学地设立罪名和配置刑罚，司法方面强调的则是严格依据法条规定，准确定罪和正确量刑。

一方面，在对重罪和危险犯罪人予以一般性从严处理的情况下，在立法和司法上要切实注意通过适当的宽的救济，防止严厉过度和严之不合理，以此实现对一般性重刑配置的合理矫正。为此，对宽严相济中的“宽”，不能机械地解读为只能运用于比较轻微的犯罪，而严重刑事犯罪就不存在可以从宽的一面。实际上，任何严重刑事犯罪都可能有从宽的情形存在，对此就应考虑到犯罪和犯罪人的复杂性，在罪刑制度的设置上留有宽松的余地，在定罪和量刑上就应当充分考虑可以据之予以适当宽恕处理的各种事实，而切忌一重到底。以死刑的立法和适用为例，即使对犯罪性质和危害结果都极其严重的犯罪，只要具有从轻、减轻处罚情节或者不是必须立即执行的事由，也应依法判处死缓或无期徒刑。这就是严中有宽的典型表现形式。

另一方面，在对比较轻微的犯罪和危险性较小的犯罪人予以一般性的从宽处理的情况下，在立法和司法上也要切实注意通过适当的严的补充，防止宽之过度和宽之失衡，实现对一般性轻刑配置的合理矫正。如同任何严重犯罪都可能有法定或者酌定的从宽情节一样，在轻微犯罪中也客观存在着各种应当从重的情形。例如，如果在制度设计上不考虑这些情形，则案件处理的公正性与刑罚保障人权和防卫社会的目的均难达成。因此，在罪刑设置和处罚上也应切忌一轻到底。在罪刑配置整体相对宽缓的同时，必须考虑到宽中也应有严的情形。例如，对未成年犯、初犯、偶犯和过失犯，在一般观念、制度设计和处罚上都容易想到应当有别于成年犯、累犯、惯犯和故意犯。但对这些犯罪人类型也不能一律想当然地从宽。因为，在这些犯罪人类型中，不仅有造成的客观危害巨大者，而且也有反社会倾向性十分严重者，如未成年惯犯、未成年人犯罪组织中的首犯以及情节十分恶劣的业务过失犯，等等。对于应当从轻处罚的犯罪，在司法实践中，只有当有事实证明犯罪人的主观恶性的确较小、犯罪情节的确比较轻微时，才能将宽严相济刑事政策中的“宽”的一面现实地适用于他们身上，而不能进行模式化的从轻处理。如果事实证明犯罪者主观恶性大、犯罪情节严重，在处理案件时就应当在法定限度内体现出该严则严和严者应更严的政策要求。

第三章　宽严相济刑事政策的立论根据与时代精神

第一节　宽严相济刑事政策的立论根据

应当明确的是，刑事政策的依据既包括提出（制定）刑事政策的依据，也包括实施刑事政策的依据。对此，有强调其实践依据的，如现行的犯罪形势和政治决策者的关注重点；也有强调其理论依据的，如与控制犯罪相关学科的理论综合。

关于宽严相济刑事政策的立论根据，目前理论上有所论及。概括起来主要有两个方面：一是对“严打”政策的反思；二是对刑法谦抑性的强调。对于前者，有学者认为，从手段上看，“严打”虽然是指依法从重从快，但在急风暴雨式的运作下，存在手段的合法性问题；从目的上说，“严打”的有效性也是一个值得关注的问题。基于经验教训的总结，认为应采取宽严相济政策。① 对于后者，则确认“宽严相济刑事政策最主要的价值依据就是刑法的谦抑性”，或者，“从刑法理念上说，宽严相济刑事政策虽然具有一定的策略内容，但其刑法的理念基础应当是刑法谦抑。”②

事实上，由于刑事政策作用对象形成原因的复杂性和反犯罪活动的系统性，无论刑事政策的实践依据或是理论依据都只能是多层

① 参见陈兴良：《宽严相济刑事政策研究》，载《法学杂志》2006 年第 1 期。

② 陈兴歌：《宽严相济刑事政策的展开》，载《北京政法职业学院学报》2006 年第 2 期；陈兴良：《宽严相济刑事政策研究》，载《法学杂志》2006 年第 1 期。

面的，而不可能是单一的。就实践依据而言，首先是犯罪现象的现状和变化趋势，其次也包括当时的国内环境（尤其是政治、经济环境）和国际环境（如当前人权保障的国际运动）。就理论依据而言，首先是基于犯罪学对犯罪现象的描述和犯罪原因的剖析所形成的预防犯罪的可能对策和措施方案，其次也包括综合其他相关学科所形成的科学方法论。正是上述实践依据和理论依据的综合，最终形成了作为刑事政策内核的反犯罪意志倾向和作为其表现形式的方针、策略和原则。

基于上述认识，我们认为，对宽严相济刑事政策的立论根据，应当追本溯源并结合我国的实际，从犯罪规律、政治目标、哲学理念以及传统文化等方面进行分析，才有助于全面把握和深刻领会这一政策的指导价值和基本精神。

一、宽严相济刑事政策的政治依据

政策是政治的意志表现，刑事政策是执政者反犯罪意志倾向最直接、最集中的体现，是政治决策者根据一定政治、经济和社会形势下的犯罪态势，所作出的一种反犯罪活动的政治性策略选择。因此，对刑事政策的解读，首先不是刑事法范畴的分析，更不是规范法学视野中的机械演义，而应是一种现实的政治分析。[①] 因为治理犯罪问题在国家决策层面，不仅仅是一个刑事法律对具有严重社会危害性行为的规制问题，更是一个与执政者的治国理念和执政方略相联系的重大社会问题。也正因如此，在西方国家，人们对刑事政策的一般认识是：刑事政策是建立在一定理论基础之上的、旨在解

---

① 我国有学者认为：刑事政策涉及的是对犯罪现象这一公共事务的认识和管理，因此“刑事政策”这一习惯性翻译术语，应变为“刑事政治”为宜。参见卢建平：《刑事政策与刑法》，中国人民公安大学出版社 2004 年版，第 6 页。笔者赞同对刑事政策的这种实质性认识。

决预防和打击犯罪过程所提出问题的社会及法律对策的总和。[①] 由此，反犯罪或控制犯罪的策略选择，除了受犯罪现状和变化趋势的直接影响外，也深受执政者所关注的现实重大社会发展目标的影响。因为刑事政策作为社会政策大系统的组成分子，肩负着为其他社会政策的推行提供必要保障以利于国家发展社会任务完成的基本使命。为此，刑事政策总是被包含于某种“治国之道”之中的。这就难怪早在战国时期的《法经》中，其开篇第一句就是“王者之政，莫急于盗贼”。[②] 尽管岁月流逝，世事沧桑，但如何应对危害现行统治秩序的犯罪现象，始终是执政者治国安邦所必须优先考虑的重大社会事项之一。

如同其他任何社会政策都具有社会控制功能一样，刑事政策必然包含对犯罪现象的控制意图，即政治决策者希望通过刑事政策目标的设定和反犯罪措施、手段的选择运用，使犯罪现象朝着其所希望的方向发展，以此维护必要的统治秩序和促进社会的协调发展。如同“社会政策的大前提是价值判断，是社会中居主导地位的思想观念和信仰体系”[③] 一样，刑事政策作为社会政策的有机组成部分，其提出和施行也必然受制于执政者基于当时所面临的任务而产生的执政观念与执政思路。虽然犯罪现象的本质和刑罚运行规律本身是客观的，但指导认识它的信仰或观念体系却具有鲜明的时代特征，由此决定了不同时代的刑事政策也必然要反映相应的时代精神。

---

① 刑事政策作为一门学科的制度化，起源于西方是个基本历史事实。对于中国学界而言，以刑事政策概念为基础，尽快确立刑事政策的现代观念，是促进理论研究和实践发展的重要前提。关于在西方国家通行的刑事政策概念，可参见：[法] 米海依尔·戴尔玛斯·马蒂：《刑事政策的主要体系》，卢建平译，法律出版社 2000 年版，序言第 3 页、正文第 1 页；[法] 马克·安塞尔：《新刑法理论》，卢建平译，香港天地图书有限公司 1989 年版，第 12 页；以及 [法] 克理斯蒂娜·拉塞杰：《刑事政策学》（法文版），法国大学出版社 1987 年版，第 7 页。

② 《晋书·刑法志》。

③ 杨伟民编著：《社会政策导论》，中国人民大学出版社 2004 年版，第 90 页。

在社会转型时期，面对比较严重的犯罪形势，在国家层面应当采取何种理性的反犯罪对策，只有超越于刑事领域，着眼于构建和谐社会这一时代的主要旋律，才能作出正确的回答。宽严相济刑事政策的时代精神，首先就表现在：它适应了构建社会主义和谐社会的总目标，并充分反映了在构建社会主义和谐社会过程中解决社会问题和化解社会矛盾的总思路。

社会和谐是中国特色社会主义的本质属性。但正如党的十六届六中全会的《决定》所指出：目前我国社会整体是和谐的，但也存在不少影响社会和谐的矛盾和问题，其中就包括社会治安问题比较突出、一些领域的腐败现象比较严重和敌对势力的渗透破坏这些违法犯罪问题。因此，“构建社会主义和谐社会是一个不断化解社会矛盾的过程。”而化解社会矛盾的基本思路是：“深刻认识我国发展的阶段性特征，科学分析影响社会和谐的矛盾和问题及其产生的原因，更加主动地正视矛盾、化解矛盾，最大限度地增加和谐因素、最大限度地减少不和谐因素，不断促进社会和谐。”这是实现《决定》所规定的到2020年全面构建社会主义和谐社会的目标和主要任务的基本路径和方法保障。就国家层面组织的反犯罪活动而言，“科学分析社会矛盾的原因，正视和化解社会矛盾、不断促进社会和谐”，意味着惩治犯罪的策略构想，必须正视和尊重现阶段犯罪具有多发性的特点是与我国制度性的深刻变化和社会观念的剧烈变化联系在一起的这一基本事实，并通过合理地利用刑罚及其他手段，最大限度地减少刑事处罚的负面效应和最大限度地发挥刑法（刑罚）的正功能，从而在与犯罪作斗争的过程中，不断减少社会对立面，以此增进社会的融洽与和谐程度。

宽严相济刑事政策，由于考虑到了犯罪的一般原因和社会主义初级阶段犯罪的阶段性特征，包含了对社会危害程度不同的犯罪和人身危险性程度不同的犯罪人应合理地区别对待的理性思想，客观上有利于在集中力量打击少数凶恶犯罪、有效防卫社会的同时，对大量轻微犯罪的犯罪人配置（适用）较轻缓的处罚措施，使犯罪人在受到应有惩罚的同时，能够充分体验到社会的宽容和温暖，有利于其积极改造自新，重新回归社会。这一尽量化解犯罪所产生的消极后果、努力减少社会对抗因素的反犯罪思路，无疑是解决社会主义初级阶段社会矛盾的总思路在刑事领域中的具体体现。或者说，宽严相济刑事政策以反犯罪斗争有利于促进构建和谐社会为其社会价值，是构建社会主义和谐总目标和总思路的必然要求。

进而言之，宽严相济刑事政策之提倡，与党和国家在执政理念上从专政的政治理念发展到治理的政治理念的转变是一脉相承的。

我国社会目前正处在转变之中，这种社会转型的一个重要标志就是通过逐渐减少压制性，增加自治性与回应性，来缓解和调和各种凸显的社会矛盾和冲突，保证改革任务的实现和社会全面发展的需要。在压制型管理模式下，占据主导地位的是专政的政治理念，与之对应的是压制型的法律。摆脱了压制型的管理模式，就是自治型或者回应型社会治理的兴起。而回应型社会治理的最大特点就是，社会控制手段由单纯的暴力压制转变为协调和治理。在这种治理的政治理念下，追求社会的协调发展，强调社会的治理应当由社会本身来完成。与此相对应，作为社会正式或官方控制手段的法律的功能也必需产生重大变化。法律，尤其是作为强制力法和保障法的刑法不再是单纯的暴力强制。尽管刑法仍然具有其独特的强制性，但这种强制是具有节制性和理性的，刑罚的运用必须局限在其应有的范围内，不能超过一定的界限，必须与其所担负的政治使命相适应。正是在这种意义上讲，当确立了构建和谐社会的建设目标以后，在通过包括法律手段在内的各种方法调整社会关系方面，就必须以化解各种社会矛盾、疏通各种社会怨愤为优先的价值目标。也只有如此，社会才能获得长治久安。正是基于建设和谐社会的政治目标，作为保证目标实现手段之一的刑事政策，就不能再把刑法作为最有力的专政工具加以便捷地运用。刑法必须同其他法律部门一起，充分发挥社会关系调节器的作用，并致力于各种最尖锐社会矛盾的化解。在这种情况下，宽严相济刑事政策的出台与实施就势在必行。

二、宽严相济刑事政策的科学依据

任何社会对策的科学性，首先在于社会对策本身与其力图处理的社会现象本质和规律的符合性。科学刑事政策的兴起和发展，是与对犯罪真实的科学认识以及对犯罪产生、发展的规律的揭示联系在一起的。无论在理论划分上是将刑事政策作为犯罪学理论体系的组成部分，还是将其看成是相对独立的反犯罪对策观念与实践复合体，都不影响如下的基本事实：反犯罪观念和对策的科学性直接来源于犯罪学方面的理论支持。因为，犯罪学是基于对“犯罪是什么”问题的系统研究，全面而深刻地描述了犯罪的真实图景，阐述了影响犯罪的因素、范围及其相互之间的内在联系，揭示了犯罪发生和变化的一般规律，并建构了预防犯罪的各种可能对策和措施，而这一切无疑构成了刑事政策之制定和实施科学性的基础资料。可以说，如果没有犯罪学研究成果方面的支持和奠基作用，不仅没有科学的刑事政策，而且刑事政策本身也将成为凭空的玄想。

具体地讲，宽严相济刑事政策之所以是科学的刑事政策，就在于它客观地反映了科学的犯罪观念和犯罪对策观。

犯罪与社会生活的基本条件相联系，它产生并变化于社会生活的基本条件。从本质上讲，犯罪首先并不是一种法律现象，而是一种社会现象，是社会生活的组织缺陷或社会自身运行不良的最集中和最激烈的反映。在一般法的观念中，只有违反刑法规定的行为才能被称之为犯罪，但这只是犯罪的表象。犯罪之要害不在于其违反了外显性的刑法禁令，而在于严重危及现存的社会秩序与严重冒犯了维系社会团结的基本力量——人类社会普遍认同的道德情感。

从犯罪与人类专门用来对付犯罪的刑罚之间的关系来看，犯罪既是社会组织与运行障碍的直接产物，是造成社会痛苦的一种事实，也是人类社会自身认定的一种结果。犯罪作为社会的一种正常现象，就如同病痛于人体是一种不存在避免问题的基本生理现象一样，不论社会或个人是否憎恶它，它始终随着社会生活的脉搏以自己的轨迹发展着和变化着。

长期以来，人们自觉或不自觉地认为犯罪的产生不符合人类生存和社会发展的一般规律，视其为正常社会现象的一种例外，并基于朴素的道德情感，将犯罪归类为“令人憎恶的”、“丑恶的”，因而是应当通过极端的社会控制手段——刑罚予以消灭的社会现象。犯罪主要是刑法范畴内的事情、刑罚是控制犯罪的最有效武器的观念，至今不仅普遍存在于社会各阶层成员中，而且也鲜明地体现在犯罪控制实践和理论研究中。在“打击犯罪”和“预防犯罪”的实践方面，社会往往热衷于前者而敷衍后者；对前者可以雷厉风行、不惜代价，而对后者往往“只打雷、不下雨”，不愿精心组织和加大投入；在理论研究方面，重惩罚理论之研究，轻预防理论之探讨，以至于“在众多研究犯罪的理论中，除了犯罪学之外，几乎都是研究犯罪发生后如何处理的‘微观’理论”。[①] 如果说，普通社会成员将犯罪现象视为不应有的或偶然的社会病态特征尚不足为奇的话，那么，刑事政策决策者仍然坚守诸如“犯罪只是一个历史范畴”或“犯罪主要是个刑法立法与刑事司法问题”的观念，则不仅难以控制犯罪，而且对社会的健康发展威胁更大。

尽管犯罪作为人类社会无法回避的一种客观存在，是社会组织自身不良或社会结构缺陷的正常反映，并且犯罪发生的数量、发生的频率以及犯罪的结构与变化趋势，又主要是与现存的经济因素、政治因素、文化因素和社会因素相联系的，人们为什么一直以来依然不愿正视这一事实，更乐意对其进行道义谴责和急功近利的刑罚制裁呢？对此，可以从两方面回答。

一方面，缘于人类道德情感的误导。犯罪现象虽然是一种复杂的社会现象，但它本身并不具有比其他社会现象更为复杂的属性。

---

① 王牧：《学科建设与犯罪学的完善》，载《法学研究》1998年第5期。

犯罪现象的本质和根源之所以不容易为人们所认识，就在于犯罪现象从人类文明萌芽开始，就与人的感情有着千丝万缕的联系。“将犯罪与违反道德标准联系在一起，已成为人类社会的一种情感性常识判断。”① 情感承袭于无序的、混合的人类经验，不仅不能带来明白无误的理性，而且是理性的对立物。因此，对之应当作为科学研究中的桎梏予以清除。然而，“在社会学排除这些东西之所以特别困难，原因在于社会现象同人的感情联系较多。”② 对犯罪现象而言尤其如此。因为犯罪往往具有带给人们失望、不安、痛苦甚至恐惧的事实特征，将犯罪与“邪恶”、“恶行”相联系并希望处罚和消除犯罪便成为人们的一种自然情感。而人类一旦感情用事，就不会用智力去思考，就难以采用科学的实证去探讨犯罪的根源，甚至难以接受科学的说明去做除运用刑罚方法之外的其他更深入、更有效的治本性工作。

另一方面，缘于意识形态的羁绊。在阶级社会中，犯罪与统治意志具有不相容性。在统治意志范畴内，犯罪总是“正常”社会现象的另类，是对统治阶层力图维持的价值体系和努力建立的社会秩序的一种冒犯。因此，就政治情感而言，犯罪现象是不应当如此存在的。“对政治和宗教的感情，一旦与政治和宗教的事情相结合，就会用感情去解释事物，并且由此产生的观念还具有不容反对的权力，所有与己不合的议论都被视为敌对意见。”③ 对之，人类犯罪观念的嬗变历程已经作了充分说明。

具体到我国而言，由于受“革命”或“专政”这类传统意识形态的影响，长期以来我们对刑罚功能的认识存在严重偏差。这不仅表现在人为地夸大了刑罚的犯罪控制功能，而且往往将刑罚异化

① ［法］西蒙·加桑：《犯罪学》，达洛兹 1994 年第 3 版，第 466 页。

② ［法］埃米尔·迪尔凯姆：《社会学方法的原则》，胡伟译，华夏出版社 1998 年版，第 25 页。

③ ［法］埃米尔·迪尔凯姆：《社会学方法的原则》，胡伟译，华夏出版社 1998 年版，第 28 页。

为实行专政或治理社会的便捷工具，看成是维护秩序最有效的“刀把子”。事实上，致力于与其他社会控制方法密切配合以维护和谐、安宁的社会秩序，才是刑罚最本分的社会职责与根本任务。而从维护秩序的功利价值角度看，刑罚的本质和特点决定了它只能是社会控制大系统中最后的或迫不得已的控制手段。任何偏离了这一刑罚功能定位的思想和做法，不仅会严重削弱刑罚的秩序维护功效，而且还会放大刑罚控制手段的负面效应，危及社会的有序发展。

当进入20世纪90年代后，伴随着我国社会转型所产生的社会结构的深刻变化以及社会改革的力度不断增大，由此诱发和滋生的各种社会矛盾与冲突也十分突出。与之相适应，不仅犯罪规模呈现高发态势，而且犯罪现象中标志着危害的深度的指标，如犯罪的组织化程度、严重犯罪的比例、未成年人犯罪的状况、累犯的规模、腐败犯罪发生的范围以及犯罪的直接危害等，也有相当程度的发展。这种犯罪态势作为现阶段众多社会消极因素和不协调因素的综合反映，在整个社会的组织与运行达到新的有序和畅通之前，是不可能有根本性转变的。这是理性制定和实施刑事政策的一个不可逾越的基本前提和边界。在这方面的任何麻木或非理性反应，都有可能形成犯罪控制体系构建方面的失衡，导致在犯罪对策和措施的拟订和实施上趋向于追求“隔靴搔痒”式的短期打击效应。其结果只能是由于“社会病灶”的依然存在甚至扩大，以至于出现犯罪现象“越打越严重”的恶性循环。

在执政党致力于坚持以人为本、沿着科学发展路径构建和谐社会的大背景下，面对基数已经很庞大而诱发犯罪的原因比过去更为复杂和深刻、现实中犯罪人在构成上也更加多元化的犯罪态势，顺应与犯罪作斗争的客观需要而提出的宽严相济刑事政策，被赋予的鲜明的时代使命就只能是：必须矫正过去比较单纯地注重犯罪化过程和借助于刑罚的严厉性来打击和遏制犯罪的做法；应当通过合理设定犯罪圈和科学规定刑罚的结构及其运行方式，来缓和个人或组织与社会之间的激烈对抗，以此最大限度地抑制或消除因犯罪所形成的社会负面效应。

进一步讲，宽严相济刑事政策的科学性就在于它正确认识了在整个犯罪控制体系中，刑罚区别于其他犯罪控制手段的特殊功能定位。这就是刑罚作为反击犯罪活动的最极端手段，在应用策略上，必须在把打击的锋芒直指严重威胁社会安定、危及公民和社会重大权益的严重犯罪的同时，高度重视对大量轻微犯罪尽量采取比较宽松、和缓的处理方式，以此一方面通过有力的限制、隔离甚至肉体消灭措施，防止危险犯罪人再次危害社会和遏制严重犯罪的现实发生，以收防卫社会之功效；另一方面则通过给予尽可能多的犯罪人重新融入社会的机会和条件，以及减少因对犯罪过于强硬或僵化的处理所导致的相关社会关系出现恶化或不稳定，以收抑制不和谐因素、增强社会团结之功效。

正是由于宽严相济刑事政策切合于构建和谐社会的政治目标，又生动反映了刑罚与犯罪二者之间经由人类在与犯罪作斗争过程中无数次展现出来、科学研究也反复证明了的如下关系：刑罚与影响犯罪的基本因素原本就不是同一范畴内或同一层面的问题，刑罚不仅不是与犯罪作斗争的最重要手段，而且刑罚运用的本身也在不同程度地参与着犯罪现象的生成和影响着犯罪的变化，因而在反犯罪斗争策略上，不仅不能指望主要依靠刑罚来控制犯罪，而且对刑罚控制犯罪的效能本身也要随时保持批判性的评价，从而使其被赋予的政治使命和内在的科学性得到完美结合。同时，宽严相济刑事政策所蕴涵的宽与严两方面要通过协调运行和相互补益的运行方式，殊途同归地实现刑罚自身在犯罪控制上应有的价值目标，不仅尊重了刑罚自身的功能定位，并与同犯罪作斗争的规律相吻合，而且也是我们党在领导革命和建设时期合理运用刑罚方法与犯罪作斗争的本土性经验的集中体现和新的升华。

三、宽严相济刑事政策的哲学依据

宽严相济刑事政策的提出不仅有现实的政治需要，而且也有其深刻的哲学渊源。这具体表现在以下方面。

（一）“调和”与“斗争”哲学是宽严相济刑事政策立论的基本方法论

从哲学层面来讲，宽严相济反映了在构建和谐社会背景下“调和”与“斗争”二者之间的辩证关系。社会本身就是个复杂的矛盾体。和谐本身内在地包含着斗争的因素。对此，中国有句古话说得好，“和实生物，同则不济”。在社会生活和自然界中，不同的曲调才构成了优美的旋律，不同的色彩得以形成艳丽的图画，万紫千红自然才会争奇斗艳。因此，“和”绝不是无差别的“同一”，“和”成立的前提或关键恰恰在于“不同”。因此，和谐社会只能是“和而不同”的社会，是在确认不同利益群体和利益冲突客观存在的前提下，通过不断“调和”与“斗争”的过程，所形成的不同社会阶层、不同利益群体可以充分表达自己诉求和努力实现自己利益的社会。因此，和谐并不是排斥“斗争”，更不是与斗争说再见。事实上，没有斗争，就难以克服和抑制社会中的对立和分化因素，就实现不了和谐；而不着眼于和谐，斗争就会失去方向和范围，社会就会步入歧途。

这一哲学思想反映在与犯罪作斗争的策略上，一方面就是对比较轻微的犯罪或危害相对较轻的行为样态，要多讲调和、妥协，以此及时、有效地缓和、化解人与人之间、人与社会之间以及人与自然之间的矛盾和冲突，增进社会的团结与张力；另一方面就是对危害国家安全、严重危害人民生命财产安全的刑事案件，必须突出严厉打击，以维护社会的和谐稳定。这也是刑事立法和刑事司法服务于构建社会主义和谐社会的基本内容和基本要求。但在“严厉”的同时，基于历史的教训和一时还难以真正克服的重刑主义传统，应当警惕不能把哲学意义上的“斗争”，还原为反犯罪活动的“群众运动”或“阶级斗争”，而必须在依法治国的轨道上具体展开与犯罪行为的“调和”与“斗争”。

（二）公正观念是宽严相济刑事政策的价值基础

公正是人类社会长期追求的普识性价值。宽严相济刑事政策存在的价值基础，首先在于它符合基本的公正观念。“公正是行为对象应受的行为，是给予人应得而不给人不应得的行为；不公正则是行为对象不应受的行为，是给人不应得而不给人应得的行为。”① 恶人得恶报，是公正的、正义的，因为恶人应得恶报。反之，恶人若得了善报，则是不公正的、非正义的，因为恶人不该得善报。实际上，公正就是一种等价的交换。“公正是平等（相等、同等）的利害相交换的行为，是等利（害）交换的善行；不公正则是不平等（不相等、不同等）的利害相交换的恶行，是不等利（害）交换的恶行。救人出水火，无所谓公正不公正；但若出于报恩，救的是自己昔日的救命恩人，便是等利交换的善行，便是公正的行为。杀人越货，无所谓公正不公正；但若杀的是自己的救命恩人，便是恩将仇报，便是不等利（害）交换的恶行，便是不公正的行为。”② 可见，公正就是一种交换，是建立在平等基础上的交换关系。不管是等利交换还是等害交换，都可以说是公正。以德报德，当然是公正，但是，以怨报怨，甚至同态复仇也是公正。如果以怨报德，当然不公正，以德报怨，也不公正，但其后果超越了公正的范畴，已属于上帝的“仁爱”。

公正作为宽严相济刑事政策的价值前提和基础，主要体现在以下几个方面：

第一，无论是对犯罪分子的“宽”还是对犯罪分子的“严”，都不能超出其“恶”的范围。公正是一种交换，并且是一种等价交换。刑罚的公正，对犯罪分子而言，是因为其实施了危害社会的

① 王海明：《公正　平等　人道》，北京大学出版社2000年版，第3~4页。
② 王海明：《公正　平等　人道》，北京大学出版社2000年版，第5页

行为，这是刑罚存在的前提。因此，刑罚的度不能超出犯罪的危害，否则刑罚就失去了公正的基础。

第二，对犯罪分子的“严”是一种等害交换，是公正的一面。公正包括相辅相成的两个方面：一是等利交换；二是等害交换。宽严相济中的“严”实际上是公正等害交换的体现。

等害交换属于复仇、报复、害人的行为范畴。等害交换不一定创造价值，还可能对社会造成损害。《圣经》记载：“若有伤害，就要以命偿命，以眼还眼，以牙还牙，以手还手，以脚还脚，以烙还烙，以伤还伤，以打还打。”这是等害交换的原始体现。尽管等害交换具有以恶制恶的特征，但是它符合人类道德的要求。实际上，自亚里士多德以来，人们一直将等害交换与分配公正一起当做公正的两大类型，而称之为“报复公正”。等害交换不仅是公正的一大类型，而且，它赋予社会和人们安全，有利于社会发展和人际交往，因而符合道德目的，是道德的、和善的。宽严相济中的“严”主张对严重犯罪判处严厉的刑罚，这是以恶制恶，是公正的等害交换的内在要求。

第三，对犯罪分子的“宽”是公正的等利交换的体现。刑罚之所以要对犯罪分子“宽”，是因为犯罪分子在“恶”中还有“善”，在恶行中还包含着可以宽恕的因素。例如，各国刑法中规定的各种表现形式不尽相同的从宽处理的事由，正是恶中有善的具体体现。对于犯罪分子的这些“善”，运用刑罚时当然要正视并有所体现，即要相应地从宽处理。因此，“宽”对应于犯罪分子“恶行”之中的“善”，是公正等利交换的反映。

公正对人类而言，其重要性难以言表。在亚里士多德看来，“在各种德性中，人们认为公正是最重要的。”亚当·斯密则进而把公正与另一个极其重要的道德原则“仁爱”相比较，“与其说仁慈是社会存在的基础，还不如说正义是这种基础。虽然没有仁慈之心，社会也可以存在于一种不很令人愉快的状态之中，但是不义行为的盛行却肯定会彻底毁掉它。"[①] 宽严相济刑事政策中的"宽"与"严"，由于强调和讲究惩罚犯罪人应当做到宽严有别和宽严适度，无论是在社会方面还是犯罪人方面，都可以满足对公正的诉求。

（三）人道观念是宽严相济刑事政策的实现保障

人道主义是近代哲学研究的产物，但是人道观念却古已有之。我国古代思想家和古代经典中有不少关于人道的论述。"天道远，人道迩"，[②] "天道亏盈而益谦，地道变盈而流谦，鬼神害盈而福谦，人道恶盈而好谦"，[③] "亲亲、尊尊、长长，男女之有别，人道之大者也"。《史记》中记载："人道经纬万端，规矩无所不贯，诱进以仁义，束缚以刑罚，故德厚者位尊，禄重者宠荣，所以总一海内而整万民也。"可见，在我国古代，人道被阐述为一种人际准则，是一个"经纬万端"的度。但这种意义上的人道并没有体现出现代人道主义的基本思想。

与我国古代的人道观念相比，现代人道主义极大地提高了人道的地位，将人道作为一种十分重要的行为规范和道德准则。现代的人道主义认为，人道主义本质上是一种关于人的价值的观念，它的基本原则是人的价值是第一位的，人本身就是最高的价值或尊严。康德说："人，实则一切有理性者，所以存在，是由于自身就是目的，并不是只供这个或那个意志任意利用的工具，因此，无论人的行为是对自己的或是对其他有理性者的，在他的一切行为上，总是要把人认为是目的。"[④] 在费尔巴哈看来："如果人的本质就是人所以认为的至高品质，那么，在实践上，最高的和首要的准则，也必

---

① 王海明：《公正　平等　人道》，北京大学出版社2000年版，第10页。
② 《左传·昭公十七年》。
③ 《周易·上经·谦》。
④ 罗国杰编：《人道主义思想论库》，华夏出版社1993年版，第449页。

须是人对人的爱。"① 现代人道主义的核心思想就是主张必须把人当人看待，把人本身看做最高价值。

作为宽严相济刑事政策实现保障的人道主义思想，主要体现在以下几个方面：

第一，人道主义主张将人本身看做最高目的，因此，为了功利价值对犯罪人的"严"不能是无限制的，否则就是违反人道。罪犯作为一个人，应该享有人之为人的基本权利。

人之为人，必须有与其尊严相适应的基本权利。这些权利首先包括人的生命是至高无上的和不可剥夺的，否则人将不复存在；其次，人的正常的生理需要必须得到基本的满足，否则人无法生存和发展；再次，人应当受到其为人的基本尊重，否则其存在的社会价值无法体现。人作为一种社会性高等动物，不同于其他动物的一个最为主要的方面就是，人有人的人格和尊严，人的尊严必须被尊重和满足。因此，对罪犯而言，从人道的角度出发，必须满足其之为人的基本要求，无论犯罪人所犯罪行如何，对其人格应当予以应有的尊重和保护。由此出发，人们可以对刑罚有一个基本的把握，这就是：无论在刑事制度的设计层面还是实际运用层面，都必须把罪犯当人看。正因如此，死刑因以剥夺人的生命权这一根基性人权为内容，与人道观念相背离，故当代废除死刑的观念日渐深入人心；而肉刑因为体现的是一种对犯罪人人格的极端不尊重，早已被文明法典所废除。

第二，人道主义中的"人"，体现在刑法的视野中，不仅仅是罪犯，还包括被害人和一般的社会公众。刑法的禁令代表了社会中绝大多数人的意愿，是集体道德情感的集中反映，它必须把保护社会公众之为人的权利作为己任。因此，从人道的要求中并不能推导出对危害社会的犯罪人就不能"严"的结论。正因如此，宽严相

① 《费尔巴哈哲学著作选集》（下卷），生活·读书·新知三联书店1962年版，第315页。

济刑事政策中的“严”并不违背人道。相反，“严”与“宽”之间的结合、平衡和协调，实质上起到的是一种对人道的全面尊重和保护。

犯罪人不是孤立的个体存在，总是特定社会关系中的具体的人；同时，其行为客观上危害了社会赖以存在和发展的基本秩序，在道德情感上超出了社会容忍的底线。如果听任犯罪发生，或对犯罪人过于仁慈，必然导致社会秩序的难以维持和社会公众的不满。因此，在刑事政策观念上，一方面因为罪犯相对于对其进行追诉的国家司法机关而言处于合法权益容易遭受侵害的危险境地，应强调对其人权的尊重和保护，尽量限制或避免国家刑罚权的滥用；另一方面，刑法作为社会控制的一种不可或缺的重要手段，它也必须以维护社会公共利益、保护社会公众的人权为己任。在这里，“宽”与“严”所表现的是如下的对应关系：“宽”侧重于体现对犯罪人的生存状况和回归社会正常生活可能性的关注，这种关注的主动态度和积极程度是衡量一个社会人权状况的重要标志。因为，如果一个严重危害社会的人的人权都能得到尊重与合理保护，则对其他社会成员人权的有效保护就更有保障了。“严”则具有强调对犯罪人个人的人权保护不应以牺牲基本社会秩序的维护为代价，不应不顾及或突破大众道德情感的一般要求。否则，就是对社会中的大多数人的不人道。因此，那种只要一提人道就认为只是犯罪人单方面的人道，只是要保护犯罪分子的人权，甚至脱离实际案情和社会形势强调对犯罪分子从“宽”的认识和做法是不全面和错误的。人道的思想中不仅有与犯罪作斗争的“宽”的一面，而且也包含了“严”的一面。为了保障公众应有的人道，对犯罪分子就必须有一定的惩罚，社会必须对其采取一定的制裁措施，甚至是十分严厉的制裁措施来保障社会生活的基本秩序。

事实上，罪犯的人道与社会公众的人道，都是人道主义在刑法中的具体体现。为了保障社会公众的人道，应当对犯罪分子予以必要的处罚，对严重犯罪予以严厉的处罚。但是，对犯罪分子的处罚又以不能违反人道的基本要求为原则，不能侵害犯罪人之为人的尊严和应有的基本权利。因此，宽严相济刑事政策实际上要求在罪犯的人道与社会公众的人道之间寻找到一个理性的契合点，努力把“该宽则宽、该严则严、宽以济严、严以济宽”的理想状态现实化，实现罪犯个人人权保护和公众集体人权保护的协调与统一。

如上所述，宽严相济刑事政策在策略思想上体现了“调和”与“斗争”的哲学，在价值基础和实现保障上，反映了公正和人道的具体要求。但应当指出的是，在公正与人道之间本身也存在一个辩证统一的问题。一方面，从公正的角度看，对严重的犯罪，刑法要求严苛、严厉，以求公正；另一方面，从人道的角度看，人道要求对犯罪分子“宽容”和“仁爱”。因此，从总的方面看，“宽”和“严”是同一范畴的两个侧面，是相对的概念。在哲学基础上，“严”作为来自于公正的范畴，是公正在反犯罪活动中的具体体现，是作为维系社会秩序的最后也是最严厉手段的刑罚的固有属性；而“宽”则来自于人道的范畴，体现了刑罚的社会关系属性。这正如死刑反对者常常指出的那样：当被告人的母亲的泪水混合着被害人的母亲的泪水的时候，强调死刑的公正性还有多大意义呢？公正的实现不应以牺牲人道为代价。如果失去了人道，公正也将失去人心，社会也难以达成和谐。因此，公正与人道在引导刑法的制定和运行过程中是相互制约、相互补充和并行不悖的。公正是刑法运行的基础，人道是公正立法与公正司法的可能范围。这正是宽严相济刑事政策得以立论和实现其目标的哲学基础和保障。

四、宽严相济刑事政策的文化依据

宽严相济刑事政策的提出，还有着深厚传统文化的支持。文化规定了人类的思维与活动方式，构成了一切实践活动的“大舞台”。就犯罪观和犯罪对策观而言，其本身也是社会文化的一个侧面，是一定文化的产物。不仅对什么是犯罪的评断，首先是一种文化上的理解，而且文化也决定着国家和社会反犯罪对策体系的构建。从传统文化角度看，宽严相济刑事政策在我国有着深厚的文化积淀，较突出地体现了我国儒家文化视野下治理犯罪的基本观念。

具体而言，儒家文化中的如下思想是形成宽严相济刑事政策重要的文化渊源。

（一）“宽以济猛，猛以济宽”的治国思想

从含义上看，宽严相济与“宽以济猛，猛以济宽”最为接近。因为“猛”就是“凶猛”，也就是“严”的意思。而“宽以济猛，猛以济宽”的思想早在两千多年前就作为一种治国方针由孔子提出来了。孔子曰：“善哉！政宽则民慢，慢则纠之以猛；猛则民残，残则施之以宽。宽以济猛，猛以济宽，政是以和。”在孔子看来，统治者要想有序治理国家，实现政通人和，就应当遵循“宽以济猛，猛以济宽”的治理原则。可以说，宽严相济政策，在思想渊源上是原来作为治国之术的“宽以济猛，猛以济宽”在运用刑事手段反犯罪活动领域的现代翻版。二者虽然立意和适用范围不同，但其所包含的策略思想则具有明显的历史传承。同时，早期的思想家也已认识到在宽与猛或宽与严之间，不容形成平衡：当严容易，而当宽则难。对此，春秋时期郑国的子产就睿智地指出：“夫火烈，民望而畏之，故鲜死焉；水懦弱，民狎而玩之，则多死焉，故宽难。”① 这也是在长期的实践中，严刑容易被倡导和实施，而轻缓即使倡导也难以真正落实的重要原因之一。

（二）“明德慎罚”、“德主刑辅”的刑罚思想

“明德”也称为“敬德”，意思是发扬德行，崇尚德教。“慎罚”意指用刑要谨慎宽缓，不能滥、酷。“明德慎罚”出自西周平定“三监”之后，当时康叔被封在殷地，上任时周公训诫康叔应像他父亲文王那样“克明德慎罚”之道，践行“敬明乃罚”。② 在成王营建洛邑时，又多次训导成王要“敬德”、“明德”，希望“王

① 《左传·昭公二十年》。

② 《尚书·康诰》。

其疾敬德”。[①]“明德慎罚”的实质是：为了保证天理人伦的宗法等级制度，提倡运用教化道德手段，主张礼刑结合、德刑并用，不要一味单纯地使用刑罚暴力手段。“中国古代社会治理结构表现为礼乐刑政、综合为治的多元综合体系”，[②]“礼作为中国古代法律渊源之一，为中国传统法律打上了深深的伦理道德烙印，为道德的法律化奠定了坚实的基础”。[③] 在对待礼与法的态度上，贤明统治者更重视礼。“惟敬五刑，以成三德”，“朕敬于刑，有德惟刑”。周朝时，周公制礼，不设刑书。周朝“明德慎刑”，以礼治国，成效卓著，出现了“成康之治”的太平盛世，“成康之际，天下安宁，刑错四十年不用”。[④] 就治理社会的策略而言，“明德慎罚”体现了在与犯罪作斗争过程中，要尽量以宽治罪，防止激化矛盾，维护社会稳定。

“明德慎罚”思想后来发展为“德主刑辅”。孔子曰：“道之以政，齐之以刑，民免而无耻；道之以德，齐之以礼，有耻且格。”[⑤] 于此，孔子开始修正单纯依靠礼治理国家的思想，并引入一个更为博大的概念，即“德”。孔子推崇礼德，将刑和政作为下策，而将礼和德作为理想的治国手段。至西汉时，董仲舒明确提出了“德主刑辅”的思想，“德”与“刑”在关系上相辅相成，但在作用上则有主次之分。唐律中明确反映了德主刑辅的思想，“德礼为政教之本，刑罚为政教之用”。

但是，“明德慎罚”绝不是不要刑罚，不要杀戮。《康诰》中周公对康叔说：“告汝德之说于罚之行。”这就是说，要注意实行“威威”，即“我告诉你如何在使用德政的同时使用刑罚的方法”，

---

① 《尚书·召诰》。

② 李方：《浅论礼法传统的社会历史根基——中国古代社会的二元政治格局》，http://www.artx.cn/artx/lishi/87166.html。

③ 马小红：《中国古代法律思想史》，法律出版社2004年版，第302页。

④ 《史记·周本纪》。

⑤ 《论语·为政》。

也就是要镇压那些应当受到镇压的人；在《召诰》中还进一步主张："勿以小民淫用非彝，亦敢殄戮用乂民義"，即希望不要因为小民有放纵行为而用非法之刑，但也要敢用杀戮的办法治理他们。可以说，在"明德慎罚"、"德主刑辅"的治理主张中，实际上已包括了该严则严、宽严相济的朴素思想。

（三）"世轻世重"的刑罚观念

"刑罚世轻世重"，最早见之于《尚书》中的《吕刑》。该书据传是由春秋时儒家创始人孔子编选而成。孔子在该书中提出："张而不弛，文武弗能也；弛而不张，文武弗为也。一张一弛，文武之道也"。[①] 这里所讲的"道"，自然也包括上述适时用刑的基本原则。战国时法家代表商鞅提出："各当时而立法，因事而制礼；礼法以时而定，制令各顺其宜。""治世不一道，便国不必法古。汤、武之王也，不修古而兴；殷、夏之灭也，不易礼而亡"。荀况则提出："治则刑重，乱则刑轻。犯治之罪固重，犯乱之罪固轻也。书曰'刑罚世轻世重'，此之谓也。""征暴诛悍，治之盛也。杀人者死，伤人者刑，是百王之所同也，未有知其所由来者也。刑称罪则治，不称罪则乱。""凡刑人之本，禁暴恶恶，且征其未也。杀人者不死，而伤人者不刑，是谓惠暴而宽贼也，非恶恶也"。[②] 韩非认为："圣人之治民，度于本，不从其欲，期于利民而已。故其与之刑，非所以恶民，爱之本也。""严刑则民亲法"，"亲法则奸无所萌。""故治民无常，唯治为法。法与时转则治，治与世宜则有功。""禁之以名则治，世知、维之以刑则从"。反之，"时移而治不易者乱，能治众而禁不变者削"。"故圣人之治民也，法与时移而禁与能变"。[③]

在以上的论述中，刑罚应依时局不同而有轻重之别的思想得到

---

① 《尚书·吕刑》。

② 《荀子》。

③ 《韩非子》。

了较好体现。一方面，立法要适应形势变化的需要，做到“法与时转则治”；另一方面，司法也要顺应形势，方能达到“治与世宜则有功”。到了西周时期，周公为巩固和加强奴隶主阶级的统治，总结历史经验，主持制定了内容十分广泛的《周礼》。在其《秋官·大司寇》中，首先阐明了“掌建邦之三典，以佐王刑邦国，诘四方。一曰刑新国用轻典，二曰刑平国用中典，三曰刑乱国用重典”。①

由上可见，刑罚“世轻世重”的思想，作为我国宽严相济刑事政策的文化基础之一，主要表现在：

第一，宽严相济刑事政策是根据我国当前的犯罪形势提出的，体现了刑罚“世轻世重”的精神。刑罚世轻世重要求刑罚的轻重要根据当时的形势，尤其是要根据犯罪的形势进行选择调整。在犯罪形势较为严峻的时刻，要注意运用重刑遏制犯罪；犯罪形势较为缓和的时候，应当运用轻刑；犯罪形势不轻不重时，应当运用中等的刑罚。当前我国的犯罪形势，总体而言可谓处于可控范围之内，属于社会治安整体上正趋于好转的“平国之治”，因而在动用国家暴力的模式上，应当选择“中典”。“中典”即意味着刑罚既不能过轻，也不能过重，刑罚轻重要根据犯罪类型和犯罪人个人情况的不同，做到轻重有度、轻重有序。这无疑是宽严相济刑事政策的应有之义。

第二，由于宽严相济刑事政策是对之前的“严打”政策的矫正，而“严打”所着重强调的是重罚，就当前而言，宽严相济刑事政策的贯彻有必要加强其“宽”的一面。这是时势的需要，也是刑罚“世轻世重”在特定时期的特定要求。

从历史的发展来看，单纯依照严刑峻法是难以实现有效统治的。以秦朝为例，“秦用商鞅连坐之法，造参夷之诛，增加肉刑大辟，有凿颠、抽肋、镬烹之刑。至于秦始皇兼吞战国，遂毁先王之

① 《周礼·秋官·大司寇》。

法，灭礼仪之官，专任刑罚，躬操文墨，昼断狱，夜理书，自程决事，日县石之一；而奸邪并生，赭衣塞路，囹圄成市，天下愁怨，溃而叛之”。[①] 秦始皇虽然能“以眇眇之身，兴义兵诛暴乱”，东灭六国，统一天下，由分而合，变乱为治，但其建立秦朝“贵为天子，富有天下，身不免于杀戮者，正倾非也”，严刑酷罚，以民众为仇雠，刑政失民，自取灭亡。因此，在我国与犯罪作斗争的重刑主义模式持续运行了20余年后，有必要立足于构建和谐社会这一大背景，在吸取教训和总结经验的基础上，合理地减轻用刑的强度，以求通过宽严相济地运用刑罚手段，达到促进社会和谐发展的目的。而在宽的具体做法上，传统的刑罚思想也为我们提供了一些有益的借鉴，如“毋庸杀之，故为教之”；[②] 三宥（宥不识、宥过失、宥遗忘）、三赦（赦幼弱、赦老耄、赦蠢愚）；矜老、恤幼；“惩罚非死，人极于病”[③]（即刑罚惩办的是犯罪人的罪恶，不是要置其于死地，而是通过刑罚的惩罚使其感到痛苦，从而改过自新），等等。

总之，从反犯罪活动的策略构想层面看，宽严相济刑事政策所蕴涵的运用刑事手段反犯罪的观念，是直接奠基于我国古代文化中人们对罪与刑的认识积累和实践经验基础之上的。

第二节　宽严相济刑事政策的时代精神

宽严相济作为刑事法治领域全局性的政策在执政党的纲领性文件中得以确立，标志着执政党在与犯罪作斗争的策略构想方面理性程度的重大提升。这一理性转变因其切合当下的时局并且其蕴涵的区别于惩办与宽大相结合政策及“严打”政策的现代刑事政策价

① 《前汉书》卷二三《刑法志》。

② 《尚书·酒诰》。

③ 《史记·殷本纪》。

值观念而具有十分鲜明的时代特征。同时，这一刑事政策的提出虽然是根植于我国本土性经验和社会环境之中的，在历史发展和理论渊源方面与西方刑事政策的发展并无联系，但它本身也同样充分体现了以科学、法治和人道主义为主旨的当代刑事政策基本观念。如何立足于我国刑事政策的历史承接、现实反思和时代的发展这一动态分析，正确把握宽严相济刑事政策的精神实质和基本导向，不仅对于克服当前刑事司法中存在的各种弊端具有重大的现实指导意义，而且对于引领和指导中国刑事司法的和谐发展并进而从整体上推进中国刑事法治的发展水平也具有深远的影响。

一、宽严相济：和谐社会语境下反犯罪策略的必然选择

对“宽严相济”这一似曾熟悉但又久违了的刑事政策，既不应视为是惩办与宽大相结合政策的简单回归，也不应当认为是对“严打”政策的机械否定，而应立足于历史的承接与时代的发展这一动态过程的比较分析，这样才能正确把握其精神实质和基本导向。

刑事政策作为执政者反犯罪意志倾向最鲜明的反映，它直接产生于决策者对当前政治经济形势和犯罪态势的认识和判断，并服务于其他社会政策的推行，以实现国家在不同发展阶段的中心任务。而“社会和谐是中国特色社会主义的本质属性”，[①] 体现了人民的共同愿望，其构建过程“是一个不断化解社会矛盾的持续过程”，是“科学分析影响社会和谐的矛盾和问题及其产生的原因，最大限度地增加和谐因素，最大限度地减少不和谐因素，不断增加社会和谐”的过程。[②] 新中国刑事政策的演变已充分证明，刑事政策的制定，始终是与党和国家完成特定历史时期的中心任务相联系的。这是在把握不同历史时期刑事政策的时代精神时必须注意的一个基

① 《构建社会主义和谐社会的伟大纲领》，人民日报出版社2006年版，第1页。
② 《构建社会主义和谐社会的伟大纲领》，人民日报出版社2006年版，第3页。

本事实。面对不同的犯罪形势，在国家层面应当采取何种理性的反犯罪对策，也只有超越刑事政策本身和其指导下的刑事活动，着眼于时代的主旋律，才能作出正确的回答。

如前述立论所言，宽严相济刑事政策的时代精神，首先就表现在：它适应了构建和谐社会的总目标，并充分反映了在构建和谐社会过程中解决社会问题的总思路。这就是：在经济发展、政治开明以及价值观念多元化、利益格局日益复杂化的今天，社会的治理虽有保持必要的强制性压力的需要，但应首先着眼于尽力疏导和缓解各种社会问题和社会冲突，才能最大限度地增强社会的团结，促进社会持续地健康发展。反映在与犯罪作斗争领域，传统的一味依赖刑罚压制功能的策略不仅与犯罪规律不相符合，而且在现实条件下还会在很大程度上进一步激化或扩散社会矛盾与冲突。着眼于构建和谐社会的大目标，在刑事政策观念上，必须确立只有宽严并举、宽严互补方能充分发挥刑罚区别于其他犯罪控制手段的特殊功能的策略思想；在指导刑事立法、刑事司法以及行刑原则上，必须坚持对多数犯罪和多数犯罪人侧重于宽松和轻缓的方面、对少数犯罪和少数犯罪人则应着重考虑严厉和严格方面的原则，方有助于尽量缓解和抑制犯罪人与社会之间的冲突以及犯罪人与被害人方面的紧张状态；方能在尽量修复或抚慰已经遭受破坏的社会关系的同时，彰显出社会的正义与宽容，使刑法的运行过程不至于在貌似依法治罪的大旗下为社会的发展埋下更多的不安定隐患，真正成为减少不和谐因素的能动力量。

可以说，宽严相济刑事政策的提出，是在中国综合国力和国际影响力不断提升的大背景下，体现执政党驾驭中国改革发展的能力和有效治理社会的信心都在不断增强的一个重要侧面。创建和谐社会，作为中国改革发展到现阶段的现实目标，得到了执政党在政治上的确认与认同。而这一目标的确立，为提出和贯彻宽严相济刑事政策奠定了坚实的社会和政治基础，并赋予了宽严相济刑事政策顺潮流、合时宜的强大生命力；而宽严相济刑事政策在反犯罪活动中的全面落实，则是遏制或消除社会不安定因素、促进社会团结的不可或缺的最后保障措施。这是全面理解宽严相济刑事政策的时代精神和正确把握其具体要求的根本所在。

总之，只有始终紧扣有利于促进社会和谐这一时代主题来探讨宽严相济政策的精神实质，在理论上才能避免就事论事和无的放矢的文字游戏，在实践中才能在深刻认识宽严相济刑事政策与先前的惩办与宽大相结合政策以及"严打"政策的关系的基础上，提高全面贯彻落实这一政策的自觉性。

二、宽严相济：对"严打"政策的规正

20余年来的司法实践已经证明：重刑主义所追求的遏制和减少犯罪的预期并没有实现。在"严打"的高压态势下不仅所面临的仍然是犯罪现象符合规律的变化态势，而且由此对作为刑事法治基石和构建和谐社会基本条件的法律正义、司法公正，所造成的负面效应也日益凸显。作为一种反犯罪国家对策，一味"从重、从快"的政策思路，已日益走到尽头。面对这一现状，作为理性的觉醒，在惩治犯罪中提倡宽严相济精神，就成为一种求真务实的时代性选择。

具体地说，宽严相济刑事政策虽然包含了"严"的方面，但这里的"严"绝非"严打"政策的简单翻版或承袭，而是在价值取向和运行基础以及运行方式等方面对"严打"政策的纠偏和改正。

(一) 宽严相济规定着"严打"运行的基本轨迹

就宽严相济刑事政策本身的立论基础和科学性而言，它应当是适用于运用刑事手段治理所有犯罪的基本刑事政策，而"严打"是只适用于在各种犯罪形态中的"严重犯罪"和各种犯罪人中的"危险犯罪人"的具体政策。因此，就政策位阶而言，宽严相济刑事政策居于上位，对"严打"政策具有统辖作用，它规定着"严打"的可能方法、路径以及限度。同时，相对于"严

打”政策，宽严相济刑事政策中的“严”，也是对“严打”政策不符合时代发展和法治精神方面的一种矫正，使“严打”得以回归到宽与严的辩证统一关系之中。因此，“严打”政策必须受宽严相济刑事政策中的“严”的节制和调控，对严重犯罪的严厉打击，只能在宽严互补、相互促进的框架内展开。这是目前在理性把握官方立场上仍然处于并行状态的两种刑事司法政策关系的重要前提。

（二）宽严相济提升了“严打”的政治与策略意境

单纯的“严打”政策，不仅策略意义不强，而且更与现阶段的政治意境不相符。一方面，对犯罪在不加以科学而严格的区别情况下过分依赖惩罚的严厉性，不仅无助于遏制严重犯罪的发生与犯罪的增长，导致法治基础的削弱，而且也不可避免地会增加社会中的对抗因素和放大犯罪的负面影响。其实际的社会效果，显然与努力减少社会中的不和谐因素的政治目标是直接对立的。另一方面，在宽严相济刑事政策视野下，由于宽与严两方面的辩证关系，即宽既是刑罚发展的基本趋势，也是严的基础，而严则是宽的必要补充和保障，决定了宽与严在应有意义上不可能偏废某一方面，而只能在相互支撑和补强的模式中运行，这在组织反犯罪活动的策略意义上无疑已高于将“宽”的一面置于从属甚至可有可无境地的“严打”政策。同时，宽严相济刑事政策本身与犯罪规律的高度符合性也决定了，只有全面实施这一政策，作为刑事政策目标的规范性载体和重要保障手段的刑法（刑罚），才能完成时代赋予其的使命：刑法的实施过程应成为不断减少社会对抗和促进社会团结的过程。为此，运用刑罚手段治理犯罪时，应最大限度地减少因刑罚的运用可能产生的强化社会对抗、扩散社会冲突的负面效应，最大限度地增加刑罚适用促进社会公平和限制、缓和社会冲突、平复社会关系的积极功效。可见，只有当“严打”被纳入“宽严相济”的范畴中时，它才能获得新的策略意义和政治意境。

(三) 宽严相济改变“严打”政策指导下的重刑主义司法模式

由于“严打”政策长时间的强力推行，实践中决策机关和司法部门在刑法的实施中，逐渐形成了强调严厉打击方面多、注意“从宽”方面较少的思维惯性和办案模式。在“稳、准、狠”的“严打”要求中，更是习惯于在“狠”字上下工夫，尤其在审理规定有死刑的重大犯罪案件时，不是优先考虑有无适用无期徒刑的可能，而是先将适用死刑作为基点，然后再去看有无不用立即执行而适用死缓或者适用无期徒刑的法定根据。① 这种由重到轻倒置的重刑主义思维，虽然满足了对刑罚威慑价值的极力追求，却使被告人的基本人权处于十分危险的境地。而宽严相济刑事政策虽然包含有依法当严则严的内容，但在旨趣上具有在强调保持刑罚适用宽严适度、宽严互补的前提下，更注重罪行认定和刑罚处罚的轻缓一面，即能不定罪的就不定罪，能够较轻缓处理的就轻缓处理，尽量避免刑罚权的滥用和遏制刑罚的副作用，以此矫正惩治犯罪一味强调从重从快、从重处罚而忽视对犯罪人从宽处理的可能性、使刑罚的教育感化功能难以充分发挥的非理性倾向。

对司法者而言，宽严相济刑事政策的核心思想在于：一方面，在运用刑罚的尺度上，应针对社会危害性严重程度不同的犯罪予以严厉性程度不同的刑罚处罚，即对多数比较轻微的犯罪，应坚持可不捕的坚决不捕、可不起诉的坚决不起诉、可不定罪的坚决不定罪、可从轻处理的坚决从轻处理；而对少数严重犯罪和危险犯罪人，则应坚持严格追诉、严厉制裁和从严管束。另一方面，在办案思维上，必须有坚守宽与严的事实依据和法律依据的信念，避免出现宽大无边或严厉过苛的错误倾向。同时，案件的处理虽然不能完全脱离当地当时的具体形势，但在基本的尺度方面应避免出现时宽

① 有关这方面的实际考察，可参见吴大华、王飞：《限制死刑的理性思考》，载赵秉志主编：《刑法评论》第8卷，法律出版社2005年版；王利荣：《限制死刑的司法途径》，载赵秉志主编：《刑法评论》第8卷，法律出版社2005年版。

时严和宽严失度的现象。

除了具有实体法上的指导意义外，宽严相济政策同样强调了“有罪定罪、无罪放人”的无罪推定的思想，具有着力纠正“严打”政策下证据采信把关不严、常常依据“优势证据”定罪甚至定死罪的错误做法的意义。由于“严打”政策具有强烈的追求打击犯罪的效率和力度的司法导向，长期的实践在很大程度上培育或强化了司法者重实体、轻程序以及重有罪、罪重的证据而轻无罪或罪轻的证据的思维定式。司法实践中，人为地降低有罪认定的证明标准、凭借有罪的优势证据（通常表现为在法律上只能确认被告人有重大犯罪嫌疑）定罪（包括死罪）的情形屡见不鲜。[①] 从根本上看，这是在司法观念上确认在“有罪”与“无罪”之间，还存在第三种事实状态——“疑罪”。而“有罪定罪、无罪放人”所表达的鲜明主题是：罪行之有无，作为一种诉讼事实，只能依靠法定证据予以认定；在有罪和无罪之间，不存在任何中间状态，只要涉嫌犯罪事实不能依法确证，无论有多大犯罪嫌疑，都必须无条件地认定为无罪。而这正是对“疑罪从有”、“疑罪从轻”或“疑罪从挂”所体现的“不怕错案，就怕错放”错误思想的有力否定。

---

① 如1985年5月，彭真同志在5大城市治安座谈会上的讲话中曾指出，一个案子只要有确定的基本证据，基本的情节清楚，就可以判。参见林亚刚、赵慧：《死刑案件中的证据采信》，载赵秉志、邱兴隆主编：《死刑正当程序之探讨》，中国人民公安大学出版社2004年版，第427页。这实际上是对诉讼法规定的证明标准的一种人为的降低。就一般案件而言，如果这里的“确定的基本证据”对应于犯罪构成事实，“基本的情节清楚”对应于量刑根据，应该说只要严格坚持这一标准，也不会出大错。但“基本”一词在中国的习惯语境中，常常与“大致差不多”等非确定性用语混同，伸缩空间极大，作为刑事证明标准十分不严谨，本身就潜伏着巨大的被司法者误用的可能性。而在重刑主义环境下，这种误用往往会造成现实的灾难性后果。近年来为媒体披露的重大冤假错案，也证明了这一点。

三、宽严相济：惩办与宽大政策的新发展

惩办与宽大相结合，是党和国家长期坚持的一项惩治犯罪的基本刑事政策。[①] 这一政策作为对敌斗争的一种策略，其较完整的含义最早见于1947年10月毛泽东同志起草的《中国人民解放军宣言》中所作的如下指示："对于蒋方人员，并不一概排斥，而是采取区别对待的方针。这就是首恶者必办，胁从者不问，立功者受奖"。[②] 这一表述的核心思想在于：强调区别对待，即对敌对分子应区别不同情况予以轻重不同的处理，而不能一概强调镇压。1950年7月23日由政务院和最高人民法院联合发布的《关于镇压反革命分子活动的决议》，以法令的形式确认了"镇压与宽大相结合"的这一基本政策。[③] 自1951年开始，新中国最初的"三部单行刑法"[④] 先后颁布实施，在惩治犯罪方面初步有法可依。随着社会主义和平建设事业的发展，在与犯罪作斗争方面，就不仅仅是逐步肃清反革命分子的问题了。在这种背景下，"镇压与宽大相结合"也就开始演变为具有刑事政策语境的"惩办与宽大相结合"；"党在'肃反'斗争中的严肃与谨慎相结合的方针，体现在对待反革命分子的政策上，就是惩办与宽大相结合的政策，它的具体内容是：首恶必办，胁从不问，坦白从宽，抗拒从严，立功折罪，立大功受

---

① 目前，理论上往往将惩办与宽大相结合政策理解为国家治理犯罪的基本刑事政策，这是不够准确的。因为该政策涉及的只是事后的刑事惩治方面，而并未涉及预防犯罪。作为一国的基本刑事政策，必须包含事前预防与事后惩治两方面，并且预防是最根本、最重要的方面。如果将惩办与宽大相结合政策视为基本刑事政策，必然会导致治理犯罪方略上的本末倒置。就现阶段而言，只有社会治安综合治理才能称为党和国家的基本刑事政策。

② 《毛泽东选集》（合订本），人民出版社1964年版，第764页。

③ 参见张希坡编：《中华人民共和国刑法史》，中国人民公安大学出版社1988年版，第145页。

④ 即《惩治反革命条例》（1951年2月21日）、《妨碍国家货币治罪条例》（1951年4月19日）和《惩治贪污条例》（1952年4月21日）。

奖。惩办与宽大，两者是密切结合不可偏废的。”① 由此，适用于所有犯罪并直接指导刑事立法和司法的惩办与宽大相结合政策及其基本内容得以定型。②

惩办与宽大相结合政策的基本精神，最重要的就是强调应针对犯罪的不同情况，区别对待。“惩办与宽大相结合的政策首先强调的是对犯罪分子要根据不同情况，主要是犯罪行为在客观上的社会危害程度和主观恶性程度，实行区别对待，处罚有轻有重，体现政策”。③ 同时，仅从字面上也能分辨出，该政策包含了从严与从宽两方面的要求。这些内容无疑都包含在宽严相济刑事政策之中，但不能就此认为宽严相济就是惩办与宽大相结合的简单回归。④ 现今的宽严相济刑事政策虽然继承了“惩办和宽大相结合”政策的合理内容，但从策略意境、法治基础和政治目标上看，可视为一种全新的刑事政策。

首先，“宽”与“严”的意境不同。在当代刑事政策语境下，宽严相济刑事政策中的“宽”与“严”，不仅包含有深刻的人文精神，而且是以对犯罪原因和刑罚功能的理性认识为前提和基础的。因此，这里的“宽”不仅包括司法层面上应当重视各种轻缓化的处置措施，而且首先是与立法层面的非犯罪化、非刑罚化和非监禁化联系在一起的。进一步说，应然意义上的“宽”，包含着宽其应

---

① 1956年公安部部长罗瑞卿在党的八大第一次会议上的发言，载《人民日报》1956年9月20日。

② 这一刑事政策后来成为创制1979年新中国第一部刑法的基本依据。在这一政策指导下，该刑法从总体上讲打击重点突出、罪刑配置比较合理，在死刑适用上，表现出了比较谨慎和宽容的理性态度。尤其是对普通刑事犯罪的死刑设置，与中国后来于1998年10月签署的《公民权利和政治权利国际公约》第6条第2款“在未废除死刑的国家，判处死刑只能作为对最严重的犯罪的惩罚”的规定是比较接近的。

③ 肖扬主编：《中国刑事政策和策略问题》，法律出版社1996年版，第73页。

④ 有学者认为宽严相济是惩办与宽大相结合政策的题中应有之义，是注意到了二者的基本词义而忽略其提出的时代意境。参见陈兴良：《宽严相济刑事政策研究》，载《法学杂志》2006年第1期。

当和可以“宽恕”的绝大多数犯罪，尽量减少或减缓对社会生活的刑事干预、努力促进社会和谐的理念。而惩办与宽大相结合中的“宽大”，受制于时代局限，虽然也有节制立法上犯罪化的规模和犯罪化的程度的功能，但其侧重于强调司法中惩治犯罪人时，要注意从轻发落和宽大处理；并且在确认阶级斗争依然存在的年代，这种宽大，虽然也包含有感化人和挽救人的人文意境，但同时也是出于孤立少数的对敌斗争策略需要。就“严”而言，宽严相济中的“严”，既指立法上的刑事法网严密、刑事责任严格，[①] 也指执法严肃、用刑严厉。而惩办与宽大相结合中的“惩办”，主要是从首恶者必办意义上提出的，也即是指对严重犯罪者必须严厉惩罚。

其次，“宽”与“严”的法治基础不同。宽严相济刑事政策是在罪刑法定原则下展开的，无论是从宽还是从严，都只能以现行法律确立的基本原则和具体规定为限，不能脱离法律规范谈“宽”与“严”的问题。而惩办与宽大相结合政策本身不仅曾经一直是办理犯罪案件的主要依据，而且即使在1979年刑法中，也是在容许类推的情况下展开的，其严与宽均有突破法律规定的制度基础。从这点上讲，二者所体现的法治理念也有所不同。此外，在惩办与宽大相结合刑事政策中，还包含有首恶必办、胁从不问、坦白从宽、抗拒从严、立功折罪、立大功受奖的内容，这其中的胁从不问、抗拒从严等内容明显与法治精神相冲突，而在宽严相济刑事政策中，则是排斥这一做法的。

再次，“宽”与“严”的关系不同。虽然惩办与宽大相结合政策包括了宽与严两个方面的要求，并且也要求二者必须有机结合，不可偏废，但从逻辑结构看，惩办在前，宽大在后；从价值取向看，这两个方面“对犯罪分子来讲，也不是等量地适用。由于犯罪分子的行为危害了国家和人民的利益，触犯了刑律，因而首先应

---

① 参见储槐植：《刑事一体化与关系刑法论》，北京大学出版社1997年版，第306页。

该考虑对其给予应有的惩罚，即应当予以惩办，在这一前提下，再分别不同情况，予以宽大处理”。[①] 因此，在惩办与宽大相结合的刑事政策语境中，惩办是基础，而宽大是惩办的必要调节或补充。从指导思想上看，首先是对犯罪的打击和对犯罪人的惩办，其次才是保障人权，二者难以等量齐观。而在宽严相济刑事政策语境下，首先考虑的则是出罪化、轻刑化和非监禁化的必要性，即宽是基础、是前提。只有当于行为性质、危害程度及行为主观恶性和人身危险性诸方面考虑，均不应轻缓处理时，才会考虑犯罪化和施以较严厉的处罚，因而体现了更加强调人权保障的价值取向。总之，较之惩办与宽大相结合，宽严相济既强调刑法的谦抑性和最后手段性，也不忽视刑法防卫社会的积极功能；既强调应首先注意对犯罪（人）从宽的可能，也注重对少数凶恶犯罪（人）予以严厉制裁，因而更能体现打击犯罪与保障人权二者之间的平衡，更有利于发挥刑罚的积极功能。同时，在宽严相济的逻辑结构中，包含了宽是基础、是趋势，严是宽的保证和必要补充的理念。而这一理念，既为迄今为止的人类全部刑法发展史所证明，也与人类控制犯罪的实践相符合。因此，宽严相济理应成为引领和谐社会刑事法治的基本刑事政策。

总之，宽严相济作为在新时期应当践行的惩治犯罪方面的基本刑事政策，虽然就当前而言，其主要是着眼于在司法层面矫正“严打”的偏颇方面而提出的，但从治理犯罪的基本思路看，它不仅代表了一种与“严打”在价值取向上有着根本区别的刑事政策理念，而且因其提出的时代背景不同，在继承惩办与宽大相结合政策的基本精神的同时，还具有更多的与时俱进的新内容。

---

① 参见杨春洗主编：《刑事政策论》，北京大学出版社 1994 年版，第 237 页。

第三节 宽严相济刑事政策与国际趋势的呼应

宽严相济刑事政策虽然同西方的“两极化”刑事政策趋势有某些相同之处，但两者并没有渊源关系。我国的刑事政策具有本土化的发展轨迹，它根源于党和国家同犯罪活动作斗争的丰富实践经验，并始终与完成特定历史时期的中心任务相联系。

从本土的视角看，除了在我国历史文化中也蕴涵有宽严相济的思想外，在法治和人权保障成为当今世界各国刑事政策普适性指导原则以及构建和谐社会的时代背景下，宽严相济刑事政策作为对现阶段犯罪形势的回应，既是惩办与宽大相结合政策在新时期的发展，也是对“严打”政策的理性矫正或扬弃。而从刑事政策发展的世界趋势看，宽严相济刑事政策的提出，很大程度上契合了刑事政策的时代精神。因此，全面阐述“两极化”刑事政策的发展背景，对于进一步科学把握宽严相济刑事政策的基本精神，并在此基础上提出中国刑法的构想无疑具有启示和借鉴意义。

一、“两极化”刑事政策产生的背景

“两极化”刑事政策（polarized criminal policy），简单地说，就是刑事政策在轻重两极上呈现两极化趋势，即对严重的犯罪，采取更为严格的刑事政策；对轻微的犯罪，采取更为宽松的刑事政策。我国有学者将“两极化”刑事政策概括为：对于重大犯罪及危险犯罪，采取严格的刑事政策；对于不需要矫治或者有矫治可能的犯罪，采取宽松的刑事政策。[①] 也有学者将这种刑事政策描述为“轻轻重重”的刑事政策，即对轻微犯罪施加较为轻微的处罚，对

① 刘东根：《两极化——我国刑事政策的选择》，载《中国刑事法杂志》2002年第6期。

严重犯罪施加较为严厉的处罚。① 实际上，也正是“轻轻重重”的两极趋势，构成了西方的“两极化”刑事政策。日本学者森下忠指出：第二次世界大战后，世界各国的刑事政策朝着所谓“宽松的刑事政策”和“严厉的刑事政策”两个不同的方向发展，这种现象称为刑事政策的两极化。②

当然，“两极化”刑事政策在世界各国的产生也是一个长期渐进的过程，这其中既有理论的反思，也有实践的需要。可以说，各种因素的综合作用催生了刑事政策的这种两极化趋势。因此，对“两极化”刑事政策背景的探讨，自然也离不开社会这个大背景，但同时更需要考虑刑事司法实践和刑事司法理论的现实发展。

（一）实践背景：以刑事干预的不对称性满足日益复杂的犯罪斗争的实际需要

犯罪是社会矛盾的集中体现。刑事政策则是因应犯罪斗争的实际需要而产生的。自第二次世界大战至今，犯罪的发展呈现日益复杂的局面。“两极化”刑事政策正是为了更好地运用刑罚应对日益复杂的犯罪斗争需要而采取的一种不对称性刑事干预。

近现代以来，西方犯罪形势的发展与以前相比，一个重大的变化就是犯罪形势日益复杂化。一方面，严重犯罪呈现高压态势。在20世纪70年代以后，西方国家开始呈现犯罪高压态势，犯罪数量呈大幅度增长，特别是有组织犯罪、恐怖犯罪、毒品犯罪、严重暴力犯罪等危害社会秩序、安定及民生安宁的犯罪呈高发态势；同时，罪犯出狱后的累犯、再犯率增加。以美国为例，据统计，1993年至2004年，向警方报告的犯罪案件比例大幅上升，其中暴力犯罪案件的报案率从42%上升到50%，侵财犯罪案件的报案率从34%上升到39%。2004年，暴力犯罪案件的报案率约为50%，其

① 储槐植：《刑事一体化与关系刑法论》，北京大学出版社1997年版，第169页。

② ［日］森下忠著：《犯罪者处遇》，白绿铉等译，中国纺织出版社1994年版，第4页。

中抢劫犯罪案件（61%）、严重暴力攻击犯罪案件（64%）的报案率最高，强奸、轻微暴力攻击犯罪案件的报案率分别为36%和45%。侵财犯罪案件的报案率为39%，其中盗车案件的报案率（85%）最高，入室盗窃和家庭盗窃案件的报案率分别为53%和32%。同年，女性暴力犯罪受害者比男性暴力犯罪受害者的报案率高，而两类群体侵财犯罪案件的报案率相当。① 犯罪态势的变化直接影响着刑事政策的变化，基于因应、预防犯罪及维护社会安宁的需要，西方各国开始对这些严重的刑事犯罪采用严厉的刑事政策。

另一方面，轻微犯罪呈现相对趋缓的形势。轻微犯罪，主要是指行为社会危害性较小、行为人（如属于初犯、偶犯、未成年人以及智力和身体有缺陷的人等）主观恶性不大的犯罪，或者可能判处3年以下有期徒刑刑罚的犯罪。② 从世界各国的犯罪情况看，各国的犯罪整体形势变化不大，有些国家的犯罪形势还呈现下降的趋势。根据美国2000年的“正式犯罪报告”（UCR）显示，近几年各类刑事犯罪虽然有升有降，但在总体上呈下降趋势，尤其是1995年以后，能够比较准确地反映社会犯罪状况的犯罪人数的百分比在明显下降。1998年各类犯罪（不包括纵火罪）人数是12 485 714人，每10万居民中有4 619.3人。1999年各类犯罪（不包括纵火罪）人数11 635 149人，比1998年下降6.8%，每10万居民中有4 266.8人，比1998年下降7.6%。③ 总体犯罪形势下降，严重犯罪的比例又有所上升，因此，我们基本上可以作出这样的判断，从总体上看，轻微犯罪的形势呈现一种下降的趋势。在这种犯罪形势下，西方国家针对一些轻微犯罪采取了一种宽松的刑事政策。

可以说，正是这种轻重交错的犯罪形势，催生了西方的“两

① 陈枫：《美国2004年犯罪情况》，载《公安研究》2006年第3期。
② 魏平雄、陈勇：《轻微犯罪刑事政策研究》，载《公安研究》2007年第7期。
③ 赵克：《美国刑事犯罪状况》，载《公安研究》2001年第9期。

极化”刑事政策。在严厉的刑事政策指导下，刑罚被赋予重任，承担起了控制严重犯罪的主要任务。而在宽松的刑事政策指导下，出现了刑事立法上的“非犯罪化”、刑事司法上的“非刑罚化、程序简易化”、刑事执行上的“非机构化、非监禁化”趋势，刑罚在防控轻微犯罪中被置于一种相对次要的地位。这种重罪、轻罪中的刑事干预的不对称性，是西方国家顺应犯罪形势日益复杂的需要。

（二）理论背景：反思性“多元理论”的大力推动

“两极化”刑事政策的产生，不仅有其实践背景，是犯罪斗争实际需要的体现，而且有其理论背景，受到了反思性“多元理论”的大力推动，表现为古典学派的“自由意志论”和刑罚价值的回归；实证主义的“危险人格”和社会防卫理论的相应确认；对20世纪60年代以来当代犯罪学社会反应理论和犯罪被害人理论以及世界范围内日益普及的人权保障观念的吸收。

第一，“两极化”刑事政策使古典学派的“自由意志论”和刑罚价值得到新的回归。18世纪的犯罪古典学派是西方启蒙运动的产物。犯罪古典学派的主要代表人物有意大利学者贝卡里亚、英国学者边沁和德国学者费尔巴哈。古典学派认为，任何人都有同样的意志自由，都能根据自己的意愿作出选择，由于个人意愿和外部条件的不同，人们既有可能选择犯罪行为，也有可能选择守法行为。犯罪行为是个人自由选择的结果，正因为犯罪行为表现了犯罪人的自由意志，故犯罪人应当对其自由选择的犯罪行为承担责任。与此同时，古典学派认为，刑罚具有抵消因犯罪而获得的利益或快乐，从而起到预防犯罪的作用。因此，刑罚所造成的痛苦或损失不能小于犯罪所带来的快乐或利益。① 由于19世纪中叶以后，社会上的犯罪不仅没有因古典学派所倡导的刑法改革而减少，相反，犯罪现象日趋严重，引起了政府和公众的普遍担忧，因此古典学派的理论逐渐被削弱。随着实证主义学派的兴起，古典学派的意志自由理论

① 吴宗宪著：《西方犯罪学》，法律出版社1999年版，第40页。

和刑罚价值论逐渐为实证主义学派所取代。不过，第二次世界大战以后，对于刚刚遭受纳粹暴行的人们来说，个人自由似乎更加宝贵，并且保护人的尊严以及把对人的尊重作为一个新的关注点而被提到了首要地位。刑事古典学派的自由意志论和刑罚价值又重新为人们所认识。刑罚在预防严重犯罪中的作用重新为政府和公众所重视。古典学派这种理论的回归，对“两极化”刑事政策中刑罚作用的回归起到了重要的理论推动作用。

第二，“两极化”刑事政策源于实证主义的“危险人格”和社会防卫理论的相应确认。实证主义犯罪学派是在 19 世纪中期以前的生物科学、实证主义哲学、进化论学说和精神病学迅速发展的基础上于 1876 年诞生的。实证主义犯罪学学派的基本观点有：（1）排斥犯罪和刑事诉讼程序的法律概念，而用以治疗模式为基础的个别化司法来代替；（2）排斥刑罚，而用矫正治疗来代替；（3）排斥自由意志，而用科学的决定论来代替；（4）排斥对刑罚的研究，而用对个别犯罪人和他的医学、心理学和社会特征的研究来代替。[①] 实证主义学派认为，犯罪人的性格如何，是科刑的最重要的标准。龙勃罗梭认为，犯罪是由犯罪人各自不同的生理的、心理的特征所造成，因而犯罪人的主观危险性是各不相同的，所以对犯罪人判处刑罚的轻重，不能根据犯罪行为即犯罪事实的大小来确定，而应根据犯罪人的人身危险性的大小来决定。李斯特将刑罚处罚的中心归结为犯罪人，特别是他的性格或心理状况，认为应以犯人的性格、恶性、反社会性为标准，个别地量定刑罚。[②] 基于犯罪人的危险人格，实证主义学派提出了社会防卫论。加罗法洛是社会防卫概念的最先倡导者之一。他认为，刑罚的主要目的是阻止犯罪人重新犯罪，从而保卫社会，而不是改造或矫正犯罪人，使其变成一个更好

① 吴宗宪著：《西方犯罪学》，法律出版社 1999 年版，第 127 页。

② 马克昌主编：《近代西方刑法学说史略》，中国检察出版社 1996 年版，第 143 页。

的人。主张应当根据对犯罪人的恐怖性判断来适用刑罚，所处的刑罚应当与犯罪人将来对社会所具有的危险性相适应。[①] 尽管后来认为实证学派的一些观点也过于偏激，不甚符合与犯罪作斗争的现实需要，但是总的来说，实证学派的“危险人格”和社会防卫理论还是得到了相应的确认，并得到了进一步发展。实证学派的社会防卫论后来被安塞尔发展成为新社会防卫论。新社会防卫论认为，刑罚的目的不再是报应，也不是威慑，而是防卫社会。新社会防卫论的目的是：研究犯罪问题，并将犯罪问题与预防犯罪体制相联系，包括改造罪犯，改革现有刑罚制度和防止重新犯罪；认为新刑法的“人道化”应成为一种发展趋势；刑事政策的着眼点是对犯罪的个人预防，而不是对犯罪的一般预防。由于新社会防卫论与传统的社会防卫论区别开来，因而形成了自己的特点。新社会防卫论作为刑事政策体系的特点，主要有三：（1）“灵活运用责任观念”；（2）改良刑罚；（3）要求刑罚与保安处分一元化。[②] 在这种理论的推动下，“两极化”刑事政策中宽松的刑事政策和严厉的刑事政策都得到了一定的发展。

第三，“两极化”刑事政策是对20世纪60年代以来当代犯罪学社会反应理论和犯罪被害人理论以及世界范围内日益普及的人权保障观念的吸收。

除了古典学派的“自由意志论”和刑罚价值得到新的回归、实证主义的“危险人格”和社会防卫理论的相应确认，“两极化”刑事政策的产生还是对20世纪60年代以来当代犯罪学社会反应理论和犯罪被害人理论以及世界范围内日益普及的人权保障观念的吸收。

首先，社会反应理论认为，不是偏离行为引发了社会控制，相反，正是社会控制本身导致了偏离行为；偏离行为并不是行为人实

---

① 吴宗宪著：《西方犯罪学》，法律出版社1999年版，第185页。

② 康树华：《新社会防卫论评析》，载《贵州社会科学》1992年第2期。

施的行为真正具有偏离性，而是行为人之外的第三人适用规则及制裁于“违法者”的结果。社会反应理论是相互作用理论（标签论）、冲突理论和批判犯罪学的集合体。综合而言，社会反应理论，注重从政治、经济、文化、自然等宏观角度研究作为社会现象的犯罪的规律、结构、表现形式、发展趋势及成因；注重分析作为个体现象的犯罪行为的生成过程；并提出了改良犯罪对策的建议及有效预防犯罪的措施和手段。社会反应理论将犯罪学的注意力引向对越轨行为和犯罪行为的社会反应、裁决过程及其刑事立法和司法上面，从“刺激者”和反应者的互动关系中探讨犯罪生成的原因。[①] 社会反应理论对社会现实的关注和对刑事司法的注重，为“两极化”刑事政策的提出和运用提供了一定的理论支持。

其次，犯罪被害人理论的发展促使了“两极化”刑事政策，尤其是宽松刑事政策的产生。1941 年，德国犯罪学家亨蒂希发表了《论作案者与受害者之间的相互影响》一文，率先提出被害人在犯罪学研究中的地位，他认为“在犯罪进行过程中，受害者不再是被动的客体，而是主动的主体”。[②] 随后，被害人学在西方国家日益受到重视。从研究内容上看，最初，被害人学研究的重点是被害人与犯罪人之间的互动关系，旨在从被害人角度提出犯罪预防的措施。20 世纪 60 年代之后，被害人的刑事保护逐渐成为被害人学的主要内容。[③] 日本学者大谷实认为，保护被害人的刑事政策上的意义在于，维持、确保国民对刑事司法在内的法秩序的信赖，由此而对预防犯罪和维持社会秩序作出贡献；相对于被害人保护的本

---

① 张远煌著：《现代犯罪学的基本问题》，中国检察出版社 1998 年版，第 10、57 页。

② ［德］汉斯·约阿希姆·施奈德著：《犯罪学》，吴鑫涛等译，中国人民公安大学出版社 1990 年版，第 815 页。

③ 马静华、罗宁：《西方刑事和解制度考略》，载《福建公安高等专科学校学报》2006 年第 1 期。

体目标，推进犯罪人重返没有敌意的社会只是它的附属效果。[①] 不过，从当时的社会实践看，保护被害人的目的并没有得到完全的实现。英国的法改革者 Margery Fry 感到在刑事司法过程中不能无视被害人，提出应赔偿被害人，并着力于罪犯与被害人的和解。[②] 正是在这种理论的推动下，着力于轻微犯罪人与被害人之间的和解、谅解的宽松刑事政策的理念日益受到了重视。

再次，"两极化"刑事政策的提出和发展也受到了西方人权保障观念的影响。人权是人依其自然属性和社会本质所享有和应当享有的权利。从文艺复兴时期反对"神权"争取"人权"的思想解放运动，到宗教改革运动的消灭信仰的奴役制，确立个人宗教信仰自由；从洛克的"天赋人权"到卢梭的"公民权利"；从1776年美国的《独立宣言》到1789年法国的《人权和公民权宣言》，西方人权理论与实践经历了一个从萌芽、启蒙到形成理论体系再到成为明确的政治法律概念的形成发展过程。[③] 犯罪嫌疑人、被告人、罪犯是社会上的一个特殊群体，其人权是社会人权的重要组成部分。这部分人的人权理论与实践也是伴随着资产阶级的人权理论与实践的产生与发展而建立和完善起来的。在刑事诉讼法和刑事执行法领域，犯罪嫌疑人、被告人、罪犯的权利保障力度都得到了不同程度的加强。犯罪嫌疑人、被告人和罪犯作为人的权利，无论是在刑事实体法、刑事程序法中，还是在刑事执行法中都有所体现。未成年人、偶犯、初犯以及有各种从宽情节的犯罪分子，都能在法律上得到宽待。宽松的刑事政策在西方各国都得到了不断的发展。

总体而论，"两极化"刑事政策体现了当代刑事政策的如下主旨：刑事政策是建立在多元理论基础之上的旨在解决对广义犯罪现象的打击与预防所提出问题的社会和法律战略。立足本国实际，借

---

① ［日］大谷实著：《刑事政策学》，黎宏译，法律出版社2000年版，第309页。

② 刘凌梅：《西方国家刑事和解理论与实践介评》，载《现代法学》2001年第1期。

③ 柳忠卫：《试论罪犯的人权保障》，载《中国人民大学学报》2002年第5期。

鉴“两极化”政策构想，应将“宽严相济”定位于整个犯罪控制体系中刑事控制之基本政策。

二、“两极化”刑事政策指导下的西方立法与司法实践

在“两极化”刑事政策的指导下，西方国家在刑事立法和刑事司法方面，都进行了一些变革。大体而言，严格刑事政策从保护社会秩序出发，采取报应刑思想，适用对象是重大犯罪、有组织犯罪、恐怖主义犯罪、累犯等，基本策略是刑事立法上的“入罪化”、刑事司法上的“从重量刑、特别程序和证据规则”和刑事执行上的“隔离与长期监禁”。宽松刑事政策从特别预防和刑法谦抑主义出发，采取教育刑思想，适用对象是轻微犯罪、无被害人犯罪、偶犯、初犯、过失犯等，基本策略是刑事立法上的“非犯罪化”、刑事司法上的“非刑罚化、程序简易化”、刑事执行上的“非机构化、非监禁化”。[①] 具体而言，“两极化”刑事政策对西方立法与司法实践的指导主要体现在以下两个方面。

（一）严格刑事政策下的西方立法与司法实践

在严格刑事政策的指导下，西方国家针对一些严重的刑事犯罪，无论是在刑事立法上还是在刑事司法中都采取了一些严厉的措施。这一方面是为了防止这些严重的犯罪分子在短期内出狱危害社会，另一方面也是为了更好地惩治罪犯，同时实现刑罚对社会的一般预防目的。

1．严格刑事政策指导下的西方刑事立法

在刑事立法方面，西方国家受严格刑事政策的影响，出现了对严重刑事犯罪人实施严厉刑事处罚的倾向，具体而言，主要体现在以下两个方面：

---

① 许福生著：《刑事法讲义》，2001年3月版，第29页；郑善印：《两极化的刑事政策》，载《罪与刑——林山田教授六十岁生日祝贺论文集》，台湾五南图书出版有限公司1998年版，第734页。

第一，死刑的部分恢复与反复。

死刑被西方国家视为人权状况的一个标杆。在欧洲，加入欧盟的一个重要条件就是必须废除死刑。从当前世界的总体情况看，废除死刑的国家占多数。据国际特赦组织的统计，截至2005年8月，全球目前有84个国家及百慕大、中国香港、中国澳门、纽威岛、土克斯及开科斯群岛没有死刑；有10个国家和库克群岛只对于例外的犯罪规定有死刑，对普通的犯罪没有规定死刑；有24个国家对一般的犯罪规定有死刑而10年内没有处决，或有作出不处决的国际承诺（如俄罗斯）；有76个国家和地区（包括中国台湾地区和巴勒斯坦）对于一般的犯罪规定有死刑。在法律上规定有死刑的国家，死刑的执行方式有枪决、绞刑、斩首、电刑、毒气、石刑、注射等，其中采用枪决的国家有86个，采用绞刑的国家有77个，仅中国和美国正式采用注射死刑。① 但是，受一些严重犯罪的影响，为了严厉打击严重的刑事犯罪，一些国家和地区在死刑问题上出现了一定的反复，如在一些废除了死刑的国家，如菲律宾、冈比亚和巴布亚新几内亚三个国家又重新恢复了死刑。菲律宾还在1999年和2000年7次执行了死刑。② 美国1977年对一名死刑犯执行了死刑，结束了美国刑事司法史上连续10年不执行死刑的历史。自1977年以来，虽然只发生了少量的处决，但是，恢复死刑的州的数量有所增加。现在美国有1000名以上的已决犯处于死刑判决之下，并且，该数量每周都在上升。③ 其中，美国纽约州在废除死刑30年后又恢复了死刑；堪萨斯州自从1967年格雷格案的判决后，就没有再制定过法律来“提供”死刑，但在执行最后一例死

---

① http://www.zh.wikipedia.org 2005/8/24.

② 2006年6月，菲律宾再次由参议院和众议院以压倒性多数通过议案废除死刑。

③ ［美］德恩·阿切尔、罗西曼里·嘎特内尔、马克·贝特尔文：《杀人与死刑——对一个遏制假设的一种跨国比较》，载邱兴隆主编：《比较刑法（第1卷死刑专号）》，中国检察出版社2001年版，第34页。

刑的29年之后，又于1994年恢复了死刑。[①] 西方国家在死刑问题上的这种反复，实际上表明了在严格刑事政策指导下对严重犯罪进行严厉惩罚的态度。

第二，对黑社会、恐怖主义等严重犯罪的严格立法。

受当前黑社会、恐怖主义等严重犯罪严重危害社会的影响，西方各国都在一定程度上采取了相关的应对措施。从刑事立法的角度看，它们主要是通过立法的方式将一些没有规定为犯罪的行为规定为犯罪，并对有关犯罪的法定刑作了更高、更严厉的规定。这方面的两个典型代表是美国1970年制定的《反犯罪组织侵蚀合法组织法》和德国1992年颁布的《打击非法毒品交易和其他形式的有组织犯罪法》。

美国国会于1970年制定了《反犯罪组织侵蚀合法组织法》(The Racketeer Influenced and Corrupt Organization Act，英文简称RICO)，俗称反黑法。根据该法规定，对于有组织敲诈勒索行为应当同时适用监禁、罚金和没收财产三种刑罚。其中，监禁刑最高达20年，特殊情况可判处终身监禁；可以选处或者并处25000美元以下罚金（如果犯罪的是组织，则可以判处高达50万美元的罚金)，除了上述限额罚金外，还可加处两倍于犯罪所得的不法利益的罚金；并且还应没收犯罪所得的不法利益以及犯罪组织本身的全部财产或利益。此外，该法还规定了法院发布救济令、解散犯罪组织以及三倍的民事损害赔偿等民事制裁方式，旨在彻底摧毁犯罪组织的犯罪能力。[②] 德国1992年颁布了《打击非法毒品交易和其他形式的有组织犯罪法》(简称《有组织犯罪法》)，增设财产刑作为新刑种并扩展追缴的适用范围，对诸如毒品交易、伪造货币、买卖人口、结伙盗窃、洗钱等犯罪，法院在审判有组织犯罪的成员时，

---

① [英] 罗吉尔·胡德著:《限制与废除死刑的全球考察》，刘仁文译，载《人民检察》2005年第5期。

② 储槐植主编:《美国德国惩治经济犯罪和职务犯罪法律选编》，北京大学出版社1994年版，第37页。

可以没收其全部财产，包括追缴其非本罪的犯罪所得；司法人员在刑事诉讼中依法可以采用派遣秘密调查人员、使用技术监视器、大规模通缉以及动用警方人员进行跟踪观察等特殊执法手段。针对暴力犯罪，联邦德国政府于20世纪80年代中期成立了联邦政府反暴力独立委员会（简称反暴力委员会），专门负责预防和控制德国境内暴力犯罪的工作；建立专门的监狱或在监狱中设立专门的高度安全监区，关押恐怖分子和暴力犯罪分子。①

这种对有组织犯罪、黑社会犯罪、恐怖主义等严重犯罪的严格立法、严厉惩处，充分体现了对严重犯罪所适用的严格刑事政策。

2. 严格刑事政策指导下的刑事司法实践

司法实践必须以立法为前提，只有刑事立法作了相关的规定，刑事司法实践才有法可依。从这个角度看，刑事司法实践中的许多做法实际上反映的是刑事立法内容。但是，为了反映西方国家刑事司法实践的状况，我们将有关立法和司法的内容进行了糅合，统称刑事司法实践。

从刑事司法实践的角度看，西方国家的严格刑事政策也有较多的体现，在此笔者选择两个比较有代表性的做法予以简单介绍。

第一，美国的“三振出局”实践。

“三振出局”是棒球比赛中的一个专业术语。投手投球，投出来的球分好球和坏球。好球没打、空投都算一击，空球坏球也算一击，在两击之前打出界外球也算一击，三击则出局，也就是三振出局。美国自20世纪90年代初开始，有20多个州制定了“三振出局法”（Three Strikes Legislation），这些法律都规定了对严重犯罪特别是严重暴力犯罪的累犯加重处罚，甚至不考虑再犯重罪罪行本身的危害程度及其法定刑，均一律判处终身监禁，同时又对行刑处遇（如善行折减、减刑、假释等）进行严格限制。其中，加利福尼亚

① 王世洲著：《德国经济犯罪与经济刑法研究》，北京大学出版社1999年版，第28页。

州的“三振出局法”是其中最为严厉和最为典型的立法。基于“对有重罪前科的罪犯科处更长刑期和更重刑罚”的立法初衷，加州“三振出局法”规定，只要被告人当前的罪行为重罪，并且被证明先前被处过一次或两次法定重罪的有罪判决，连续执行的重罪有罪判决对总和刑期没有任何限制；如果能证明被告人曾因重罪被判刑，则应对其新犯重罪予以加倍处罚，连续执行的前后重罪的总和刑期没有限制。如果能证明被告人曾因重罪被判刑两次或两次以上，对其新犯重罪的量刑的上限为终身监禁，下限为下列三种选择中最重的一种：3倍于当前重罪本应判处的刑期；在州监狱中监禁25年；法官依1170节（即加利福尼亚刑法第1170节——引者注）对被告人判处的刑期。此外，该法更严格限制对适用“三振出局法”被判刑的罪犯进行减刑和假释，适用“三振出局法”者可予以善行折减的刑期不得超过法官量刑的20%。这就意味着适用该法被定罪量刑的被告人实际执行的刑期不得少于20年。[①] 这是对刑事司法中法官自由裁量权的严格限制，与美国传统的刑事司法实践相比，有了较大的改变。而这种改变是为了对付那些严重犯罪的累犯，体现了严格刑事政策的精神。

第二，美国“9·11”之后的反恐实践。

在“9·11”事件发生之后，为了因应恐怖主义的严重威胁，美国制定了一部反恐法，全称为《2001年团结和强化美国通过提供适当方法以截断和阻止恐怖主义法》。为了打击恐怖主义的需要，该部法律准许无限制拘捕移民（在许多情况下，不许律师介入）、准许检查所有秘密档案、准许在公共和私人场所进行监视活动，以及监听电话和进行秘密调查等。此外还增加了边境安全措施，如跟踪可疑的恐怖分子、进入住宅和企业进行检查、对某些国家的外国人实行强制登记，以及逮捕和驱逐进行非法活动的外国人

---

① 详细介绍参见梁根林著：《刑事制裁：方式与选择》，法律出版社2006年版，第49~50页。

等。这些规定，已经与美国传统的人权保障有相当的距离了。为了反恐的需要，个人权利的保障已经退居相对次要的地位。在“9·11”事件发生之后的初期，《华盛顿邮报》的民意调查显示，2/3的美国人愿意放弃自由权利来中止恐怖主义。[1] 可见，为了打击严重的、危害国家和社会安全的犯罪，美国人民和政府可以牺牲自由来换取安宁。而这也体现了美国的严格刑事政策，即对严重的刑事犯罪采取严格的刑事立法。

上述两部法律，是美国在严厉打击严重刑事犯罪方面的两部有代表性的法律，也是西方“两极化”刑事政策之严格刑事政策的体现。实际上，不仅美国，西方其他国家（如日本、英国、法国等）也都有反恐方面的立法，并且都规定了严厉的措施。“两极化”刑事政策中的严格刑事政策，在这里得到了较为充分、集中的体现。

（二）宽松刑事政策下的西方立法与司法实践

在宽松刑事政策指导下，西方国家出现了刑罚轻缓化的做法，即在刑事立法、刑事司法和刑事执法方面，注重人权保障。犯罪嫌疑人、被告人、罪犯在刑事司法和刑事执行中能够得到更好的处遇。

1. 宽松刑事政策指导下的西方刑事立法

在刑事立法上，因应宽松刑事政策，西方出现了一种非犯罪化的倾向，刑事和解、恢复性司法等制度有了较大的发展和较广泛的运用，具体主要表现在：

第一，对轻微犯罪尤其是无被害人犯罪的非犯罪化。

非犯罪化，即将原本是犯罪、应受刑罚处罚的行为通过修改立法，不将其作为犯罪对待。在宽松刑事政策指导下，西方的非犯罪化有了较大的发展，尤其是一些无被害人犯罪的非犯罪化更为明显。例如，英国1967年通过了《性犯罪法》，确认了21周岁以上

---

① Brigid Mc Menam in, Land of the Free, Forbes, Oct. 15, 2001, p. 56.

的男子之间私下自愿发生的同性恋行为并不触犯刑法。同年，英国还通过了《堕胎罪法》，根据该法，如果妊娠是由一个已经注册的执业医生予以终止，并由这样的执业医生提出意见，则不构成堕胎罪，这实际上是使堕胎自由化。与此同时，联邦德国曾颁布新刑法典，取消了决斗、堕胎、通奸、男子间单纯的猥亵等罪名。瑞典等北欧国家通过修改《性犯罪法》缩小了卖淫和亲属相奸等罪的范围。美国通过颁布成文的刑法典，取消了醉酒、色情书画、卖淫、通奸、自杀等一些传统的罪名。[①] 德国1975年对刑法典进行了一项重要的改革，排除了违警罪的刑事犯罪性质，只将违警罪作为对法律的一般违反，只处行政罚款，而不处刑事罚金。这样，原先大量存在的违警罪被非犯罪化了。

第二，刑事和解、恢复性司法等制度得到了较大的发展。

刑事和解，又称加害人与被害者的和解（即Victim - of - fender - reconciliation，简称VFR），是指在犯罪后，经由调停人，使加害者和被害者直接相谈、协商，解决纠纷冲突。其目的是恢复加害人和被害者的和睦关系，并使罪犯改过自新，复归社会。刑事和解的思想渊源最早可追溯至原始社会的私人分割赔偿，但作为一种刑事思潮和理论，它发端于20世纪中叶，是西方国家新的刑事思潮和法律价值观变化的产物。[②] 刑事和解制度自1974年在加拿大开始实施以来，已经越来越受到各个国家和地区的重视。美国于1978年开始引入刑事和解制度，1994年该制度正式得到美国全国律师协会的支持。少年犯罪是最早适用刑事和解、也是最重要的适用对象之一。在成人犯罪中，各国适用的具体范围不尽一致。英国主要适用于财产犯罪和初犯；加拿大适用于轻微犯罪、经济犯罪和环境犯罪；德国刑法虽然对和解的适用没有限制，但在实践中则有

---

① 参见蒋建峰：《西方非犯罪化对我国刑事立法的影响》，载《江苏警官学院学报》2004年第3期。

② 参见刘凌梅：《西方国家刑事和解理论与实践介评》，载《现代法学》2001年第1期。

具体要求：(1) 愿意参加者；(2) 被害人是个人的；(3) 坦白的加害人；(4) 案件的事实和状况能明确地证实；(5) 限于轻微犯罪和一般的犯罪，对于性犯罪和暴力犯罪只在若干例外中适用。① 目前从全球角度看，刑事和解制度普及率最高的是新西兰，已经做到了每一个司法管辖区都在推行刑事和解制度。而在德国、美国和英国等国家，刑事和解制度也得到较为广泛的应用。②

恢复性司法非常关注社区健康的恢复，修复已造成的伤害，满足被害人的要求并强调犯罪人能够而且必须对这种恢复与修复作出贡献，③ 是通过恢复性程序实现恢复性后果的非正式犯罪处理方法。恢复性程序，是指在第三方的调解下，通过犯罪人与被害人之间面对面的协商，促进当事人的沟通与交流，并确定犯罪发生后的解决方案。而恢复性结果，指的是通过道歉、赔偿、社区服务、生活帮助等使被害人因犯罪造成的物质、精神损害得到补偿，使被害人的受犯罪影响的生活恢复常态；使犯罪人通过积极的负责任的行为重新取得被害人及其家庭和社区成员的谅解，并使罪犯重新融入社区。④ 现代意义上的恢复性司法，产生于最近以揭示现存司法制度的失败并开发一种新司法方式的运动。在宽松刑事政策指导下，各国的恢复性司法得到了较大发展。到了 20 世纪 90 年代，恢复性司法已在西欧、北美、拉丁美洲、亚洲、大洋洲等数十个国家得到不同程度的发展与运用。在美国，至少有 14 个州的少年法典规定了恢复性司法，并且有大量的恢复性司法组织与机构，如恢复性司

---

① 参见［日］安部哲夫：《德国被害人学的产生和发展》，载《被害者学研究》1998 年第 3 期，转引自刘凌梅：《西方国家刑事和解理论与实践介评》，载《现代法学》2001 年第 1 期。

② 参见和静钧：《海外刑事和解制度的启示》，载《检察风云》2007 年第 10 期。

③ Thomas Quinn: An Interview with Former Visiting Fellow of NIJ, Published in March 1998 in The National Institute of Justice Journal, Office of Justice Programs, U. S. Department of Justice.

④ 参见袁彬：《恢复性司法与青少年心理恢复》，载《青少年犯罪问题》2004 年第 4 期。

法研究所、调解与冲突研究中心、司法之友等。在加拿大，恢复性司法实践已有很大的发展。英国也有恢复性司法的研究与实践组织，如恢复性司法联合体、伦敦门诺中心、全国犯罪人关怀和重新安置协会等。在澳大利亚，恢复性司法也呈良好发展趋势，首都地区已在法律上确定了犯罪人与被害人的协商会议形式。从1995年开始，澳大利亚国立大学已实施一项名为“重建耻辱试验”的研究计划，对堪培拉的协商会议进行研究。①

2. 宽松刑事政策指导下的西方刑事司法实践

从相关的资料看，宽松刑事政策在刑事司法活动中的体现更为突出和明显。其中一个最为明显的表现，就是建立了犹豫制度。这种犹豫制度在侦查阶段、检察阶段、裁判阶段和执行阶段都有相应的体现。

在侦查阶段，犹豫制度体现为警察对一些微罪不予处分制度。对一些轻微的刑事案件避免适用传统的刑事程序，而采取一些带有教育性辅助措施的方式处理。这实际上是一种司法中的非犯罪化。通过这种方式，一方面可以大大节约司法成本，使得司法机关可以更好地集中力量办理大案要案；另一方面也可以收到较好的社会效果。一些轻微的刑事案件，犯罪嫌疑人并不是不清楚自己行为的违法性质，只是由于过失或者其他因素导致了不法行为的出现。通过警察的不予处分制度，可以给他们一次机会，让这些人更好地改过自新。

在检察阶段，犹豫制度体现为公诉机关对一些刑事犯罪的缓起诉制度。缓起诉，即暂缓起诉。在宽松刑事政策的指导下，这种缓起诉主要是指检察机关对一些主观恶性不大的偶犯、初犯、未成年人犯罪暂时不予起诉，如果这些人表现良好，则不予起诉；如果这些人表现不好，还可予以起诉。在比利时，如果检察官认为根据犯罪行为人的性格、年龄，及境遇、犯罪的性质、情节和轻重程度以

① 参见彭海青：《论恢复性司法》，载《中国刑事法杂志》2004年第3期。

及犯罪后的情况，认为可以暂缓起诉的，可以决定暂不起诉，而予以考察监督。经过一定时期的考察监督后，如果认为犯罪行为人表现良好，则可以决定不予起诉。20 世纪 60 年代，美国建立审前考察监督制度（pretrial probation），被适用审前考察监督的被告人必须是被检察官认定确实犯了罪的人，如果其行为本身不构成犯罪，不能对其进行审前考察监督。因此，审前考察监督是对事实上犯了罪的人的非刑罚处理方式。这种犹豫制度实际上是在检察阶段给予犯罪嫌疑人一次改过自新的机会，体现了对轻微犯罪予以宽松处理的宽松刑事政策。

在裁判阶段，犹豫制度有两种体现：一是缓宣告，即对犯罪事实清楚、证据比较充分的轻微刑事犯罪，在审理后，不立即进行有罪的宣告，暂时缓期，如果犯罪人在这个阶段有较好的表现，则作无罪或者罪轻的宣告；如果犯罪人在这个阶段仍不思悔改，则作有罪宣告。二是缓执行，也叫缓刑制度，即对于一些罪行轻微的犯罪分子，法院对其宣告有罪或对其判处刑罚，但是不是立即予以执行，而是同时宣告缓期执行。在缓期执行期间，如果犯罪人的表现良好，则不执行原判决所决定的刑罚；如果在缓期执行期间犯罪人又有故意犯罪或者又有重大违法行为，则撤销对犯罪人的缓期执行，直接执行原判刑罚。在美国，缓刑有两种：一是缓刑监督，是指法官对被告人的犯罪行为作有罪宣告而不判处其刑罚，但规定一个监督考验期，在此期限内受有罪宣告的人应当在缓刑监督官的监督下遵守特别的义务。如果认为受有罪宣告的人接受监督表现良好，则期限届满后不再对其适用刑罚。二是缓刑监禁（suspended sentence），是指法院对被告人作有罪宣告并判处一定期限的剥夺自由的刑罚，同时根据一定的条件暂缓刑罚的执行，规定一定的监督考验期限和应当遵守的特别义务，如果认为犯罪人接受监督表现良好则不再执行原判刑罚。据 1982 年 8 月美国司法报告：1981 年全国被处缓刑的人数达120万人（而当时各类监所的在押犯共54万人）。[①] 而据1977年《日本犯罪白皮书》公布的数字，日本第一审法院判处有期徒刑、监禁刑中的缓刑比率，1955年为46.1%，1960年为50.15%，1976年为60.89%。[②] 这两种犹豫制度，所针对的都是罪行较为轻微的犯罪分子，充分体现了宽松刑事政策对刑事司法的指导作用。

在执行阶段，西方的犹豫制度也有两种体现：一是假释，即在对犯罪人执行一定刑期以后，发现犯罪人认罪服法，有悔改表现，而将犯罪人提前释放，并规定一个期限对其进行考验，如果犯罪人表现良好，则不执行剩余刑期；如果犯罪人表现不好，还可收监执行。据统计，美国1993年的假释率为72%，加拿大1992~1993年间的假释率为36.2%，瑞典在1993~1994年间的假释率为33%。二是恩赦，即由国家最高元首宣告对一些犯罪分子予以赦免的制度。恩赦制度在一些国家有大赦和特赦之分，前者针对的是某一类犯罪，后者针对的是具体的犯罪人。

从目前的情况看，缓刑、假释是犹豫制度中较集中地体现了宽松刑事政策的两种制度，也是西方国家运用最广泛的两种制度。据统计，2000年，加拿大缓刑、假释的人数为121 358人，占服刑总人数的79.76%；在法国，缓刑、假释人数为135 020人，占服刑总人数的72.63%；澳大利亚缓刑、假释人数为718 979人，占服刑总人数的77.84%；在美国，缓刑、假释人数为4 565 056人，占服刑总人数的70.25%。即使在缓刑、假释比率相对较低的韩国和俄罗斯，其缓刑、假释人数占服刑总人数的比率亦分别高达45.9%和44.8%。另根据美国联邦司法部2001年年底的统计，2001年全美被处以缓刑、假释和在监狱、看守所等监禁设施内执行刑罚的总数为662万人，其中被处以各种形式的缓刑人数为393

① 参见储槐植著：《刑事一体化》，法律出版社2004年版，第130页。

② 参见赵秉志主编：《刑罚总论问题探索》，法律出版社2003年版，第517页。

万人，占59.4%。被假释的受刑人数为73万人，假释率（指通过假释有条件释放的人数与当年从监狱、看守所等监禁设施获释的人数之比）为85%左右。[①]

除了犹豫制度，西方国家在贯彻宽松刑事政策方面，还注重采取一些替代措施，力求降低自由刑的使用率。这些替代措施包括取消驾驶执照，停止职业活动等权利剥夺；公益劳动刑；损害赔偿或回复原状命令；刑之免除；在宅拘留；易科制度，等等。例如，《德国刑法典》第47条第2项就规定了短期自由刑的易科："法定刑纵无罚金刑之规定，法院如认为无科处6个月或超过6个月自由刑的必要，且无前项所定必须科处自由刑的情形者，得科处罚金刑。法定刑如设有最低自由刑之规定者，则在前段情形，最低罚金刑即以最低自由刑为准，1个月自由刑相当于30日额罚金。"[②]

与此同时，西方国家的刑事案件执行方法也向非机构化发展：（1）开放式处遇；（2）社区内处遇（完全的非机构化）。对于被判处短期自由刑的受刑人，尽量避免实际投入封闭性的监狱设施予以行刑处遇，取而代之以易科罚金、缓刑或者社区矫正，从而避免短期自由刑监狱化的副作用对主观恶性和人身危险性不大的受刑人的腐蚀，鼓励轻微罪犯改过自新，减轻监狱负荷。[③] 还有如英国的社区服务命令。英国1972年制定的新《刑事司法法》（Criminal Justice Act 1972）第15～19条创设了社区服务命令（Community Service Order）制度，用以代替短期自由刑。该法规定，对应受短期拘禁刑的犯罪人，法院可以宣告40小时以上240小时以下的社区服务命令，使其无偿从事有益于社区的劳动服务工作，由保护管

① 参见刘强编：《美国社区矫正的理论与实务》，中国人民公安大学出版社2003年版，第33页。

② ［德］汉斯·海因里希·耶塞克、托马斯·魏根特著：《德国刑法教科书》，徐久生译，中国法制出版社2001年版，第923页。

③ 参见梁根林著：《刑事制裁：方式与选择》，法律出版社2006年版，第44～45页。

束执行机构负责执行。为了使受此处分的犯罪人的社会生活不受影响，其可利用星期六、星期日、其他假日或夜间等空闲时间从事工作，每次5~6小时，必须于判决后1年内执行完毕。其所从事的工作种类很多，如为一般医院或精神病院的病患者、老人、儿童、残疾人社会福利机构服务、道路清扫、公有房屋的修缮、帮助修建公共工程等。在命令期间如果其再犯罪或者违反命令，如不工作或无故迁居等，法院可以撤销社区服务命令而改判为监禁刑。对于情节较轻的违反者，通常首先由观护人予以口头警告，再次告知其履行命令，如屡次违反，法院可科以50英镑以下的罚金，甚至撤销社区服务命令。①

三、“两极化”刑事政策的启示与借鉴

综上所述，西方的“两极化”刑事政策是西方国家同日益复杂的犯罪形势作斗争的需要，也是西方犯罪学、刑事政策学理论发展的产物。在这种“两极化”刑事政策指引下，西方国家的刑事立法和刑事司法实践都有了较大的变化和发展。

从西方“两极化”刑事政策的产生、发展和在刑事立法、司法实践中的体现来看，它至少在以下几个方面给予我们启迪和借鉴：

第一，刑事政策的制定必须深入研究犯罪形势，必须因应社会的需要，与和犯罪作斗争的实践密切结合。任何一个社会，犯罪形势总是很复杂的。这是由犯罪的复杂的原因所决定的。从犯罪形势内部看，有严重的犯罪，也有相对轻微的犯罪；有农村犯罪，也有城市犯罪；有传统犯罪，也有新型犯罪……对于这些不同类型的犯罪，它们在犯罪的数量、危害、改造难易程度上都会有较大的区别。如何针对这些犯罪的不同情况，制定一个合理的刑事政策，这就需要我们深入地研究犯罪的具体情况。长期以来，我们都将我国

① 参见张甘妹著：《刑事政策》，台湾地区三民书局1997年版，第277~278页。

的犯罪形势定性为严峻，并在这种认识下长期依赖于“严打”的政策对犯罪进行严厉打击。但是，实践表明，这种策略不仅没有遏制住犯罪形势的整体发展，而且还给刑事法治和社会发展带来了很大的阻碍。这与我们对犯罪形势的粗浅认识是密不可分的。而“两极化”刑事政策因应西方复杂的犯罪形势，针对严重犯罪和轻微犯罪制定了不同的刑事政策，这种做法值得我们借鉴。

第二，刑事政策的制定和发展需要相应的理论支持。“两极化”刑事政策的产生与西方犯罪学理论的发展息息相关。这些理论，为“两极化”刑事政策的制定和运用提供了十分重要的理论支撑。也正是在这种有力的理论支持下，西方“两极化”刑事政策在刑事立法和刑事司法实践中得到了较为充分的体现。实际上，理论的支持对于政策的制定是十分重要的。一方面，理论本身来源于实践，来源于社会观念，因此它可以在很大程度上反映社会实践和民众的需求，从而为政策的制定提供实践支持，使得政策的制定有一个科学的基础；另一方面，理论可以为政策的宣传提供支持，从而使得政策能够产生更大的影响，获得更大的社会认同。从我国的情况来看，刑事政策作为一门学科还很不成熟，而与刑事政策密切联系的犯罪学还处于起步阶段。这就使得我国刑事政策的出台和施行，在理论上所能获得的科学支持十分有限。因此，加强与刑事政策相关的理论研究是我国今后刑事政策制定、发展的一个方向。

第三，刑事政策必须具有相对的灵活性。一般来说，法律具有相对的稳定性。一部法律制定之后必须在相当长的时间内保持相对的稳定。与此同时，法律的内容也相对固定，不能随意更改，它给予法官的自由裁量权也应当是有限的。但是，法律也有灵活性，也要因应刑事司法实践的需要，给予法官一定的自由裁量空间。刑事政策更是如此。

刑事政策的灵活性体现在，它必须能够指引刑事立法和刑事司法根据社会形势的变化进行相应的变更和调整。“两极化”刑事政策是一个灵活的刑事政策，因为它充分考虑了西方社会的犯罪形势和同犯罪作斗争的需要。我国的“严打”政策是一个不灵活的刑事政策，它只强调严的一面，但实际上法网不可能一直保持严的状态，它的张力是有限的，社会的张力也是有限的，法网必须要有一定的弹性。如果长期以“严打”为指导，我国的刑事立法和刑事司法只会越来越严厉，最终可能导致刑事司法的崩盘。

不过，我们欣喜地看到，自2005年以来，党和国家在很多正式的场合都提出了“宽严相济的刑事政策”。从这个刑事政策中，我们看到了刑事政策对犯罪形势的因应、对与犯罪作斗争的考虑、对刑事政策灵活性的掌握。可以说，宽严相济刑事政策所提出的“宽中有严”、“严中有宽”、“宽严相济”，是对西方“两极化”刑事政策的一个呼应，更是西方“两极化”刑事政策在中国的发展。因此，它不仅强调对轻微刑事犯罪的宽、对严重刑事犯罪的严，还适度强调了对该严的轻微刑事犯罪也要适当地严、对该宽的严重刑事犯罪也要适度地宽。比较而言，这显然是一个进步和发展。

第四章　宽严相济刑事政策的实施条件

第一节　社会治安综合治理是宽严相济刑事政策运行的基础

宽严相济刑事政策旨在指导刑事立法和刑事司法，在协调其他社会调节机制和手段的基础上，理性调节刑事干预的范围、重点和强度，在保持刑法补充性和最后手段性的同时，有合理区分度地充分发挥刑事干预的积极功能。而这一积极功能的发挥，只有在切实推行社会治安综合治理方针的基础上，才能保证有效配置刑事资源打击严重犯罪，同时，对大量比较轻微的犯罪，借助于灵活的刑事手段和其他社会控制方式的有机衔接，及时消除犯罪危害或恢复受侵害权益的正常状态，以此形成预防—打击的良性互动格局，尽量减少或抑制社会中的不稳定因素，促进整个社会的良性运行和协调发展。

一、社会治安综合治理的历史梳理

社会治安综合治理是新中国成立以后在抗制犯罪的长期进程中逐渐认识和摸索出的犯罪治理模式。按照目前对社会治安综合治理的主流解读观点，社会治安综合治理，是指在各级党委和政府的领导下，全党动手，全民动员，把社会各方面的力量组织起来，实行公安、司法机关的专门工作与群众工作相结合的方式，各负其责，互相配合，运用各种有效手段，预防、惩罚和教育改造违法犯罪，逐步限制和铲除产生违法犯罪的土壤和条件，建立良好稳定的社会秩序，保障社会主义建设和改革开放的顺利进行，保护人民安居乐业，维护国家的长治久安。①

作为具有中国特色的原创治理制度，社会治安综合治理并非自始确立或横空出世，而是伴随着中国治理犯罪进程的深入而渐次成形的。

（一）社会治安综合治理的理念雏形期

早在“文化大革命”结束后不久的1978年10月，针对当时文化大革命时期所遗留的各种社会矛盾较为集中显现、社会治安状况较为严峻的态势，国家高层在批转《第二次全国治安工作会议纪要》时首次提出了要统筹解决社会治安问题的思路，这可以视为社会治安综合治理在观念层面的首度出现。1979年6月，针对当时青少年犯罪成为影响社会安定的一个突出问题的现实，中共中央宣传部、教育部、文化部、公安部、国家劳动总局、全国总工会、共青团中央、全国妇联8部门向国家高层提交了《关于提请全党重视解决青少年违法犯罪情况的报告》。同年8月，中共中央批转了该报告，并向全党发出通知，通知明确要求“必须实行党委领导，全党动员，书记动手，依靠学校、工厂、机关、部队、街道、农村等城乡基层组织和全社会力量来加强青少年的教育”。应该说，在这份通知中，虽然并未出现对社会治安进行综合治理的概念，但是，提出依靠“全社会力量”的表述实际上正是对多元治理主体这一社会治安综合治理的基本内涵的明确界定，正因如此，可以说，国家高层于1979年8月作出的通知“标志着我国社会治安综合治理思想的形成”。②

---

① 参见谢望原、卢建平等著：《中国刑事政策研究》，中国人民大学出版社2006年版，第242页。

② 王仲方：《论社会治安综合治理》，载王牧主编：《犯罪学论丛》（第一卷），中国检察出版社2003年版，第356页。

（二）社会治安综合治理的观念成形期

进入20世纪80年代后，根据当时社会治安状况依旧严峻的态势，1981年5月，中央政法委召开了北京、天津、上海、广州、武汉五大城市治安座谈会，正是在此次会议上第一次明确提出了“综合治理是解决社会治安问题、实现长治久安的方针”。1984年10月在中共中央批转中央政法委的一个报告中指出，社会治安的综合治理，要抓住打击、预防、改造等各个环节，通过思想的、政治的、经济的、行政的、法律的各种手段，达到控制犯罪、预防犯罪、减少犯罪的目的。为此，“要发动各条战线、各个部门和全社会的力量一起来抓”。报告还初步总结了社会治安综合治理的经验，指出了综合治理的三个层次：第一层次，各级党委统一领导；第二层次，各政法部门各司其职；第三层次，发动和依靠群众，动员全社会的力量。这份文件是对1981年社会治安综合治理方针提出后3年中工作经验的总结，也体现出对综合治理方针认识的进一步深化。1986年2月召开的全国政法工作会议明确提出，社会治安综合治理，实质上就是一项教育人、挽救人、改造人的“系统工程”，其根本方法是走群众路线，不能只依靠单个部门，而是要靠全党全社会。可见，此时，对社会治安综合治理的主体、内容、方式等核心内涵的认识已不断清晰，社会治安综合治理作为一项抗制犯罪的基本方针的理念已经成形。

（三）社会治安综合治理的机制构建期

1991年2月19日，中共中央、国务院发布了《中共中央、国务院关于加强社会治安综合治理的决定》。同年3月2日，七届全国人大第十八次会议通过了《关于加强社会治安综合治理的决定》，正式以法律形式将社会治安综合治理制度加以确立。此后，社会治安综合治理的一系列机制不断建立，初步形成的“打防结合、预防为主、专群结合”的社会治安防范网络成为最主要的机制。其中，又形成了一系列的具体制度。例如，在现有体制内资源的调动上，各地普遍建立起了“社会治安综合治理办公室”（简称综治办）的常设性机构，在地方政府中，也广泛建立起了治安承包责任制、“治安一票否决制”，通过层层签订“治安承包责任书”、将治安效果与地方官员政绩直接挂钩，使得社会治安的绩效纳入了基层政府领导的业绩考核之中，从而使社会治安综合治理这项工作在地方政府的施政进程中获得了“显性”的地位。[①] 又如，在青少年违法犯罪的防范方面，建立起了学校、家庭、社会三位一体的青少年违法犯罪预防体系，并有效促成了国家相关主管部门在特定社会面监管举措的跟进。[②] 再如，在治安防范体系的建立上，“大治安、大防范”的思路和机制开始成形。近年来，全国各地在综合治理中，普遍开始对车站、码头、公园、繁华商业区、集贸市场、文体中心等公共场所，以及宾馆、饭店、大型厂矿、企业单位的治安秩序进行了整顿和专项治理，按照“谁主管、谁负责”的原则，建立起了安全保卫和治安管理制度。同时，组织各方面的力量维护社会治安。在大城市中组织群众性的力量展开治安巡逻、治安联防；创办保安服务公司；加强大型厂矿企业的治安保卫组织，建立护厂队、经济民警；在城市居民中，组织群众护街、护院、护楼，开展自防自治活动。另外，在国家专职治安力量的建设方面，

① 通过调动组织资源来抓某项工作（工程）的做法仍是基层治理的重要且最有效的手段，社会治安综合治理也不例外。或许这种做法的科学性还值得商榷，但不可否认的是，正是通过这种路径，社会治安综合治理在地方政府中的受重视程度显著提高，这项工作也由此获得了地方政府体制内资源的大力支持。

② 如在学校、社会及广大青少年学生家长的要求之下，教育部、公安部、文化部、信息产业部等多部委先后单独或联合下发了有关网吧、娱乐场所管理的具体规定，要求网吧在上学时段禁止接待中小学学生，要求娱乐场所禁止向未成年人开放，或采取了专项整治行动，严厉禁止和打击互联网上的淫秽信息等。

公安机关也针对以往不适应社会治安综合治理的症结，[①] 推出了“加强派出所建设”、“警力下沉”、“实施社区警务”等一系列措施。

二、社会治安综合治理与宽严相济刑事政策之契合

社会治安综合治理的提出与施行，在很大程度上服从和服务于宽严相济的刑事政策，无论从观念、制度和客观绩效上都实现了与后者的高度统一。

（一）观念层面

社会治安综合治理的确立，有助于倡导犯罪治理的多元化参与理念，有助于克服抗制犯罪的“唯国家化”甚至“唯警化”认识，从而有助于树立正确的犯罪治理观，进而为社会力量广泛参与到宽严相济刑事政策进程之中进行必要的思想动员和观念准备。

自20世纪70年代末中国的政治改革和对外开放以来，法律及其制度和法律及其治理日益受到国家高层的重视，“‘法治’正在成为我们这个时代的意识形态”。[②] 但同时，我们也应该注意到，近年来，在法治国家的大旗下，对犯罪的治理出现了“唯国家化”甚至“唯警化”的狭隘认识。按照这种认识，只要随着国家反犯罪专业力量的不断强大，就可以有效解决犯罪问题。然而，“如果在现代法治主义的大旗下，只是盲目地热衷于从刑法角度寻求对犯罪的控制，忽视对非正式社会控制力量的正确引导与有效培育，其

---

① 根据公安部在20世纪90年代中期的调研发现，大量的基层派出所由于承担了60%～70%的破案任务，无力进行防范和管理工作，而作为破案主力军的刑侦部门却仅承担了30%～40%的破案任务（参见李忠信主编：《社区警务与派出所改革论文集》，群众出版社1998年版，第1～2页）；此外，派出所警力紧张的问题也一直困扰着基层公安机关；同时，由于传统的警务模式尚不能有效贴近社会面，不能及时、有针对性地对社区治安防范工作作出提前规划和及时处理。

② 梁治平：《法治：社会转型时期的制度建构——对中国法律现代化运动的一个内在考察》，载许传玺主编：《中国社会转型时期的法律发展》，法律出版社2004年版，第65页。

结果可能是悲剧性的。”[①] 因为，如果坚持泛法治主义犯罪治理观，用纯国家化的犯罪抗制力量取代社会化、全民化的犯罪抗制，势必会使社会力量对犯罪行为的抗制被排斥、被边缘化，其结果只会使曾经有效的社会力量的犯罪抗制措施在“正统”反犯罪机制的打压、排斥下，从抗制犯罪的宏观反应系统中悄然出走，并渐行渐远；随之而来的便是国家有限的司法力量在与犯罪行为相抗制的较量中日渐形单影只、力不从心。由国家独揽并包办对犯罪抗制的做法，其最终结果只会使国家独自地负担起打击犯罪这一“不能承受之重”。对此，中外都是有着深刻教训的。[②] 而社会治安综合治理的核心，就是倡导将全社会力量纳入犯罪治理进程之中去，并发挥起治理主体的重要作用。[③] 为此，让社会公众清楚地认识到自已在抗制犯罪中的主体地位及所负的责任，逐渐从防范、打击犯罪是

① 张远煌:《犯罪解释论的历史发展与当代趋势——社会反应与犯罪关系论要》，载《法学家》2004 年第 5 期。

② 1964 年的一天夜晚，纽约的年轻女士基蒂·吉诺维斯在距自己公寓不远的地方被一名歹徒强奸后杀害，在歹徒对其施暴的过程中，她的 38 位邻居都听到了求救声，却无一人采取任何救援行动；他们中许多人甚至打开家中的灯，从窗户里目睹了悲剧的全过程，但没有人挺身而出。当警察赶到时，被害人已经身亡，歹徒也早已逃之夭夭。事后邻居们解释称，当听到呼救时，都以为有人报了警，而实际上当警察接警时，已经太晚了，这一事件在美国被称之为“基蒂·吉诺维斯综合征”（参见［美］唐·布莱克著:《社会学视野中的司法》，郭星华等译，法律出版社 2002 年版，第 87、99、101 页）。令人惊讶的是，几十年后，基蒂·吉诺维斯综合征的悲剧却又在我们的生活中重演。2003 年 11 月 5 日凌晨 5 时许，一名女青年在四川省都江堰市中兴镇老桥桥头的街上遭歹徒追杀，受害人竭力发出呼救，街上的许多居民都听到了呼救声，但无人开门出去制止，当时一家开着门的小食店店主甚至关上了店门。最终，受害者被歹徒殴打致死（参见 2003 年 11 月 10 日《华西都市报》）。

③ 2001 年 4 月，在北京举行的全国社会治安工作会议上，国家领导人高度评价了群众在犯罪抗制中的巨大作用，指出“群众是真正的铜墙铁壁”，“不把群众发动起来，仅仅依靠专门机关的力量，要搞好社会治安是很难的”；2004 年 12 月，在北京召开的全国政法工作会议上，国家高层再次强调“要建立群众广泛参与社会治安的工作机制。要认真研究社会主义市场经济条件下发动群众、依靠群众做好社会治安工作的新思路、新办法，有效动员和整合各种群防群治力量，最大限度地把群众组织起来，形成人人参与的群众安全防范工作格局”。

警察的职责、国家的责任的误区中走出来，并逐渐树立自己就是社会治安综合治理进程中的参与者与行动者的观念。

同时，社会治安综合治理机制的确立也能促使社会公众对单纯依靠国家治理犯罪所带来的负面影响有更为深刻的认知，从而进一步理解在宽严相济刑事政策指导之下的社会治安综合治理的积极意义。虽然国家治理犯罪具有显著功效，但也有着不可忽视的消极影响。一方面，国家对犯罪的惩治，通过罪之确定和刑之承担，使犯罪人受到相应的处罚，但这并不意味着原有的社会关系能得以恢复原状；相反，在一定情况下，国家刑事司法权的介入反而可能使本可得以恢复的社会关系从此无法复原。① 不但如此，经过刑事司法程序给轻微罪行的行为人打上了“犯罪人”的烙印后，“由于被贴标签，使其本人产生越轨者的自我观念，于是反复实施与越轨者的地位相应的行为”②，这样一来，很容易使被处罚人接受犯罪人的自我观念，并在与社会成员的“差别交往”模式中不断强化犯罪意识，逐步步入犯罪深渊。③ 另一方面，作为国家治理犯罪重要手段的监禁刑，其本身也有一定的犯罪“制造”功能。监狱，被福柯称为“彻底而严厉的制度”，是“通过施加于人们肉体的精确压力来使他们变得驯服和有用”的机构。④ 但是，在监狱通过监禁、教育、改造以矫治犯罪人的同时，又不可避免地给罪犯造成监狱人格和交叉感染，一些犯罪人在经历了监禁环境的“污染”之后，犯罪心理更加牢固，犯罪手段更加老练，犯罪技能更高超，犯罪人

---

① 如在因琐事引发的故意伤害（轻伤）、侮辱、诽谤、虐待等案件中，若行为人与被害人之间达成和解，显然标志着受损害的社会关系已经很大程度上得以恢复，甚至恢复如初；然而，一旦案件进入到刑事司法程序，行为人被定罪处罚之后，很难想象，当事人之间的关系还能恢复。

② ［日］大谷实著：《刑事政策学》，黎宏译，法律出版社 2000 年版，第 48 页。

③ 参见张远煌：《犯罪解释论的历史发展与当代趋势——社会反应与犯罪关系论要》，载《法学家》2004 年第 5 期。

④ 参见［法］米歇尔·福柯著：《规训与惩罚》，刘北成、杨远婴译，生活·读书·新知三联书店 2003 年版，第 259 页。

的犯罪生涯更有可能得到巩固和维持。[①] 国家治理犯罪时带来的副作用，正是宽严相济刑事政策所意图克服的，而社会治安综合治理机制又是实现这一意图的基本路径。在综合治理的框架下，推行刑事和解制度的适用，无疑可以将大量无须入罪的轻微犯罪行为通过非刑事程序解决，避免这些轻微犯罪人在接受监禁矫正的同时又进一步犯罪人化，以这种非刑事渠道解决轻微的社会冲突，也为恢复原有的社会关系尽可能地预留了空间，因为，毕竟“使用强制性制裁的需要愈少，法律就愈能更好地实现其巩固社会和平与和谐的目的”；[②] 通过对不需要监禁刑方式改造的罪犯实施非监禁刑的社区矫正，可以直接避免监禁刑所造成的不良后果，也能促进犯罪人的改造。

（二）*制度层面*

社会治安综合治理的确立为社会公众提供了参与到宽严相济刑事政策进程之中去的机制平台。

在社会治安综合治理这项集观念与制度于一体的新型犯罪抗制模式的框架内，引导社会公众广泛参与到宽严相济刑事政策进程之中的相关机制平台也开始不断构建。其中，社区矫正、社区警务、出狱人再社会化等机制成为典型。

2003 年 7 月 10 日，最高人民法院、最高人民检察院、公安部、司法部联合下发的《关于开展社区矫正试点工作的通知》，（以下简称《通知》）标志着我国借鉴发达国家相关经验，逐步在司法实务领域开展社区矫正制度建构的开始。我国对社区矫正制度的明确定义是“将符合社区矫正条件的罪犯置于社区内，由专门的国家机关在相关社会团体和民间组织以及社会志愿者的协助下，在判决、裁定或决定确定的期限内，矫正其犯罪心理和行为恶习，

---

① 参见郭建安、郑霞泽主编：《社区矫正通论》，法律出版社 2004 年版，第 74 页。

② ［美］E. 博登海默著：《法理学——法哲学及其方法》，邓正来译，中国政法大学出版社 1997 年版，第 345 页。

并促进其顺利回归社会的非监禁刑罚执行活动”。这一机制的一个显著特征就是社会公众的广泛参与。《通知》中明确将非国家的社会力量置于与国家专门机关同等的地位，体现了对矫正主体的开放性态度；同时，《通知》中将“相关社会团体和民间组织以及社会志愿者”等主体纳入矫正主体的范围，体现了矫正主体的多元性。而且，民间组织这一概念的提出，也是国家高层第一次以正式官方文件的形式将非国家力量作为了刑事执行主体之一。

社区警务机制的出现，也是社会治安综合治理制度构建中的一个重要成果。自2001年以来，中国公安部陆续制定下发了一系列规范社区警务工作的规章。① 2002年3月，公安部提出了在2004年以前，全面实施社区警务的战略。到2002年9月，全国已经建立社区警务室2.6万个，配备专职社区民警5.7万名。② 社区警务的核心就是要“使警务工作成为开放的系统，与社会（区）沟通，以警察为主导，以社区和民众为主体，即他们不仅是工具，是辅助力量，更是社会治安和警务工作从决策到评价的主体”。③ 社区警务的一项重要内容就是“社区民警进社区后，要广泛宣传、动员、组织群众，因地制宜地开展形式多样的群众性治安巡逻、防范活动”，④ 这也成为动员社会力量参与打击、防范犯罪的机制安排之一。通过社区警务的开展，使警方工作尤其是对犯罪的打击、防范工作很大程度上与社区居民的治安自治管理活动相对接，社区警务室、社区民警成为社区居民向警方提供治安信息、线索的平台和依托，也成为警方与民众组织针对犯罪的打击、防范网络的节点；同

---

① 参见公安部治安管理局编：《中外社区警务》，中国社会出版社2003年版，“序言”第4页。

② 参见汝信、陆学艺、李培林等主编：《2003年：中国社会形势分析与预测》，社会科学文献出版社2003年版，第90页。

③ 李健和：《关于社区警务几个问题的思考》，载《中国人民公安大学学报》2002年第1期。

④ 《充满活力的警务改革——关于江苏省实施社区警务战略的调查》，载《法制日报》2001年10月9日第1版。

时，许多地区还在社区警务基础上构建起了整体联动的社会治安大防控机制。这一机制强调将社会各方面力量整合到社会治安大防控体系之中，“把社区的非警务力量以各种方式组织起来，成为警民一体化程度很高的治安防范机制，社区的居民治安组织、各单位、各系统的相关部门，都成为社会治安保护网的重要组成部分。也正是这种一体化，使警民关系得到改善，人民群众参与维护社会治安的积极性空前高涨，在市场经济条件下，‘公安专门工作与群众路线相结合’的新模式正在形成。”①

（三）物质条件

社会治安综合治理制度的生成为宽严相济刑事政策奠定了运行基础与保障条件。

宽严相济刑事政策要求，根据不同的社会形势和犯罪态势，对刑事犯罪要在区别对待的基础上，灵活、协调地运用严格刑事政策与宽松刑事政策两种应对策略，打击和鼓励极少数，教育、感化和挽救大多数，以实现法律效果和社会效果的有机统一。其基本内容就是当宽则宽，该严则严，轻中有严，重中有宽，宽严有度，宽严适时，其核心就是区别对待。② 从这一意义上讲，宽严相济刑事政策的区别对待原则，也必然要求国家在治理犯罪时要有区别地配置司法资源，对于轻微犯罪行为尽可能地适用非刑事手段解决，对于轻微犯罪人尽可能不适用或少适用监禁刑；同时，对于严重危害社会或具有严重人身危险性的犯罪人，应集中司法资源加以打击，以此实现对有限司法资源的最佳配置。为此，要使这一刑事政策得以顺利运行，就势必需要相应的物质条件作为基础和支撑。目前，我国抗制犯罪的国家专职司法力量仍较薄弱，司法资源的相对不足与严峻的社会治安态势对司法力量的较高需求之间的矛盾在相当长的

① 汝信、陆学艺、李培林等主编：《2003 年：中国社会形势分析与预测》，社会科学文献出版社 2003 年版，第 95 页。

② 参见赵秉志：《和谐社会构建与宽严相济刑事政策的贯彻》，“百名法学家百场报告会”讲稿。

时间内还不能得以解决。[①] 为此，就需要建立社会公众参与的犯罪治理机制，通过这些犯罪消解和抗制机制实现对轻微犯罪行为的"分流"，为国家集中专职司法力量打击严重犯罪提供运行基础与保障条件。而社会治安综合治理机制恰恰就是做这方面工作的。通过社会治安综合治理的实施，大量的犯罪防控手段可以交由以社会公众为主体的群众性治安防范组织完成；[②] 大量轻微犯罪行为可以通过刑事和解机制予以消解；对于大量的轻微犯罪人可以通过社区矫正制度予以改造，等等。总之，社会治安综合治理制度及其相关子制度的生成可以使国家在治理犯罪的手段采取和抗制犯罪资源的调配上也做到宽严有别：在对轻缓的犯罪和犯罪人适用宽松刑事政策时，尽量少动用甚至不动用国家司法资源，而以社会力量代替；在应对严重犯罪和犯罪人适用严厉刑事政策时，又"腾出手"来集中专职司法力量有效打击此类犯罪。可见，正是社会治安综合治理机制为宽严相济刑事政策奠定了运行基础和保障条件。

三、宽严相济刑事政策视角下社会治安综合治理模式的完善

当前，宽严相济刑事政策已经成为我国刑事立法与司法的重要指针。作为实现这一政策运行重要基础的社会治安综合治理方针，已在很大程度上体现和实现了这一基本刑事政策的内涵和意旨。但

---

① 警察数量与人口比例是衡量一个国家司法资源的重要指标，目前世界上发达国家警察与人口的平均比率是3.5‰，而我国是1.1‰；在城市，警力与城市人口的比例西方国家平均是1:300，而我国一些地方是1:1250（参见"我国警察伤亡率居高不下 专家称警力不足是主因"，新华网2002年3月18日）。另据有关媒体报道，在兰州市某区18名警察管12万人口，造成一年内发生盗窃案600多起；而根据广州媒体披露，广州某派出所共有民警54人，面对的是4平方公里的辖区地盘及20多万人口（包括常住人口和流动人口），平均每个民警要面对3700多人（参见《理解中国警察》，http://www.ln110.com.cn/whjy/ShowArticle.asp? ArticleID = 295）。

② 这里需要说明的是，在群众性社会治安防范实施进程中，国家的主导作用仍是不能否定的。因为，治理犯罪毕竟是一项社会公共事务，离不开国家的总体规划与把握，因此，强调社会公众的广泛参与还不能等同于将犯罪治理视为群众性自治活动，这在西方发达国家也是如此。

同时，我们也应注意到，现有的社会治安综合治理制度在指导模式和实践机制方面还存在需要进一步完善之处。

（一）确立国家主导、社会力量协同的二元主体的社会治安综合治理模式

长期以来，我国对于犯罪治理一直强调着走群众路线，也曾经在新中国成立之初的一段时间内建立起了一些较鲜明体现群众参与的社会治安防控模式，如枫桥经验[①]、人民调解员制度等。不过，需要注意的是，我国现有犯罪抗制中的群众路线仍存在着被虚置化和助手化的现象。

就虚置化而言，主要是被象征化和符号化。而造成这一状况的根本原因除了官方高层的关注与重视之外，就是社会力量的反犯罪功能未能得以机制化的确认和体现。长期以来，虽然国家高层一直坚持打击犯罪要走“群众路线”，但是，对于群众路线的认识和解读更多的还是停留在一种“意会”多于“言传”的程度，只要是非官方的犯罪抗制活动都可以归结为群众路线，但有关什么是治理犯罪进程中的群众路线，怎样理解这一路线的内涵和外延，如何依靠这一群众路线来抑制犯罪、消除犯罪的理论体系反而付之阙如。这样一来，在刑事政策体系中，群众路线往往就成为指导面极广，内涵却又非常空洞的象征和符号，这自然易使社会力量在社会治安综合治理中的角色被虚置化。

就助手化而言，在考量社会力量与国家在治理犯罪的相互关系时，社会力量往往被“助手”化，即在参与对犯罪的治理时，社会力量完全依附于国家专业抗制力量，缺乏相对独立的犯罪治理空

① 1963年6月，浙江省诸暨县枫桥区的几个公社在社会主义教育的试点中，针对“四类分子”的改造，总结出了“少捕，矛盾不上交，依靠群众，以说理斗争的形式把绝大多数四类分子改造成为新人”的经验。毛泽东在当时对枫桥经验给予了高度肯定并指示进行推广，由此形成了“枫桥经验”，成为这一时期反映群众参与犯罪治理的典型符号。但这一模式的影响在此后几十年里逐渐消解，直到最近几年才被国家高层再度提起。

间，没有独立开发新型犯罪抗制产品的独创性，很大程度上仅仅是以专业力量的助手身份出现，并在国家专业力量的安排下活动。由于在犯罪治理中，社会力量只是配角型、助手型的身份，使得其抗制犯罪的主动性，尤其是开发新型治安防范模式和犯罪抗制产品的积极性、主动性不能得以最大限度的发挥，其自身具有的反犯罪潜力也未能悉数释放。

正如前文所述，宽严相济刑事政策的一个基本应有之义就在于区别对待不同的犯罪与犯罪人，实行宽严分流，有条件地调动社会公众力量进入宽松刑事政策的适用之中，为集中国家专业力量适用严厉刑事政策治理严重犯罪提供保障。有鉴于此，在当前实有必要进一步拓宽社会力量参与到社会治安综合治理制度的机制渠道。详言之，就是要在社会治安综合治理框架之下，使社会力量成为国家专业力量的伙伴，形成国家主导、社会力量协同的二元主体犯罪治理模式。社会力量的协同，体现在社会力量由国家专业力量的辅助和助手转而成为后者的伙伴。申言之，一方面，民间社会获得了相对独立[①]的犯罪治理场域，能相对自主地开展犯罪抗制活动（如在治安承包机制下，治安承包人对特定区域的治安防范具有相当的自主权，可以自主决定治安方案的设计和治安措施的采用；又如，在刑事和解机制下，民间组织的和解能在很大程度上决定刑事司法程序的走向；再如，在社区矫正中，民间社会力量更是获得完全的矫正主体身份）。由于有了较独立的空间，民间社会也就具有了与专业力量形成伙伴关系以平等对话的地位。另一方面，社会公众具有独立开发出反犯罪新产品、新形式的积极性和创造性。社会力量开发新型犯罪抗制模式和产品的首创性是社会力量由国家专业力量的助手转化为伙伴的又一显著表征。在目前反犯罪实践中逐渐生发出

① 之所以是“相对独立”，主要是由于治理犯罪最终还是需要国家的主导。因为，首先，国家的民主机制为在治理犯罪进程中保障人权提供了有效保障；其次，抗制犯罪的公共产品属性决定了国家需要在这一公共事务中发挥主导作用；再次，国家在犯罪抗制中具有不对称优势。

的私人侦探、私人保镖和治安承包等机制就是社会力量治理犯罪的典型形态。而且，一旦具有了生发新型犯罪治理机制的创造性，我们还可以预见在今后的犯罪抗制进程中，社会力量还完全可能开发出新的反犯罪模式（如利用民间行业组织的自身特点对行业内违法犯罪行为的抑制机制等）。

可以预见，随着国家主导、社会力量协同的社会治安综合治理模式的逐渐生成，犯罪治理的主体结构可以进一步优化：一方面，社会公众进入宽松刑事政策治理之中的渠道更为畅通，与之相适应，宽松刑事政策也因为社会力量参与而进一步体现出其人性化、宽缓化的特征；[①] 另一方面，在针对严重犯罪和高度危险性的犯罪人而采取严厉刑事政策时，国家又可以将从宽松刑事政策中抽调出的国家专职反犯罪力量加以集约化集中使用，从而实现宽严有别、当宽则宽、该严则严。最终进一步实现宽严相济刑事政策的宗旨。

（二）理性调节刑法干预的范围、重点和强度，实现刑法有所为、有所不为的辩证统一

宽严相济刑事政策的另一个基本内涵就是合理界分刑法边界，确保刑法成为维护社会秩序的最后手段，这也是刑法谦抑性的要求。但目前，由于我国正处于社会转型期、面临较严峻犯罪态势的现实，刑法的谦抑性还很难为所有社会公众所接受，相反，迷信刑法、崇尚以刑去刑的思想还在很大程度上存在。例如，在对待一些不法行为时，出现了由于迷信国家专业力量，从而将一些民事违法

① 如社区矫正中的民间组织、社会志愿者作为矫正主体，其本身的平民化身份和柔性矫正手段，更易为矫正对象所接受；又如，刑事和解中由社会力量参与调解，更能从社会的常理、常情角度予以分析、劝解，达到平息矛盾、解决争议的目的。

行为刑事化的做法，耗费了有限的国家刑事司法资源。[①] 又如，在对待许多因伦理道德问题而引发的社会不良现象上，在一些民众中出现了依赖刑法解决这些问题的观念：南京市老龄委一位主任就提出应在刑法中增设“不孝罪”，以惩戒不尊重老人的现象，这一提议还在网上得到了不少网民的支持；[②] 此外，还有不少人撰文建议对于见义不为的行为设立“见危不救罪”，对“包二奶”行为增设“已婚方非法同居罪”等。[③] 应该说，将见义不为、不孝行为入罪化的呼声的存在，反映了当下相当部分的民众对刑法疆域的泛化理解，对刑法功能的神化期待，以及对社会其他规范作用的弱化认识。不可否认，当代社会，刑法的确是非常重要的社会规范，但也应该有所为、有所不为，却绝不能无所不为。[④] 相反，如果“过分强调刑罚的威吓功能，而把‘重典’当做刑事政策的万灵丹，误信杀一而可儆百，并期杀一奸之罪而得止境内之邪，造成严刑峻法之局，这在表面上似乎颇具刑事政策的目的性，可是事实上却无抗制犯罪之功能，这是古今中外均有过的现象”。[⑤] 而对宽严相济刑事政策而言，只有充分认识到了刑法的这一基本特性，才能做到在

---

① 少数手机用户恶意欠费的现象并不鲜见，从法律角度而言，这一行为只是普通的民事违约行为，本可由电信部门通过诉讼途径解决。但是，在个别地区电信部门却寻求公安机关的帮助，后者也将普通民事违约行为作为刑事案件介入（参见《成都公安电信联手追缴手机欠费》，新华社成都2000年8月9日，至于案件如何才能“适用”我国现行刑法暂且不论）。个别地区电信部门采取的此种做法对其本身而言可能是十分经济、高效的，但对全社会而言，却导致了有限的国家犯罪抗制资源的极度浪费。

② 参见《燕赵都市报》2004年10月5日。

③ 分别参见《建议增设公民不履行救助义务罪》，载《新疆社会经济》1994年第6期；《论“见危不救罪”》，载《探求》1996年第1期；《“论见义勇为”的立法构想》，载《理论月刊》2003年第4期；《关于“包二奶”的刑事立法思考》，载《青少年犯罪研究》2001年第5期。

④ 具体而言，一方面，刑法的动用应该限于现行刑法的范围之内，遵循罪刑法定原则，真正做到“刑法是刑事政策的藩篱”（李斯特语）；另一方面，适用刑法时，也应本着宽严相济的指导方针，当宽则宽，宽严有别，最大限度体现刑法的谦抑性。

⑤ 林山田著：《刑罚学》，台湾商务印书馆1983年版，第70页。

处置反社会行为时，宽严有别、慎用刑法，从而最终实现“宽以济猛，猛以济宽，政是以和”[①]的目的。因此，在社会治安综合治理机制构建时，倡导并引导社会民众理性认识刑事法的功用，客观对待刑法在社会控制体系中的地位显得尤为必要。

（三）尽快建立起反映并符合“后单位时代”、“后身份制时代”特征的社会治安综合治理模式

在改革开放之前的相当长一段时间里，中国社会处于“单位时代”和“户籍时代”时期。户籍制和单位制曾是国家对社会成员实现有效且相当严密治理的两大支柱。在当时人口流动率极其低下的环境中，户籍制的存在使得各地的基层户籍管理机关能够较容易地对管辖范围内的人口进行掌握和管理；与此同时，当时中国城镇的绝大多数成年人都是“单位人”。单位所控制的资源不仅包括以货币和实物体现的物质生活资源，而且包括无形而重要的“制度性资源”，[②]因此，“单位组织不仅有专业功能，而且具有经济、政治、社会等多方面的功能，起着政府的作用。”[③]也成为“新中国成立以来直至改革开放之前最重要的社会控制手段，这是改革开放前中国社会控制体系最显著的特色”。[④]正是在单位完全具有“次政府”功能，而“单位人”又对单位具有极强依附性的背景下，国家对社会成员的治理很大程度上就是通过单位有效甚至高效

---

① 《左传·昭公二十年》。

② 参见孙立平：《“自由流动资源”与“自由活动空间”》，载《探索》1993 年第 1 期。

③ 路风：《单位：一种特殊的社会组织形式》，载《中国社会科学》1989 年第 1 期。

④ 郭星华著：《当代中国社会转型与犯罪研究》，文物出版社 1999 年版，第 168 页。

地实现了。[①] 但是，自20世纪70年代末推行的改革开放战略施行至今，中国社会面貌已发生了巨大变迁。尤其是自20世纪90年代初官方（国家）开始确立社会主义市场经济体制这一基本发展模式之后，随着市场经济的加速度发展，中国的社会生活也随之发生了广泛而深刻的变化：既有的单位—成员的相互关系被市场经济极大地改变。在市场经济条件下，随着大量非公有制经济主体和新型社会职业（尤其是自由职业）的出现，加之体制内单位对其成员的资源控制能力已经大为削弱（尤其是在住房分配和医疗体制改革之后，单位提供的诸如住房、医疗等社会职能和个人发展这一制度性资源，都已经很大程度上交由市场配置或可以通过市场实现，体制内单位在社会生活中的地位已日渐式微），使得单位尤其是体制内单位与其成员之间的人身依附性不断降低；[②] 同时，人口流动已经成为当代中国社会生活中的一个极普遍现象，原有户籍制度不断受到市场经济条件下要求包括人在内的生产资料自由流动的现实的极大冲击。[③] 既有的户籍制度管理在人口几乎静态化条件下、通过城乡二元身份制对中国社会成员有效控制、管理的体制，及其所取得的良好效果也不复存在，甚至户籍制度自身的存在合理性都遭

① 在当时，诸多社会中的纠纷都可以通过单位解决。例如，夫妻之间发生纠纷时，时常会出现双方或其中一方提出“找（单位）领导评理”而非诉诸法院的情形；又如，在当时住房、医疗、养老等基本必需品主要由单位供给的背景下，许多纠纷其实就是产生于单位内部的，其解决自然主要依赖于单位（包括上一级单位）。因此，单位在很多情况下发挥了纠纷的调解人或仲裁者的角色。

② 随着中国社会主义市场经济的确立，中国社会成员在地域和职业上的流动更为频仍和常见，专门指称社会成员在职业或就业方面流动现象的“下海”、“跳槽”、“打工”等语词也被广为使用。

③ 在中国广大的农村地区，农村户口对于在城镇中就业的农村劳动力（即通常所称的“打工者”）而言，除了意味着宅基地、责任田的权利（义务）以外（且该两项权利对外出务工人员构成的影响已越来越小），几乎毫无意义。现行户口管理制度也无法对外出务工者进行管理。

到了质疑。① 因此，在当前国家对社会的治理还存在严重不足、原有的刚性社会治理机制又受到极大弱化的宏观背景下，大量的越轨乃至犯罪行为游离于国家的防范网络与治理视野之外也就不足为奇了。

因此，在“后单位时代”和“后身份制时代”，在预防违法犯罪的领域，就需要建立反映并符合新的时代特性的社会治安综合治理模式。具体而言，就是要以社区制和社区化管理加以跟进。随着社区日益成为当代中国社会成员的重要活动空间和生活场所，社会成员的“单位人”身份不断向着“社区人”身份转化，社区中的各类民众自发型组织的自助式管理实际上已经成为国家治理的辅助和补充。同时，由于社区民间组织对社区自身事务管理的全方位性和细密性，已逐渐成为国家治理的延伸。② 于犯罪治理领域，在社区中形成的以社区成员为主体的治安防范组织，在社区治安的维护中，也具有全方位性和细密性，因此，社区民众力量的出现和日益活跃，成为当前条件下协助国家专职力量维护社会治安的有效补充和延伸，并已在现实中发挥了抗制犯罪的积极功效。③ 另外，现有从事社区矫正的民间组织也以特有的人性化主体身份和亲情化、柔性化矫正手段成为矫正罪犯的重要主体；民间调解组织的存在也可以作为排解矛盾、化解纠纷的重要力量。这些，都是社会治安综合

① 具体可参见陆益龙著：《户籍制度——控制与社会差别》，商务印书馆 2003 年版，第 449 ~456 页；田炳信著：《中国第一证件——中国户籍制度调查手稿》，广东人民出版社 2003 年版，第 14 ~27 页；俞德鹏著：《城乡社会：从隔离走向开放：中国户籍制度与户籍法研究》，山东人民出版社 2002 年版，“导论”第 5 页。

② 近年来，国家加强社区建设的一个重要内容就是加强发挥社区在辅助政府管理中的作用。

③ 许多地区在社区民间治安组织大量涌现并被整合入国家的社会治安管理体系之后，当地都出现了犯罪率较大幅度降低的显著效果（参见：《平安，率先发展的竞争优势——无锡市开展“建设平安无锡”工作纪实》，载《法制日报》2004 年 11 月 22 日；《宿豫：社会治安防控体系显神威》，http://www.xhby.net/xhby/content/2004—10/02/content_556807.htm；《百个“高危”社区发案下降，全市半数社区无案件发生》，载《北京娱乐信报》2004 年 11 月 11 日）。

治理制度应该积极关注并不断吸纳的新形态、新类型力量。

（四）建立起覆盖刑事政策全过程的、完整的综合治理模式，以此形成预防—打击的良性互动格局

宽严相济刑事政策的提出和实施，是一个完整的动态过程，它当然地涵盖了正确的犯罪观、刑法观的树立，犯罪人及犯罪类型的甄别，反犯罪手段、模式的选择适用，反犯罪力量的调动等一系列动态流程。与之相适应，作为这一刑事政策运行基础的社会治安综合治理制度，也应当引导、培养公众的理性犯罪观、刑法观，跟进建立起国家专职反犯罪力量与社会反犯罪力量协同配合的联动机制，犯罪前预防和犯罪后制裁、消解相配套的犯罪治理机制，从而形成打防并举、预防—打击良性互动的格局。为此，可以考虑从“固点”、“延线”、“拓面”几方面来进行。就“固点”而言，就是要使社会治安综合治理机制始终围绕预防犯罪、打击犯罪这一基点，从如何减少犯罪、怎样有效抗制犯罪等角度来思考社会治安综合治理机制的构建；就“延线”而言，就是要使社会治安综合治理机制由既有的多关注犯罪前预防延伸到犯罪后治理，包括轻微犯罪行为的化解、轻微犯罪人的矫治、犯罪人的再社会化等诸多方面，[①] 从而使社会治安综合治理实现从犯罪预防到矫治的全程伴随，也使社会治安综合治理从“打防结合”到“打防矫结合”，真正体现出这一机制作为治理犯罪基本刑事政策的属性；就“拓面”而言，在新形势下，尤其是在前文所述的我国社会进入“后单位制时代”、“社区人”时代，以及社会分工日益细密化后大量新型职业出现的宏观背景下，社会治安综合治理应该积极探索新型的体现社会力量参与的切实可行的犯罪治理模式，如私人保镖、私人侦探、治安承包等机制都可以成为社会治安综合治理吸纳的创新模

① 从20世纪80年代初国家高层提出社会治安综合治理方针以来，无论是在理论层面还是在制度层面，这一机制更多的还是在关注如何实现犯罪前防范，而对于犯罪后治理的关注一直较少，直到近年来，随着社区矫正、出狱人社会化等新型犯罪治理制度的出现，社会治安综合治理的内容才开始向犯罪后治理领域不断丰富。

式。同时，社区矫正、出狱人社会化、刑事和解等机制也应当进一步完善，不断拓宽在社会治安综合治理框架下社会力量与国家力量有效协同治理犯罪的参与面与合作空间。

第二节　完善立法是贯彻宽严相济刑事政策的制度保障

一、现行刑法关于犯罪的规定不利于贯彻宽严相济刑事政策的方面

“宽严相济”的核心在于宽严适度，体现在刑事立法上，首先就意味着刑事法网的构建应当疏密有致，合理的犯罪化与适度的非犯罪化相结合。换言之，对于具有严重社会危害性、有必要动用刑法调控的行为，将其予以犯罪化；而对于社会危害性较小、不必动用刑法调控的行为，则予以非犯罪化。从宽严相济的要求出发，审视我国现行刑法关于犯罪的规定，主要存在以下两个方面的问题：

（一）刑事法网的严密性仍有待完善

近几十年，特别是改革开放以来，随着社会经济、政治、文化等的发展变革，我国的刑事法网经历了由粗疏到逐渐细密的发展过程。我国1979年刑法是在1976年“文化大革命”结束不久制定的，当时正处于无法可依的状态，对刑法的制定具有迫切的要求，无暇对之进行细致、严密的立法设计，加之立法经验不足，因此采取了“宜粗不宜细”的立法指导原则，所以，新中国第一部刑法仅有192个条文，分则共103个条文，规定了122个罪名，且多限于有关常见、多发的自然犯的规定，对于经济犯罪与妨害社会管理秩序的犯罪的规定则比较概括。20世纪80年代开始的经济改革，使中国由计划经济逐渐走向了市场经济的轨道。经济体制的改革，各种经济活动的出现，一方面导致了原有经济犯罪的多发与危害严重化，如伪造货币的犯罪、伪造票证的犯罪、走私犯罪等；另一方

面，出现了许多原刑法中未规定的危害社会主义市场经济秩序的犯罪，如生产、销售伪劣商品，破坏金融秩序，妨害对公司企业的管理，侵犯知识产权，扰乱市场经济秩序等犯罪。同时，随着经济体制改革的深化和对外开放的不断扩大，在社会治安秩序方面也发生了重大变化，一些在新中国成立后一度绝迹的犯罪死灰复燃，如毒品犯罪、与卖淫嫖娼有关的犯罪、有关淫秽物品的犯罪等；此外，另一些随着逐利目的而产生的破坏社会秩序的犯罪也渐渐出现，如妨害国（边）境管理、危害公共卫生、妨害司法等犯罪相继出现或严重化。社会现实要求立法与之相适应。于是，从20世纪80年代末期开始，立法机关先后出台了24个决定和补充规定，以补充刑法的不足。1997年修订刑法立足于我国社会发展的需要和犯罪的现实状况，在吸收既有立法成果的基础上，进一步予以充实和完善。修订后的刑法分则增加到350条，规定了约410个罪名。其后，自1999年年底至今又先后出台了1个单行刑法、7个刑法修正案，通过新增或修改条文，增加新罪名30多个①。

严密刑事法网的过程也是犯罪化的过程。应当说，在经历了几十年的犯罪化过程以后，就刑事法网的覆盖范围、规范的严密程度而言，现行刑法与1979年刑法相比已不可同日而语。正如有学者所指出的，刑事法网是否严密，取决于行为的样态及附加条件的多少。行为样态，或称犯罪类型，是指行为的外在表现形式。附加条件，是指在行为样态基础上所追加的一些条件，如目的、情节、结果、数额等。如果说行为样态是经线，划定了刑事法网的横向范围，那么附加条件则可称为纬线，划定了刑事法网的纵向范围，经纬交织，就构成了刑事法网的整体。如果行为样态设计较多，附加条件追加较少，则经线与纬线繁多，刑事法网严密；相反，如果行为样态设计较少或附加条件追加较多，或者二者兼具，则经线过于

① 值得肯定的是，《刑法修正案（七）》在坚持犯罪化的基本方向的同时，也开始体现出了除罪化和轻刑化的趋势，如有关绑架罪的规定。

稀少，或纬线过于稀少，或二者兼具，因而导致刑事法网过于稀疏。[①] 从刑事法网的“经”、“纬”两个方向和角度出发进行考察，我国目前刑事立法的严密性仍有不足。具体表现在以下几个方面：

1. 立法对现实考虑不够，前瞻性不足

由于立法时对犯罪现实的考虑不够或者前瞻性不足，出现某些行为论理当罚却于法无据的情况。以我国的“反黑”刑事立法为例，现行刑法中设置了3个罪名：组织、领导、参加黑社会性质组织罪（第294条第1款），入境发展黑社会组织罪（第294条第2款）和包庇、纵容黑社会性质组织罪（第294条第4款）。但还有一些具有相当社会危害程度的黑社会性质犯罪在刑法中付之阙如，致使司法实务部门面对这些黑社会性质犯罪，因法无明文规定而不能将其纳入刑事打击的范围。具体地说，这些行为主要包括：一是参加境外黑社会组织的行为。刑法规定了组织、领导、参加黑社会性质组织罪，又规定了入境发展黑社会组织罪，但未将被“发展”的境内人员加入境外黑社会组织的行为规定为犯罪。二是境外黑社会组织成员在我国境内从事发展成员以外的违法犯罪活动，[②] 如境外黑社会成员在我国境内聚会、举行组织仪式等黑社会性质的活动。这在个别地区已经发生。三是明知是黑社会性质组织却出于种种目的主动向其提供帮助。例如，有的单位或个人为了利用黑社会性质组织的力量采用不法手段搞垮竞争对手而主动为黑社会性质组织提供物质帮助；有的单位或个人主动与黑社会性质犯罪组织勾结起来对某些行业或市场进行控制形成垄断，共同牟取丰厚的不法利益，等等。这些行为的社会危害性实际上并不亚于我国刑法已经规定的黑社会性质组织犯罪，但由于现行刑法未将其规定为犯罪，致使上述行为人轻易地逃脱刑罚制裁。再如，目前刑法有关计算机犯

① 参见储槐植、张永红：《刑法第13条但书与刑法结构——以系统论为视角》，载《法学家》2002年第6期。

② 参见田宏杰：《试论我国“反黑”刑事立法的完善》，载《法律科学》2001年第5期。

罪的规定过于简单，对以计算机为载体的一些新型犯罪难以适用。就近年来频频发生的电子商务犯罪来说，虽然现行刑法第285条规定了非法侵入计算机信息系统罪，但对于“计算机信息系统”的限制过于狭窄，仅限于侵入国家事务、国防建设、尖端科学技术领域的计算机信息系统的行为，而对于电子商务认证机构的计算机信息系统这一对电子商务安全甚为关键的领域并未涉及。非法侵入电子商务认证机构的计算机信息系统，即使行为人没有删除、修改其中的应用程序和数据或破坏系统安全防护措施，非法入侵以及对于秘密信息的窃用，也会导致整个电子商务秩序的混乱，从而给国家电子商务的稳定发展和交易各方造成严重损害。同样，各类金融机构、企业或个人的计算机信息系统遭受恶意入侵的结果也都不堪设想。此外，实践中发生的拐卖、拐骗14周岁以上男性或者针对14周岁以上男性实施性侵犯的案件、网络虚拟财产受侵犯的案件、“性贿赂”案件等，在处理时也都遭遇到刑法“空白”。

2. 罪状中设定过多的附加条件，使得恶者逃脱法网的概率上升

附加条件的设定主要包括以下两个方面：

一是主观方面的附加条件，如目的要件、动机要件。在现行刑法分则中，如“以非法销售为目的”、“以牟利为目的”、“以非法占有为目的”、“以出卖为目的”等达数十处，这不仅使得一些虽不符合特定目的要件但严重侵害法益的行为堂而皇之地不受刑法规制，而且，即便在那些实际上符合目的要件的案件中，对行为人主观目的的考证，也增加了公诉机关的证明难度。[①] 以侵犯著作权罪为例，现行刑法第217条明确规定，要构成本罪，行为人的主观方面必须“以营利为目的”。这无疑不利于对著作权的全面保护。出于非营利目的（如报复他人等）而实施的侵犯著作权的行为，就其社会危害性以及行为人的主观恶性程度而言，并不一定小于以营

① 参见储槐植：《议论刑法现代化》，载《中外法学》2000年第5期。

利为目的而实施的侵犯著作权的行为。将侵犯著作权的犯罪限于“以营利为目的”，会使那些不以营利为目的的侵犯著作权的犯罪行为逃避刑法追究，从而使权利人的著作权不能得到全面的保护，美国的 United States v. Lamacchia 一案即为典型例证。[①] 有的分则条文中还对犯罪行为的动机作出了明确规定。例如，在刑法分则第九章“渎职罪”中，有1/2的条文都明确规定了行为人的“徇私”动机，而就渎职犯罪而言，其本质在于对国家所赋予的公共管理职权的亵渎和滥用，从而对国家、社会和人民利益造成损害，是否出于徇个人私情、私利的动机，对其渎职行为的危害性及其程度其实并无影响。例如，司法工作人员在刑事诉讼过程中枉法追诉或裁判的，如果其不是出于徇私情、私利，而是严重不负责任、随意出入人罪，难道就无须承担刑事责任吗？笔者认为，在某种意义上，对比因徇私情、私利而渎职者，非徇私的随意滥用职权、玩忽职守，其恶性和危害更甚，因为前者的渎职是在某种前提下才会发生的，尚不具有随意性；而后者则是对所行使职权的肆意玩弄和公然藐视。

二是客观方面的附加条件。犯罪概念中强调定量因素、在罪状中明确规定犯罪数额等，这是我国刑法中一个较具普遍性的现象。但正如储槐植教授所指出的，定量因素在缩小刑事打击面、紧缩国家刑罚权、节约刑事司法资源的同时也造成刑法结构性缺损。定量因素的载体只能是行为造成的客观危害结果，这就决定了我国刑法奠基于结果本位。刑法总则中关于犯罪故意和过失的定义也相应地建立在对危害结果所持心态的基础上。结果本位的立法忽视甚至排斥行为人的人格状况，重恶果而轻恶习，而现实生活中有的行为人

---

① 1994年，麻省理工学院的学生 David Lamacchia 未经版权人同意，将当时十分流行的版权专有的电脑软件发到国际互联网的计算机公告栏系统上，并邀请使用者去自由复制，在短短的6个星期内，给版权人造成了100多万美元的经济损失。然而，由于 David Lamacchia 的行为并不以商业利益和个人的经济利益为目的，因而美国法院依照当时有关刑法的规定，无法追究其刑事责任。

恶习深重但行为结果并未达到刑法规定的严重程度而难以绳之以法的，然而这类作恶者对社会安宁造成的威胁往往超过恶习不深但行为结果符合刑法规定的犯罪人。①

3. 立法技术粗糙

由于立法技术上的疏漏或者缺陷，某些犯罪的罪刑规定不够周密，导致出现刑法调控的真空地带。这方面最为典型的就是现行刑法第 201 条关于偷税罪的规定。该条采用了“完全列举”罪状的叙述方法，而实务中却出现了行为人通过本条列举罪状以外的其他方法偷税的行为，如收买或者胁迫税务人员，让其徇私舞弊来达到不交或者少交税款的目的；采用“隐匿企业”的做法，利用“黑企业”签订合同、转移账款，大肆偷税，等等，而囿于立法规定，不能予以犯罪论处。此外，本条还存在犯罪量化过程中的立法空当。该条规定：“……偷税数额占应纳税额的百分之十以上不满百分之三十并且偷税数额在一万元以上不满十万元的，或者因偷税被税务机关给予二次行政处罚又偷税的，处三年以下有期徒刑或者拘役，并处偷税数额一倍以上五倍以下罚金；偷税数额占应纳税额的百分之三十以上并且偷税数额在十万元以上的，处三年以上七年以下有期徒刑，并处偷税数额一倍以上五倍以下罚金。……”该条对偷税罪采取了“比例 + 数额”的定罪标准。换言之，偷税行为要构成偷税罪，必须要符合比例和数额同时具备（“并且”）的法定条件，缺一不可。据此，如果行为人偷税数额占应纳税额的 10% 以上不满 30% 且偷税额在 10 万元以上；或者偷税额在 1 万元以上不满 10 万元且占应纳税额的 30% 以上的，在是否定罪、如何处刑上无所适从，这一立法空当无疑是不利于有效打击偷税犯罪的。为了弥补立法的缺漏，2002 年 11 月 5 日最高人民法院《关于审理偷税抗税刑事案件具体应用法律若干问题的解释》中规定，偷税数额占应纳税额的 10% 以上且偷税数额在 1 万元以上的，依

① 参见储槐植：《议论刑法现代化》，载《中外法学》2000 年第 5 期。

照刑法第201条第1款的规定定罪处罚。根据该解释的规定，上述两种情形的定罪问题似乎得以解决，但适用哪一刑罚幅度，仍存在疑问（可定罪却无法适用刑罚，定罪岂不只是空谈?)，而这显然已经超出了司法解释所能够“弥补”的范围，唯有通过立法的修正方能解决。

（二）刑事立法的宽容性体现不足

社会中存在着大量的犯罪，任何一部刑法都不可能面面俱到、无一遗漏，考虑到犯罪价值的相对性（即犯罪不是绝对的“恶”，在一定意义上也对社会发展起着积极作用）以及刑法调控本身的局限性（特别是负面效应），针对危害程度各异的行为，国家在刑事政策上也予以区别对待：一方面，严密法网、将具有严重社会危害性的行为积极纳入刑法调控范围；另一方面，对于一些较轻的危害行为，在刑法上采取消极不干预的态度。宽容，既是社会现实的客观要求，也是现代国家立法（包括刑事立法）的一个价值取向。从我国现行刑法有关犯罪的规定来看，是有所欠缺的。

1. 关于犯罪主体的规定明显缺乏人伦精神

中国古代社会很重视人伦精神，这在中国古代历朝的法律规定中都有所体现。然而，令人遗憾的是，这一中华法系特有的法价值理念在我国现行刑法的规定中却难得一见。以犯罪主体的有关规定为例，具体如下：

一是刑事责任能力的规定存在缺憾。我国自古就有矜老恤幼的法律传统，公元前11世纪《周礼·秋官·司刺》篇中就有“三赦”的记载，即指赦免罪责的三条规定，赦免的对象“一曰幼弱，二曰老耄，三曰蠢愚”，这是我国古代法律中对老、幼和智力低下、精神障碍者的危害行为不予处罚的最早规定。先秦儒家继承了周初统治者的思想，主张适用刑罚时要矜老恤幼，以体现仁恕之道。受儒家思想的影响，汉、唐律都继承了这一原则。据《汉书》记载，汉惠帝曾诏曰：“民年七十以上若不满十岁，有罪当刑者，皆完之。”“完之”，一说为保持身体发肤完整，不施加肉刑。这是汉初黄老思想和与民休养政策的体现。此后，汉宣帝又下诏规定，年满80岁的老人的处刑范围限定在诬告、杀人、伤人三种罪行，除此之外的其他罪行一律免予处罚。此后的汉律基本上都规定对老人除杀人外，皆免予处罚，并逐渐定型化。唐律则对老年人犯罪进一步细分。凡70岁以上，只要没犯死罪都可以用钱来赎罪；80岁以上犯死罪者，则由司法官确定依律是应斩或应绞，奏明皇帝听候发落；90岁以上的人即使犯死罪，也不得处以刑罚。唐律以70、80、90岁为限，采取了不同的减免处罚措施，标志着我国古代矜老制度趋于成熟与完善。此后，矜老原则基本为各朝所延续。我国台湾地区也继承了这一做法，台湾地区“刑法”第18条第2项规定，满80岁的人犯罪得减轻其刑。从生物规律来说，人到了一定的年龄，其身体机能等各方面就开始衰退，辨别和控制能力自然也会下降，其刑事责任能力必然会受到影响。我国现行刑法针对未成年人和精神病人的刑事责任能力作了较细致的规定，对于老年人的刑事责任能力并无明文规定，尽管在司法实践中，“年老”有时会被作为量刑的酌定情节加以考虑，但在法律中没有体现，不能不说是一个缺憾。

二是对亲属相隐的否定。亲属相隐的思想产生于春秋时期，孔子对“父攘羊，子证之”的案例给予的否定态度奠定了相隐原则的理论基础。汉宣帝地节四年（公元前66年）颁布的诏令①使之作为一种制度被明确化、规范化，《唐律》则进一步扩大了相隐的范围，推及同居亦可相隐。从《大清新刑律》到民国刑法，先后也保留了“为庇护亲属而藏匿人犯及湮灭证据不罚”、“为亲属销赃匿赃得免罚”、“有权拒绝证明亲属有罪”等规定。这些规定从人固有的本性出发，注重人之伦常，是人伦精神在法律制度中的直

① 诏曰：“父子之亲，夫妇之道，天性也。虽有祸患，犹蒙死而存之。诚爱结于心，仁厚之至也，岂能违之哉！自今子首匿父母，妻匿夫，孙匿大父母，皆勿坐。其父母匿子，夫匿妻，大父母匿孙，罪殊死，皆上请廷尉以闻。”（《汉书·宣帝纪》）。

接体现，我国港、澳、台地区的现行刑事立法中仍继承了这一传统。无独有偶，关注法的人伦精神这一价值理念在当今世界其他许多国家的法律制度中亦有所体现。例如，《日本刑法典》第 103 条、第 104 条在分别规定“藏匿犯人罪”和“隐灭证据罪”之后，紧接着第 105 条“有关亲属犯罪的特例”规定：“犯人或者脱逃人的亲属，为了犯人或者脱逃人的利益而犯前两条之罪的，可以免除刑罚。”《韩国刑法典》第 151 条规定的是“藏匿人犯罪与亲属间之特例”，该条第 1 款规定：藏匿犯有应处罚金以上刑罚之罪的人犯，或者协助其脱逃的，处……该条第 2 款规定：亲属、户主或者同居家属为人犯而犯前项之罪的，不罚。《德国刑法典》第 258 条第 6 项亦有类似规定，《法国刑法典》第 434－1 条第 2 款甚至将这种例外情形扩大至“众所周知与其一起姘居的人”。英美证据法上也有“夫妻互隐”的特权规则。而我国现行刑法对亲属相隐持否定态度，刑法第 310 条规定的窝藏罪、包庇罪对犯罪嫌疑人或被告人的直系亲属也一视同仁。这就意味着法律要求公众在“亲情”与“大义”中作出选择，知悉犯罪情况的犯罪嫌疑人的亲属不能沉默，不能说谎，不能让犯罪嫌疑人躲在家里，不能供其吃喝穿用、不能让其外逃，只有一条路——向司法机关举报并如实指证亲人犯罪，否则，也要受到刑事追究。尽管这一规定的初衷是要尽可能地惩治犯罪，维护社会秩序，但如果法律强迫人们违背人性、背离基本的人伦感情而去遵行它，那么，法律的正当性恐怕就值得推敲，而且也未必能够取得立法者所期望的效果，甚至可能适得其反——从“文化大革命”的梦魇中醒来的人们应当不会忘记，当基本的人伦关系被强行冲垮，道德观、价值观陷入疯狂的时候，这个社会将会变得多么可怕！

2. 对于一些危害性较小的行为的除罪化规定有失合理性

对于犯罪预备，各国的刑法大多以不罚为原则，只在例外情况下才对个别犯罪的预备犯予以处罚。我国现行刑法第 22 条第 2 款规定：“对于预备犯，可以比照既遂犯从轻、减轻处罚或者免除处罚。”可见，我国对于犯罪预备的态度恰好相反，以处罚为原则，以不罚为例外。同时，现行刑法第 24 条第 2 款规定：“对于中止犯，没有造成损害的，应当免除处罚……”也就是说，行为人在犯罪过程中自动放弃犯罪或者自动有效地防止犯罪结果发生的，无论是预备中止还是实行中止，只要没有造成损害的，就应当不予处罚。就犯罪行为的危害性及其程度而言，行为人在已经着手犯罪实行行为以后中止犯罪的（实行阶段的中止），比起为犯罪准备工具、制造条件而尚未来得及着手的犯罪预备行为，前者显然稍重。因为，单纯的犯罪预备行为，其对法益的侵害还只是一种可能性，而犯罪一旦着手实行，其对法益的威胁已经具有了现实性和紧迫性，甚至有些情况下，法益已经受到了侵害。例如，甲将乙摁倒在地，欲劫取乙身上的财物，乙哀求甲，并说明包内的财物是用于母亲住院治疗的医药费，甲心生不忍，遂放弃抢劫。此案中，甲对被害人乙的人身施加了暴力强制，作为抢劫罪客体的人身权利无疑已经受到了侵害，只不过其程度较轻，没有造成乙身体的损害，同时，财物也没有受到损失，因此，行为人甲成立抢劫中止，且没有造成损害，根据刑法第 24 条第 2 款的规定，免受处罚。但是，换一种情形：甲为了抢劫乙，事先准备了工具并进行了跟踪踩点，结果在守候被害人未及着手抢劫即被巡逻人员发觉。根据刑法第 22 条第 2 款的规定，甲即便只是抢劫的预备犯，也会受到刑罚处罚。这显然有违“举重以明轻”的出罪原则。

3. 犯罪起点的设定偏低

由于长期受“严打”政策的影响，为了将尽可能多的不法行为纳入刑事调控范围，我国现行刑法在犯罪起点的设定上有偏低的趋向。以盗窃犯罪为例，作为一种多发性财产犯罪，其犯罪案件数量按照刑法所确立的“数额较大”、“数额巨大”、“数额特别巨大”的标准呈现金字塔式的犯罪格局，一般性的盗窃犯罪案件基数较大。对于盗窃罪的犯罪起点，我国历来采用的是灵活性规定，即立法上只作出“数额较大”的规定，由最高司法机关通过司法解释确定该罪的具体起点。我们可以对比如下一组数据：1984 年我国全国职工平均货币工资 961 元（据 29 个省、自治区、直辖市 82 个城市的 12050 户职工家庭收支抽样调查，1984 年平均每人可用于生活费的收入为 608 元），据对农民家庭收支的抽样调查，农村居民人均纯收入为 355.3 元；1997 年全国城镇居民人均可支配收入 5160 元，农村居民人均纯收入 2090 元。[①] 在这 10 多年间，盗窃罪的起点数额也相应发生着变化：1984 年 11 月 2 日最高人民法院、最高人民检察院联合发布的《关于当前办理盗窃案件中具体应用法律的若干问题的解答》（以下简称《解答》）规定："个人盗窃公私财物，一般可以 200 元至 300 元为'数额较大'的起点；少数经济发展较快的地区，可以提到 400 元为起点。"1998 年 3 月 29 日最高人民法院、最高人民检察院、公安部联合发布的《关于盗窃罪数额认定标准问题的规定》（以下简称《规定》）明确："个人盗窃公私财物'数额较大'，以五百元至二千元为起点。"可以发现，上述司法解释中所确定的盗窃罪起点数额的幅度上限基本上与同期农村居民的人均纯收入相持平（不过，最高司法机关在确定盗窃罪的起点数额时是否是以同期农村居民的人均纯收入作为参照的，对此，"两高"并未作出任何说明）。1998 年以来的 10 余年间，我国经济发展水平大大加速，人民收入大幅度提高。据统计，2006 年我国全国城镇居民人均可支配收入 11759 元，全年农村居民人均纯收入 3587 元，[②] 城镇居民收入是 1997 年的 2 倍，农村居民收入是 1997 年的 1.7 倍。而在盗窃罪的认定上，却仍然依据 1998 年《规定》的标准，这必然导致很多盗窃行为被当做犯罪来处理，从而导致刑事司法资源的过度耗费。

---

① 参见国家统计局：《全国年度统计公报》，http://www.stats.gov.cn/tjgb/。

② 参见国家统计局：《全国年度统计公报》，http://www.stats.gov.cn/tjgb/。

二、现行刑罚结构不利于贯彻宽严相济刑事政策的方面

刑罚结构，是指各种刑罚种类的搭配与架构，是刑罚实际运作中历史形成并且由法律明文规定的刑罚的规模与强度。[①] 刑罚体系的整体性能即刑罚功能的发挥主要取决于刑罚的结构。为全面贯彻宽严相济刑事政策，必须在立法的层面有科学的刑罚结构作为前提，这是我国刑法学界的共识。宽严相济刑事政策要求立法上所确立的刑罚结构能够反映一种可以随着社会的现实需要而调整的刑罚规模与刑罚强度的选择。法国刑法学家马克·安赛尔曾经将刑事政策称为一种“选择”,[②] 这种选择的结果将在极大程度上影响刑事立法，包括刑罚结构的构筑。刑罚结构即刑罚的规模和强度应当根据社会环境和犯罪态势的变动而及时进行调整。这种调整，就是一种选择，不仅体现在对整体刑罚规模与刑罚强度的选择，而且体现在个案意义上具体的选择空间。

我国现行刑事立法虽然在发展过程中已经得到不断的完善，但是在刑罚结构方面仍然存在着明显的问题，不利于真正实现宽严相济的刑事政策。根据我国刑法学界比较普遍的看法，我国现有刑罚结构的最大问题是其明显的重刑主义倾向。笔者认为，这种倾向不仅表现为刑罚体系中重刑的比例过大，而且由于受到重刑意识的影响，刑罚体系中刑种的整体布局也失去了应有的平衡。在重刑主义下，由于刑罚结构从设计到适用都过于强调重刑威慑，宽严相济的刑事政策就会失去灵活适用的选择空间。宽严相济刑事政策要求刑事司法在认定和裁处犯罪时应当倾向于相对宽缓，要求严厉的刑事

---

① 参见陈兴良著：《本体刑法学》，商务印书馆2001年版，第655页。

② 马克·安赛尔的原话是：“刑事政策是由社会，实际上也就是由立法者和法官在认定法律所要惩罚的犯罪，保护‘高尚公民’时所作的选择。”转引自陈兴良：《刑事政策视野中的刑罚结构调整》，载《法学研究》1998年第6期。陈兴良教授认为，在安赛尔此言中，尽管关于刑事政策的内容尚可商榷，但将刑事政策视为一种“选择”，确是精当之论。

惩罚只适用于严重的刑事犯罪，鼓励适用相对轻缓的刑罚、非监禁刑、非刑事化措施裁处一般刑事犯罪和轻微刑事犯罪。其主要的问题是：重刑主义结构特征明显，不利于体现宽严适度、宽严有序的政策；刑种覆盖面不全，整体结构失衡，量刑选择余地受限；有的刑种存在内部缺陷，不能真正体现其刑罚功能。

首先，我国现有刑罚结构的重刑主义倾向表现为：重刑在整个刑罚体系中所占比例过大，相比之下可选择的轻刑、替代刑或者非刑罚措施很少，不利于贯彻宽严相济刑事政策。

在刑罚结构中，轻重刑种的搭配比例是反映其轻重倾向的主要表征。所谓重刑主义结构，主要是指重刑占主导地位或者比重较大。每一刑种在刑罚结构中的搭配比例关系到重刑罚结构与轻刑罚结构的价值取向问题。通览世界各国刑法规定的刑罚种类，大都有生命刑、自由刑、财产刑和资格刑，从体系上可以说没有什么区别。而这些传统刑种，从惩罚的严厉程度来说，显然有轻有重，即生命刑重于自由刑，自由刑重于财产刑和资格刑。由于在各国的刑罚体系中，各个刑种所占的比例份额不同，因此形成了轻重悬殊的刑罚结构。刑法学者储槐植教授通过对世界范围内刑罚结构的历史比较指出："从过去到未来，刑罚结构可能有五种类型：死刑在诸刑罚中占主导地位；死刑和监禁共同在诸刑罚方法中占主导地位；监禁在诸刑罚方法中占主导地位；监禁和罚金共同在诸刑罚方法中占主导地位；监禁替代措施占主导地位。第一种已成为历史的过去，第五种尚未到来，中间三种在当今世界中存在。死刑和监禁占主导地位的可称重刑罚结构，监禁和罚金占主导地位的可称轻刑罚结构。"① 也有学者主张分为四种：一是以肉刑、死刑为中心的刑罚结构；二是以死刑、自由刑为中心的刑罚结构；三是以自由刑为中心的刑罚结构；四是以财产刑为中心的刑罚结构。并认为刑罚结

---

① 储槐植：《试论刑罚机制》，载杨敦先、曹子丹主编：《改革开放与刑法发展》，中国检察出版社 1993 年版，第 148 页。

构呈现一个刑罚趋轻的发展态势，这也是刑罚演变的轨迹。[①] 上述分类根据是基本一致的，都是以刑罚中生命刑、自由刑、财产刑和资格刑的比重判断刑罚结构的轻重，即以死刑、自由刑为主导地位的刑罚结构为重刑结构，以自由刑为主导地位的刑罚结构为次重刑结构，以财产刑和非刑罚的替代措施为主导地位的刑罚结构为轻刑结构。就我国的情形来看，我国刑法中的刑罚方法主要可以分为主刑和附加刑两大类。其中，主刑主要包括管制、拘役、有期徒刑、无期徒刑和死刑。附加刑是补充主刑适用的刑罚方法，主要包括罚金刑、剥夺政治权利、没收财产和驱逐出境。尽管我国刑罚结构中既有体现“宽”的要素，也有体现“严”的要素，但由于死刑和自由刑占据主导地位，因此我国的刑罚结构是一种重刑结构，在这种结构之下，“宽”的要素无法得到充分体现。

1997 年修订的刑法与 1979 年刑法相比，虽然在刑罚结构上进行了一定的轻缓化，但是大部分学者还是认为这部新的刑法仍然是重刑的刑法。1997 年刑法对死刑适用范围的限制、死缓到执行死刑的条件的严格、对大部分盗窃罪废除死刑、通过分离罪名大幅度降低原流氓罪的法定刑、扩大罚金刑的适用范围等体现了一定的轻缓化。但是，我国目前刑罚结构仍是以死刑、自由刑为中心的，从世界范围来看属于重刑结构，甚至是超重的刑罚结构。一是我国刑法规定的死刑罪名过多，导致我国司法实践中死刑的适用量较大；二是从自由刑的配置上看，我国刑法分则对每一种罪都配置自由刑，而且以 3 年以上有期徒刑为代表的重刑在刑罚结构中占绝大部分，包括一些轻罪也配置了重刑；三是关于财产刑的规定与适用，罚金刑适用范围小、适用率低，而受争议的没收财产刑大行其道，也显示了我国的重刑立法与重刑适用；四是资格刑种类设置单一，仅限于剥夺政治权利，而且单独适用的较少，对一些侵犯公民民主

---

① 参见陈兴良：《刑罚改革论纲》，载《法学家》2006 年第 1 期。

权利、滥用职权方面的较轻犯罪，不能单独适用资格刑。[①]

其次，重刑主义倾向导致我国刑罚体系中的刑种布局失衡。在重刑主义的刑罚立法倾向之下，过于倚重靠重刑解决犯罪问题，偏爱重刑的惩罚与震慑功能而忽视其他刑罚的作用，因而形成轻刑与替代刑不发达、不完善的局面。

这种问题表现在，我国现有刑罚体系中的刑罚种类不完整，部分刑种存在内部缺陷。同时，这种情况也直接导致了刑罚结构内部的不协调，即刑罚种类及其各罪名法定刑分配之间比例的失调。要实现比例协调，必须做到刑罚轻重上互相衔接，不可畸轻畸重。例如，有人提出，我国刑罚结构中存在死刑过重、生刑过轻的问题。从我国当前的刑罚结构来看，死刑立即执行与死缓、无期徒刑之间就不协调：一生一死，过于悬殊。由于减刑制度的问题，在实践中死缓减刑后的实际执行刑罚只相当于有期徒刑 24 年，无期徒刑则相当于有期徒刑 22 年，难以与死刑衔接。[②] 为了限制死刑的适用，就有必要加强死缓与无期徒刑的严厉性。同时，对于 3 年以下有期徒刑等刑罚应进一步完善。虽然我国刑罚结构以重为主，但也应重重轻轻，合理配置。

具体而言，这种不协调有以下表现：

1. 刑罚种类比较单一，除生命刑、自由刑外，其他刑种缺乏、偏少或者可适用性不强

我国现行刑法仅规定了 5 种主刑和 3 种附加刑，刑罚种类偏少，社区服务、职业禁止等形式均未被正式独立地纳入刑罚体系之

---

① 参见冯殿美：《刑罚结构改革之理性思考》，载《山东大学学报》（哲学社会科学版）2008 年第 1 期。

② 根据行刑实践，与死刑过重形成鲜明对照的是生刑过轻，死缓相当于有期徒刑 14 年以上 24 年以下，平均执行 18 年。无期徒刑相当于有期徒刑 12 年以上 22 年以下，平均执行 15 年。有期徒刑最高为 15 年，平均执行 10 年。数罪并罚有期徒刑不得超过 20 年，平均执行 13 年。生刑与死刑相比过轻，正所谓“生死两重天”。参见陈兴良：《解读宽严相济的刑事政策》，载《光明日报》2006 年 11 月 28 日。

中，这与我国打击犯罪、矫正罪犯的现实需要明显不符。正如边沁所说："刑罚的选择是诸多因素的结果，它应该具有量方面大小的可感受性、本身的平等性、与罪行的相似性、经济性，等等；单独考察，没有任何一种刑罚独自具备所有刑罚的必要属性。为实现刑罚目的，必须有不同的刑罚方法可供选择，刑罚种类的多样性是刑法典完善的标志之一。"[①] 因此，我们应在现行刑罚结构的基础上适时地增加刑罚的种类，实现刑种的多样化。

2. 死刑罪名偏多，适用对象范围过大

在现行刑法中，有45个条文中直接规定了46个最高刑为死刑的法定刑，如果将选择性罪名和并列性罪名分别计算，涉及的罪名为68种，占总罪名的1/7。[②] 随着人类文明程度的不断提升，废除死刑正逐渐成为国际化的潮流，而我国刑法分则中除了第九章"渎职罪"外，其余的9个罪章中都或多或少地存在着判处死刑的罪种，是世界上规定死刑罪名最多的国家之一，尤其是对大量非暴力性质的经济犯罪和财产犯罪规定了死刑。不仅如此，我国在司法实践中适用死刑的数量也过多，虽然经过近年来司法部门的努力，对死刑的实际执行进行了严格的控制，但情况仍然不容乐观。而从完善立法的意义上说，死刑的调整是改革和完善刑罚结构的关键所在，是否应该在如此多的领域和场合设置、适用死刑，值得我们思考。

3. 监禁刑过多，社区矫正刑欠缺

我国现行的刑罚体系是以监禁刑为主的，非监禁的刑罚方法在法律规范中处于从属的、辅助的、次要的地位。属于社区矫正范畴的刑种和行刑方式只有管制、缓刑、假释、剥夺政治权利和监外执行。其中，刑法中作为主刑的非监禁刑只有管制一种，其他都是附

---

① 曲伶俐：《我国刑罚结构之实然与应然》，载《东岳论丛》2006年第3期。

② 参见赵秉志主编：《和谐社会的刑事法治》，中国人民公安大学出版社2006年版，第640页。

加刑和具体的行刑制度。而管制刑适用范围狭小，缺乏可操作性。管制刑作为我国独创的限制自由刑，具有与西方发达国家近来实行的社区服务令相同的法律性质，符合了现代刑罚轻缓化的发展趋势。但目前我国刑法只有85个条文规定的犯罪可以适用管制刑，其适用范围过窄。而且对于违反管制的行为现行刑法也没有任何处理的规定，这不仅大大削弱了管制刑本身作为刑罚手段的惩罚性，而且也导致了其封闭性，从而形成在刑法中的虚设。另外，法律在缓刑、假释、监外执行等的对象及条件上规定了较苛刻的限制。例如，1997年修订后的刑法第81条第2款规定："对累犯以及因杀人、爆炸、抢劫、强奸、绑架等暴力性犯罪被判处十年以上有期徒刑、无期徒刑的犯罪分子，不得假释。"缓刑的对象也只限于被判处拘役和3年以下有期徒刑的犯罪分子。

4. 罚金刑适用范围狭小，并且缺乏罚金刑与自由刑的易科制度

目前，我国现行刑法规定罚金刑的条文共有156个，但罚金刑却始终处于附加适用的从刑地位。尽管刑法已规定其也可以单独适用，但单独适用的比例仍然很低，仅适用于经济犯罪、贪利性犯罪和破坏社会秩序的犯罪。狭小的适用范围，影响了罚金刑在整个刑罚体系中作用的充分发挥。而且，由于我国固有的贫富观念的制约，罚金刑与自由刑易科制度在我国一直没有存在的空间。罚金刑缺少自由刑作为后盾，严重地限制了其应有的刑罚威慑力的发挥，也导致实践中执行难等一系列问题的出现。在国外，罚金刑是运用最为广泛和频繁的制裁手段。罚金刑占被判刑总数的比例：日本为94%，德国为78%，奥地利为70%，英格兰和威尔士为79%。① 罚金刑作为财产刑的一种，是对付贪利性犯罪和轻微犯罪的最有效的刑罚方法。它不仅符合刑罚经济原则，可以有效地避免犯罪人在

① 参见吴宗宪：《试论非监禁刑及其执行体制的改革》，载《中国法学》2002年第6期。

狱中交叉感染，而且能够最大限度地缩短犯罪人与社会的距离。正如日本刑法学家福田平教授所说，罚金刑具有回避烙印的机能。它不仅不改变犯罪人的生活环境，而且周围的人也不注意犯罪人，即使知道某人被处了罚金刑也没有什么特别的反应，不会给他们打上犯罪人的烙印。[①] 它以金钱为媒介对犯罪人的人格进行非难，所以给予本人的冲击比较缓和。基于此，罚金刑的适用范围应逐渐扩大，应在现有罚金刑主要适用于贪利性犯罪的基础上，进一步将其适用范围扩大到各种较轻的故意犯罪以及大部分的过失犯罪上。

5. 资格刑刑种过于单一，适用范围过窄

就我国刑法而言，资格刑包括剥夺政治权利、驱逐出境和剥夺军衔。由于后两者适用对象是特定人，不具有普遍意义，因此剥夺政治权利成为我国唯一普遍适用的资格刑。但是，剥夺政治权利本身刑名与内容不符，政治色彩过浓。剥夺政治权利产生于特定历史背景之下，带有浓厚政治色彩的特定内容已成为限制其刑罚适用和充分发挥其刑罚功能的不利因素，各级法院一直将其作为死刑和无期徒刑的附加刑适用，极少作为轻刑独立适用。而且一旦适用，四项权利内容就全部剥夺，不能根据具体犯罪选择部分剥夺。这种适用形式很容易造成刑罚的过剩，同时也极易造成其适用范围仅限于严重犯罪的情况。我国资格刑适用范围也过于狭窄，本来在国外适用面最广泛的过失犯罪，却没有配置适当的资格刑，应当说是相当大的缺憾。我国的资格刑只能适用于故意犯罪，而不能适用于过失犯罪，对于犯有医疗事故罪、交通肇事罪等过失犯罪的行为人而言，剥夺其从事某些职业的资格是有其合理性的。

6. 没收财产刑的存在备受争议，适用面广泛，弊大于利

没收财产，是指将犯罪人所有财产的一部或者全部强制无偿地收归国有的刑罚方法，和死刑一样也是一个颇受争议的刑罚。事实

---

① 转引自张明楷著：《外国刑法纲要》，清华大学出版社 1999 年版，第 392、397～398 页。

上，目前在刑法中规定有没收财产刑罚（即一般没收）的只有中国、俄罗斯以及一些东欧国家，一般适用于严重的犯罪。德国、日本、法国等国刑法中规定的没收都属于特别没收。[①] 其一，没收财产刑有违罪责自负原则。在现实生活中，犯罪人的财产常常与他人共有，在区分犯罪人财产尤其是分割不动产时，难免会触及他人的利益。而且犯罪人复归社会后，其个人财产由于被没收，生活上的困窘只会加重其他家庭成员的负担。对此贝卡里亚曾有评价："没收财产是在软弱者头上定价。它使无辜者也忍受着罪犯的刑罚，并使他们沦于必然去犯罪的绝境。"[②] 其二，没收财产刑有违罪刑相适应原则。由于我国刑法规定的没收财产只规定了没收全部财产和部分财产两种情形，在没收数量上没有限度，因为犯罪人个人财富的差距，没收财产的数额差异往往非常悬殊，这就导致不同人犯同样性质的罪，没收财产的结果却是轻重不一，从而产生刑罚适用实质上的不平等，故而会增加犯罪人的反社会情绪及内心的不平衡。

最后，刑罚体系存在追求个案或者个别现象的处理效果的倾向，从而导致刑罚结构性的失衡。一些受个案或者个别方面的犯罪态势影响而设置的法定刑设而不用，从而造成了违背刑罚体系整体公正和整体效益的现象。例如，1997 年的刑法修订工作中，由于受当时的故宫盗宝案的影响，结合盗窃金融机构的一些案件，就保留了盗窃罪的死刑，但又在死刑适用条件上作出了严格限制：盗窃罪适用死刑限于盗窃金融机构数额特别巨大和盗窃珍贵文物情节严重两种情形。这一规定使得原本盗窃罪取消死刑的努力落空，而这两种情况在以后的司法实践中很少用到，盗窃罪的死刑可谓"虽存犹废"，反而因盗窃金融机构的法定刑加重而使近期的"许霆案"面临刑罚上的难题。刑罚体系是由各种具体的刑罚方法按照

---

① 参见郭理蓉著：《刑罚政策研究》，中国人民公安大学出版社 2008 年版，第 138 页。

② ［意］贝卡里亚著：《论犯罪与刑罚》，黄风译，中国大百科全书出版社 1993 年版，第 53 页。

一定的次序、原则科学排列而形成的，而这就决定了组成刑罚体系的具体刑罚方法具有普遍的适用性。但在我国现阶段刑罚体系的具体建构过程中，立法者由于受到当时个别社会现象的影响，把一些本属于个例的案件作为普遍适用的法律制度加以规定，此种做法一方面浪费了刑罚权的资源，另一方面由于刑法中的规定不具备普遍适用的条件，因此往往会出现立而不用的情况，这在一定程度上反映了刑罚体系没有完全能够遵循效益的原则。

三、现行刑罚制度不利于贯彻宽严相济刑事政策的方面

在就我国的刑罚结构与体系问题进行了专门的讨论后，我们再集中对刑罚裁量和执行制度的问题进行探讨。从某种意义上说，刑罚裁量与执行制度中对刑种和刑量的调整与增减，是对刑种体系的更为灵活的补充，从贯彻宽严相济刑事政策的实践角度，具有更为直接的现实意义和实践价值，应予以充分的重视。然而，由于受到重刑主义观念的影响，也由于立法技术和司法实践经验的问题，在我国刑罚裁量与执行制度方面，也存在着一些比较明显的问题，不利于宽严相济刑事政策的落实。

（一）减刑制度的问题

根据我国刑法的规定，减刑，是指对于被判处管制、拘役、有期徒刑、无期徒刑的犯罪人，在刑罚执行期间，如果认真遵守监规，接受教育改造，确有悔改表现，或者有立功表现的，适当减轻原判刑罚的制度。[①] 减刑制度是我国刑罚制度中重要的内容，通过对确有悔改或者立功表现的犯罪人减轻其宣告刑，建立了一种鼓励

① 关于减刑的概念在我国有广义和狭义的争论。狭义说认为，减刑制度仅指缩短自由刑执行期限的制度，即我国刑法第 78 条规定的对管制、拘役、有期徒刑、无期徒刑的犯罪分子，达到一定条件的可以或应当减轻其所判刑罚的制度。广义说认为减刑还应包括死缓犯的减刑、主刑变更时的附加刑的减刑、特赦减免以及我国宪法第 60 条规定的特赦制度。参见陈敏：《减刑制度比较研究》，中国方正出版社 2001 年版，第 5 页。这里我们采用狭义说，对死刑改判制度、赦免制度等另行讨论。

罪犯主动改造的有效机制，在司法实践中发挥了显著的作用。然而，从贯彻宽严相济刑事政策的制度化保障体系的要求来说，我国的减刑制度仍然存在很多问题。根据我国目前减刑制度的实际效果来考察，这些问题突出表现在以下三个方面：

第一，刑法所规定的减刑制度过于简单化而破坏了刑罚体系的内部平衡，导致刑种之间应有的刑量等级协调关系产生混乱，导致宣告刑与执行刑的断裂，从而使宽严相济刑事政策在刑罚适用中的体现无法做到自始至终。

由于目前的减刑制度对其适用的对象缺乏具体的限制或者区别，从而使一些刑种，主要是无期徒刑的宣告刑与实际执行刑之间形成了较大的落差，这就严重地影响了宣告刑本身的严肃性与权威性。而在这一现象成为普遍问题之后，甚至会不可避免地直接影响到刑罚体系中刑种的结构关系，使量刑环节掌握宽严相济的幅度失去稳定可靠的参照体系。这和前文所述的我国整体刑罚结构中“生刑过轻”的现象是同一道理。不少学者指出，我国目前存在着无期徒刑“刑名不副实”的问题。[①] 在大多数行刑的具体情况中，对于被判处无期徒刑的犯罪人在适用减刑的对象条件上没有任何特别的限制，出现了判处无期徒刑的犯罪人在若干年以后都可以减为20年有期徒刑的情况，而唯一的限制只是从幅度上限制，要求实际执行的刑期不得少于10年。这种做法导致无期徒刑与有期徒刑没有太大的差别。一方面，在实践中判处无期徒刑没有实际实现其刑罚的意义；另一方面，会使被判处有期徒刑的犯罪人感到刑罚的不公平，不利于对犯罪人的矫正和改造工作。相比之下，我国的假释制度却对此进行了规制，即特定罪名的无期徒刑不得假释。我国刑法第81条第2款规定：“对累犯以及因杀人、爆炸、抢劫、强奸、绑架等暴力性犯罪被判处十年以上有期徒刑、无期徒刑的犯罪

① 参见张敏：《关于我国刑罚体系若干问题之思考》，载《当代经理人》2006年第9期。

分子，不得假释。”根据这一规定，对累犯以及因杀人、爆炸、抢劫、强奸、绑架等暴力性犯罪，是“不得假释的无期徒刑”。这一规定其本意是要在无期徒刑内再增加一个较普通无期徒刑更为严格的无期徒刑，以此来保证刑罚体系在结构上具有等级性。但这一规定由于忽视了我国现存的减刑制度，使得不得假释的无期徒刑在根本上并没有实际的意义。在这个问题上，我们欣赏一些司法机关的实践态度，即“对危害国家安全的罪犯，犯罪集团首要分子，组织、领导、积极参加黑社会性质组织及入境发展黑社会组织的罪犯，累犯，毒品犯罪的再犯等，在符合减刑条件予以减刑时，要从严掌握”。[①] 不同的犯罪人，其犯罪行为所造成的社会危害和所体现出来的主观恶性不同，犯罪行为的性质、犯罪情节、社会危害程度、主观恶性等方面也不同，在适用减刑制度时予以区分是理所应当的。只有这样，才能自始至终地体现宽严相济的刑事政策。

在我国刑法中，无期徒刑在制度规定上是仅次于死刑的一种严厉的刑罚方法，一方面，它是死刑的选择刑，凡是规定了死刑的条款同时都规定了无期徒刑，以减少死刑的适用；另一方面，它是某些严重犯罪的最高刑。从刑法规定来看，无期徒刑有着较大的适用范围，特别是在死刑受到限制并趋向废除的态势之下，无期徒刑的地位越来越高。有学者主张，对本该判处死刑的严重犯罪，在废止其死刑后应严格限制减刑、假释的适用。而且，应该提高减刑、假释后实际执行的刑期，判处无期徒刑的，可将其实际执行的刑期由10年提高到20年或30年。甚至对本该适用死刑的某些极其严重的犯罪情形，可以在废止其死刑后，禁止适用减刑或者假释。立法机关也可以在必要时，授权法官可根据犯罪人之罪行排除减刑、假释的适用。[②]

---

① 山东省高级人民法院、山东省人民检察院、山东省公安厅、山东省司法厅联合制定的《关于办理减刑和假释案件的实施细则》第9条。

② 参见赵秉志：《中国废止死刑论纲》，载《法学》2005年第1期。

除了对无期徒刑等刑种间平衡关系的破坏以外，我国减刑制度的总体定位也存在一定问题，由于其减刑幅度过大，适用范围与规模过大，又缺乏减刑撤销制度的制约，使得宣告刑的权威性及对犯罪人的改造体系受到一定的侵蚀。

对比外国的减刑制度，这一点就非常明显了。首先，从适用面来看，减刑制度普遍作为行刑的辅助制度存在，仅仅作有限适用。无论是英国、美国还是其他西方国家，减刑的适用比例远远低于假释的适用比例，在德国、日本等国实行的是单一的假释制度，在俄罗斯实行的是假释为主、易科减刑为辅的制度，没有国家实行单一的减刑制度。而加拿大更是于1976年废除了奖励减刑。在美国刑法中，减刑和赦免本质上是相同的，而且特赦的理由和减刑理由基本相似，主要区别在于作出决定的机构不同。另一点不同是，赦免是犯人（或其亲属）主动提出申请而被批准提前出狱；善行折减是根据犯人在狱中的良好行为表现而被允许提前出狱。[①] 从我国减刑制度的精神来看，基本相当于美国刑法中的善行折减制（good - time credit system）。在美国除善行折减外，还有其他诸如因罪犯健康原因等减刑的前提。其次，各国对减刑的幅度限制规定都比较严格。英国监狱法规定，服监禁刑的囚犯的减刑不得少于总刑期的1/3，而美国的死刑犯人必须服满20年徒刑后才有资格获得减刑。[②] 美国最早的减刑制度要属1817年纽约州的一项法律规定：监狱当局可以对表现良好、服刑超过5年的犯人实行减刑，所减去的刑期总计不得超过原判刑期的1/4。美国还有的州规定：“受最高幅度超过1年之不定期拘禁刑之宣告之受刑人，保持善行且忠实履行义务时，按刑罚每1月缩短6日之比例缩短其刑期。”[③]

第二，减刑条件的模糊化导致减刑过程中的客观主义倾向，对

---

① 参见储槐植著：《美国刑法》，北京大学出版社2005年第3版，第267页。

② 参见赵秉志主编：《英美刑法学》，中国人民大学出版社2004年版，第249页。

③ 转引自原威泽、原继科：《对我国减刑制度的思考》，载《中国司法》2004年第4期。

罪犯人身危险性的考察不足，无法真正体现宽严相济刑事政策的实质精神。

按照减刑制度本身的精神，适用减刑的实质条件是“接受教育改造，确有悔改表现，或者有立功表现”。然而，由于人身危险性评估的客观难度，在我国实践中减刑适用标准多以计分考核作为执行标准。这种计分考核存在的问题是，在真实反映主观改造方面缺乏力度，使客观方面的表现成为评价罪犯改造的依据，考核内容呈现一种客观主义倾向。计分考核的范围结构过于集中在生产劳动、生活卫生、集体活动等客观外在的行为方面，而真正反映罪犯的主观思想状况的指标比重不足。有学者指出：“近年来，行刑实践表明，由于思想改造不易量化，考核分数不得不集中于较易量化的方面，如劳动定额的完成和日常行为的评定等，以致很大程度上影响了对罪犯主观构成的准确评估。”① 思想改造的量化标准被虚化，必然也使得计分考核分值配置上出现弊病，导致计分考核分值配置中其他项目指标（如劳动定额的完成等）的实际分值含量增大，数据比例的失衡实际在助长某些罪犯的投机心理，这在很大程度上影响了对罪犯思想改造的客观准确评定，偏离了减刑适用的初衷。

减刑的实质条件是罪犯人身危险性的良性变化，而计分考核过于看重罪犯的客观外在行为表现，计分考核结果不能准确全面地反映罪犯的思想改造质量，不足以表明罪犯的犯罪意识是否淡化，人身危险性是否降低。在行刑阶段，由于面临的突出任务是在惩罚罪犯的同时，矫正罪犯，使其弃恶从善，重新回归社会。因此，减刑考核内容的客观主义倾向性使得考核“避重就轻”，对于减刑适用而言，其负面效应是可想而知的。

由于刑事法律对减刑、假释的条件规定得较为原则，监狱的日常考核成为具体化的减刑、假释条件，并成为罪犯获得减刑、假释

① 王利荣著：《行刑法律机能研究》，法律出版社2001年版，第304页。

的主要依据。减刑行刑理念的偏差即重生产而轻改造导致这一依据主要是以罪犯的劳动表现为主要内容。在减刑考核中，部门利益横亘其中，正如有学者所提到的那样，监狱行刑以维护监管安全和秩序、实现罪犯生产最大经济性为基本出发点，事实上使得生产劳动成为减刑假释条件的首要衡量标准。[①] 计分考核是罪犯能否得以减刑的具体量化标准，其科学性、规范性的缺失必然影响减刑功能及其目的的实现，因而优化考核机制也就成为完善减刑制度的关键措施之一。

值得注意的是，国外的减刑制度发展实践也说明，对减刑实质条件的掌握是比较困难的事，而一旦在此条件方面有所放松，则有可能使减刑制度的性质发生变化，失去其体现宽严相济刑事政策的选择价值。例如，美国的善行折减制初创时的宗旨是激励犯人积极地弃恶从善，主动地矫正自己的不良行为。由于实践中如何评定“表现良好”操作上有诸多困难，于是逐渐变成“表现不坏即可折减刑期”（评定“不坏”比评定“良好”容易）。这样，善行折减刑制便从奖励犯人演变为犯人权利，逐渐丧失其原先的积极功能。[②]

第三，现有的减刑制度缺乏减刑撤销等制约机制，也没有相应的善后措施与之相配套，造成一减了之，无法真正体现对改造质量的评价。

我国刑法对减刑没有规定事后撤销的制约制度，也是一个明显的缺陷，在实践中造成对于减刑后罪犯表现不良的无法约束的现象。[③] 在美国，大多数州的善行折减刑期允许事后被撤销，主要针对犯人在得到善行折减之后又表现不良的情况。有少数的州，如加

---

① 参见宋行：《监狱改造状态调查报告》，载《犯罪与改造研究》2003 年第 11 期，第 17 页。

② 参见储槐植著：《美国刑法》，北京大学出版社 2005 年第 3 版，第 267 页。

③ 参见孙敏：《我国减刑制度研究》，西南政法大学 2006 年硕士毕业论文，第 30～31 页。

利福尼亚州，善行折减是按年度计算的，因而不能跨年撤销。[①] 而我国不仅没有减刑撤销制度的制约，更重要的是也由此而忽视了减刑后罪犯改造的过渡问题。有人总结了减刑制度的5个缺点，除了影响原判刑罚的稳定性和减刑的实质标准降低这两点外，其中3个是和减刑的后续效果有关的：（1）一旦获得减刑，所减的刑期成为丧失法律威慑力的“过去完成时态”，心理上对已获得的减刑不珍惜。减刑后重新违法、犯罪不会导致撤销减刑，没有假释特有的对后续行为持久的法律威慑力。（2）减刑人员刑满释放后，社区矫正组织无权矫正、管理和帮助，突然成为无管束的危险自由人；减刑使原判刑期缩短，刑满释放后5年内重新犯罪按累犯从重处罚的法律威慑期也提前，在最易重新违法、犯罪的释放前期，缺少国家和社会必要的关注和引导。（3）减刑刑满释放人员没有社区矫正的过渡适应期，刑满释放后顺利融入社会重新做人的难度大，适应社会的过渡时间长而曲折。并总结称，减刑制度的3个优点，决定了我国过去选择以减刑为主的行刑制度。减刑制度的5个缺点，决定了减刑刑满释放人员的整体矫正质量低，重新违法、犯罪率高，减刑缺少预防特殊犯罪的功能。[②]

（二）假释制度的问题

与减刑制度相比，假释并非改变原判决刑罚，本质上只是行刑方式的转变，所以其适用的实质条件理应比减刑简单。我国刑法规定了“确有悔改表现”和“不致再危害社会”两个方面，似乎比减刑还多出一个方面，而笔者认为根据其立法精神，其主要的实质条件实际上是后者。或者像有的学者这样表述：“狱内表现”和“人身危险性”不是一种选择或并列关系，而是一种递进式的关系。确有悔改表现仅是适用假释的一种客观基础，是否适用假释关

① 参见储槐植著：《美国刑法》，北京大学出版社2005年第3版，第267页。

② 参见刘京华：《减刑假释制度的发展趋势和利弊》，载《北京政法职业学院学报》2005年第2期。

键要看这种悔改是否已达到了不致危害社会的程度，即悔改表现是不致再危害社会的前提，不致再危害社会是悔改表现的结果。① 实际上，根据刑法和有关司法解释的规定，其适用对象包括罪犯的年龄、健康原因；“不致再危害社会”包括“自然丧失作案能力的”；“特殊情况”包括“国家政治、国防、外交方面等特殊需要的情况”；② 从国内外实践看，还包括监狱的实际关押人数与改造能力等众多情况在内。因此，假释本应是比减刑适用面更广的制度。从宽严相济刑事政策的角度讲，假释制度的意义在于通过对确有一定的悔改表现、不再具有明显的人身危险性的服刑人员放回社会改变行刑方式，使监狱部门集中精力改造主要的服刑对象，充分发挥国家的行刑资源的功效。这一制度还有利于行刑社会化和处遇个别化方向的发展，也符合刑罚经济性原则的要求。

然而，与减刑制度的过度适用现象恰恰相反，假释这一本应更加广泛地适用的制度，在实践中却没有得到充分的重视。据司法部监狱管理局的统计数据表明，1984 年至 1994 年，全国被依法假释的罪犯仅占当年在押犯的 0. 55% ~1. 62%，其中 1992 年至 1993 年度假释率为 2. 62%，而同年度美国和加拿大的假释率分别为 72%、36. 2%，差距还是相当大的。③ 另据统计，1995 年至 1999 年我国假释适用率仍然保持极低的水平，而减刑率则水平较高而且呈上升趋势。具体数据见下表：④

① 参见周国强、杨风宁：《假释制度比较研究》，载《广西民族学院学报》2001 年第 6 期；柳忠卫：《假释制度比较研究》，中国人民大学 2004 年博士毕业论文，第 115 页。

② 参见 1997 年 11 月 8 日公布施行的《最高人民法院关于办理减刑假释案件具体应用法律若干问题的规定》第 10、11、14 条。

③ 参见司法部预防犯罪研究所课题组：《假释问题研究》，载《犯罪与改造研究》2000 年第 6 期，第 30 页。

④ 转引自李豫黔：《改革和完善我国假释制度的理性思考》，载《中国监狱学刊》2001 年第 2 期。

1995 年至 1999 年度全国监狱减刑与假释总数及比率

年度	减刑人数	减刑率（%）	假释人数	假释率（%）
1995	277527	21.35	29950	2.30
1996	285455	20.92	36552	2.68
1997	311026	21.72	41993	2.93
1998	330035	23.18	29541	2.07
1999	350799	24.79	30075	2.13

假释制度在我国长期低效运行，制度价值未得到充分发挥，已给我国监狱行刑带来了负面影响。当前假释方面的主要问题表现在以下方面：

1. 假释制度的作用没有得到充分发挥，司法实践对假释适用条件掌握过严

一方面，不少努力改造并已达到法定假释条件的罪犯不能依法获得假释的机会。这使服刑罪犯感到假释可望而不可即，在一定程度上影响了他们的改造信心和假释的实际效果。另一方面，监狱却承担了那些没有必要关押的罪犯的行刑成本，加重了监狱负担。有人估计，我国在押罪犯中有 1/3 左右的人，尤其是那些改造时间超过 5 年、余刑不足 2 年的罪犯，大部分都已经得到改造，可以予以假释。如将这些罪犯假释出狱，不仅能够大大缓解监狱的拥挤状况，而且可以节约监狱经费。①

2. 假释适用不足必然引起减刑适用过多

实践中，由于假释适用率过低，假释对服刑罪犯的激励功能得不到有效发挥，监狱对罪犯的刑事奖励主要集中于减刑措施。为鼓励罪犯改造，稳定监管秩序，监狱对一些并未达到减刑条件的罪犯也实施了减刑，出现了轮流减刑、照顾减刑的问题，严重削弱了减刑的功能。我国监狱行刑中假释与减刑两种行刑措施发展的不平衡

① 参见陈志海：《监狱拥挤问题刍议》，载《犯罪与改造研究》1998 年第 1 期。

以及因此对行刑实践产生的消极影响，应引起我们的高度重视。

3. 假释适用不足的状况不利于罪犯回归社会

服刑人员出狱之初是最危险的时期，从丧失自由到获得完全的自由，其间的落差若没有适当的缓冲，极易再犯。“假释就是对行刑过程中显有成效的受刑人设定了一个作为能真正适应社会生活的新人的预备阶段，成为能适应较为复杂的社会生活的阶梯或过渡期。”[①] 按照这样的设想，假释应普遍适用于服刑的罪犯，使所有受刑人从监禁生活重返自由生活之前拥有相应的过渡期，以避免其出狱后突然面对困难处境。假释状态下的罪犯介于自由与不自由之间，假释作为累进处遇制度的一个阶段，其重要目的就是减少监禁对罪犯的不良影响，使其在完全释放前尽早、尽可能多地接触社会，更好地获得适应社会的能力，这也是监狱行刑社会化的要求。但在假释率非常低的情况下，相当一部分罪犯失去了提前适应社会生活以顺利回归社会的机会。

4. 假释得不到充分运用的根本原因在于假释制度本身的不完善

有人总结称，假释制度有两个缺点：其一，假释制度需要社区矫正组织的管理和成本，其二，对于假释期间重新违法、犯罪，释放罪犯的国家机关的责任风险大。假释制度的优点，决定了假释的标准高，假释人员的整体矫正质量、对社会的适应性、对其的法律威慑力等，都高于减刑刑满释放人员，所以假释人员的重新违法、犯罪率低，假释有预防特殊犯罪的积极功能。假释制度的两个缺点，决定了我国过去选择了以假释为辅的行刑制度。[②] 笔者认为，我国刑法规定的假释制度对假释决定机关的判断力确实有一定的考验，对其责任压力也比较大，因此而导致这一制度在我国没有得到

---

① 甘雨沛、何鹏著：《外国刑法学》（上），北京大学出版社 1984 年版，第 562 页。

② 参见刘京华：《减刑假释制度的发展趋势和利弊》，载《北京政法职业学院学报》2005 年第 2 期。

充分的适用。然而进一步分析导致假释决定机关责任压力的原因，实际上还是由于假释考验期内后续的监督改造系统缺位造成的，行刑社会化等于行刑自由化，假释出狱近乎放虎归山，没有真正有效的社区改造方案进行跟踪与约束，是否铤而走险重新犯罪只系于其一念之差而已。

（三）缓刑制度的问题

我国的缓刑制度是一种刑罚的附条件暂缓执行制度。其特征是不改变判决所确定的构成犯罪的法律评价，但考验通过则可以引起刑罚的消灭，即原判确定的刑罚不再执行。缓刑对于判处较轻刑罚并且人身危险性不大的罪犯，可以收到比执行剥夺短期自由刑更为积极的社会效果。缓刑是对行为人再社会化实施影响而又不剥夺自由的非常有意义的手段，其优点在于它可以适应行为人的个体特征和需求。[①] 因此，缓刑在宽严相济刑事政策下是处理较轻微的刑事案件，促使主观恶性不大且有悔罪之意的犯罪人通过社区改造悔过自新、回归社会的重要刑罚制度。这一法律制度的适用与执行对实现罪犯处遇个别化、行刑社会化和人道化，克服短期自由刑之弊端，达到教育和改造罪犯，促使罪犯改过自新的目的和价值取向具有重要而深远的意义。在现代刑法量刑轻型化、强调人权保护和刑罚个别化的刑罚理念的支配下，缓刑制度越来越受到世界各国的重视，并得到了丰富和发展。

但是，目前我国缓刑制度从立法到执行仍存在不少问题，造成了缓刑似乎成了仅仅比“实刑”更轻一档的一种刑罚的结果。在司法实践中，判决时关注缓刑宣告而不重视缓刑的考验内容与过程，判决后对缓刑人员控制不力，缓刑监督与考察形同虚设，这样就无法实现建立缓刑制度的价值取向，而且还可能产生滥用缓刑的问题。显然，这种状况是不足以使缓刑制度在落实宽严相济刑事政

---

① 参见［德］汉斯·海因里希·耶塞克、托马斯·魏根特著：《德国刑法教科书（总论）》，徐久生译，中国法制出版社 2001 年版，第 1000 ~ 1001 页。

策时充分发挥其作用的。

首先，在立法上，现行缓刑制度的重点在于刑罚轻重的度量，重视对缓刑人员的行为约束，而缺乏针对受刑人的个性特征定制社区回归方案的教育改造内涵。一方面，我国缓刑制度受大陆法系国家缓刑制度的影响，从惩罚报应角度考虑较多，从犯罪情节轻、主观恶性弱出发作为刑的配量而给缓刑人员以更生、悔过之路，宣告其罪而附条件地暂缓执行其罪；而不是像英美法系国家那样多倾向于刑罚的政策性、教育性和法制与社会制约相结合的现代刑法理论，对缓刑人员不判罪、不执行，予以暂缓宣告处分，这在缓刑人员更生改造上比暂缓执行更有利，更有教育意义。[①] 因此，忽视了社会对缓刑人员的求助，也即保护观察，从而在立法上强调公安人员对缓刑人员的行为监督，忽视了缓刑人员如何回归社会求助性的规定。另一方面，立法上只给予缓刑人员消极地被管束的义务，而没有关注其悔过自新的环境条件。1997 年刑法虽然增加了缓刑考验期的具体规则，但仍然只是监督与管制，至于所在单位或基层组织的配合，内容空泛，没有可操作性。

其次，在司法中缓刑适用率仍然比较低。缓刑制度已经被我国实务界所接受，我国的缓刑适用率也在不断上升。但是与其他国家相比，我国的缓刑适用率还是很低的。1990 年全美国共有 250 万人处于缓刑管理监督之下，比 1980 年增长了 126%，1997 年美国被缓刑的人数达到 236 万。[②] 在日本，1994 年的监禁率为 0. 3‰，其缓刑率高达 0. 472‰。在德国，目前被判处自由刑的犯罪人中，仅有 7. 5% 的人被收监执行，被判处自由刑的犯罪人中，有 69% 被

① 参见甘雨沛、何鹏著：《外国刑法学》（上），北京大学出版社 1984 年版，第 555 页。

② 参见刘强著：《美国刑事执法的理论与实践》，法律出版社 2000 年版，第 205 页。

宣告缓刑交付考验。[①] 当然，笔者认为我国缓刑适用率低的现象恰恰说明了缓刑制度所存在的问题。

再次，刑法关于缓刑适用条件和适用范围的规定过于笼统，界限也不明确。对于"悔罪表现"和"确实不致再危害社会"这一实质性条件的界定，主观性强，因而导致实践中缓刑适用存在一些偏差。对于性质相同的案件，有的法官认为可以适用缓刑，有的法官认为不能适用缓刑；对职务犯罪案件和贪污贿赂案件适用缓刑较多，对其他案件的适用相对较少。例如，我国某省的犯罪案件中，职务类犯罪与贪污贿赂犯罪适用缓刑的比例都达到50%以上。[②] 这些不确定因素使得缓刑制度在适用中出现一些差异，可能会使法律的公正性、权威性受到损害，不利于维护国家法律的权威。

最后，缓刑的考察监管效果较差。由于我国公安机关承担着大量的职能，且没有专门的缓刑机构，其业务量大，也没有专门的人员负责缓刑考察，使得缓刑的考察流于形式，有的被缓刑人甚至不去公安机关报到，更有甚者擅自外出，漏管现象比较严重。被缓刑人在社会中放任自流，无法实现对其的考察与监管，还有可能会造成严重后果。

（四）累犯制度的问题

如果说减刑、假释、缓刑以及自首与立功制度是我国刑罚制度中为体现宽的一面而设计的制度的话，累犯制度则是刑罚制度中为数不多的体现严的一面的制度之一。然而，同其他方面的制度一样，累犯制度也存在许多问题，为刑法理论和实践所长期关注。

其一，我国现行累犯制度对犯罪人的人身危险性方面重视不够。不少学者认为，我国累犯制度的内容有客观主义倾向，我国刑

① 参见郭建安：《刑罚的历史趋势呼唤行刑体制改革》，载《犯罪与改造研究》2000年第10期。

② 参见魏东等：《中国缓刑制度的实证考察与完善建议》，载李希慧、刘宪权主编：《中国刑法学年会文集》（2005年度），中国人民公安大学出版社2005年版，第800~812页。

法中定义累犯的依据主要是犯罪的客观方面，包括前后犯罪的时间条件、刑度条件、罪过条件等方面来限定累犯的范围，但对累犯主体的适格性则未作特殊要求。应当说，累犯从重处罚的根据主要应在于其难以改造的人身危险性，累犯制度之中应当包括人身危险性这一要素，而且正在成为一种立法修改的趋势。中国刑法理论界关于累犯之人身危险性的认识，存在一个由否定到肯定的发展过程。可以说，目前刑法学界对累犯构成要件中应当评价犯罪人之人身危险性这一点，是认可的。[①] 累犯制度重视人身危险性不足的一个重要表现是没有对未成年人排除出累犯主体资格范围作出例外规定。我国刑法中规定的累犯制度并未将未成年累犯排除在外，未成年人也是累犯的适格主体，未成年人犯罪构成累犯的亦应从重处罚，并不得假释和缓刑。这种做法与我国刑法对未成年犯罪行为人进行倾向性保护的立法精神相悖，造成了立法上的不协调、不完整，和同样体现在刑法总则中的未成年人犯罪从宽处罚的政策相矛盾。

其二，累犯的从重处罚力度没有根据具体的情况予以区别，只规定了“从重处罚”的单一刑量后果。这也显示了我国累犯制度没有针对人身危险性进行等级划分，对症下药。不少学者认为，除了从重处罚以外应当有加重处罚的规定。我国刑法规定的累犯处罚原则，经历了从“加重处罚”到“从重处罚”的变化过程。新中国成立初期的一些单行刑事法规曾有对累犯应加重处罚的规定。1979 年实施的刑法对累犯未规定加重处罚情节，仅规定“应当从重处罚”。在“严打”整治斗争时期，1981 年 6 月 10 日全国人民代表大会常务委员会《关于处理逃跑或者重新犯罪的劳改犯和劳教人员的决定》第 2 条规定：“劳改犯逃跑后又犯罪的，从重或者加重处罚。”1997 年修订刑法时，为了避免“加重处罚”的幅度非

① 参见于志刚：《论累犯制度的立法完善》，载《国家检察官学院学报》2003 年第 2 期。

法定化的争议，否定了加重处罚制度，从而在我国确立了对累犯“应当从重处罚”的刑事责任原则。然而，司法实践中存在着以司法解释将某些犯罪的累犯情节解释为该罪的加重情节的情况，说明在一定情况下，对累犯应当加重处罚才符合其惩处的需要。而相比之下，外国刑法中对累犯有加重处罚的规定，日本、韩国、法国、俄罗斯等国家的刑法均规定对累犯的处罚应加重，并且一般是加重至两倍以下。①

其三，我国刑法规定的特殊累犯比较单一，已经不适应现实的需要。累犯制度类型有普通累犯制、特殊累犯制和混合累犯制之分。我国采用了混合累犯制，即在普通累犯之外规定了特殊累犯。1979 年刑法规定的特殊累犯，仅指反革命罪累犯；1997 年刑法将反革命罪改为危害国家安全罪，反革命累犯的名称也随之改为危害国家安全罪累犯，但在特殊累犯的范围上，基本沿袭了 1979 年刑法的规定，即只规定了危害国家安全罪的特殊累犯。有学者认为，刑法将特殊累犯仍局限于危害国家安全罪，这一因袭完全忽视了国内外犯罪形势的变化，不能适应我国目前打击某些犯罪累犯的现实需要。将特殊累犯仅局限于危害国家安全罪，不符合我国设定特殊累犯的目的。② 我国之所以在普通累犯之外，规定特殊累犯，是因为某些犯罪由于其自身的特殊性，需要予以重点、严厉的打击，如果拘泥于普通累犯的成立条件，势必不能很好地打击和预防该类犯罪的累犯，因而需要将某些犯罪规定为特殊累犯，放宽其成立累犯的条件。换言之，设定特殊累犯的目的，就在于更好地打击和预防某些犯罪的累犯。事实上，除了危害国家安全罪累犯外，我国刑法已经规定了“毒品再犯”的特殊的从重处罚制度，即刑法第 356 条规定的“因走私、贩卖、运输、制造、非法持有毒品罪被判过刑，又犯本节规定之罪的，从重处罚”。由于毒品再犯的规定的特

---

① 参见韩铁：《我国累犯制度立法之完善》，载《法商研究》2006 年第 3 期。
② 参见苏彩霞：《现行累犯制度的不足及其完善》，载《法学》2002 年第 4 期。

殊性，关于其与累犯之间的关系在理论和实践中都引起不少争论。[①] 鉴于其与累犯类似的从重处罚后果，笔者认为，实际上其已经成为一种特殊的累犯，应当将其纳入累犯制度，以完善累犯制度的系统性和完整性。

其四，累犯不得假释的这一规定与假释制度的精神相冲突。假释与缓刑不同，它不是在决定判处刑罚的同时宣告对所判刑罚缓期执行的制度。所以，累犯不适用缓刑是符合在量刑当时对犯罪人的人身危险性判断的，也就是说，在基于前次刑罚无效的情况下，按当时犯罪人的状况，其再犯可能性大而不符合缓刑的条件。但是，在经过后次的刑罚改造之后，无论从理论上还是现实情况中，都不能绝对地说其不可能符合假释的形式与实质条件。之所以出现这样的排除，应当说是客观主义的报应思想的支配，是为了对累犯形成一般预防的威慑。我国累犯制度和假释制度的设立目的，都是基于改造犯罪人的人身危险性，如果剥夺累犯的假释机会，则不利于促进累犯人的教育改造和改过自新。累犯制度的设立，并非仅为了给予累犯人较重的惩罚，更重要的是促进累犯人的教育改造和矫正改善。如前文所述，假释制度应是促进犯罪人的教育改造和矫正改善的不可或缺的制度之一。我国刑法学界对于减刑的广泛适用有不少质疑的声音，而对假释却几乎众口一词地认为，还远远不用忧虑适用过度的问题。因此，对于累犯禁止假释的规定，值得反思。

（五）自首与立功制度的问题

自首、立功制度是我国刑法中的一项重要刑罚制度，是从轻、

---

① 参见王静：《累犯制度若干问题研究》，四川大学2005年硕士毕业论文，第29～30页。关于这个问题，最高人民法院在2000年4月4日《全国法院审理毒品犯罪案件工作座谈会纪要》中进行了解释，规定："关于同时构成再犯和累犯的被告人适用法律和量刑的问题。对依法同时构成再犯和累犯的被告人，今后一律适用刑法第三百五十六条规定的再犯条款从重处罚，不再援引刑法关于累犯的条款。"然而这一解释是自相矛盾的，既将其视为与累犯并列的再犯，同时又规定优先适用再犯而不是累犯，因此也有人认为这一解释不妥。参见朱建华：《毒品犯罪再犯与累犯竞合时的法律适用》，载《人民检察》2006年第9期（上）。

减轻以及免除刑事处罚的重要法定情节。该制度对打击犯罪、提高刑事司法效率发挥了重要作用，在体现宽严相济刑事政策方面占有优势地位。但是，从自首与立功的从宽处罚价值取向和具体幅度、适用前提方面，立法上仍存在不完善之处。

首先，自首、立功制度在价值取向上不够明确，导致在司法中宽与严的分寸不易把握。我国刑法中的自首、立功制度对公平与效率两大价值均有体现，对二者从宽处罚的根本目的既有人身危险性方面的考量，也有刑事司法追诉效益的考量。但 1997 年修订的刑法对效率价值的过度追求，使得立功制度的功利趋向太明显，最突出的表现是刑法第 68 条第 2 款的规定。该款规定，犯罪后自首又有重大立功表现的，应当减轻或者免除处罚。“应当”是一个强制性规定，“犯罪后自首”中的“犯罪”在此也没有程度轻重、是否使用暴力手段之别。因此，依据罪刑法定原则，不管多么严重的犯罪只要行为人同时具备自首和重大立功表现的，司法机关对其就必须做到减轻处罚或者免除处罚。[①] 如此强制性的规定可能造成了立功价值取向的偏差。[②] 有人认为，“犯罪后自首又有重大立功表现”应当减免刑罚的刑法规范，存在相同减轻情节的减轻程度大有区别、罚不当罪、减轻后应当适用的法定刑幅度缺乏必要的限制三大问题。[③] 而对于自首的认定标准，立法与司法解释也有宽松的趋向，使自首的悔罪要素退居幕后，从而导致宽大无边。[④] 尽管如此，也还有观点认为我国刑法没有确立绝对从宽制度，免罪范围不

---

① 参见郝守才：《关于完善我国刑法中立功制度的构想》，载《法商研究》2003 年第 1 期。

② 参见郑磊：《立功制度的功利和良知》，载《广西政法管理干部学院学报》2007 年第 3 期；黄广进：《徘徊在悔罪性和有效性之间的立功制度》，载《内蒙古社会科学》2006 年第 1 期；崔爱鹏、李淑娟：《论立功制度的本质》，载《法学评论》2000 年第 3 期。

③ 参见黄祥青：《自首与立功探微》，载《中国刑事法杂志》1999 年第 3 期。

④ 参见韩忠义、张桂云：《自首制度异化的原因与对策》，载《法律适用》2004 年第 8 期。

够大。[1] 我们认为，自首、立功制度之所以出现这样的问题，是因为其追求双重的价值而导致的取向不明，无法平衡罚当其罪与司法效益之间的矛盾。解决这一矛盾的出路在于，作为刑事实体法，刑法的主要追求目标应当是刑罚的公平性，以包括客观危害性与人身危险性在内的罪刑均衡为主线。为司法效益而设计的追诉与定罪量刑问题，主要是刑事诉讼制度的问题，刑事实体法只规定相应的量刑原则即可，过于具体可能出现一刀切的弊病。

其次，在量刑立功和行刑立功制度之间没有达到理想的系统化，以致对两种立功的认定与适用存在模糊认识与争议。根据刑法的规定，行刑制度中的立功包括普通减刑立功，也包括死缓立功制度和战时戴罪立功制度。其立功行为的内涵既包括具有协助司法机关工作性质的立功，也包括其他社会贡献的立功。而其中对刑罚裁量制度中立功行为内涵的界定，在理论上却存在争议：第一，关于量刑立功制度中的立功行为的内容。有学者认为，此处的立功和重大立功必须具有协助司法机关工作的性质，不包括其他社会贡献的立功。例如，“在被取保候审期间，在救灾抢险中成绩突出而立功，也不能算作是量刑意义上的立功”。[2] 这种观点学术界称之为“小范围说”；另有学者认为，除了“小范围说”的立功外，“为改革、开放，为生产、科研确实作出重大贡献的，也属于立功”。[3] 这种观点学术界称之为“大范围说”。第二，关于刑法第449条规定的战时戴罪立功制度中立功行为的内容。一种观点认为：“《刑法》第449条的战时缓刑制度的立功，有其特定内涵，指立军功，

① 参见张兄来：《改造现行自首立功制度的思考》，载《安徽工业大学学报》（社会科学版）2007年第2期。

② 陈兴良主编：《新旧刑法比较研究》，中国人民公安大学出版社1998年版，第189页。

③ 李希慧、谢望原：《我国刑法应建立完备的自首、坦白、立功制度》，载《法学研究》1997年第2期。

由中央军事委员会对其进行解释，不属于刑法学理论研究的范畴。”[①] 其主张将该处“立功表现”解释为立军功的表现。另一种观点则认为，此处的立功是指“必须发生在战时，在军事行动上的立功表现，它不仅包括总政治部立功标准规定的等级以上的功，也包括犯罪军人有争取立功的愿望和行动”。[②] 主张此处的立功不仅包括军功，还包括争取立军功的愿望和行动，因而在外延上较前一种观点略宽。由此可见，理论上对刑罚裁量制度中立功的性质的认识还很混乱，这些分歧从根本上说来源于立法上的含混不清，留下了太大的弹性空间。[③] 究其原因，主要是对立功制度的价值取向不明确造成的。

最后，在肯定自首、立功的从宽处罚价值之外，没有相应地将坦白从宽制度法定化是一个缺憾。坦白制度，本是我国“惩办与宽大相结合”政策的一个重要方面，也是宽严相济刑事政策的根据之一，却没有以立法形式明确地予以规定。就我国的现实司法能力和具体状况来说，主要依靠物证、证人证言等外部证据定案的时代尚未到来，而且在相当时期里也是可望而不可即的。在此情形下，对于不具备自首条件的犯罪嫌疑人、被告人等如实供述自己的罪行在量刑上如何对待，关系到宽严相济刑事政策的正确贯彻问题。由于立法中未规定坦白从宽的原则和制度，一定意义上导致了“坦白从宽，牢底坐穿”的不利后果。这种悖谬现象严重损害了司法的公正形象，也对通过获取口供破案、定案的现实司法行为设置了阻碍，对于因坦白而服刑的罪犯的改造也极为不利。

---

① 林亚刚、王彦：《立功制度的价值评判与规范分析》，载高铭暄、赵秉志主编：《刑法论丛》（第3卷），法律出版社1999年版，第105页。

② 潘胜忠：《对战时缓刑制度若干问题的探讨》，载《法律科学》1989年第1期。

③ 参见郝守才：《关于完善我国刑法中立功制度的构想》，载《法商研究》2003年第1期。

四、现行诉讼制度不利于贯彻宽严相济刑事政策的方面

刑事政策的实施离不开刑事诉讼过程，而诉讼过程是国家追诉权的运用，适用何种追诉手段来打击已然的犯罪，预防未然的犯罪，不仅仅应当体现刑事诉讼法条文的规定，而且应当体现蕴涵一定价值导向的刑事政策。可以说，刑事诉讼活动表面上看来只是将静态的刑法得以实现的过程，但是，刑事诉讼的功能远不只是诉讼意义上的，刑事程序在刑事政策的驱使之下，实现着犯罪治理甚至是某种意义上的惩罚功能。只有完善的刑事诉讼制度才能体现理性的刑事政策，存在缺陷的诉讼制度不利于刑事政策的实现。我国现行刑事诉讼法在立案程序、强制措施、侦查程序、起诉程序、审判程序、执行程序等诸多方面存在不利于宽严相济刑事政策实现的因素。

（一）立案制度

1. 公诉案件立案标准过高

依据我国刑事诉讼法第 86 条的规定，立案须同时具备两个条件：一是事实要件，即认为有犯罪事实存在；二是法律要件，即这种犯罪行为需要追究刑事责任。我国刑事诉讼法为其设置了这一过高的证明标准，试图通过对立案材料的审查，在诉讼一开始就甄别出有罪者与无罪者。事实上，在我国司法实践中，过高的立案标准往往成为某些司法机关不立案的借口，导致应该立案侦查的没有立案侦查，以至于无法体现宽严相济的精神。

2. 立案阶段的初查尚无法可依

我国刑事诉讼法未对立案阶段的初查作出规定，目前仅有的《人民检察院刑事诉讼规则》第 128 条[①]对初查的规定仅仅只是针

① 《人民检察院刑事诉讼规则》第 128 条规定：“在举报线索的初查过程中，可以进行询问、查询、勘验、鉴定、调取证据材料等不限制被查对象人身、财产权利的措施。不得对被查对象采取强制措施，不得查封、扣押、冻结被查对象的财产。”

对检察机关的办案有效，公安机关立案中的初查尚无法可依。立案阶段初查的法律性质模糊，初查中采用的诉讼手段可能不受约束地侵犯嫌疑人的基本权益，不能体现宽严相济刑事政策的核心——区别对待原则。

（二）强制措施制度

1. 刑事强制措施的体系不完整

宽严相济刑事政策视野下的刑事强制措施体系应多元化。为了实现其诉讼保障的目的，刑事强制措施应当种类齐全、层次分明、体系完整、结构严谨、宽严相济、目标统一。也就是说，每一类强制措施内部，轻重有别，既有较重的强制措施，也有较轻的强制措施；既有剥夺基本权利的强制措施种类，也有限制基本权利的强制措施种类。但是，我国刑事诉讼法中的强制措施专指干预人身自由的强制手段，没有将限制财产权、隐私权、身体健康权的强制性侦查手段也纳入进来。

2. 刑事强制措施的适用条件、适用范围不利于体现宽严相济刑事政策

逮捕条件设置不科学，在司法实践中难以把握。“有证据证明有犯罪事实”这一证据条件过高，不符合诉讼规律性。“可能判处徒刑以上刑罚”这一刑罚要件的设定没有起到控制逮捕适用率的目的。“有社会危险性”这一条件过于模糊，经常被滥用。而且，我国既没有将羁押作为独立的强制措施，也没有为羁押设立独立的条件，这就为超期羁押现象的出现埋下了祸根。各种刑事强制措施的适用对象范围上没有体现比例原则，这一点突出表现在作为非羁押措施的监视居住和取保候审上，刑事诉讼法对取保候审和监视居住的适用范围未作任何区别。

3. 刑事强制措施的适用方式未体现比例原则

这一点集中体现在非羁押措施的适用上。具体而言，取保候审的适用方式仅局限于保证金保证（我国的保证金保证必须交纳现金，而不能以其他财产作为抵押）和保证人保证，二者只能择一

而用，不能以保证人的信誉作担保。我国取保候审保证方式单一的现状，导致实践中司法机关难以根据具体案情灵活适用非羁押措施。另外，被取保候审人的义务过于单一，难以对被取保候审人产生较强的约束力。对违反取保候审的有关规定的制裁措施，只是简单地规定没收保证金、变更强制措施或者对保证人罚款。

我国司法实践中，由于执法人员的不足及非羁押措施本身的欠缺可操作性，监视居住几乎被完全抛弃，即使被适用，也往往演化成了变相羁押。多数取保候审需缴纳保证金，而且保证金数额的确定，根本不考虑案件类型、被取保候审人的自身状况。保证金收取的任意性很大，几乎失控。

4. 刑事强制措施的适用期限缺乏严格的限定

拘传是一种临时性强制公民接受讯问的措施，是刑事强制措施中最轻的强制措施，但是，我国刑事诉讼法在对拘传的时间规定上，没有规定两次拘传之间的时间间隔，导致了实践中的变相羁押。取保候审、监视居住的期限规定过于笼统，刑事诉讼法所规定的 12 个月和 6 个月，被公检法三机关解释为各自适用 12 个月和 6 个月。此外，刑事诉讼法除了对侦查羁押期限作出了规定外，审查起诉、审判程序中的羁押期限等同于本案期限，导致长期羁押现象严重。

5. 刑事强制措施的适用程序无法保障宽严相济的刑事政策实现

取保候审、监视居住、逮捕的审查程序本身是行政化的内部审批程序，缺乏正当性。刑事诉讼法虽然赋予了强制措施的处分对象申请结束违法强制措施的权利，由于缺乏相关配套的诉讼机制，这一权利事实上难以获得充分的保障。此外，刑事诉讼法没有对违法实施强制措施的行为规定相应的法律后果。

（三）侦查程序

1. 强制性侦查行为缺乏司法控制

依据我国刑事诉讼法的规定，如搜查、扣押等强制性侦查措施的实施往往是侦查机关自行决定与执行，无须中立的司法机关审查和授权。这种立法模式虽然能够使侦查机关充分发挥主观能动性和灵活性，及时迅速地揭露犯罪，证实犯罪嫌疑人，有利于保证侦查任务及时顺利地完成，但是它又极易导致侦查权的滥用。

2. 犯罪嫌疑人在侦查中的诉讼权利无法得到充分的保障

在讯问犯罪嫌疑人时，犯罪嫌疑人没有律师在场帮助。在侦查过程中，犯罪嫌疑人的知情权难以获得保障，我国刑事诉讼法没有明确规定侦查机关有告知犯罪嫌疑人诉讼权利的义务。

3. 对严重犯罪的秘密侦查和技术侦察手段无法可依

目前，我国刑事诉讼法对派遣秘密侦查员、诱惑侦查、监听、截取和收集电子信息、秘密拍照、犯罪心理测试等秘密侦查和技术侦察手段的适用案件范围、条件、程序以及相关公民的权利保障和救济等问题没有相应的规定。秘密侦查和技术侦察手段的立法存在空白，既不利于追诉机关有力地打击犯罪，也无助于对犯罪嫌疑人合法权益的保障。

4. 现有侦查手段立法过于粗疏

例如，我国刑事诉讼法未对讯问的时间、地点和讯问次数作出明确规定；未区分侵入性检查和非侵入性检查不同的适用条件和对象；未将对追诉者的搜查和对案外人的搜查、对住宅的搜查和对汽车的搜查加以区分，进而设置不同的程序规范，等等。

5. 侦查终结制度难以体现宽严相济的刑事政策

首先，侦查终结的证明标准过高，不易于在侦查阶段分流案件，节省诉讼资源。其次，在侦查终结的处理方式上，我国刑事诉讼法及《人民检察院刑事诉讼规则》主要针对有罪、无罪及罪不当罚三种情形作了相应规定，但对于侦查终结后的疑案处理方式却没有相应的规定。司法实践中，侦查机关多数将疑案“悬挂”起来，既不移送起诉，也不撤销案件。最后，现行刑事诉讼法未规定撤销案件的监督和制约机制。案件一旦被撤销，将难以实现被害人的追诉要求，被犯罪所破坏的社会关系也无法得到恢复。

（四）起诉制度

1. 提起公诉的标准过高

我国刑事诉讼法第141条规定："人民检察院认为犯罪嫌疑人的犯罪事实已经查清，证据确实、充分，依法应当追究刑事责任的，应当作出起诉决定，按照审判管辖的规定，向人民法院提起公诉。"我国刑事诉讼法规定的提起公诉的证明标准与法院判决有罪的证明标准一致。证明标准均是"事实清楚，证据确实、充分"，这一规定比较抽象、概括，在司法实践中难以把握和操作。由于检察机关提起公诉的证明标准过高，且标准单一，因而导致司法实践中检察机关控制和追诉某些犯罪超出了能力范围，在一定程度上会影响检察机关的公诉职能和法院审判职能的充分发挥。

2. 不起诉适用的范围过于狭窄

在当前的检察实践中，为了避免滥用不起诉权而造成对犯罪的打击不力，上级检察机关将下级检察机关办理案件的不起诉率作为工作考核的一项内容。在立法上，相对不起诉和存疑不起诉的适用标准不易把握，在适用中程序烦琐，导致对于"犯罪情节轻微，依法不需要判处刑罚或者免除刑罚"、"证据不足"的法定标准把握过严，从而造成相对不起诉和存疑不起诉的适用率低下。

3. 提起公诉的内容无法充分体现宽严相济的精神

首先，我国刑事诉讼法没有赋予检察院以足够的权力影响法院，让法院对比较轻缓的犯罪适用简易程序或者对于认罪案件适用普通程序简化审，实现程序分流。其次，法律未明确量刑建议制度，不利于检察人员充分运用定罪请求权和量刑建议权来影响法院的最终裁决。

（五）审判程序

1. 庭前审查程序过于形式化

1996年刑事诉讼法对我国刑事庭前审查程序进行的实质性修改，虽然在一定程度上克服了庭前预断、庭审走过场的弊端，但从刑事诉讼纵向结构上考察，就会发现修改后的刑事诉讼庭前审查程序既缺乏抑制公诉、服务审判的功能，又无法实现其过滤、分流的独立价值，从而导致了刑事诉讼实践中新型对抗制审判方式异化，被追诉方的基本诉讼权利和审判程序的效率都难以得到保障。

2. 简易程序、被告人认罪案件审理程序无法体现宽缓的刑事政策

这两种简化审程序适用范围狭窄，刑事简易程序的单一化无法分流案件，简易程序中被告人缺乏选择权和否决权，辩护权无法实现，突破了正义的底线，无法做到诉讼程序的“简者更简、繁者更繁”，造成公正与效率价值的两败俱伤。

3. 二审程序中对检察院的抗诉和上诉人的上诉区别对待，不利于宽严相济刑事政策的实现

具体而言，首先，对于上诉和抗诉是否需要开庭审理区别对待。对于上诉的案件，二审法院既可以开庭审理，也可以不开庭审理；对于检察机关的抗诉，二审法院则必须开庭审理。其次，对于上诉和抗诉后能否对被告人加重刑罚区别对待。只有被告人一方提出的上诉，二审法院不得以任何理由加重被告人的刑罚。但对于检察机关提起的抗诉，二审法院可以不受上诉不加刑原则的限制，加重被告人的刑罚。

4. 死刑案件的诉讼程序（尤其是死刑复核程序）尚需进一步完善

对于不同的案件，程序应当有所不同，死刑案件的诉讼程序相比一般案件也应不同，唯有如此，才能体现宽严相济的精神。目前死刑案件的复核方式、评议表决机制、审理期限都未与一般案件区别开来，不利于“少杀、慎杀”目标的实现。

5. 审判监督程序的功能和制度设置不利于宽严相济刑事政策的实现

现行刑事诉讼法对审判监督程序的提起理由、启动主体、审理程序以及审理期限等进行了规定。但是，由于立法者在设计审判监督程序时过于执著于“实事求是、有错必纠”的理念，将“纠错”

视为该程序的唯一功能，忽略了该程序本应具有的“救济”功能，导致现行刑事审判监督程序不利于宽缓刑事政策的实现。

（六）执行制度

1. 社区矫正制度缺乏完善的法律规范

由于我国的行刑方式长期以监禁刑为主，现在逐渐开始扩大非监禁刑和社区矫正的适用，在这由严向宽转变而有关法律、法规、制度尚不健全的情况下，社区矫正工作有一个逐步摸索和适应的过程。最高人民法院、最高人民检察院、公安部、司法部《关于开展社区矫正试点工作的通知》虽然对各个机关在社区矫正试点工作中的职责作了明确的界定，但是，社区矫正工作的具体内容、方式方法、工作流程和工作制度尚需进一步完善。只有这样，才能有利于社区矫正对象在宽松的改造环境中回归社会，从而达到社区矫正工作宽严相济的要求。

2. 刑事执行变更程序行政化色彩过于浓厚

刑事执行变更包括刑罚种类、刑期的变更以及刑罚执行方式的变更，前者主要以减刑、假释、死刑缓期二年执行的变更为代表，后者则以暂予监外执行为代表。我国的刑事执行变更程序在很大程度上具有行政审核的性质，与普通的刑事审判有着较大的差异。由于这种裁决机制具有天然的局限性，不利于查清案件事实，导致我国司法实践中减刑、假释、暂予监外执行的裁决程序在一定程度上走过场。在这种行政化的审核程序中，服刑人员基本上无法参与到法院及监狱的裁决程序中，没有任何诉讼权利的保障。在裁决结果不利于自己的情况下，服刑人员也没有任何机会为自己的权利申请上级决定机关的救济。只有进一步完善我国的刑事执行变更程序，才能让体现宽缓的刑罚种类、刑期的变更、刑罚执行方式的变更适用于恰当的主体之上，真正做到当宽则宽，该严则严，以对不同的犯罪人区别对待。

（七）其他诉讼制度

1. 未成年人案件的诉讼程序缺乏独立性

与一般的刑事诉讼程序相比，未成年人刑事诉讼程序具有特殊性。二者的区别不仅体现在基本原则上，也体现在具体制度和规则上。从立法上看，我国刑事诉讼法并没有专章规定未成年人刑事诉讼程序，有关未成年被追诉人诉讼权利的保障散见于不同章节。这种立法形式不能彰显未成年人诉讼程序的特殊性，既不能彻底贯彻“教育、感化、挽救”的方针，也不能体现宽严相济的刑事政策。

2. 对单位犯罪案件的处理程序未加以特殊规定

我国刑法对单位犯罪作了专门的规定，但由于我国现行刑事诉讼法先于刑法修订，且未顾及司法实践之需要而设置单位犯罪的程序性规范，所以刑事诉讼中对惩治单位犯罪并无具体规定。虽然最高人民法院《关于执行〈中华人民共和国刑事诉讼法〉若干问题的解释》中对办理单位犯罪案件的刑事诉讼程序作出一些规定，但这些规定存在漏洞，无法满足诉讼实践的需要。只有将单位犯罪案件的诉讼程序与自然人主体犯罪案件的诉讼程序区别开来，对被告单位规定特殊的强制措施和诉讼程序，才能真正体现宽严相济的刑事政策。

3. 证明标准缺乏层次性

“事实清楚，证据确实、充分”是目前刑事诉讼侦查、起诉和审判三大阶段通用的证明标准，目前法律规定对此未作层次性区分。我国的这种证明标准体系过于理想化，不切实际，也不符合刑事诉讼规律，不利于宽严相济刑事政策的实现。尤其是对侦查、提起公诉的证据证明标准等同于审判定罪的证明标准，要求过高，往往会束缚侦查、检察机关的手脚，影响其发挥追诉犯罪、维护社会稳定的职责，还可能导致被告人长期被羁押，徒增讼累，甚至造成冤假错案，浪费国家有限的司法资源。

4. 缺少污点证人制度

污点证人制度通过依法从轻、减轻或者免除情节轻微的犯罪嫌疑人的刑事责任，转而有效打击重大犯罪（如黑社会性质组织犯罪、恐怖组织犯罪、毒品犯罪等）。这一制度既有利于节省司法资源，分化瓦解犯罪，同时也有利于实行区别对待，实现办案的法律效果和社会效果的有机统一。目前我国有些地方已经开展了污点证人的实践，但是，尚缺少法律的明确规范。

第三节　理性司法是实施宽严相济刑事政策的现实基础

正如前文所述，宽严相济刑事政策的基本内容就是当宽则宽，该严则严，轻中有严，重中有宽，宽严有度，宽严适时。这既是这一刑事政策的基本内涵，也是刑事司法工作的基本要求。长期以来，在司法机关的刑事工作中，在涉及累犯、首要分子、教唆未成年人犯罪、国家机关工作人员实施特定的侵犯公民民主权利的犯罪（如诬告陷害罪、非法搜查罪、非法侵入住宅罪等）的惩处方面，体现出了从严打击的精神；而在对从犯、胁从犯、中止犯、未遂犯、特定的残疾人罪犯、自首立功的犯罪分子以及未成年人犯罪等方面又体现出了宽大处理的态度，在很大程度上实现了宽严相济刑事政策的要求。但同时，我们也应当看到，在现行刑事司法实践中，不利于宽严相济刑事政策的现象和因素还大量存在，直接制约了这一刑事政策意旨的实现和相关效能的发挥，也影响了刑事司法工作的有效开展。

总体而言，当前刑事司法中不利于贯彻宽严相济刑事政策的主要症结就是：在宽严相济刑事政策的认识、执行、评价三大环节都存在偏差，导致宽严错位、宽严失衡、宽严不到位。

一、在认识环节上的不适应

在对宽严相济刑事政策的认识环节上，由于对这一政策的认识偏差，导致宽严错位的现象客观存在。具体表现在：

（一）将该政策狭隘理解为仅是对刑事司法实体过程的要求，忽视了这一刑事政策在程序环节上的应有之义

在我国，由于重实体、轻程序的惯性思维由来已久，因此，在刑事司法实践中，司法工作人员往往将宽严相济刑事政策仅仅理解为在适用刑法定罪量刑时应当做到宽严适度，却忽略了在刑事程序环节也应当贯彻这一基本精神。例如，司法实践中，在对犯罪嫌疑人采取何种强制措施的问题上，还未切实体现出宽严相济、宽严有别的精神。就刑事诉讼法及相关司法解释的规定来看，对犯罪嫌疑人、被告人可以采取非羁押性刑事强制措施（即取保候审和监视居住）的条件还是较为宽缓的，[①] 但在目前的司法实践中，一般而言，适用取保候审和监视居住的绝大多数都集中在未成年犯罪嫌疑人、被告人，涉嫌交通肇事罪（未逃逸）的犯罪嫌疑人、被告人，涉嫌过失罪的犯罪嫌疑人、被告人，轻微犯罪后自首的犯罪嫌疑人、被告人等几个特定类型。而且，由于这些被采取非羁押性刑事强制措施的犯罪嫌疑人、被告人最终被人民法院判处缓刑的比例非

① 按照刑事诉讼法第51条之规定，可能判处管制、拘役或者独立适用附加刑的；可能判处有期徒刑以上刑罚，采取取保候审、监视居住不致发生社会危险性的都可以适用这两种刑事强制措施；在最高人民法院《关于执行〈中华人民共和国刑事诉讼法〉若干问题的解释》中又将适用该两种强制措施的范围扩大到“应当逮捕但患有严重疾病的，或者是正在怀孕、哺乳自己婴儿的妇女”；最高人民检察院制定的《人民检察院刑事诉讼规则》又进一步将“对被拘留的人，需要逮捕而证据尚不符合逮捕条件的”、“被羁押的犯罪嫌疑人不能在法定侦查羁押、审查起诉期限内结案，需要继续侦查或者审查起诉的”纳入可以适用取保候审和监视居住的范围。

常高,[①] 因此，出现了一个“倒推现象”，即司法机关，尤其是侦查机关和公诉机关往往根据犯罪嫌疑人、被告人的行为被法院判处适用缓刑的可能性大小来确定是否适用取保候审或监视居住，对符合缓刑条件的犯罪嫌疑人、被告人才适用这两种强制措施。而根据刑法规定，缓刑只针对 3 年以下有期徒刑和拘役的罪犯适用，这样一来，实际上就大大压缩了现实中可以适用非羁押性刑事强制措施的犯罪嫌疑人和被告人的范围。笔者认为，只要符合刑事诉讼法及有关司法解释的规定，且不致妨害刑事诉讼进程的，就应当尽量适用非羁押性刑事强制措施；尤其是在相关犯罪嫌疑人、被告人有真诚悔罪表现的情况下，对其适用非羁押性刑事强制措施正是体现了对不同犯罪人宽严有别、当宽则宽、该严则严、区别对待的精神。相反，在可以适用非羁押性刑事强制措施的情况下，不考虑犯罪嫌疑人、被告人的人身危险性程度及犯罪后的具体表现，一律采取羁押措施的做法并不利于彰显宽严相济刑事政策精神。[②]

（二）将该政策解读为仅针对犯罪人的刑事政策，忽视了被害人在这一刑事政策中的正当诉求

被害人，由于其生命、身体、财产等权益遭受犯罪人最直接的侵害，因此，从维护正义、稳定社会秩序、尊重和保障人权角度而言，其权益应当得到切实的保护。也正因如此，“对犯罪被害人的

---

① 据笔者对西南某中心城市中六个基层人民法院的调研发现，在侦查、起诉阶段未被羁押或者先前被羁押之后变更为取保候审或监视居住的被告人最终被人民法院判处缓刑的比例平均高达 75% 以上，其中一个区人民法院的比例高达 87%。

② 也正是有鉴于此，一些检察机关在自侦案件的侦查中，在贪污、贿赂案的查处时，为了有效瓦解犯罪嫌疑人的攻守同盟，开始就对如实供述犯罪行为、不致妨害刑事诉讼进程的犯罪嫌疑人采取取保候审或监视居住的措施，这种做法虽然其初衷并非完全出于宽严相济刑事政策的考虑，而是侦查活动的需要，甚至可以说成是一种“侦查策略”，但毕竟在客观上体现出了宽严相济刑事政策的精神。笔者认为，这种做法值得推广。

保护，已经成为当代刑事政策的重点之一。”① 对此，日本学者大谷实教授指出：“保护犯罪被害人的刑事政策上的意义在于，维持、确保国民对包括刑事司法在内的法秩序的信赖，由此而对预防犯罪和维持社会秩序作出贡献。”② 在我国，刑法及刑事诉讼法对被害人的权益保护还是有较为全面的规定的。刑法第36条第1款明确规定，由于犯罪行为而使被害人遭受经济损失的，对犯罪分子除依法给予刑事处罚外，并应根据情况判处赔偿经济损失。同时，该条还确立了犯罪人财产对被害人民事赔偿优先的原则。刑事诉讼法则确立了被害人的若干项诉讼权利，如对侦查机关不立案的决定不服的申请复议权，对公安机关或人民检察院不予追究被告人刑事责任的案件，直接向人民法院起诉的权利，参加法庭调查、辩论的权利，请求人民检察院对一审刑事判决提出抗诉的权利等。然而，我们也注意到，目前相关法律的规定还是存在诸多不足，如被害人因犯罪行为而遭受精神损害提出的赔偿要求不能得到法律支持；被害人被排斥在人民检察院审查起诉环节之外，其正当诉求可能无法在起诉书中得到有效体现；立法上还未明确建立对被害人的救助机制等。与此同时，在司法工作中，自20世纪90年代中后期以来，以增强控辩双方对抗色彩，加强犯罪嫌疑人、被告人权利为主要内容的刑事诉讼制度改革的不断深入，在司法机关中重视犯罪嫌疑人、被告人权利，强化对这些权利的保障的观念开始逐渐深入人心，相关制度的落实也不断深化。然而，反观被害人在刑事司法过程中的地位及其权利的保护，则显得厚此薄彼、有失一致。由于将宽严相济刑事政策仅仅理解为对被告人适用的政策，从而将被害人排除在这一政策之外的狭隘认识在司法工作人员观念中相当程度地存在，使得与同属刑事诉讼当事人的被告人相比较，被害人的权益

① 谢望原、卢建平等著：《中国刑事政策研究》，中国人民大学出版社2006年版，第552页。

② ［日］大谷实著：《刑事政策学》，黎宏译，法律出版社2000年版，第309页。

没有得到相应的维护与保障，显得明显失当。[①] 当前，刑事犯罪中的受害人的数量一直处于高位。据有关资料统计，近年来，我国每年刑事犯罪立案均在400万起以上，破案率均为40%~50%。如果有被害人的案件（均按一个案件一个被害人计）按50%计算，这样，每年刑事案件的被害人有100万人左右（死亡的被害人则按照一个近亲属计算），而这100万左右的被害人很难从犯罪人那里获得赔偿。以2004年为例，全国进入诉讼的刑事死亡案是2.4万余起，刑事伤害案是14.8万余起。前后相加，除了那些经济条件相对较好的受害人外，每年可能至少有上百万被害人因为得不到加害人的赔偿而身陷绝境。[②] 另外，我们也注意到，在近年来发生的举国震惊的若干起恶性杀人案件中，几乎没有一个被害人（或近亲属）从犯罪人处获得赔偿。[③] 对此，我们认为，任何一项公共政策都应当惠及所有社会成员，尤其是在刑事领域，宽严相济刑事政策的制定初衷与行动目标就是惩治犯罪与保障人权并举，而保障人权除了保障被告人的合法权益之外，保障被害人的权益也是应有

① 如近年来，凡符合指定辩护条件的被告人均能得到免费的刑事辩护法律援助，然而，同样因经济困难无力聘请律师的被害人及其家属绝大部分却不能获得类似的法律服务。

② 参见：《最高检力推被害人补偿立法，百万人亟待国家救助》，载《南方周末》2007年1月18日。

③ 张君抢劫杀人案，杀死、伤害50余人；黄勇智能木马杀人案，杀死17名少年；马加爵杀人案，杀死4名同宿舍大学同学；杨新海流窜杀人案，杀死67人；宫润伯变态杀人案，杀死6名儿童；个体屠宰户石悦军杀人案，杀死12人伤5人；邱兴华杀人案，杀死11人。这些案件中的每一起都残害了大量无辜者的生命或损害了无辜者的健康，但几乎没有一个被害人获得过被告人的赔偿。而且，这些大案的凶犯几乎都没有可供赔偿的财产，即使曾抢劫金铺的张君，死前也只剩2300元。参见：《最高检力推被害人补偿立法，百万人亟待国家救助》，载《南方周末》2007年1月18日。同时，我们也注意到这样一个令人深思的现象：在上述案件披露后，媒体、社会公众、专家学者大多都将关注点放在了被告人身上，从其犯罪的社会成因、心理原因、防范措施等多方面分析、探讨，但对这些案件中的受害者却视而不见或漠然视之，这也很大程度上反映出刑事被害人这一特殊群体还未得到全社会的充分关注，对于刑事被害人的研究也未被理论界充分重视。

之义。因此，绝不能剥夺被害人享受宽严相济刑事政策这一公共决策“红利”的权利。当然，我们也应当看到一些可喜的现象：近年来，在国家高层的逐步重视之下，[①] 一些地方司法机关已经开始了对被害人权益保护的有益探索，如山东省青岛市中级人民法院自2004年起实施的《青岛市刑事案件被害人生活困难救助办法》，[②] 四川省蒲江县人民检察院在2007年起实施的刑事被害人救助制度[③]等。

二、在执行环节上的不适应

在对宽严相济刑事政策的执行环节，因对这一政策施行标准的不统一和在定罪量刑方面的厚此薄彼，导致宽严失衡。

---

① 最高人民检察院在2007年1月发布的《最高人民检察院2007年刑事申诉检察工作要点》中提出，“有条件的地方可以试点建立刑事被害人补偿机制”。前最高人民法院院长肖扬在十届人大五次会议上作的工作报告中介绍，全国已经有10个高级法院开展了刑事被害人救助试点工作，2006年共为378名刑事被害人及其亲属发放补助金780余万元。

② 山东省青岛市中级人民法院对被害人开展的救助计划最初只针对未成年人犯罪案件中的未成年人被害人，后逐步扩展到所有刑事案件中的被害人。救助金额标准分为三个档次，第一档次为3000元至1万元，第二档次为1万元至2万元，第三档次为2万元至3万元。《青岛市刑事案件被害人生活困难救助办法》实施一年多的时间里，就对28起刑事案件的36名被害人家庭实施了困难救助，共发放救助金64.8万元。

③ 四川省蒲江县人民检察院与该县总工会、残联、教育局、妇联、民政局、共青团县委6个单位合作，各司其职，全方位为被害人提供物质和精神方面的救助。其中，检察院负责刑事受害人救助机制的启动和法律方面的救助；工会负责对职工中的刑事被害人的家属和子女提供适当的困难救助；共青团县委负责维护未成年人的合法权益；妇联负责积极发挥维护妇女儿童合法权益作用，动员社会各界协助解决具体困难；民政部门负责对符合条件的，纳入城乡低保、农村五保，对不符合条件享受低保，但家庭较困难的，实施临时救助；教育部门负责对受害人家庭中的在校中小学生实施“两免一补”、心理辅导和关爱行动，使其顺利完成学业；残联部门负责按照标准对残疾人家庭实施紧急救助和专项补贴。

（一）各地司法机关对“宽”与“严”的掌握标准不一，甚至迥异，导致宽严程度各地各异，[①] 甚至一地不一[②]

虽然我国法律并不要求法官在量刑时对相同罪名的案件进行横向比较，但在社会舆论、普通公民和犯罪分子之间，这种比较却无处不在。有论者于2004年对湖南省某监狱的100名抢劫犯和100名盗窃犯进行了问卷调查，当被问及“你认为法院定罪是否准确”、“你认为法院认定事实是否正确”等问题时，大部分罪犯（80%以上）均表示无异议；但当被问及“你认为法院判决量刑是否公平”时，却有绝大部分罪犯（90%以上）提出了异议，这其中有30%的罪犯认为自己受到了不公平的量刑，理由是自己与同监的某某犯人的案情差不多，但量刑重得多；其余70%的罪犯认为法院量刑存在严重不公平，如有86名盗窃犯一致列举了同监中A、B两名罪犯的案例，该两名罪犯同样是伙同他人盗窃6万余元财物，同样是未满18周岁的未成年人，但A的刑期为有期徒刑8年、B的刑期为有期徒刑3年。[③] 与这一调查能够形成相互印证的是，在其他论者对上海市某中级人民法院2001年审结的刑事二审案件随机抽取100件进行统计发现，在97件上诉案件、124名上

---

① 如据东部某省法院近年的一个统计，该省刑事司法判决中的量刑不均现象较为突出。部分地区法院量刑上呈现总体趋重、趋轻的两极背反现象，就三大刑（死刑、死缓、无期徒刑）案件而言，省内地区分布特征明显，一些地区判处三大刑的案件，长期居高不下，且在犯罪案件总数中所占比率高（4%），而某些地区三大刑的适用不仅绝对数低，比率也很低（0.61%）；缓刑、管制、拘役、免予刑事处罚的判处情况也有地区分布特点，占所判案件总数最高比率达49%，最低的仅为20%；财产刑适用上，有的基层法院全年判处罚金累计数额达数百万元，而有的法院则仅十几万元。参见张屹：《罪刑相适应原则的司法实现》，载《法学》2004年第1期。

② 司法实践中曾发生过这样的事例：两个被告人作案的时间相同，地点在同一省、同一地区，盗窃相同的物品，价值基本相同，然而，对两个被告人的处理却大相径庭，一个被判处2年有期徒刑，一个却被判处10年有期徒刑。参见史建三：《从定罪量刑的差异看法律应用技术的开发》，载《法学》1987年第2期。

③ 参见周华、蒲少良：《论刑罚裁量之公平》，载《甘肃社会科学》2005年第1期。

诉人中，以量刑过重为由上诉的涉及69件案件87人，占上诉人的70.1%，其中，仅以量刑过重为上诉理由的占上诉人的44.3%，这组数据说明，实践中对量刑不满逐渐成为被告人对刑事判决不服的主要原因。[①] 可见，在当前的刑事司法中存在宽严标准不一导致量刑各异的现象。[②] 这种量刑不一的存在，一方面给刑事案件的被告人造成了较强烈的不公平感，不利于其认罪服法、积极改造（尤其在监狱劳改场所，属于同一经济发展区域的犯罪人之间关于刑期的相互“攀比”，会使量刑过重的服刑人员产生极大的不满情绪）；另一方面，同一地区甚至同一法院对相类似案件作出迥异判决时，也会造成社会公众对司法公正的猜疑心理，不利于树立法律权威和维护司法机关的形象；再一方面，宽严标准不一的存在，必然会制约宽严相济刑事政策的有效推行。对此，我们认为，要解决宽严标准掌握不一、量刑失衡的问题，确有必要逐步推行刑事判例制度。对刑事判例制度的建立，早在新中国成立后不久，为了克服在50年代初肃反工作中暴露出来的量刑畸轻畸重的现象，最高人民法院于1962年决定，运用案例的形式指导审判工作，并为此指出“分类、分批选择典型案件，进行排队研究，划清处理案件的政策界限，编成案例汇编，及时指导工作，教育审判人员运用分别对待的方法正确地论罪科刑”。[③] 此后相当长一段时期内，由于判例制度被认为属于西方法律体系的主要表征，故一度未再被重视。改革开放以后，尤其是最近10多年来，我国刑法学界又有不少学

① 参见余剑：《量刑公正之程序保障探讨》，载《人民司法》2004年第5期。

② 需要说明的是，这里的量刑不均应该是在充分考虑到了地区差异（如对待财产性犯罪时，东部发达地区与西部欠发达地区，对同等数额的财产量刑差异较大应属正常）之后的相对不均。

③ 参见赵秉志主编：《刑法基础理论探索》，法律出版社2002年版，第463页。转引自赵震江主编：《法律社会学》，北京大学出版社1998年版，第556页。

者重新提出建立我国的判例（法）制度。[1] 应该说，判例制度的建立，可以在很大程度上克服成文法的先天不足，更好地实现罪责刑相适应原则；尤其在我国刑法中，面对“情无穷、法有限”时的尴尬，“情节严重”、“情节特别严重”、“其他”等术语在法律中仍大量出现，采取判例法制度作为对成文刑法适用时的有效补强，不失为一个好的选择。为此，可以考虑由权威机关，如最高人民法院组织汇编量刑判例，制作量刑指导表，用以指导下级人民法院的量刑活动。在全面调查研究并综合分析的基础上按社会危害性和人身危险性的大小，将各种犯罪的具体情节分为若干类，按轻重大小排列，并划定与之相对应的不同等级和档次的法定刑，使各情节与法定刑能“对号入座”。这样就能限制法官的自由裁量权，避免各地之间量刑的不平衡，从而有助于刑法在全国得到统一执行和量刑的综合平衡。[2] 于此，也能更好地体现和实现宽严相济的刑事政策。

此外，当前司法机关在量刑环节存在未能体现宽严相济精神甚至宽严失衡的现象的一个重要原因，在于法官在量刑时缺乏公开的具有一定可操作性的量刑标准。现实中，法官在个案量刑时往往采用“综合估量式”[3] 的量刑方法，即审判人员在定罪以后，参考法定刑幅度和类似已处理案件的量刑经验，大致估量出该案的基础刑

① 如有学者提出建立“以成文法为主、以判例为辅的有中国特色的法律体系”，参见武树臣：《论判例在我国法制建设中的地位》，载《法学》1986年第6期；也有学者提出“判例法是完备法制的重要途径”，并提出了逐步推行判例法的具体建议，参见崔敏：《“判例法”是完备法制的重要途径》，载《法学》1988年第8期；还有学者提出“在全国范围内建立统一的量刑情节参考标准，引进判例制度”，参见张绍谦：《浅论法官量刑的自由裁量权》，载杨敦先主编：《刑法发展与司法完善》，中国人民公安大学出版社1989年版，第263页；另有张文教授也撰文建议设立判例制度，参见张文：《刑法学研究的几个热点问题》，载《法学研究》1997年第5期。

② 参见胡学相：《论我国刑法中量刑原则的重构》，载《法学评论》2005年第1期。

③ 高格著：《犯罪与刑罚》（上卷），中国方正出版社1999年版，第247页。

期，再结合本案中的法定、酌定情节，综合估算出一个刑期。这种经验式做法也不乏其合理性，因为毕竟通过此类前瞻（考虑以往案件量刑标准）、环视（考察案中相关情节）的方式，能在较大程度上实现刑期、刑度与犯罪行为及犯罪人人身危险性的平衡。但是，这种量刑方法终究还是经验式的量刑手段，又不可避免地与法官的个人好恶、价值取向、习惯思维密切联系，加之在当前法官自由裁量度不断提升的情形下，[①] 这种做法难免会出现量刑失衡甚至滋生腐败。对此，笔者认为，有必要由一定级别的法院（如高级人民法院或中级人民法院）制定出量刑指导意见，指导该管辖区域内的量刑。这种量刑指导意见应以现行刑事法律为基础，符合当地经济、社会发展水平和民俗习惯，并具有较强的可操作性，从而“提供一个司法可预测的标准”。[②] 这种可预测标准，既给审判人员一个通用规范，也为社会成员提供了一个量刑评判指数，更给刑事案件的当事人一个量刑依据，这样能从机制上尽量保障量刑的公开性、公平性与一致性。

（二）司法机关重定罪准确、轻量刑适当的普遍做法也导致宽严失衡

长期以来，“以事实为根据、以法律为准绳”一直是刑事司法的基本原则。但在司法实践中，这一原则的“事实”往往只被理解为关乎定罪的事实，而有关量刑的事实极易被忽视；同样，这一原则中的“法律”也常常被误解为有关定罪的相关法条，至于量刑的法律规定则似乎不太重要。这样一来，在实践环节，不少司法

---

① 近年来，为了改变审判委员会与合议庭之间长期存在的“判而不审、审而不判”的错位现象，人民法院开始不断提升合议庭在案件处理上的自主性，同时，交审判委员会决定的案件范围不断收缩。这本来是一件好事，但由于大量法院尤其是一些地区基层法院审判力量短缺，普通刑事案件的合议庭往往由一名法官和两名人民陪审员组成，而后者在对案件的决定上几乎并不发挥实质作用，这样就使审判人员在量刑时的自由裁量权显著扩大，这也是前文提到的同一法院对类似案件作出迥异量刑判决的一个成因。

② 周光权：《量刑规范化：可行性与难题》，载《法律适用》2004 年第 4 期。

人员通常仅关注定罪准确，却容易忽视量刑的适当，而且还存在“只要定罪无误，量刑轻一点重一点无所谓”的错误认识。[①] 近年来，应该说，国家最高司法机关在引导全国各级司法机关重视量刑，将量刑的重要性与定罪的重要性等量齐观方面还是作出了相当大的努力。例如，在1999年10月27日最高人民法院颁布的《全国法院维护农村稳定刑事审判工作座谈会纪要》中，就对故意杀人罪在量刑上的掌握予以了明确强调：“对于因婚姻家庭、邻里纠纷等民间矛盾激化引发的故意杀人犯罪，适用死刑一定要十分慎重，应当与发生在社会上的严重危害社会治安的其他故意杀人犯罪案件有所区别。对于被害人一方有明显过错或对矛盾激化负有直接责任，或者被告人有法定从轻处罚情节的，一般不应判处死刑立即执行。”同样是这份会议纪要，还对故意伤害致人死亡犯罪的适用死刑标准进一步严格化，要求“手段特别残忍，情节特别恶劣的，才可以判处死刑”。另外，在2006年1月最高人民法院《关于审理未成年人刑事案件具体应用法律若干问题的解释》中对于未成年人犯罪人量刑时，要求：“对未成年罪犯适用刑罚，应当充分考虑是否有利于未成年罪犯的教育和矫正。对未成年罪犯量刑应当依照刑法第六十一条的规定，并充分考虑未成年人实施犯罪行为的动机和目的、犯罪时的年龄、是否初次犯罪、犯罪后的悔罪表现、个人成长经历和一贯表现等因素。”然而，重定罪、轻量刑的习惯思维和传统做法在短时期内难以消除，这将在一定程度上制约宽严相济刑事政策的切实体现和有效实现。

---

① 应该说，这一现象的存在也和长期以来司法机关之间的制约机制有关，如在刑事案件二审阶段，上级人民法院通常主要对下级人民法院一审刑事案件的定罪予以关注，对量刑重视较少，实践中，仅因一审判决量刑畸轻畸重而改判的非常之少；另外，作为法律监督机关的检察机关虽对法院作出的刑事判决认为量刑不当时均可提出抗诉，但在实践中，检察机关往往仅对量刑畸重的提出抗诉，几乎没有对量刑畸轻的提出抗诉。

（三）司法机关偏重剥夺人身自由刑适用，忽视财产刑、资格刑的现象较为突出

由于长期形成的打击犯罪习惯思维的强化，在刑事司法实践中，审判人员在可以适用非剥夺人身自由的限制自由刑、资格刑、财产刑时，往往趋重避轻。我国最高司法机关已经注意到这一点。时任最高人民法院副院长的刘家琛在大连调研时就曾指出：罪刑相适应原则是评判刑事司法公正的重要标准。判刑轻一点重一点不是小问题。在刑事审判中，我们对人身刑比较重视，对管制、罚金等刑罚的适用重视不够。要贯彻罪责刑相适应原则，重视运用多种刑罚手段同犯罪作斗争，确保司法公正，预防和减少犯罪，实现社会的长治久安。① 此外，值得一提的是，实践中对适用缓刑有一种不成文的做法，即外地人在本地犯罪的，即使符合刑法关于缓刑的条件，也常以“不便监督”为由而判为实刑，这实际上是违反平等原则的。单处罚金刑的案件较少，这既与多数犯罪人无法缴纳罚金有关，更是因为罚金对犯罪人难以产生有力的警戒作用。这种状况存在的一个重要原因是公民个人的价值与尊严未得到充分彰显。另外，量刑中的机械性也较为明显，即“漠视刑罚个别化，是指裁判者在量刑过程中主要以犯罪行为为尺度，而较少考虑影响犯罪人人身危险性的因素。目前较多考虑的量刑情节是自首、立功、未成年犯罪人、被害人有过错、累犯等。可以说，凡是刑法明文规定的量刑情节，司法过程中原则上都会体现出来，但酌定量刑情节则很少适用。这体现了裁判者在量刑中的机械性。当前的量刑实践给人最深刻的印象是强调对已然犯罪的报应，而较少从犯罪人能够更生改造的立场来考虑。”②

---

① 《人民法院报》2002 年 10 月 29 日第 1 版。

② 参见刘守芬、方文军：《罪刑均衡的司法考察》，载《政法论坛》2003 年第 4 期。

三、在评价环节上的不全面

在对宽严相济刑事政策的评价环节，因对刑事司法工作评判指标的单一化、功利化和泛数值化，导致宽严相济政策落实不到位，严多宽少、当宽未宽、该严过严，造成了偏爱实刑，较少适用缓刑；单处罚金则更少。[①] 由于长期以来刑事司法都受到安全本位、国家本位的主导影响，司法机关往往以打击犯罪的功效作为评判刑事司法工作的标准，这样一来，就会自然而然地形成评判指标的单一化，即单纯以打击犯罪的效果作为衡量工作的指标，而忽略了犯罪控制指标、犯罪人回归性指标、居民安全感等这些同样反映社会治安状况的重要参数，此其一。其二，造成刑事司法工作评价的功利化，即由于价值目标设计上的单一性，使得司法机关也在打击犯罪这一单一目标指引下亦步亦趋、“唯考评是瞻”，所有刑事司法工作几乎都是围绕完成打击任务而进行展开和部署。例如，许多公安机关将批捕率、起诉率作为评价侦查人员工作绩效的主要标准；许多检察机关将起诉后定罪率高低作为考核公诉部门工作成效的首要指标；下级人民法院则将上级人民法院的维持原判率作为考核主要标准，而把履行国家赔偿、不批准逮捕、判决无罪以及发回重审等正常刑事程序后果看成是错案的标志。这样一来，又会导致部门之间非正常沟通的大量出现，使得许多旨在保障案件质量的刑事程序形同虚设。[②] 其三，由于评价指标的单一化和功利化，进而还会

---

① 参见刘守芬、方文军：《罪刑均衡的司法考察》，载《政法论坛》2003 年第 4 期。

② 如遇到一起疑难刑事案件，公安机关为了保障案件的顺利批捕，通常会在侦查之初就征求检察机关对案件的有关意见，从而根据后者的意见再有针对性地进行取证，这样实际上就使后一阶段检察机关的批捕审查程序形同虚设；同样，公诉机关为了保障案件最终被定罪，又会事先与审判人员进行沟通，确定公诉意见和指控思路，而审判人员则会因此而形成较强烈的先入为主的印象，法官的独立判断大打折扣；再往后，下级人民法院为了保证案件在二审程序的顺利“过关”，又会在判决确定之前，向上级人民法院请示，从而会使二审程序纯属走过场。这样的例子在实践中并不鲜见。

在刑事工作中出现泛数值化的现象，即完全以打击犯罪的数值来认识和衡量刑事司法工作成效的高低，如许多公安机关每年都有打击人头的指标（具体而言就是破获多少刑事案件、抓获多少犯罪嫌疑人、最终被判有罪的多少人等），并且，这些指标并不是根据当地具体社会治安状况的好坏而升降，相反只能是逐年攀升，许多检察机关也有相类似的指标。在这样的评判标准下，很难想象宽严相济刑事政策能有效推行。

第五章　宽严相济刑事政策视野下的刑事司法

第一节　宽严相济刑事政策下的司法原则

司法必须有一定的原则作指导。司法原则对司法起着统筹全局的作用。当前，我国提出了和谐社会的建设目标，这体现在司法中，就是要建设和谐司法。在和谐司法的主旨下，刑事司法应以宽严相济政策精神为指导，正确把握、解释和运用以下基本原则。

一、宽严相济刑事政策下的罪刑法定原则

罪刑法定原则的基本含义是："法无明文规定不为罪"、"法无明文规定不处罚"。也就是说，对于什么样的行为构成犯罪，构成什么样的犯罪，应当处以什么样的刑罚，都必须根据刑事法律的明文规定，对于刑法没有明文规定的行为，不能认为是犯罪而加以处罚。罪刑法定原则这一经典表述首先是由德国刑法学家费尔巴哈于1801年在其《刑法教科书》中用拉丁法谚提出来的。在我国，罪刑法定原则是我国刑法的一项基本原则。我国刑法第3条规定："法律明文规定为犯罪行为的，依照法律定罪处刑；法律没有明文规定为犯罪行为的，不得定罪处刑。"它的基本含义包括以下几个方面的内容：（1）从刑法的渊源上排斥习惯法。（2）禁止类推适用和类推解释。（3）刑法不得溯及既往，即禁止根据行为后生效的法律作出对行为人不利的刑事判决。（4）禁止不定期刑。既禁止绝对不定期刑，也禁止相对不定期刑。

从定位上看，宽严相济刑事政策不仅是一项刑事司法政策，同时也是一项刑事立法、刑事执行政策。因此，整个刑事立法、刑事司法和刑事执行都应当在宽严相济刑事政策的指导下进行，罪刑法定原则在制定时也要受刑事政策的影响。因此，如何理解罪刑法定原则与宽严相济刑事政策在刑事司法中的关系，会影响刑事司法的实践。

第一，刑事司法在贯彻宽严相济刑事政策时必须遵循罪刑法定原则。

笔者以为，罪刑法定原则在制定时肯定要受到刑事政策的影响，[①] 但是作为刑法的一项基本原则，罪刑法定原则一经制定，就有其独立的地位。从司法的角度，刑事司法在贯彻宽严相济刑事政策时，也必须遵循罪刑法定原则。

罪刑法定原则要求刑事司法在贯彻宽严相济的刑事政策时，定罪、量刑、行刑之宽与严都必须于法有据。宽不是要法外施恩，严也不是无限加重，而是要严格依照刑法、刑事诉讼法以及相关的刑事法律，根据具体的案件情况来惩罚犯罪，该严则严，该宽则宽，宽严相济，罚当其罪。只有这样才能够符合中央政法领导机关提出的惩治严重犯罪“稳、准、狠”的原则要求，对待刑事案件真正做到“有罪则判，无罪放人”。因此，宽严相济的刑事政策要求刑事司法必须更加严格遵守罪刑法定原则，要求以罪刑法定原则为根基，依法从宽或从严；否则，宽严相济从整体上便丧失其合法性基础，或宽或严便均会失序，从而根本谈不上、也做不到宽严相济。[②]

罪刑法定原则在我国刑法中不是一个口号、一个空壳，它有具体的体现。从罪刑法定的角度，刑事司法在贯彻宽严相济刑事政策

---

① 罪刑法定原则在制定时，所遵循的不一定是宽严相济刑事政策，因为那个时候宽严相济刑事政策尚未提出，但即便如此，它也要受到当时刑事政策的影响。

② 参见赵秉志：《宽严相济刑事政策视野中的中国刑事司法》，载《南昌大学学报》（人文社会科学版）2007年第1期。

时，必须遵守如下规定：（1）刑事司法在贯彻宽严相济刑事政策时要遵守我国刑法关于犯罪的规定，这包括我国刑法第 13 条规定的犯罪概念，对于情节显著轻微、危害不大的，不能以犯罪来追究；刑法第 14 条至第 18 条关于犯罪故意、犯罪过失、刑事责任年龄、刑事责任能力等犯罪构成的一系列要件的规定；刑法分则条文对每一个具体犯罪特征的具体规定。（2）刑事司法在贯彻宽严相济刑事政策时要遵守我国刑法关于刑罚的规定，包括我国刑法规定的刑罚种类——管制、拘役、有期徒刑、无期徒刑、死刑、罚金、剥夺政治权利、没收财产和驱逐出境，不得超出这些刑罚种类给被告人量刑；必须遵守刑法第 61 条规定的量刑总原则，即对犯罪分子决定刑罚的时候，应当根据犯罪的事实、犯罪的性质、情节和对社会的危害程度，依照刑法的有关规定判处；必须遵守刑法规定的一系列具体的量刑原则和制度，如防卫过当的量刑原则、未成年人的量刑原则、累犯制度、自首制度、数罪并罚制度、缓刑制度等；必须按照刑法分则明确规定的各种具体犯罪的法定刑进行量刑。①

第二，刑事司法可以在刑法规定的自由裁量范围内贯彻宽严相济刑事政策。

在罪刑法定原则的指导下，我国刑法有关犯罪和刑罚的规定，都相对具体、明确。但这并不是说，我国刑法就没有给法官自由裁量权，就完全剥夺了法官的自由裁量空间。一方面，我国刑法规定的量刑情节中，有些是“应当”情节，即法官没有自由裁量权，有些是“可以”情节，即法官有自由裁量权；另一方面，在法定量刑情节之外，我国刑法中还有酌定情节，司法工作人员可以灵活掌握以决定犯罪人处刑的轻重，如犯罪动机、犯罪手段、犯罪的时间与地点、犯罪对象、犯罪人的一贯表现、犯罪后的态度等。因此，法官完全可以在这些情节之中，自由裁定一些犯罪的刑罚

① 参见周振想编著：《刑法学教程》，中国人民公安大学出版社 1997 年版，第 29 页。

幅度。

一般来说，刑事司法在贯彻宽严相济刑事政策时，应注重掌握刑法中的从宽的量刑情节和从严的量刑情节，它们也是宽严相济刑事政策中“宽”、“严”两个方面的具体体现。具体而言，从宽的量刑情节，是指法官在量刑时考虑的对犯罪人从轻处罚、减轻处罚和免除处罚的情节。从轻处罚，即在法定刑范围之内判处较轻的刑罚；减轻处罚，即在法定刑以下判处刑罚；免除处罚，即对犯罪分子作有罪宣告，但免除刑罚处罚。在法官自由裁量的范围内，法官可以在宽严相济刑事政策的指导下，结合案件的具体情节，决定是否对犯罪人从宽。例如，我国刑法第18条第3款规定：“尚未完全丧失辨认或者控制自己行为能力的精神病人犯罪的，应当负刑事责任，但是可以从轻或者减轻处罚。”至于在具体案件中对尚未完全丧失辨认或者控制自己行为能力的精神病人犯罪的，是否从轻或者减轻处罚，法官可以在宽严相济刑事政策的指导下，自由裁决。从严的量刑情节，在我国刑法中为从重情节，即在法定刑的限度以内，判处较重的刑罚。这里的从重，既可以在刑法规定的几个刑种中选择一个较重或者最重的刑种，也可以在刑法规定的某一刑罚幅度内判处较长或者最长的刑期。至于是否从重，法官可以在自由裁量的范围内，以宽严相济刑事政策为指导进行裁决。例如，对于实施犯罪时犯罪动机比较恶劣、犯罪手段比较残忍的犯罪分子是否应当从重处罚，法官可以以宽严相济刑事政策为指导，综合案件的具体情况，决定犯罪分子的具体刑罚。

总之，刑事司法在贯彻宽严相济刑事政策的同时仍必须遵守罪刑法定原则，必须在法律规定的自由裁量权的范围内从宽或者从严。从这个角度看，宽严相济，仍是罪刑法定范围内的宽严相济。

二、宽严相济刑事政策下的罪责刑相适应原则

罪责刑相适应原则的基本含义即“罪当其罚，罚当其罪”，体

现的是罪责刑之间的价值（质与量）上的对称或协调关系。罪责刑相适应原则不仅要求考虑犯罪行为的客观危害性，而且要求考虑犯罪人的人格特征方面的主观危险性的大小。① 我国刑法第5条规定：“刑罚的轻重，应当与犯罪分子所犯罪行和承担的刑事责任相适应。”我国刑法除明文规定罪责刑相适应原则外，在立法内容上也始终贯穿着罪责刑相适应的思想。这一原则在立法中的具体表现是：（1）我国刑法总则确定了一个科学的刑罚体系，此一刑罚体系按照刑罚方法的轻重次序分别加以排列，各种刑罚方法相互区别又互相衔接，能够根据犯罪的各种情况灵活地运用，从而为刑事司法实现罪责刑相适应原则奠定了基础。（2）我国刑法总则根据各种行为的社会危害性程度和人身危险性的大小，规定了轻重有别的处罚原则。（3）我国刑法分则不仅根据犯罪的性质和危害程度，建立了一个犯罪体系，而且还为各种具体犯罪规定了可以分割、能够伸缩、幅度较大的法定刑。②

罪责刑相适应原则要求，犯罪分子犯多大的罪，就应承担多大的刑事责任，法院应当判处其相适应的刑罚，做到重罪重罚、轻罪轻罚，罚当其罪，罪刑相称。罪轻罪重，应当考虑行为人的犯罪行为本身和其他各种影响刑事责任大小的因素。同样，宽严相济刑事政策的基本内涵就是宽严相协调，要求根据法律和具体的案件情况来惩罚犯罪，该严则严，该宽则宽，宽严相济，罚当其罪，其目的在于罪责刑相适应、协调、均衡。因此可以说，罪责刑相适应原则与宽严相济刑事政策有着天然的紧密关系，这一原则既是刑事司法贯彻宽严相济刑事政策的底线和标准，也是宽严相济刑事政策对刑事司法的一个具体而又较高的要求。③

---

① 参见陈兴良：《刑法理念导读》，法律出版社2003年版，第323～345页。

② 参见高铭暄主编：《新编中国刑法学》，中国人民大学出版社1998年版，第87页。

③ 参见赵秉志：《宽严相济刑事政策视野中的中国刑事司法》，载《南昌大学学报》（人文社会科学版）2007年第1期。

但问题是，如何在具体案件中充分掌握宽和严的尺度，真正做到罪责刑相适应呢？这是一个大问题。我国有学者认为，宽严相济应做到宽大而不宽纵，严格但不苛厉，有宽有严，宽严适中，轻重有度，有张有弛，张弛结合，宽与严之间具有合理的平衡，互相衔接，形成良性互动。既不能宽大无边或严厉过苛，也不能时宽时严，宽严失当。因此，如何正确地把握宽严尺度以及使宽严形成互补，从而发挥刑罚最佳的预防犯罪的效果，确实是一门刑罚的艺术。①

在宽严相济刑事政策指导下的刑事司法，如何真正实现罪责刑相适应，笔者以为，可以从以下两个层面进行把握：

首先，我国应该建立一个相对统一的宽严司法标准。

关于量刑问题，我国学者进行了很多相关的研究。一些司法机关也对如何量刑进行了很多实践。但从目前的情况看，这方面的工作进行得还相当不理想。其中一个重要的问题，就是"宽""严"的标准统一问题。"宽"要宽到什么程度才算适度，"严"要严多少对犯罪分子而言才算是罪有应得。这就涉及一个标准问题。我国有学者认为，由于历史和现实多方面的原因，我国现行司法权运行机制尚存在明显的地方化倾向，这势必会影响到宽严相济刑事政策的贯彻。因为宽严相济不但体现在个案上和一个地方之内"宽"与"严"标准的统一协调，而且体现于整体案件和全国范围内"宽"与"严"标准的统一协调；不但要求纵向的宽严相济，而且要求横向的宽严相济。没有整体和宏观上的"宽"与"严"标准的统一，即使从个体和局部看"宽"与"严"能够相济，但从宏观上和整体上看，宽与严仍会是失度和失调的。这样的"宽严相济"是不彻底和不理想的。② 因此，应在一定条件下力求整体上

① 参见陈兴良：《宽严相济刑事政策研究》，载《法学杂志》2006 年第 1 期。

② 参见赵秉志：《宽严相济刑事政策视野中的中国刑事司法》，载《南昌大学学报》（人文社会科学版）2007 年第 1 期。

“宽”与“严”的司法标准的统一。

在当前情况下，如何统一宽严的司法标准呢？笔者以为，可以从以下两个方面进行努力：一是利用最高人民法院、最高人民检察院的刑事司法解释，统一刑事案件的立案标准、量刑标准。应该说，当前我国在这方面做了很多工作。我国每年都有大量的刑事司法解释出台，通过正确的刑事司法解释，对于刑事法律规定不够具体的地方予以合法合理的阐释，指导具体的定罪量刑活动，这对于弥补立法的不足，统一规范和指导刑事司法实务，保证刑事法律的正确适用，具有积极意义，也对统一全国宽严的司法尺度起到了一定的作用。二是制定全国统一的量刑指南。美国有美国的量刑指南，但中国却没有中国的量刑指南。在具体案件量刑时，都是由法官自由裁量，这导致了相似的案件在各地的量刑却截然不同。为此有一些地方进行了这方面的尝试，如山东就有一些基层法院、中级法院在利用电脑作一些量刑尝试。但总的来说，这方面的尝试还不是很成功，这既有技术的原因，也有观念的问题。

其次，在相对统一的宽严司法标准中赋予法官相对的自由裁量权。

法官的自由裁量权不能过大，否则容易导致司法不公。但是法官也不能没有自由裁量权，没有自由裁量权，法官的判案也必然有失罪责刑相适应。这是因为，我国幅员辽阔，各个地方的经济、文化、观念都相差很大。如果不考虑各个地方的这些差异，实行全国一刀切的做法，必然会导致地区与地区之间的不平衡。因此，我们必须赋予各地法官一定的自由裁量权，由法官结合当地的情况，在统一的司法标准下，决定具体案件的宽与严。

既然要赋予法官一定的自由裁量权，我们就有必要改变当前我国司法工作中的一些不合理、与之相矛盾的做法。例如，我国司法机关现在实行的错案追究制度。应当说，这个制度在对司法人员的监督方面起到了积极作用，但是也有学者认为，在错案责任追究制度中存在着形而上学的错误和一些弊端，如简单地把履行刑事赔偿义务作为错案的标志，把不批准逮捕、不起诉或判决无罪以及发回重审的刑事案件一律作为错案，追究有关办案人员的责任。把后一道程序对前一道程序的否定作为对错案及其责任的宣告，使得办案人员在办案的同时，有意无意地去“改善”与后面诉讼阶段之司法人员的关系，从而降低被后一道诉讼程序否定的风险，如立案侦查的希望能批捕，批捕的希望起诉，批捕和提起公诉的希望法院不要作出无罪判决，作出一审裁决的法官希望二审不要改判，审案法官希望本院的审判监督部门不要使案件进入再审程序。如此便模糊了程序界限，软化了监督制约关系。① 这种形而上学的做法，也必然会在一定程度上损害法官自由裁量权的发挥，从而影响罪责刑相适应。

实际上，由于刑事法律的宽严适用与市场交易中的重量轻重不同，它没有一个绝对精确的标准。即便我国制定一个相对统一的宽严司法标准，它还是会有一定的伸缩度，或者还是有一个理解的问题。因此，只要在相对的法官自由裁量范围内的，就应当予以尊重。而我们要想绝对地做到罪责刑相适应，是很困难的，也几乎是不可能的。我们只能寻求相对的均衡，相对的宽严有度。正因为这样，宽严相济刑事政策越发具有其重要意义。

三、宽严相济刑事政策下的正当程序原则

正当程序原则是现代刑事诉讼中的一项非常重要的原则，它的现代形态最先规定在英国1628年的《权利请愿书》第4条，后被美国宪法修正案第5条和第14条、菲律宾宪法第4条、加拿大1982年《权利与自由宪章》第7条以及其他一些英美法系国家所承认。

正当程序原则的基本含义在于：“除非事先经过依据调整司法

① 参见李建明：《刑事司法改革研究》，中国检察出版社2004年版，第238～243页。

程序的既定规则进行的审判，任何人不得被剥夺生命、自由、财产或者法律赋予的其他权利。”因此，正当程序原则要求在剥夺公民的生命、自由和财产时，必须经过公正合理的审判程序，个人权益受到侵犯时，享有司法救济的权利，政府有责任保证个人得到公正审判，并且以被追究刑事责任的人的一种宪法权利直接体现出来。法的正当程序原则与普通法上的人身保护令制度相结合，构成英美法系刑事程序法特有的人权保障机制。《公民权利和政治权利国际公约》第9条第1款规定：“每个人都享有人身自由与安全的权利，任何人不得被任意逮捕或羁押，除非依据法律所规定的理由并遵守法定的程序，任何人不得被剥夺自由”。《欧洲人权公约》第5条第1款也有类似的规定。我国宪法第37条规定：“中华人民共和国公民的人身自由不受侵犯。任何公民，非经人民检察院批准或者决定或者人民法院决定，并由公安机关执行，不受逮捕。禁止非法拘禁和以其他方法非法剥夺或者限制公民的人身自由，禁止非法搜查公民的身体。”我国刑事诉讼法第3条第2款规定：“人民法院、人民检察院和公安机关进行刑事诉讼，必须严格遵守本法和其他法律的有关规定。”这些规定强调依照既定的程序进行刑事诉讼，与正当程序原则的基本精神相符，对于防止司法专横，保障公民的基本人权，从而公正合理地实现刑事诉讼的任务具有重要意义。

正当程序原则作为一项司法原则，在刑事司法贯彻宽严相济刑事政策的过程中，也必须得到遵循。具体而言，在宽严相济刑事政策的贯彻执行中，必须注意从两个方面坚持正当程序原则：

第一，在宽的一面，不能因为对犯罪嫌疑人、被告人已经从宽了就忽略了其正当的程序权利。

在实践中，以前有一种做法和认识，认为对一些轻微的刑事犯罪、偶犯、初犯等已经依照宽严相济刑事政策对其进行了从宽处理，如适用缓刑、免予起诉或者从宽量刑等措施，那么对案件就可以“从快”处理，没有必要等到法律规定的诉讼期间届满才进入下一个诉讼程序。在这种观念的指导下，一些司法机关人为地缩短甚至取消犯罪嫌疑人、被告人合法权益的行使期限。例如，我国刑事诉讼法第183条规定：“不服判决的上诉和抗诉的期限为十日，不服裁定的上诉和抗诉的期限为五日，从接到判决书、裁定书的第二日起算。”对此有人认为，既然已经从宽，被告人就不会上诉，因此也没有必要等上诉期满再执行，可以在被告人表示不上诉的情况下，直接交付执行。应该说，这种做法是违反了正当程序原则的。对此，我国有学者认为，在宽严相济刑事政策的贯彻执行中，仍必须坚持正当程序原则，严格按照刑事诉讼法的规定办案，不能为了“从快”而人为地缩短甚至取消犯罪嫌疑人、被告人合法权益的行使期限。①

实际上，程序权利也是当事人的一种正当权利。宽严相济刑事政策对刑事犯罪的从宽处理，更多的是对当事人实体权利的维护。但是实体权利和程序权利是两个相对独立的权利。我们不能因为当事人在实体权利上已经得到了一定的保障，就忽视当事人的程序权利。事实上，程序权利也是当事人实体权利保障的一个重要方面。正当程序原则正是为了保障当事人的程序权利而提出的一个原则，对此必须在刑事诉讼中予以坚决贯彻。

第二，在严的一面，不能因为要对犯罪嫌疑人、被告人从严惩处，而忽视其正当的程序权利。

对于一些严重的刑事犯罪，我国刑法规定了较为严厉的刑罚。在司法实践中，对这些严重犯罪，司法机关历来注重从重、从快处理。应该说，对严重犯罪实行严格的刑事政策，对其作严厉惩处，体现了我国宽严相济刑事政策严的一面。但是，我们也应该看到，宽严相济刑事政策中的严，是一种依法的严，是一种正当的以事实为基础的严，也是一种有尊严的严。因此，为了有效地贯彻宽严相济刑事政策对严重犯罪的严，我们必须坚持正当程序原则，充分保

---

① 参见赵秉志：《宽严相济刑事政策视野中的中国刑事司法》，载《南昌大学学报》（人文社会科学版）2007年第1期。

护当事人的合法权益，只有这样的严才能收到良好的社会效果，实现我们和谐社会的目标。

具体而言，在对严重犯罪的从严之中，贯彻正当程序原则要重点注意两个方面的内容：一是要严格遵守刑事诉讼法的规定，保障犯罪嫌疑人、被告人全面行使刑事诉讼法赋予的权利。这些权利包括获得辩护的权利、申请回避的权利、上诉的权利、只有被告人一方上诉时有上诉不加刑的权利等等。通过对这些权利的保障，既可以有力地保证诉讼的进行，更好地查清案件事实，又可以满足犯罪嫌疑人、被告人的正当要求，对犯罪嫌疑人、被告人进行教育并进而获取较好的社会效果。二是要考虑我国已经批准的国际人权公约的规定，尤其是针对外国的犯罪嫌疑人、被告人更应如此。我国目前已经或准备加入不少国际公约，如《经济、社会及文化权利国际公约》、《禁止酷刑和其他残忍、不人道或有辱人格的待遇或处罚公约》等。这些公约中，有不少涉及对犯罪嫌疑人、被告人权利保障方面的内容。虽然对这些公约不能直接予以适用，但是适当关注这些公约的内容，有助于维护我国的国际声誉。正因为如此，我国有学者认为，在“严、重”过程中必须考虑我国已经批准或已签署或即将签署的一系列国际人权公约，如《经济、社会及文化权利国际公约》、《公民权利和政治权利国际公约》、《禁止酷刑和其他残忍、不人道或有辱人格的待遇或处罚公约》等，不能把犯罪嫌疑人、被告人的沉默视为“抗拒”，作为从严处罚的因素，更不能为了从严而动用刑讯逼供等极端方法，让犯罪嫌疑人、被告人“开口”或“如实供述”。①

四、宽严相济刑事政策下的司法人道原则

人道主义（humanism），来源于拉丁文（humanistas），意指人

① 参见孙力、刘中发：《“轻轻重重”刑事政策与我国刑事检察工作》，载《中国司法》2004 年第 4 期。

道精神，是关于人的本质、使命、地位、价值和个性发展等的思想和理论。在人道主义大旗下，包括自由主义、自然主义、功利主义、存在主义、实用主义、马克思主义等不同的哲学流派。[①] 人道主义原则的含义包括："1. 人性尊严的保护与尊重；2. 禁止以人当做达到刑罚目的的工具；3. 禁止使用残酷而不人道及蔑视人权的刑罚手段。"[②] 刑罚方面的人道主义是将犯罪人作为伦理主体对待，而不是作为物体处理。它意味着对于人的自主性的承认，其中心思想是，犯罪人是人，因而必须将其作为人，而不是作为手段对待。刑罚方面的人道主义的蕴涵可分为否定性规则和肯定性规则两个具体规则。否定性规则，是指绝对禁止酷刑和其他残忍、不人道或有辱人格的待遇或处罚；肯定性规则，是指在最低层面上要求满足受刑人作为人的基本需求，在更高的层面上要求给予受刑人以尊重并引导受刑人的自尊。将人作为目的看待，是人道主义原则的肯定性规则的中心内容。[③] 司法人道原则是人道主义在司法中的应用，它要求在司法过程中将犯罪嫌疑人、被告人当人来对待，尊重和保护犯罪嫌疑人、被告人的人性尊严，禁止使用非人道的方法对待犯罪嫌疑人、被告人。

宽严相济刑事政策主张对犯罪人该严的要严、该宽的要宽，要宽严相济。那么，这些宽严是否涉及人道性的内容呢？在司法过程中，为了贯彻宽严相济刑事政策，是否应当以及如何遵守司法人道原则呢？

第一，刑事司法在贯彻宽严相济刑事政策过程中必须遵循司法人道原则。

人道性，是人之为人的基本特性。在司法过程中，犯罪嫌疑

---

① 参见曲新久著：《刑法的精神与范畴》，中国政法大学出版社2000年版，第529页。

② 林山田著：《刑罚学》，台北商务印书馆1975年版，第126页。

③ 参见曲新久著：《刑法的精神与范畴》，中国政法大学出版社2000年版，第541～562页。

人、被告人也是人，因此必须保障其作为人的基本权利。无论是对犯罪嫌疑人、被告人从宽处理还是从严处理，都要遵守司法人道原则，保障他们的合法权益。在这个问题上，以前有一些不正确的认识，认为一些严重的犯罪分子实施残忍的手段危害了社会，对于这些犯罪分子就没有必要讲人道、人权。而且既然对严重犯罪分子应当从严惩处，那么在司法过程中，对其不人道，实际上也是从严的一种体现。

但是，我们应该认识到，宽严相济刑事政策中的“严”和司法人道原则中的人道性之“宽”，它们是两个不同方面的内容。宽严相济刑事政策中的“严”是一种依法施加的严，是一种刑罚的严。这种“严”并不违反人道性原则，在行刑过程中，我们不能因为犯罪分子被判处了死刑，就可以对其随意处置。我们刑法中的死刑执行方法还是很人道的，力求让犯罪分子有尊严地死。因此，我们应该看到，宽严相济刑事政策中的严，是一种人道的严，一种有尊严的严。在刑事司法过程中，无论怎样对犯罪分子“严”，都必须建立在人道性的基础上，遵循司法人道原则。

马克思主义认为，人的本质“在其现实性上是一切社会关系的总和”。这个“总和”并非各方面关系、因素的简单相加，而是一个“有序”的总和，或者说是在法律、伦理、道德规范和历史文化、公序良俗影响下的“有序总和”。而这种“有序”的程度或状态，标志着人的社会化程度或状态。在犯罪人那里，其社会关系的“有序”状态受到干扰或破坏，发生一定的紊乱。在这个意义上，刑罚人道主义以此为出发点，是对犯罪人在人的本质方面的社会关系的“紊乱”进行治理、修复，提升其社会化程度。① 司法人道主义的意义，亦如此。

第二，刑事司法在宽严相济刑事政策指导下要坚持司法人道原

① 参见郭军丽：《刑罚人道主义若干问题探讨》，郑州大学2004年硕士学位论文，第24页。

则，关键在于坚持保障犯罪嫌疑人、被告人的人权。

我国《刑事诉讼法》、《监狱法》等相关法律，对司法中犯罪嫌疑人、被告人、罪犯合法权益的保护进行了具体的规定。从内容上，这些规定大体可以分为两个方面：一方面的规定是为了保障刑事诉讼、刑事执行顺利进行而赋予犯罪嫌疑人、被告人、罪犯的合法权利，如犯罪嫌疑人、被告人的辩护权、申请回避权等权利；另一方面的规定是为了保护犯罪嫌疑人、被告人、罪犯作为一个正常人所应当享有的权利，如人身权、生理需要获得满足等权利，也即犯罪嫌疑人、被告人、罪犯所应享有的人权。我国刑事诉讼法第14条规定："人民法院、人民检察院和公安机关应当保障诉讼参与人依法享有的诉讼权利。对于不满十八岁的未成年人犯罪的案件，在讯问和审判时，可以通知犯罪嫌疑人、被告人的法定代理人到场。诉讼参与人对于审判人员、检察人员和侦查人员侵犯公民诉讼权利和人身侮辱的行为，有权提出控告。"这正是为了保障诉讼参与人的权利而规定的，也体现了弗兰克所说的"人不是为法律而创的，而法律却是由人并为了人才创造的"。①

不过，虽然第二个方面的权利更直接关系着犯罪嫌疑人、被告人、罪犯的人权，但是第一个方面的权利的确也是保障犯罪嫌疑人、被告人、罪犯第二个方面权利的实现。因此，从这个角度看，我们应当全面保护犯罪嫌疑人、被告人、罪犯在刑事诉讼、刑事执行过程中的合法权益。只有这样，司法人道原则才能在刑事司法过程中得到较为全面的贯彻，宽严相济刑事政策才能实现它的社会目标——和谐社会。这是因为，司法人道原则虽然直接保护的是已经进入刑事程序的犯罪嫌疑人、刑事被告人的人权，但实际上保障的是全体社会成员的人权。因此，我们说到对待罪犯的权益问题上不

---

① 转引自沈宗灵著：《现代西方法理学》，北京大学出版社 1992 年版，第 333 页。

仅涉及罪犯的个人人权，也涉及所有社会成员的集体人权问题。[①]

第二节　宽严相济刑事政策下非监禁化制度的运用

我国刑法规定了5种主刑、4种附加刑，同时还规定了各种刑罚制度。在这些刑种和制度中，管制刑、财产刑以及缓刑、减刑、假释制度，属于非监禁化制度。在宽严相济刑事政策下，这些刑种和制度如何在刑事司法适用中实现“宽”与“严”，将影响我国宽严相济刑事政策在刑事司法中的贯彻。

一、管制刑的适用

(一) 我国管制刑的理论争议与司法适用

管制，是指由人民法院判决，对犯罪分子不予关押，但限制其一定自由，交由公安机关管束和人民群众监督改造的一种刑罚方法。[②] 它的基本特征是对犯罪分子不予关押，但限制其一定期限的人身自由。从这个角度看，管制刑是一种非监禁刑，因为犯罪分子的人身自由虽然受到了一定的限制，[③] 但是并没有被完全剥夺，而且也不用在监禁机构内部服刑。也正是因为它不剥夺犯罪分子的人身自由，所以管制刑只适用于那些罪行较轻的犯罪分子。从我国刑法的规定看，管制刑是我国主刑中惩罚性最为轻微的一个刑种。

关于管制刑，刑法理论上对其存废存在较大争议，概括起来主

① 《中国人权状况白皮书》认为：“人权既是一个个人权利，同时又是一项集体的权利，这突破了传统的人权概念。”参见《中国人权状况白皮书》，中央文献出版社1991年版，第67页。

② 参见马克昌主编：《刑罚通论》，武汉大学出版社1999年版，第174页。

③ 这种限制，根据我国刑法第39条的规定，包括：（1）遵守法律、行政法规，服从监督；（2）未经执行机关批准，不得行使言论、出版、集会、结社、游行、示威自由的权利；（3）按照执行机关规定报告自己的活动情况；（4）遵守执行机关关于会客的规定；（5）离开所居住的市、县或者迁居，应当报经执行机关批准。

要有以下几点：[①]（1）从管制产生的历史看，主张废除管制刑的论者认为，管制赖以存在的历史条件早已消失。主张保留管制刑的论者认为，管制是依靠广大人民群众同犯罪作斗争的行之有效的刑罚措施。解放区和新中国成立初期设立管制刑，是基于人民政权的性质、刑罚的目的和刑事策略原则而作出的，并非权宜之计。(2)从刑罚体系的角度，主张废除管制刑的论者认为，管制刑的存在有损刑罚体系的科学性。主张保留管制刑的论者认为，管制的存在无损我国刑罚体系的科学性，并使之更完善，符合我国刑法罪责刑相适应原则的要求。（3）从刑罚属性的角度，主张废除管制刑的论者认为，管制刑不具备刑罚的惩罚性特征。管制刑只构成对人身自由的限制而不构成对其的剥夺，其严厉性程度甚至轻于剥夺人身自由的行政拘留。[②] 主张保留管制刑的论者认为，管制是限制自由刑。我国刑法中的管制与代表世界刑法发展趋势的开放性措施，在基本精神上是不谋而合的。（4）从管制刑的优缺点方面看，主张废除管制刑的论者认为，在现阶段，管制影响了犯罪人的工作与家庭生活，群众对受管制者进行监督是不现实的。主张保留管制刑的论者认为，当今世界各国刑罚发展的趋势有两大特点：一是由严厉向缓和方向发展，二是由封闭向开放性发展。管制刑的存在，符合刑罚发展的方向。

从实践的层面看，管制刑在实践中的适用率很低。从全国来看，1986 年被判处管制的人数占刑事处罚总人数的 0.73%，1987 年被判处管制的人数占刑事处罚总人数的 0.6%，1988 年被判处管制的人数仍占刑事处罚总人数的 0.6%。[③] 1993 年占 0.34%，1994

① 参见李赞：《管制刑若干问题研究》，苏州大学 2003 年硕士学位论文，第 35 页。

② 参见李贵方：《限制自由刑比较研究》，载《吉林大学社会科学学报》1990 年第 1 期。

③ 参见曹子丹：《试论我国管制刑存在的根据》，载《中国法学》1990 年第 1 期。

年占0.39%，1995年占0.39%。[①] 据2000年某省的调查显示，1997年该省各级人民法院共对29919人判处刑罚，其中，被判处管制刑的132人，占0.44%；1998年被判处刑罚的33114人，其中，被判处管制刑的260人，占0.79%；1999年被判处刑罚的38503人，其中，被判处管制刑的336人，占0.87%。从该省3年的统计情况分析，适用管制刑的绝对数和相对比例都在逐年增加。尽管在审判实践中，人民法院适用管制刑刑罚的数量有增加的趋势，但总的来说，管制刑的适用还很少，在整个刑罚体系中所占的分量还很轻。[②] 我国有关机关还专门对管制刑进行了调查研究，发现了管制刑在实践中存在着不少问题：[③]（1）执行机关对管制刑乃至监外执行工作重视不够。各基层公安派出所忙于刑事案件的侦破工作，要以主要精力优先处理现行案件和突发事件；公安派出所警力不足，承担繁重的社会治安管理任务，再要腾出人手来专司分布面广、居住分散、监管困难的监外执行工作，确有一定难度，对监外执行罪犯疏于管理。（2）监管制度不落实。农村基层干部人少、兼职多、待遇低，影响了对监外执行罪犯的管理和帮教的深入，造成监管工作的不平衡。刑事司法系统各机关工作衔接脱节现象严重。（3）公安机关、检察机关、人民法院等执法机关在这项工作上平时互相沟通不够，对于各个工作渠道出现的监外执行罪犯不能全面掌握。例如，对判决宣告缓刑的罪犯，人民法院未能将其判决交付执行机关执行，致使执行机关未将其列入被执行对象，该判决形同虚设，这种现象在异地判决中更为突出。（4）监管无力。管制犯外出不请假，甚至去向不明无法制约。

---

① 参见敬大力主编：《刑法修订要论》，法律出版社1997年版，第85页。

② 参见吴宗宪等著：《非监禁刑研究》，中国人民公安大学出版社2003年版，第472～473页。

③ 参见江苏省太仓市人民检察院监所检察处：《1999年监外执行工作调查报告》（内部资料）；江苏省太仓市政法委：《2000年监外执行工作考察报告》（内部资料）；朱婉：《对监外执行监督工作的思考》（内部交流材料）。

（二）宽严相济刑事政策与管制刑的适用

1. 管制刑是贯彻宽严相济刑事政策的一个重要刑种

尽管理论上对管制刑的存废存在着激烈的争论，并且废除管制刑的声音也一直很大，但是1997年刑法修订时，仍然确定了管制刑在刑法中的主刑地位。这表明，我国立法机关认为管制刑的积极面胜过管制刑的消极面。笔者也认为，从宽严相济刑事政策的角度看，管制刑是贯彻宽严相济刑事政策的重要内容和体现。

首先，管制刑是我国刑法中唯一的非监禁刑主刑，有利于贯彻宽严相济刑事政策宽的一面。刑罚应当是有轻有重的，既要有严厉的刑种，也要有轻缓的刑种，这样才能适应与犯罪作斗争的需要。管制刑作为一种惩罚较为轻微的刑种，能够适应我国对轻微犯罪分子作斗争的现实需要，从而能较好地贯彻宽严相济刑事政策。

刑法理论上对管制刑的争论，出发点各不相同，立场自然也会存在一定的差异。从刑罚惩罚的严厉性上看，管制刑似乎并不符合刑罚作为一种严厉惩罚方法的特点。不过，考虑到我国现行刑法中规定的一些犯罪，像我国刑法第302条规定的盗窃、侮辱尸体罪，刑法并没有规定情节严重才构成犯罪，对于一些轻微但非显著轻微的侮辱尸体的行为，如果没有管制刑，根据我国现行刑法的规定，则须适用至少1个月以上的拘役，从惩罚的程度上看，似乎过于严厉，难以实现刑法第5条规定的罪责刑相适应原则。而管制正好弥补了拘役的这种不足，有利于做到宽严相济，实现罪责刑相适应。

其次，从司法层面上，对管制刑的适用进行规范和改革，可以收到一定的良好效果。

管制刑在实践中之所以适用得很少，是因为管制刑执行起来不好掌握，因此实际执行的效果并不好。而也正是因为执行效果不好，法院就更少判处管制刑。这是一个恶行循环。笔者以为，从司法的层面上对管制刑作一些调整和改革还是能起作用的，并能因此发挥出管制刑应有的社会效果。这一点，我们可以从与管制相类似的缓刑的适用中了解一二。

从刑法的规定上看，管制刑和缓刑在适用对象、执行方式和执行内容等方面都很接近。而从实践中的情况看，缓刑的适用率要比管制刑高很多。从1998年至2002年苏州市的监外执行情况看，缓刑适用最多，管制刑适用最少。管制刑适用率最低的年份2001年只有0.07%，适用率最高的年份1999年也只有0.44%，管制刑5年共适用47例，适用率平均为0.2%。缓刑适用率最低的年份1998年为10.02%，最高的年份2000年为17.2%，缓刑适用率平均为14.82%。缓刑适用率高出管制刑适用率74倍。[①] 既然缓刑适用率这么高，而管制刑与缓刑又是如此的相似，因此笔者以为，完全可以通过对管制刑的司法改造来提高管制刑的适用率和社会效果。

2. 宽严相济刑事政策下的管制刑适用

针对管制刑目前存在的问题，以宽严相济刑事政策为指导，笔者以为，对管制刑的司法改造应当从宽与严两个方面着手：

第一，从宽的方面，管制刑作为一种非监禁刑，为贯彻宽严相济刑事政策，应增加管制刑的适用率，扩大管制刑的适用范围。

在我国刑法中，管制刑是一种非监禁刑。从刑种方面看，这是体现我国宽严相济刑事政策中宽的一面的重要内容。从这个角度，针对一些轻微的刑事犯罪、一些初犯、偶犯、人身危险性不大的犯罪，我们应当增加管制刑的适用率和适用范围。

首先，我们可以增加管制刑的适用率。从前面的数据我们可以看出，当前我国管制刑的适用率十分低，只有百分之零点几。作为五大主刑之一，管制刑的适用率几乎可以表明，实践中法官是不愿甚至拒绝适用管制刑的。从统计学的角度，这已经是一个小概率事件了，几乎可以忽略不计。而实际上，我国的轻微犯罪还是很多的，从我国刑法的规定看，像故意伤害罪、盗窃罪等几个实践中犯

① 参见李赞：《管制刑若干问题研究》，苏州大学2003年硕士学位论文，第17页。

罪多发的犯罪，刑法都对其规定了管制刑。那么为什么对这些犯罪中的一些轻微犯罪不适用管制刑呢？这里就有法官的考虑问题。笔者以为，从贯彻宽严相济刑事政策的角度，法官应当适当改变观念，[①] 对一些轻微的犯罪大胆从宽，充分发挥管制刑的宽的一面，为构建和谐社会目标的实现服务。

其次，我们可以扩大管制刑的适用范围。从我国刑法的规定看，管制刑主要适用于一些社会危害性和人身危险性均较小的犯罪。至于哪些犯罪可以适用管制刑，我国刑法对具体犯罪的法定刑的设置都有具体、明确的规定。但问题是，刑法没有规定某一类犯罪必须适用管制刑，而都是赋予法官自由裁量权，一般都是让法官在短期有期徒刑、拘役、管制甚至罚金刑中进行选择。这样，法官不对轻微的犯罪适用管制刑并不违反刑法的规定。因此，探讨如何扩大管制刑的适用范围，我们不能单纯从刑法的规定来看。在司法层面，笔者以为，应当通过最高人民法院、最高人民检察院的司法解释或者其他形式，适当确定一个适用管制刑的大体原则。例如，对什么样的主体一般情况下应当适用管制刑等等。

对此，我国有的学者认为，管制刑的适用对象可以扩大到对于那些罪行较轻、社会危害性不大、罪犯的主观恶性不大，特别是有些过失犯罪，刑法规定刑期在 3 年以下的犯罪都可以考虑增加管制的刑种，以便扩大管制的适用范围。[②] 也有学者认为，为适应管制刑刑罚个别化的要求，应当依照适用对象的不同确定不同刑罚内容的管制刑：A. 未成年犯。适用限制自由的管制刑应当成为少年刑

---

① 实践中，对这些轻微犯罪，法官不适用管制刑，从认识上看有认为管制刑惩罚性太轻的，也有认为管制刑执行不完善的。为此一些法官宁愿适用拘役、有期徒刑而不愿适用管制刑。但是，一方面，这种做法可能违反我国刑法规定的罪刑相适应原则，另一方面，拘役、有期徒刑这种短期自由刑也有一定负作用，交叉感染的现象很普遍。这对当事人而言，是十分不利的。

② 参见吴宗宪等著：《非监禁刑研究》，中国人民公安大学出版社 2003 年版，第 609 页。

事政策的重要选择。B. 特殊罪犯。例如，对盲人、聋哑人、智力障碍人、肢体障碍人等残疾人，60 岁以上或者 70 岁以上的老年人，怀孕妇女、哺乳期妇女等适用管制刑，体现恤刑慎罚的刑罚思想。C. 职务犯。对轻微的职务犯罪罪犯适用管制刑，可以扣除部分工资以赔偿社会，或要求其参加公益劳动以补偿社会。D. 职业犯。对一些过失的职业犯，如肇事司机、医务人员、工程技术人员等适用管制刑，一方面可以通过扣除工资或者参加公益劳动等方式赔偿社会，另一方面可以规定禁止驾车、禁止饮酒等禁止行为或者限制部分权利，以达到惩罚和改造的刑罚目的。[①] 笔者以为，这些建议都是可取的，特别是对范围的划分，我们可以同时考虑主体的年龄、身份、精神状况、主观方面等各种情况。

第二，从严的方面，为规范管制刑，应适当增加管制刑的限制性规定，增加管制刑的改造效果。

宽严相济刑事政策主张对轻微犯罪应当从宽处罚，但是这里的宽也不是一味地从宽，而是要宽中有严。对于一些有从严情节的轻微刑事犯罪，也应当体现出宽严相济刑事政策中的严的一面。针对当前对我国管制刑惩罚性不够、执行脱节、监督不力等方面的问题，笔者以为，应当通过适当的司法改造，适当增加其严的一面，以真正做到宽严相济。

首先，在管制刑的执行过程中，要严格贯彻执行刑法第 39 条的规定。我国刑法第 39 条规定："被判处管制的犯罪分子，在执行期间，应当遵守下列规定：（一）遵守法律、行政法规，服从监督；（二）未经执行机关批准，不得行使言论、出版、集会、结社、游行、示威自由的权利；（三）按照执行机关规定报告自己的活动情况；（四）遵守执行机关关于会客的规定；（五）离开所居住的市、县或者迁居，应当报经执行机关批准。对于被判处管制的

① 参见李赞：《管制刑若干问题研究》，苏州大学 2003 年硕士学位论文，第 37 页。

犯罪分子，在劳动中应当同工同酬。”在现有的刑法规定下，对被判处管制刑的犯罪分子，应当严格要求其遵守刑法第39条的规定。其中尤其是第（二）、（四）、（五）项的规定。严格执行这三项的规定，将从真正意义上对被判处管制刑的犯罪分子起到一种限制、管制作用。

其次，应当严格管制刑的执行机制。根据我国刑法第38条的规定，被判处管制的犯罪分子，由公安机关执行。但是，从实际执行的情况看，由于被判处管制刑的犯罪分子仍然在自己家中生活、仍然在单位上班，公安机关不可能天天盯着被判处管制刑的犯罪分的家门口或者单位门口，再加上公安机关的事务又较多，因此公安机关不可能做到对管制刑的严格执行。过去的做法，就是将被判处管制刑的交给其所在单位、所在的基层单位进行监督。这实际上是一种群众监督。而群众监督的正常开展必须至少具备两个前提条件：一是群众有参与对罪犯进行监督改造的自觉性和积极性，而这种自觉性和积极性又来自群众对国家事务崇高的参与意识；二是社会具备组织群众进行监督的有效机制。而由于经济改革造成的多种经济成分并存，使人们已不再像从前那样必须被死死地固定于某一工作、生产单位和生活区域，社会成员流动性加剧，导致社会组织对其成员的控制能力大大减弱。对于这种监督方式，我国有学者认为，管制的核心内容是群众监督，因此，管制犯通常在本单位、本地区基层组织的监督下进行劳动改造。但鉴于我国目前的社会状况已发生重大变化，再依靠这样的基层单位已很难使管制得以正常执行。①

对于我国管制刑在执行中的监督不力问题，笔者以为，解决的根本在于立法的完善。不过，在现有的法律框架下，我们也可以通过一些制度来保障对被判处管制刑的犯罪分子的监督。具体的方

① 参见李赞：《管制刑若干问题研究》，苏州大学2003年硕士学位论文，第39页。

法，笔者以为，可以借鉴强制措施中的取保候审制度中的保证人制度，即由被判处管制刑的罪犯提供一个有保证能力的保证人，[①] 保证人与公安机关之间签订一个保证合同，由这个保证人负责监督被判处管制刑犯罪分子遵守刑法第 39 条的规定，并负责与被判处管制刑罪犯所在的基层组织和公安机关的联系、报告。由于这个保证合同是在双方自愿的情况下签订的，因此并不违反任何相关的规定。如果被判处管制刑的犯罪分子不遵守刑法第 39 条的规定，公安机关可以对被判处管制刑的犯罪分子从严执行刑法第 39 条的规定，严格限制其会客，严格限制其离开所居住的市、县或者迁居。[②] 如果被判处管制刑的罪犯有违法行为的，可以依照 2001 年 8 月 11 日公安部《关于被判处管制的罪犯在管制执行期间实施违法行为如何处理有关问题的批复》进行处理。而如果保证人不履行保证义务，则可以根据保证合同，由其承担相应的责任。

再次，可以在公安机关内部建立一个专门的执行部门，以增加管制刑的执行效果。管制刑由公安机关执行，但是目前公安机关内部在这个方面尚无一个独立的部门专门负责。因此，为了加强管制刑的执行工作，可以在公安机关内部设立一个独立的、专门的管制刑执行部门，专门负责管制刑的执行工作。在有专门部门负责的情况下，通过与被判处管制刑的犯罪分子的专门联系、监督，可以在一定程度上保证管制刑的执行效果。具体来讲，这个专门部门的工作大体上可以包括以下几个方面的内容：负责宣布管制刑的执行和

---

① 在严格规范的情况下，也可以引进取保候审中的保证金制度，即由被判处管制刑的犯罪分子提供一定的保证金，如不遵守刑法第 39 条的规定，可以没收其保证金。不过由于经济问题影响大，对此应该特别慎重。

② 笔者以为，这是当前刑法规定下的一个无奈选择。如果刑法规定了被判处管制刑的犯罪分子不遵守刑法第 39 条的规定，执行机关可以给予一定的惩罚措施，如可以报告法院，由法院审查是否将被判处管制刑的犯罪分子收监执行或者附加其他义务，那就能较好地对被判处管制刑的犯罪分子进行监督。但现行刑法没有这样的规定，因此这也给实践中的管制刑的执行造成了一定的困难。今后刑法对管制刑进行立法完善的时候，有必要考虑这个问题。

宣布解除管制；负责与被判处管制刑的犯罪分子所在的单位、基层组织的联系，了解其活动情况；负责与被判处管制刑的犯罪分子确定相应的保证人，并且定期联系，了解被判处管制刑犯罪分子的情况；定期与被判处管制刑的犯罪分子进行沟通，了解其思想、工作、生活等方面的情况等等。

二、财产刑的适用

财产刑在我国刑法中主要有两个刑种：一是罚金；二是没收财产。其中，没收财产又有没收全部财产和没收部分财产之分。由于在我国刑法中，没收财产没有单处的情况，刑法分则规定的没收财产都是并处没收财产，因此没收财产只适用于严重的刑事犯罪，表达的是刑法对严重犯罪的严厉谴责。与没收财产不同，罚金刑在我国刑法分则既有并处的规定，也有单处的规定，因此罚金刑适用的范围更为广泛，即既可以适用于严重的刑事犯罪，也可以适用于轻微的刑事犯罪。罚金刑和没收财产刑不同的严厉性，使得其在宽严相济刑事政策中的作用和体现也有所不同。为此，在宽严相济刑事政策的指导下，要探讨如何有效适用财产刑以促进犯罪分子的改造和社会和谐，我们有必要对罚金刑和没收财产刑予以分别论述。

（一）宽严相济刑事政策下的罚金刑适用

罚金，是强制犯罪分子向国家缴纳一定数额金钱的刑罚。① 我国刑法第 52 条规定："判处罚金，应当根据犯罪情节决定罚金数额。"第 53 条规定："罚金在判决指定的期限内一次或者分期缴纳。期满不缴纳的，强制缴纳。对于不能全部缴纳罚金的，人民法院在任何时候发现被执行人有可以执行的财产，应当随时追缴。如果由于遭遇不能抗拒的灾祸缴纳确实有困难的，可以酌情减少或者免除。"这是我国 1997 年刑法关于罚金刑的两条总则规定。从分则

① 参见周振想编著：《刑法学教程》，中国人民公安大学出版社 1998 年版，第 241 页。

的规定看，我国1997年刑法扩大了罚金的适用范围，分则中的罚金条款约占刑法分则条文的40%，共有100多个条文。

对于罚金刑，刑法理论上对其利弊一直有较大的争论。从利的角度看，罚金刑是惩治具有贪财图利动机犯罪的有效手段；罚金刑是惩治法人犯罪的唯一合适的刑罚方法；罚金刑符合刑罚经济性的原则；避免犯罪分子的交叉感染；罚金刑的执行具有灵活性；罚金刑可避免犯罪人刑满后对社会生活的不适应性以维护犯罪人家庭生活的相对稳定及减少重新犯罪；罚金刑具有误判易纠的优点；罚金刑顺应了世界刑罚向轻缓、开放方向发展的潮流。而从弊的角度看，罚金刑具有事实上的不平等性；罚金刑的适用可能株连无辜；罚金刑可能导致"以钱赎罪"现象的产生；罚金刑重罚不重教；罚金刑可能导致执行上的困难；罚金刑适用的灵活性易扩大自由裁判权而与罪刑法定原则相违背。① 笔者以为，罚金作为一种财产刑，其利是主要的，而其弊也是可以通过一定的制度设计予以完善、避免的。

从司法适用的层面，罚金刑要贯彻宽严相济刑事政策的要求，在适用上，需要注意扬长避短。

第一，对于单处罚金的情形，要发挥罚金的从宽优势，适当体现宽严相济刑事政策的从宽面。

单处罚金，是在刑法条文中针对某一犯罪或某一犯罪情节，将自由刑与罚金刑并列，供审判人员在裁判时根据犯罪的具体情形选择适用自由刑或者罚金刑。这种情况下只能择一适用，而不能同时适用。从世界各国的立法例来看，这种规定方式一般针对那些犯罪性质和犯罪情节较轻、主观恶性不大的故意犯罪或者造成的后果并不严重的过失犯罪。我国刑法也是如此。我国刑法分则中规定了单处罚金的犯罪，都是一些罪行较轻的犯罪。由于罚金刑具有执行灵

① 参见吴真文：《论罚金刑的几个问题》，湖南师范大学2004年硕士学位论文，第14～18页。

活、避免拘押而导致的犯罪分子的交叉感染等有利因素，笔者以为，对于一些轻微犯罪，为贯彻宽严相济刑事政策，应扩大罚金刑的适用。

首先，在刑法规定了可以单处罚金的情况下，法官应尽量避免适用短期自由刑，而多适用罚金刑。这样可以充分利用罚金刑的优点，从而避免短期自由刑所可能对服刑人造成交叉感染的现象。当然，为了贯彻罪责刑相适应原则，在罚金具体数额的确定上，对于一些危害相对较重的犯罪分子，可以根据刑法第 52 条的规定，判处数额较大的罚金。这也是宽严相济刑事政策的宽中有严的体现。

实际上，由于我国刑法中的很多罚金条款都没有规定罚金的上限，因此对于触犯这些条款的犯罪分子，我们可以利用罚金数额上的变化，较好地实现罪责刑相适应原则，同时又发挥了罚金的优点。当然，这也不是说要滥用罚金刑。对于一些人身危险性较大、不予关押可能危害社会的犯罪分子，则应当慎用罚金刑。

其次，罚金数额的确定要综合犯罪的各种情节，做到宽严相济。罚金的数额应当由犯罪分子的犯罪情节来决定。但是，犯罪情节是一个含义相当广泛的概念，它包含了犯罪主体、犯罪客体、犯罪主观方面和犯罪客观方面的各种情形。例如，犯罪人是否未成年人、是否有精神病；犯罪行为的危害是否严重；犯罪人的主观恶性是轻还是重；犯罪的动机、手段等是否恶劣，等等。这些犯罪情节充分反映了犯罪的严重程度。罚金数额与反映犯罪严重程度的情节相一致、相联系，实际上就是在贯彻宽严相济的刑事政策。

第二，对于并处罚金的情形，要发挥罚金的从严特点，适当体现宽严相济刑事政策的从严面。

在我国刑法中，并处罚金，是指在判处犯罪人生命刑或自由刑的同时，还规定对犯罪人科处一定数额的罚金。根据具体情形又采用了必并制和得并制两种情形。必并制，是指法院在对犯罪人判处生命刑或自由刑的同时，必须对其判处罚金，审判人员别无选择。

得并制，是指审判机关在对犯罪人判处生命刑或自由刑的同时，可以再判处一定数额的罚金，此时，审判人员有一定自由裁量的余地。我国现行刑法第325条第1款规定的“违反文物保护法规，将收藏的国家禁止出口的珍贵文物私自出售或者私自赠送给外国人的，处五年以下有期徒刑或者拘役，可以并处罚金”就属于得并制的规定。适用并处的规定方式往往是针对某些较严重的犯罪或某些较严重的特定犯罪情节，如果仅适用其他刑罚尚不足以惩治犯罪，因而同时规定了罚金刑。①

从宽严相济刑事政策的角度，在并处罚金的情况下，为了贯彻宽严相济刑事政策，使得并处罚金能较好地做到宽严有度、宽严相济，应适当注意以下几点：

首先，在必并制的情况下，应利用罚金数额的不同，发挥罚金宽严相济的作用。在必并制的场合，法官必须对犯罪人并处罚金，没有选择的余地。但是尽管如此，由于刑法没有规定具体的罚金数额，法官还是有相当的自由裁量空间，因此法官可以充分利用这种自由裁量权，根据犯罪分子的犯罪情节，恰当地确定罚金的数额，做到宽严相济。

其次，在得并制的情况下，法官可以根据案件的具体情况和犯罪的情节，决定是否对犯罪人并处罚金，如果并处罚金，决定并处多重的罚金，以便做到宽严相济。在得并制的情况下，法官不仅对犯罪人的罚金数额有自由裁量权，而且对于对犯罪人是否并处罚金也具有自由裁量权。与必并制相比，在得并制情况下，法官的自由裁量空间要大很多。因此，法官可以根据案件的具体情况和犯罪情节，酌情决定是否对犯罪人并处罚金以及并处罚金的数额，做到轻重结合、宽严相济。

---

① 参见吴真文：《论罚金刑的几个问题》，湖南师范大学2004年硕士学位论文，第22页。

（二）宽严相济刑事政策下的没收财产刑适用

我国刑法第59条规定："没收财产是没收犯罪分子个人所有财产的一部或者全部。没收全部财产的，应当对犯罪分子个人及其扶养的家属保留必需的生活费用。在判处没收财产的时候，不得没收属于犯罪分子家属所有或者应有的财产。"我国刑法规定可以适用没收财产刑罚的条文共59个。所有危害国家安全的犯罪，都可以并处没收财产。其他适用没收财产的犯罪，主要是经济犯罪和贪利性犯罪。也就是说，没收财产适用的对象，是危害国家安全的犯罪和出于贪利谋利动机的犯罪，旨在剥夺犯罪人继续犯罪的物质基础。①

从我国刑法的规定看，没收财产在我国刑法中有没收个人部分财产的没收财产和没收个人全部财产的没收财产之分，也有应当没收财产（必没收制）和可以没收财产（得没收制）之分。这种没收财产的不同区分，赋予了法官不同的自由裁量权，也给了我们在司法中贯彻宽严相济刑事政策的空间。

由于没收财产主要适用于一些严重的刑事犯罪，因此总的来说，没收财产主要体现的是对犯罪分子的从严处罚。不过，严也不是绝对的严，根据案件的具体情况，严中也可以有宽。具体而言，在宽严相济刑事政策之下，没收财产刑在适用上应当注意以下两点：

第一，在严的方面，法官可以通过没收犯罪分子个人所有的全部财产，而对犯罪分子从严惩处。

实践中发生的一些案件，尤其是一些财产犯罪，如抢劫罪，犯罪分子手段十分残忍，为了抢劫可能杀人，为了毁灭证据可能分尸、纵火，对社会造成了严重的危害。对于这些主观恶性深、社会危害性特别严重的犯罪，尽管我国刑法有的规定是"并处罚金或

---

① 参见周振想编著：《刑法学教程》，中国人民公安大学出版社1998年版，第245页。

者没收财产”，法官也可以考虑案件的具体情况，对犯罪分子适用没收全部个人财产，以体现刑法对犯罪分子的严厉谴责，同时也能体现宽严相济的刑事政策精神。这种对犯罪分子的严，在没收财产上主要表现为两点：一是只选择没收财产这一附加刑，而不选择适用罚金刑。由于没收财产刑的处罚要重于罚金，因此体现出对犯罪分子的严厉处罚。二是只选择没收犯罪分子个人所有的全部财产，而不选择适用没收犯罪分子个人所有的部分财产，从而体现出对犯罪分子的严厉惩处。

第二，在宽的方面，法官可以通过没收犯罪分子个人所有的部分财产，而对犯罪分子从宽惩处。

尽管没收财产适用的对象都是严重的刑事犯罪，即便如此，也有一些严重的刑事犯罪分子可能会有一些从宽的情节，对此在对犯罪行为人进行量刑的时候也应当予以考虑。这种从宽，体现在没收财产方面，就可以采取没收犯罪分子个人所有的部分财产。例如，我国刑法第 264 条规定：“盗窃公私财物，数额较大或者多次盗窃的，处三年以下有期徒刑、拘役或者管制，并处或者单处罚金；数额巨大或者有其他严重情节的，处三年以上十年以下有期徒刑，并处罚金；数额特别巨大或者有其他特别严重情节的，处十年以上有期徒刑或者无期徒刑，并处罚金或者没收财产；有下列情形之一的，处无期徒刑或者死刑，并处没收财产：（一）盗窃金融机构，数额特别巨大的；（二）盗窃珍贵文物，情节严重的。”根据刑法的这一规定，对于盗窃金融机构，数额特别巨大的，或者盗窃珍贵文物，情节严重的，对犯罪分子必须判处没收财产。但是在这些犯罪中，犯罪分子也可能有其他从宽情节，如自首、坦白等。对于有这些从宽情节的，在量刑时就应当有所体现。在没收财产这一刑种中，这种从宽主要表现为没收犯罪分子个人所有的部分财产，而不是没收其全部财产。

当然，如果法律规定可以在罚金和没收财产中选择一种附加刑适用，也可以只对犯罪分子适用罚金，而不适用没收财产。这样也能体现出对犯罪分子从宽情节的从宽处理。不过，从实践中的情况看，有时候，罚金刑并不一定比没收部分财产刑轻，因为我国刑法中的很多条款没有规定罚金的数额，如果罚金的数额高到一定程度，它就可能超过没收部分财产的数额，从而使得罚金的惩罚力度要大于没收部分财产。

总之，宽严是一个相对的概念，对犯罪分子而言，一般没有绝对的宽，也没有绝对的严。在财产刑上，宽严可以体现在罚金刑与没收财产刑两种刑种的选择上，也可以体现在罚金的数额、没收财产的范围上，同时是否对犯罪分子并处或者单处财产刑，也能体现出不同程度的宽严。因此，宽严相济刑事政策在财产刑上的体现是全面的，也是具体的，法官应当在宽严相济刑事政策的指引下，结合案件的具体情况，正确地对犯罪分子适用财产刑，做到宽严相济。

三、缓刑制度的运用

（一）我国刑法中的缓刑制度及适用现状

我国刑法中的缓刑制度包括一般缓刑和特殊缓刑。特殊缓刑也叫战时缓刑，我国刑法第449条规定，在战时，对被判处3年以下有期徒刑没有现实危险宣告缓刑的犯罪军人，允许其戴罪立功，确有立功表现时，可以撤销原判刑罚，不以犯罪论处。由于战时缓刑无论在适用的对象上还是在适用的条件上都有较大的限制，在我国适用范围较窄，因此我们一般说的缓刑制度，都是指一般缓刑，即我国刑法第72条规定的缓刑。

我国刑法第72条规定，对于被判处拘役、3年以下有期徒刑的犯罪分子，根据犯罪分子的犯罪情节和悔罪表现，适用缓刑确实不致再危害社会的，可以宣告缓刑。第74条规定，对于累犯，不适用缓刑。可见，适用缓刑必须具备相应的条件。与此同时，我国刑法第73条、第75条、第76条和第77条分别对缓刑的考验期限、考验内容、考察机关、缓刑的撤销等问题作了详细而具体的规定。

对于我国缓刑制度的立法和司法实践，我国有学者进行了五个方面的反思。反思之一：缓刑是一种“恩赐”？抑或是一种“权利”？有学者认为，缓刑制度体现了刑罚人道化，它不仅仅是一种法律的“恩赐”，同时也是犯罪人的权利。对于一些符合缓刑条件的轻微犯罪和过失犯罪，申请缓刑应该是犯罪人应有的权利。反思之二：程序性条件缺失导致缓刑的滥用；反思之三：社会（或群众）缺乏参与权弱化了缓刑的行刑效果；反思之四：缓刑预测缺乏科学性；反思之五：缺乏制度化的缓刑考察规范，监管工作无章可循。①

不过，尽管如此，缓刑在我国刑事司法中的适用还是相当广泛的。以浙江省为例，该省判处缓刑的人数占判处有期徒刑、拘役人数的比例，从1997年的12.18%逐步上升到1998年的13.88%，1999年为14.26%，2000年则上升到17.10%，4年内上升了近5个百分点，增长幅度很快。②《经济日报》2000年刊载的一篇文章指出：“据统计，某市1997年判决经济犯罪分子104人，其中缓刑65人，有个基层法院判决21人，缓刑19人，占90%；1998年判决97人，其中缓刑63人，占65%；有个基层法院判决6人，全部为缓刑，占100%，这些还不包括免予刑事处分的案件。而判处缓刑的经济犯罪案件，95%是万元以上的大案。”再如，某省的统计分析表明：近年来经济犯罪、渎职犯罪这两类犯罪的缓刑适用率均保持了一个较高的比例。贪污贿赂等经济犯罪适用缓刑的比例在35%～45%之间：徇私舞弊、滥用职权等渎职犯罪的适用的比例达50%以上，2000年1～5月渎职犯罪适用缓刑的比例甚至达到73.33%。③

① 参见唐丹：《我国缓刑制度的反思与完善》，四川大学2004年硕士学位论文，第38～41页。

② 参见应建廷：《缓刑实践的调查与思考》，检察日报正义网2000年10月17日。

③ 参见唐丹：《我国缓刑制度的反思与完善》，四川大学2004年硕士学位论文，第39页。

（二）宽严相济刑事政策下的缓刑制度适用

1. 缓刑主要体现的是宽严相济刑事政策的从宽面

缓刑的本质特征是附条件不执行原判刑罚。如果缓刑考验期间内没有发生新的犯罪或者发现漏罪，没有违反有关规定并且情节严重，则缓刑考验期满，原判的刑罚就不再执行。缓刑的这种特征表明，缓刑是一种对犯罪人的宽容，并且由于其适用的对象是轻微刑事犯罪分子（即被判处拘役、3 年以下有期徒刑的犯罪分子），因此它体现的是一种刑法的宽松面、从宽面。

意大利学者菲利认为，每一国家、每一社会在任何历史时期都必然存在着一定数量和一定种类的犯罪，这些犯罪是由一国或特定社会在该时期的人类学因素、自然因素和社会因素相互作用而产生的，在现实中，这三方面的因素有机结合并保持适当的张力，决定了其应有的犯罪。简言之，犯罪的质和量是与每一社会集体的发展相适应的。这就是意大利著名犯罪学家菲利的“犯罪饱和法则”。[①]

不过，我国也有学者认为，菲利所说的饱和是一个“动态性饱和”。它是一个运动的过程。既然如此，它有时也可能出现“犯罪超饱和”状态，“在犯罪社会学中也像在化学中除正常饱和之外，由于社会环境的异常，我们有时也会发现一种犯罪的超饱和状态……这里存在的是一种动态而不是静止的规律性。”[②] 据此，我国有学者认为，统治者可以采用不同的刑事政策：当犯罪的发生率超过了该社会所能容忍的限度，即处于超饱和状态时，统治者必然要采取一些特殊的措施来保持其统治根基不被动摇，即采用严厉的刑事政策；当犯罪的数量小于社会所能容忍的限度，即处于饱和状态以下时，就采用宽松的刑事政策来保障正常的社会秩序。[③] 由此

① 参见储槐植、许章润等著：《犯罪学》，法律出版社 1997 年版，第 26 页。

② ［意］菲利：《犯罪社会学》，郭建安译，中国人民公安大学出版社 1990 年版，第 58 页。

③ 参见唐丹：《我国缓刑制度的反思与完善》，四川大学 2004 年硕士学位论文，第 22 页。

可见，缓刑制度正是体现了这种宽松刑事政策。

因此，尽管在缓刑的对象中也有一些社会危害性、人身危险性方面的差异，但是总的来说，缓刑主要体现的是宽严相济刑事政策的从宽面。

2. 宽严相济刑事政策下的缓刑适用

在宽严相济刑事政策的指引下，为了充分发挥缓刑制度所具有的鼓励犯罪人悔罪自新的功能，贯彻宽严相济刑事政策对轻微犯罪从宽处罚的原则，在缓刑的司法适用方面，我们应注意以下几点：

第一，应进一步扩大缓刑的适用。扩大缓刑的适用，是当前我国学者的普遍认识。之所以这样考虑，是因为缓刑对轻微的犯罪分子不予关押，只是附条件不执行原判刑罚。这样，一方面可以避免因关押而给犯罪分子造成的交叉感染，另一方面也不影响犯罪分子的正常生活、工作，有利于缓解矛盾，同时也缓解监狱的负担。相比之下，将犯罪分子收监执行，不仅改造效果不一定好，而且还给监狱增加了负担。

当然，要扩大缓刑的适用，也并不是说要降低缓刑的适用标准。根据我国刑法第 72 条和第 74 条的规定，缓刑的适用条件有三个：犯罪分子被判处的刑罚必须是拘役或者 3 年以下有期徒刑；犯罪分子不是累犯；根据犯罪分子的犯罪情节和悔罪表现，犯罪分子留在社会上不致再危害社会。其中第一、二个条件是硬性指标，无法逾越。只有第三个条件，即犯罪分子不致再危害社会，是一个主观性很强的标准。但是，扩大缓刑的适用并不是要降低缓刑的这三个条件，如果根据犯罪分子的犯罪情节和悔罪表现，犯罪分子可能再危害社会，则无论如何也不能适用缓刑，否则就是对社会的祸害、对社会的不负责任。扩大缓刑的适用，只是要法官在犯罪分子符合缓刑的条件时，不要因为有别的顾虑而在缓刑这个问题上缩手缩脚。

实践中，虽然刑法没有对适用缓刑设置特定的程序性限制，但是，在某些地方的省高级人民法院内部制定了下级人民法院对数额超过一定标准的经济犯罪案件，如果拟适用缓刑的，应当上报到上一级人民法院乃至省高级人民法院平衡的程序规则。① 笔者以为，这种做法实际上是在为缓刑的扩大适用设置障碍，并没有相关的法律根据，限制了法官在缓刑适用上的自由裁量权，也是与我国当前的宽严相济刑事政策不相符合的。

第二，应适当统一缓刑适用的条件。如前所述，在缓刑的适用条件中，犯罪分子不致再危害社会是一个相当主观的标准。不同的法官，根据相同的犯罪情节和犯罪分子的悔罪表现，可能会得出相反的结论。这种认识上的差异，必然会影响缓刑的适用，也影响宽严相济刑事政策的贯彻。

实际上，在各国的司法实践中，大多数情况下，法官们至今仍然依靠直觉预测法对犯罪人能否判处缓刑进行预测。主审法官个人的社会和职业经验以及理性，就成为预测被判刑人将来确实不致再危害社会的重要基础。特别是对于“确实不致再危害社会”的理解，有人认为只要认定了确有悔改表现，就能够作出是否确实不再危害社会的判断；有人则认为必须进行综合考虑，根据主、客观各方面因素作出判断，做法上存在较大差异。因此，笔者以为，为了统一起见，应当通过司法解释或者其他方式，对缓刑这一条件，设置一个大致统一的判断标准。毕竟，法官个人的认知结构、自身经验及利益倾向的不同，在预测过程中，不能完全排除法官个人的价值观对裁判的影响和作用。即使是聪明的执法者，他也是有感情的，因此会作出不公平的裁决。②

设置一个统一的缓刑适用标准，可以使全国的缓刑适用处在一个大致统一的水平上，从而使缓刑对犯罪分子的宽成为统一的宽，也使罪责刑相适应这一原则能够真正有效地贯彻实施。

---

① 参见唐丹：《我国缓刑制度的反思与完善》，四川大学 2004 年硕士学位论文，第 40 页。

② 参见张宏生、谷春德主编：《西方法律思想史》，北京大学出版社 1998 年版，第 10 页。

四、减刑制度的运用

(一) 宽严相济刑事政策下减刑制度的应有体现分析

1. 减刑制度概说

减刑制度是近代西方国家监狱和行刑制度改革的产物之一，是刑事实证学派的教育刑思想在刑法（罚）体系中取得主导地位之后逐渐产生的。19世纪末20世纪初，因当时内政外交的窘迫，清政府不得已进行了具有近代意义的法制改革，其中包括对狱政的改良，减刑制度就是在此时被引进到中国的。1902年，清政府委托沈家本、伍廷芳等着手修订监狱法规，1910年由日本监狱学家小河滋次郎帮助起草的《大清监狱律草案》出台，在该草案中特赦减刑及假释被作为独立一章加以规定，至此，中国法律史上第一次出现了减刑制度。① 在之后的国民政府时期，1940年施行的《徒刑人犯移垦实施办法》中继续对减刑制度作出了相关规定。在新中国成立之前，中国共产党领导的革命根据地的法律制度中也有了减刑制度。其中，晋察冀边区行政委员会于1944年2月制定的《司法工作应围绕大生产运动进行》的通知中就有了体现减刑制度内容的规定；华北人民政府于1949年1月颁布的《为清理已决犯和未决犯的训令》中，则明确规定了减刑制度的适用标准及期限等。② 新中国成立后，减刑制度成为监狱行刑制度的一个重要组成部分。1954年8月，政务院通过了《中华人民共和国劳动改造条例》。作为新中国第一部较为系统、完备的监狱法规，该条例中明确规定了减刑制度，标志着减刑制度的正式确立。③ 1979年制定的

---

① 参见韩玉胜主编：《刑事执行制度研究》，中国人民大学出版社2007年版，第320页。

② 参见鲍遂献著：《减刑、假释的理论与实践》，吉林人民出版社1992年版，第5～7页。

③ 参见鲍遂献著：《减刑、假释的理论与实践》，吉林人民出版社1992年版，第8页。

刑法则对减刑制度作了专节规定，明确了减刑的适用对象、适用条件、减刑幅度及相关程序。此后于1994年颁布的《监狱法》、1996年修订的《刑事诉讼法》、1997年修订的《刑法》以及此后由最高人民法院发布的《关于办理减刑、假释案件具体应用法律若干问题的规定》都对减刑制度作出了进一步的完善。目前，减刑制度已经成为我国刑事司法中的一项基本刑事执行制度，并在促进罪犯积极改造、体现惩办与宽大相结合的刑事司法原则中发挥了不可替代的重要作用。

2. 宽严相济刑事政策在减刑制度中的体现

正如本书多次论及的那样，宽严相济刑事政策的基本要求就是当宽则宽，该严则严，轻中有严，重中有宽，宽严有度，宽严适时。这既是这一刑事政策的基本内涵，也是刑事司法工作的基本要求。对于减刑制度而言，在当前，宽严相济刑事政策要求减刑制度也切实体现出根据不同罪犯的不同程度的改造状况适用减刑。具体而言，宽严相济刑事政策在如下几个环节都应当得到体现：

（1）减刑的对象条件：反映“当宽则宽”的精神。

按照现行刑事法律的相关规定，被判处管制、拘役、有期徒刑、无期徒刑的罪犯都属于可以适用减刑的范围。在我国主刑的五大刑种中，有4个刑种的罪犯都可以适用缓刑，[①] 这一点已充分表明了减刑制度并不是按照既有犯罪行为的轻重来确定减刑适用圈，而是根据罪犯的改造状况适用减刑。因此，对于罪犯而言，即使原来的犯罪行为和人身危险性较大，只要在之后的改造中确有悔改表现，均能得到减刑的机会。从这一意义上讲，体现出了宽严相济刑事政策“当宽则宽”、“重中有宽”和着眼于未来的态度。

---

① 实际上，被判处死刑缓期执行的罪犯，如果在两年考验期内有重大立功表现，两年期满后可以减为15年以上20年以下有期徒刑。从这一意义上讲，被判处死刑的罪犯仍然是可以“减刑”的。只是我国刑法在体例编排时并未将这一减刑与第四章第六节有关减刑的专门规定等同视之，而是作为死刑制度的一个具体规定。

（2）减刑的实质条件：进一步昭示“宽其该宽”的要旨。

就减刑而言，减刑的实质条件是核心内容。依据刑法及司法解释的有关规定，减刑的对象必须是“在刑罚执行期间遵守监规，接受教育改造，确有悔改或者立功表现”。具体而言，“确有悔改表现”，是指同时具备四个方面的情形：认罪服法；认真遵守监规，接受教育改造；积极参加政治、文化、技术学习；积极参加劳动，完成生产任务。“立功表现”，是指检举、揭发监内外犯罪活动，或者提供重要的破案线索，经查证属实的；阻止他人犯罪活动的；在生产、科研中进行技术革新，成绩突出的；在抢险救灾或者排除重大事故中表现积极的；有其他有利于国家和社会的突出事迹的。这一规定表明，适用减刑的罪犯的范围虽然较宽，但在宽严相济刑事政策的基本要求下，罪犯是否确实悔改、确实认罪服法是适用减刑的核心问题。因此，也进一步体现了“当宽则宽”的刑事政策基本精神。

（3）减刑的限度条件：体现“宽严有度”的核心。

现行刑事法律在将减刑作为引导罪犯真诚悔罪、积极改造的有效机制的同时，也对减刑的适用限度（包括减刑幅度、减刑频率、减刑后实际服刑期限等）予以了相应规定。根据刑法及司法解释的有关规定，在减刑幅度方面，对有期徒刑的罪犯，如果确有悔改表现，或者有立功表现的，一般一次减刑不超过1年有期徒刑；如果确有悔改表现并有立功表现，或者有重大立功表现的，一般一次减刑不超过2年有期徒刑。被判处10年以上有期徒刑的罪犯，如果悔改表现突出的，或者有立功表现的，一次减刑不得超过2年有期徒刑；如果悔改表现突出并有立功表现，或者有重大立功表现的，一次减刑不得超过3年有期徒刑；在减刑频率方面，有期徒刑罪犯的减刑起始时间和间隔时间为：被判处5年以上有期徒刑的罪犯，一般在执行1年半以上方可减刑；两次减刑之间一般应当间隔1年以上。被判处10年以上有期徒刑的罪犯，一次减2～3年有期徒刑之后，再减刑时，其间隔时间一般不得少于2年。被判处不满

5 年有期徒刑的罪犯，可以适当缩短起始和间隔时间；在减刑后实际服刑期限方面，被判处管制、拘役、有期徒刑的罪犯，经过一次或几次减刑后的实际刑期，不能少于原判刑期的 1/2；判处无期徒刑的，实际执行的刑期，不能少于 10 年。从上述规定可见，一方面，我国的减刑制度在设计上，充分考虑到了对罪犯认罪服法、确实悔改的行为的肯定和鼓励，体现了教育刑的目的性；另一方面，这一制度也兼顾了对既有犯罪行为的惩处，反映了必要的报应刑追求。从宽严相济刑事政策角度观之，这一制度设置也表达出了“宽严有度”的基本要求，即宽严适度、宽严适时，宽大并非无边的要旨。

（二）宽严相济视角下减刑制度运行的不足性剖析

虽然减刑制度在设置上，一开始就契合了宽严相济刑事政策的基本内涵和诸多要旨，但是我们也应当看到，在司法实践中，尤其是在这一刑事政策运用到减刑制度的运行中，还是存在诸多不足。①

首先，现行的刑事法律对于减刑的规定仍然较为原则，缺乏可操作性。尽管最高人民法院制定了《关于办理减刑、假释案件具体应用法律若干问题的规定》，但是这一规定还是过于原则，因此，在实践中，各省、自治区、直辖市依据各地情况制定的《细则》、《实施办法》、《通知》等文件成为减刑制度运行的具体可操作性规定。

其次，正是因为以上原因的存在，使得各地对减刑标准、尺度掌握不一。在实践中，一些监狱与看守所之间、监狱与监狱之间、法院与法院之间、监狱与法院之间对减刑的标准在掌握和适用上还存在着较大差异，实际上形成了减刑适用的不统一。② 一些监狱掌

---

① 参见韩玉胜主编：《刑事执行制度研究》，中国人民大学出版社 2007 年版，第 331～333 页。

② 参见但伟、丁星渝、陆向前：《论我国减刑、假释制度的立法完善》，载《法律适用》2005 年第 4 期。

握罪犯减刑面较大而减刑幅度较小，一些监狱掌握罪犯减刑范围较小但减刑幅度却较大；或者，相同的服刑表现，在一些法院的减刑尺度掌握时获得了较大的减刑幅度，而在另外的法院却只是得到较小的减刑幅度，甚至在一些法院看来，并不算是可以适用减刑的实质条件。① 这种减刑标准不一的情形的存在，造成了减刑时宽严不均的现象，直接影响了宽严相济刑事政策的体现和贯彻。

再次，一些地方法规和法院单方面规定减刑比例的现象较为突出和普遍，使减刑的效果大打折扣，直接影响了宽严相济刑事政策的实现。一些法院由于重刑主义的习惯思维和长期对行刑环节的轻视，人为地规定了每年或每次减刑的比例，如一些法院规定减刑比例不得突破20%、30%，一些监狱规定报送减刑的人数比例不能超过监狱在押罪犯的10%，等等。这些做法都给减刑的依法运行制造了障碍，违背了宽严相济刑事政策中“当宽则宽”这一基本精神的要求。

同时，一些监狱和法院每年的“批量式”减刑方式，难以确保减刑的公正性、准确性。由于受到人力、物力、时间的限制，在实践中减刑工作往往都是集中在每年的一至两次进行。这种模式虽然在一定程度上解决了人民法院有限的司法资源不能有效满足大量案件的矛盾，但是在较短的时间内，这种“集中办公”的减刑方式很难保证减刑效果的公正、准确、科学，通常是审判人员根据监狱机关的报送材料就径自作出裁定，而人民法院的减刑审理过程形同虚设，最终也导致“当宽则宽，该严则严，轻中有严，重中有宽，宽严有度”的刑事政策基本要求难以得到切实落实。

最后，减刑后相关配套机制的缺乏，易使罪犯产生消极心理，

---

① 如罪犯在服刑期间参加自学考试，取得了大专文凭，依据最高人民法院司法解释的规定，可以认定为积极参加文化学习，属于“确有悔改表现”的情形之一，有的法院对此予以了认可，并在具备其他几项条件的前提下给予了较大幅度的减刑；但也有法院认为自学考试只是文化学习，罪犯必须同时参加政治、技术学习才能符合有关规定的要求，由此认为其不符合减刑的实质条件。

影响减刑制度的目的实现。由于我国减刑制度的设计缺乏对罪犯减刑后的监督、约束机制，换言之，罪犯一旦获得了一次减刑，该次减刑对其而言就是不可逆的，即使此后罪犯出现严重违反监规的情形，原有的减刑也不能被撤销，因此，当出现部分罪犯服刑改造后期，余刑较短不可能再次减刑时，其中的少数罪犯可能就不再有积极改造的行动，代之以消极改造，甚至严重违反监规。这种能减不能撤的不可逆状况使得减刑制度不能有效发挥对罪犯"该严则严"的作用。而"当宽则宽"、"该严则严"恰恰是宽严相济刑事政策在两个方向上的辩证统一，如果减刑制度只关注了其中一个要旨，却未能实现另一要求，显然还不能满足宽严相济刑事政策的基本要求。

（三）宽严相济刑事政策指导下的减刑制度运行完善构想

宽严相济刑事政策是整个刑事司法活动的指导方针，在减刑这个行刑环节也应当体现出这一基本精神。就目前而言，在宽严相济刑事政策的指导下，可以考虑对我国当前的减刑制度运行作如下构想：

1. 坚持刑罚个别化原则，做到宽严有别、当宽则宽、该严则严

刑罚的个别化原则强调刑罚的确定与执行应当与具体犯罪人的社会危害性、人身危险性相符合，以此体现罪责刑相一致。同样，刑罚个别化原则也是体现和实现宽严相济刑事政策的重要方式和有效保障。在减刑制度的运行中，只有将减刑准确、适当地适用于不同的罪犯，才能将减刑的效果发挥到最佳，也才能体现出宽严有别、当宽则宽、该严则严的刑事政策精神。为此，需要监狱机关、人民法院切实根据不同罪犯的罪行情况、犯罪原因、主观恶性、改造情况、悔罪表现等具体情形综合评估、逐一分析，在此基础上再对照相关法律规定判断是否适用减刑、如何适用减刑。例如，对于原判罪行并非特别严重，且在服刑改造中有重大立功表现的，或者属于老弱病残已经丧失再危害社会能力的罪犯，可以适当放宽减刑

条件；对未成年人罪犯，在比照成年人罪犯依法放宽减刑条件的基础上，还应当根据该未成年人犯罪的原因、犯罪行为的性质、回归社会以后的家庭、周边环境等综合因素加以考察，据此确定对该未成年罪犯适用减刑的具体幅度等；同时，对于罪行特别严重的罪犯、犯罪集团的首要分子、累犯的减刑，则要严格考察其服刑期间是否确有悔改表现、真诚悔罪的产生原因、回归社会后的再犯罪可能性等指标，在此基础上再作出适当的减刑决定。

2．废除在实践中存在的减刑比例、数量限制等既不合法又不合理的规定

实践中存在的减刑比例、数量限制的做法，既没有法律根据，又缺乏科学依据，并且有失公平。按照一定的比例、数量进行减刑，既可能使一定时期内具备了减刑条件的罪犯因受到比例的限制得不到减刑，也可能在另一时段内，因比例还有“空余”，而使并不符合减刑条件的罪犯凑数获得了减刑。这种任意性、非标准化的减刑方式恰恰背离了宽严相济刑事政策“宽严有别、当宽则宽、该严则严”的内核。由此，在减刑机制的运行中，应当废除各地搞比例限制或者数量限制的做法，切实按照相关法律对减刑适用条件、适用幅度的规定执行，只要符合减刑条件的，都应当给予相应的减刑处理。

3．尽力建立全国统一的减刑标准

减刑制度有别于量刑制度，前者可以建立起全国一致的减刑适用标准和考核指标，后者则在很大程度上与各地的经济、社会发展水平乃至文化传统等因素有着密切联系，而且这些因素也深刻影响着量刑标准，因此，如果说要建立全国整齐划一、放之各地而皆准的量刑标准几乎是不可能的，尤其是在特定的犯罪中（如经济犯罪就是典型）。然而，对于减刑制度而言，由于减刑是通过对监狱中罪犯的服刑状况进行综合考察、评估之后作出的一项行刑措施，直接受各地经济、社会等因素影响的程度较小，能够形成全国性的减刑标准和适用准则。而且，确立全国统一的减刑标准，有助于实

现行刑均衡、行刑公正，这也是在减刑环节实现当宽则宽、该严则严的宽严相济刑事政策的最有力体现。

4. 完善程序设计，保障减刑制度的准确执行

毋庸讳言，我国现行的刑事法律对减刑程序的规定还过于原则、简单、粗糙，导致减刑工作的程序不严密、不规范，不利于在司法实践中从程序上保障减刑制度的准确执行。[①] 为此，应当建立起体现减刑过程公开化、透明化、参与性、救济性的减刑运行机制。具体来说，就公开化、透明化而言，应当建立起减刑的“阳光机制”，即将考核标准、评判依据、拟减刑人员名单及相关材料在监狱内部向全体罪犯公开，使罪犯知悉如何才能减、怎样减、谁能减等一系列关乎减刑的基本问题；就参与性而言，应当广泛听取罪犯关于减刑运行的意见和建议、对拟减刑人员的意见等，使罪犯从减刑的客体在一定程度上成为减刑的主体之一；就救济性而言，切实赋予并保障罪犯知情权、申辩权、提出异议权、申请复核权、申诉权等基本权利，使减刑程序的运行既是刑事司法活动的运作过程，又是罪犯基本权益的实现过程。

5. 严格依法及时减刑，提高减刑审理的效率

虽然刑事诉讼法、监狱法等法律对人民法院的减刑审理期间作出了相应的规定（即通常应在收到减刑建议书1个月内予以审核裁定，特殊情况可以延长1个月），但在实践中，减刑案件的审理通常超过了法定期限，而且由于减刑程序处于刑事司法流程的最下游，超期问题也往往不易引起重视。然而，超期审理减刑案件导致久拖不决，甚至出现宣告减刑之日已到罪犯刑满释放之日的非正常现象。[②] 这显然不利于调动罪犯改造的积极性与自觉性，严重损害了减刑制度的权威，并且也极大影响了宽严相济刑事政策的贯彻。

① 参见韩玉胜主编：《刑事执行制度研究》，中国人民大学出版社2007年版，第346页。

② 参见韩玉胜主编：《刑事执行制度研究》，中国人民大学出版社2007年版，第349页。

因此，在司法实践中应当切实重视减刑诉讼期间的重要性，将减刑环节人民法院的审理也纳入人民法院的工作考核之中，并且，使这一阶段审判人员的超期审理与相应的惩戒措施相配套，避免减刑机制的运行成为“迟到的公正”。

五、假释制度的运用

（一）宽严相济刑事政策下假释制度的应有体现分析

1. 假释制度概说

假释制度，又被称之为“假出狱”制度，最早确立于英国，早在18世纪晚期，英属殖民地澳大利亚就有了对表现较好的罪犯选择其中较好的免除其刑期的一部分而附条件提前释放的做法，成为假释制度的雏形。1872年在伦敦举行的第一次国际监狱会议及1878年在斯德哥尔摩召开的国际监狱会议正式提出并讨论了假释的名称、概念等问题，使假释制度正式得到认可。进入20世纪以后，假释制度进一步得到各国的相继确认。1985年，在联合国第七次预防犯罪和罪犯处遇大会的决议中也明确提出了“有条件假释”。至今，假释制度已成为一项具普遍性的基本刑罚制度。[①] 同减刑制度一样，假释也是于清末引入我国的。在中华民国时期，我国按照西方标准建立了较完善的假释机制。新中国成立后，假释制度在一些单行刑事法规中得到规定。1954年，政务院公布的《中华人民共和国劳动改造条例》中对假释的条件及程序作出了规定，1979年制定的第一部刑法中，假释制度首次以法律的形式得到了确认。其后于1982年由公安部颁布试行的《监狱、劳改队管教工作细则》中也规定了假释的范围与程序。1994年颁布的《监狱法》则对假释制度的相关具体机制进行了较为系统的规定。1996年、1997年分别修订的刑事诉讼法、刑法又对假释制度作出了进一步

① 参见韩玉胜主编：《刑事执行制度研究》，中国人民大学出版社2007年版，第355～358页。

完善。可见，假释也是我国刑事法律中的一项基本刑罚制度。在世界各国各地区，假释制度在激励罪犯积极改造、协助罪犯尽快回归社会、减少监禁率和监狱人口等方面都发挥了不可替代的作用。

2. 宽严相济刑事政策视角下假释制度的应有价值分析

宽严相济刑事政策中严其该严、宽其该宽的基本精神对假释制度而言，更具指导意义。

（1）假释的实质条件：反映出“宽其该宽”的精神。

依据我国相关法律规定，假释的罪犯必须具有“认真遵守监规，接受教育改造，确有悔改表现，假释后不致再危害社会”的实质条件。其中，“确有悔改表现”要求罪犯同时具备四个方面的情形：认罪服法；认真遵守监规，接受教育改造；积极参加政治、文化、技术学习；积极参加劳动，完成生产任务；“不致再危害社会”主要是指罪犯在刑罚执行期间一贯表现好，具备确有悔改表现的几种情形，不致违法、重新犯罪的。从上述规定可以看出，假释的实质条件都是从服刑罪犯的改造表现角度来考察其人身危险性的，只要服刑罪犯符合了假释的各项条件，就有可能获得假释的机会。从这一意义上讲，假释的实质条件反映出了对服刑罪犯区别对待、宽其该宽的基本精神。同时，最高人民法院的有关司法解释，还对犯罪时未成年的罪犯作出了在假释（以及减刑）时，在掌握标准上可以比照成年罪犯依法适度放宽的规定，这也体现了宽严相济刑事政策区别对待的基本要求。

（2）假释的禁用条件：体现了“严其该严”的要旨。

依据我国有关假释制度的法律规定，并非所有的罪犯都可以适用假释。刑法第 81 条第 2 款明确规定：“对累犯以及因杀人、爆炸、抢劫、强奸、绑架等暴力性犯罪被判处十年以上有期徒刑、无期徒刑的犯罪分子，不得假释。”可见，宽严相济刑事政策所强调的“宽大并非宽大无边”的要旨在假释制度中也得到了应有的体现。由于累犯以及严重暴力性犯罪而被判处 10 年以上有期徒刑、无期徒刑的罪犯，其犯罪的社会危险性极大，其主观恶性和人身危险性通常也很大，一般需要相当长时间才能得以矫正和消除，也正是基于这样的考量，刑法在假释制度的设计上，将累犯及严重暴力性犯罪的罪犯排除在假释范围之外。从这一意义上讲，昭示了宽严相济刑事政策“严其该严”的另一面。①

(3) 假释的限度条件：进一步揭示出“该严则严”的内涵。

除了假释的禁用条件以外，相关刑事法律还规定了假释的限度条件，即必须具备“被判处有期徒刑的犯罪分子，执行原判刑期1/2以上，被判处无期徒刑的犯罪分子，实际执行10年以上”的实际服刑期限。这一规定表明，虽然假释制度本身就是对服刑罪犯的一项宽大处理的机制，但是，基于犯罪行为的客观存在而由此出于必要的报应刑和基本的教育刑的需要，罪犯还是应该接受必要的惩罚，承担起必要的法律责任。由此，假释限度条件的规定，是对宽严相济刑事政策该严则严内涵的进一步阐释和实现。

(二) 宽严相济视角下假释制度运行的不足性分析

虽然我国现行假释制度在很大程度上体现和实现了宽严相济刑事政策的基本要求，但是不能否认，在这一刑事政策的视角下观察，现行假释制度还是暴露出了许多不尽如人意之处。

首先，假释适用率过低，未能充分发挥假释制度的功效，导致区别对待、该宽则宽的刑事政策精神未能有效实现。我国是世界上少数实行减刑为主、假释为辅的行刑制度的国家之一。② 目前，我国假释的适用率畸低，与法律预期之间存在较大差距。据有关资料统计，全国监所每年假释平均比例仅为1%～2%，不仅大大低于发达国家，而且也低于国内司法部门规定的3%的指标。例如，江

---

① 虽然假释的禁用条件体现了该严则严的刑事政策要求，但是对于凡是因杀人、爆炸、抢劫、强奸、绑架等暴力性犯罪被判处10年以上有期徒刑、无期徒刑的罪犯都一律不适用假释的规定也确有一刀切的弊端，这一规定也成为理论界对假释制度诟病的一个方面。对此，后文还将论及。

② 参见刘京华：《减刑假释制度的发展趋势和利弊》，载《北京政法职业学院学报》2005年第2期。

苏省1995年至1998年的4年间，全省监所假释率分别为0.5%、1.93%、2.69%、1.11%。吉林省全省1996年至1999年几年间的假释比例分别仅为0.67%、0.8%、0.6%、0.8%。[①] 2000年全国服刑犯的假释率仅为1.63%，2002年、2003年的比例也基本保持一致。[②] 由于现实中假释制度的过低适用比例，导致这项制度在促成犯罪人尽快改恶从善、切实悔过自新方面的引导和激励功效大打折扣，由此也使得宽严相济刑事政策在刑事司法中的贯彻受到影响。

其次，对于假释罪犯的适用条件采取一刀切的规定，有悖于刑罚个别化的基本要求和该宽则宽的要旨。宽严相济刑事政策的一项基本要求就是刑罚的个别化，即量刑、行刑时都应当根据不同的犯罪人各自的具体犯罪情形、罪后态度、服刑表现而有区别地处以不同刑罚裁量和行刑处遇，实现宽严有别、区别对待，这也是刑法罪责刑相适应原则的基本要求。但是，现行法律对因严重暴力性犯罪而被判处10年以上有期徒刑、无期徒刑的罪犯一律不得假释的规定，显然忽视了刑罚个别化的要求，忽视了区别对待、该宽则宽原则在刑事司法过程中的普适性，也忽视了行刑过程中对服刑犯的前瞻性引导，这也势必挫伤服刑人员的改造积极性，增大监狱机关监管、教育的难度，最终不利于有效实现宽严相济刑事政策。

再次，罪犯假释后监管工作的不力，使得“该严则严”的要求得不到落实。正如本书多次论及的，宽严相济刑事政策的基本要旨是该宽时应宽、当严时该严，因此，该严则严也是在假释制度中需要一直坚持的。按照法律规定，假释是一种附条件的提前释放，被假释的犯罪人在考验期内的表现需要接受严格的经常性监督管理。但在实践中，由于作为法定监管机关的公安机关任务繁重、警

① 参见陈一敏：《对完善我国假释制度的几点思考》，载《犯罪与改造研究》2000年第4期。

② 参见郭建安、郑霞泽主编：《社区矫正通论》，法律出版社2004年版，第84页。

力有限，无力有效履行监管职责，对假释罪犯监管缺乏应有的认识，社会力量监管缺乏有效机制保障等原因的存在，对假释罪犯的监管工作普遍存在着监管流于形式、假释罪犯脱管失控的现象。这些现象的客观存在，既影响了宽严相济刑事政策的实现，也反过来成为假释制度适用比例畸低的一个重要原因。

（三）宽严相济刑事政策下假释制度的运行完善

为有效体现和实现宽严相济刑事政策，假释制度可以考虑从以下诸环节进行完善。

1. 正确认识假释制度的价值和功效

作为近代以来世界行刑发展历程中的科学制度，假释契合了现代刑事政策重视行刑、注重刑罚效益和经济、关注罪犯回归社会的精神与趋向，也继续反映着当前世界刑事司法的发展方向，至今仍是一项具有显著价值和不可替代功效的行刑制度。因此，我国国家高层、司法机关乃至社会公众都应当充分认识到假释机制在治理犯罪这一进程之中的巨大作用，消除现存的一些地方人为限制假释适用率或者在法律规定之外，给假释适用附加条件等违法做法。同时，加大对假释适用效果的研究和宣传。长期以来，对罪犯假释后的不信任感和不安全感等顾虑也一直是导致假释适用率不高的观念原因，但实际上，据实证数据统计，多年来假释人员的重新违法、犯罪率一直很低，在北京市最近三年来的统计中，假释考验期间重新犯罪率甚至为零，另只有两人因为复吸毒品等一般违法行为而被收监服完余刑。[①] 因此，正确认识假释制度的上述举措能为假释制度的依法、准确、充分适用澄清错误认识，完成思想、观念上的较变。

---

① 参见刘京华：《减刑假释制度的发展趋势和利弊》，载《北京政法职业学院学报》2005 年第 2 期。

2. 加强假释运行环节的参与化、公开化、民主化

就参与化而言，目前的假释运行过程，一般是由监狱机关根据服刑人员的日常表现及考核情况向人民法院提出，而罪犯本人只是假释制度中的客体。因此，有必要将假释机制从传统意义上是国家对犯罪人的奖励的设置基础，归位于也是犯罪人自己的一项权利。故而可以考虑建立双向假释启动程序，即犯罪人也可以向监狱机关提出申请，请求人民法院进行审查，由此，体现出以人为本的政策考量，最终体现假释制度中蕴涵的宽严相济的刑事政策精神。就公开化、民主化而言，目前，人民法院一般采取书面审理的方式，很少主动到监狱实地了解拟假释对象的具体情况和其他服刑人员的看法，这种仅凭书面材料就确定是否假释的方式不仅难以全面、具体了解罪犯服刑改造过程，而且透明度较低，容易引起社会尤其是服刑人员对司法机关办案公正的猜疑，不利于假释制度价值的凸显和效果的发挥。为此，应当逐渐建立假释公开听证制度，即人民法院进行假释时，除监狱民警应参与发表意见、接受质询外，拟假释人员也应当参加，发表自己的意见；此外，其他服刑人员也可以参加，并发表对拟假释人员的意见，这种做法有利于保证假释运行的公开、透明、民主，提高假释结果的公信力，并加强广大服刑人员对假释制度的信赖感，从而进一步提高服刑人员的积极性。

3. 建立假释罪犯的再犯预测机制

能否保证获得假释的罪犯不再犯罪，一直是基层司法机关所顾虑的，其因此成为适用假释的一个主要障碍。而这也反映出我国对假释罪犯的再犯预测机制的阙如。只有建立起科学、有效的再犯预测机制，并将其运用于对罪犯是否适用假释的审理和假释后罪犯的评估，才能增强有关部门依法充分适用假释的信心。为此，可以借鉴发达国家的成功做法，引入科学的再犯预测方法，即编制由罪犯心理素质状况、改造质量评估状况、重新犯罪评估状况等三个方面组成的再犯预测量表，分别从罪犯心理结构中的社会心理缺陷和犯罪心理的特殊性、服刑中的思想改造和劳动改造的考核积分高低等

方面，并结合罪犯未来释放后的家庭、工作及交往情况等若干子项目进行精确化、数量化的考核，以改变过去考核中存在的粗放式、随意性做法。

4. 强化对假释罪犯在考验期内的监管力度

对假释罪犯监督管理的制度是否健全、相关管束制度是否得到落实，与假释功能的发挥以及假释机制的进一步适用具有密切联系。同时，也只有加强对假释罪犯的管理监督，才能体现出假释制度所具有的“严其该严”的特性。因此，强化对假释罪犯的监督管理也是假释制度完善的一个重要组成部分。为此，有必要建立起专门的管理机构。鉴于我国现行的对假释罪犯监管模式在实践中流于形式的弊端，可以考虑在我国特有的“专门机关与群众路线相结合”的原则上，建立起由专门机关负责组织考察、社会力量积极参与的新机制，[①] 即由现行的司法行政机关作为假释考验期内罪犯的主管机关，并建立起专职的假释监督官队伍，对假释的罪犯实施有效的监管和帮教工作，真正做到监管责任落实到人。同时，积极吸引社会力量参与到假释罪犯的改造监督工作之中，利用现有居委会、村委会、社区、业主委员会等社会组织平台，吸收教师、医生、心理工作者、离退休人员等职业、身份的人员作为兼职监督员，充分利用社会力量辅助专门国家机关的工作。

第三节 宽严相济刑事政策下死刑与监禁刑的适用

宽严相济刑事政策中的“严”，有对严重犯罪采取严厉措施的含义。与非监禁的刑罚方法相比，死刑与监禁刑属于相对严厉的处罚方法，多适用于较严重的犯罪。但是，这并不意味着就不能对犯罪分子有宽的一面。严中有宽，也是宽严相济刑事政策的要求之

---

① 参见周国强：《假释制度的发展趋势与我国假释制度的完善》，载《学海》2001年第3期。

一。因此，如何在宽严相济刑事政策的指导下适用好死刑与监禁刑、处理好严中有宽的问题，对贯彻宽严相济刑事政策具有积极意义。

一、宽严相济刑事政策下的死刑适用

死刑，是剥夺犯罪分子生命的刑罚。它以对犯罪分子从肉体上加以消灭为特点，是各种刑罚方法中最为严厉的一种。从宽严的程度看，死刑主要体现为一种严，一种对最严重犯罪的最严厉惩罚。但是宽严总是要有一定的度，死刑的严也不可能是无限制的严。过度的严会使死刑丧失其应有的刑罚功能。根据宽严相济刑事政策的要求，我国刑法中的死刑在适用时也应当适当强调其宽缓的一面，使得我国现有的死刑制度能够真正做到宽中有严、严中有宽、宽严有度。对此，应从以下几个方面入手。

（一）宽严有度：统一死刑适用的司法标准

我国刑法第 48 条规定："死刑只适用于罪行极其严重的犯罪分子……"与此同时，我国刑法分则中对具体犯罪的死刑适用条件也作了明确而具体的规定，如对抢劫罪的犯罪分子适用死刑只限于刑法第 263 条规定的 8 种情形，对盗窃罪的犯罪分子适用死刑只限于刑法第 264 条规定的两种情形，对贪污罪、受贿罪的犯罪分子适用死刑必须数额在 10 万元以上并且情节特别严重，等等。在这些死刑的适用标准中，有一些标准是绝对的，如刑法第 239 条规定的绑架"致使被绑架人死亡或者杀害被绑架人的，处死刑，并处没收财产"，只要犯罪分子没有从宽的情节，对犯罪分子就应当判处死刑。但是也有很多的规定是相对的，具有相当的弹性，如刑法第 151 条第 4 款规定的"犯第一款、第二款罪，情节特别严重的，处无期徒刑或者死刑，并处没收财产"。对于何谓情节特别严重，法律并没有明确的规定，因此，什么情节属于特别严重的情节并因此应当被判处死刑并不明确，在判断时主观色彩过浓。也正是因为这样，我国各地的司法机关在死刑判决上标准很不统一，以受贿罪为例，有的地方受贿几百万元就可能被判处死刑，而有的地方受贿几千万元也可能不判处死刑。如何统一我国死刑适用的司法标准，也是当前我国贯彻宽严相济刑事政策所必须要解决的问题。对此，可以从以下几个方面对死刑适用的司法标准进行统一：

1. 统一“罪行极其严重”的理解

对何谓罪行极其严重，我国学者以前有各种不同的认识，如有的认为，罪行极其严重仅指犯罪行为的客观危害极其严重；也有的认为，罪行极其严重，包括犯罪行为的客观危害极其严重，也包括犯罪行为人的主观恶性极其严重；还有的学者认为，罪行极其严重不仅包括犯罪行为的客观危害极其严重、犯罪行为人的主观恶性极其严重，还包括犯罪行为人的人身危险性极其严重。对于这些不同的认识，有必要作一个相对统一的理解。对此，我国有学者认为，应当注意从极其严重的社会危害性、极其恶劣的犯罪人主观恶性、极其危险的犯罪人人身危险性等三个方面来确定何为“罪行极其严重”，三个方面应当同时具备，缺一不可，而且存在紧密的内在联系。[①] 笔者以为，这种认识是恰当的。

2. 统一具体犯罪的死刑适用标准

从我国刑法分则有关死刑犯罪的规定看，死刑适用的标准大致可以分为三类：第一类是明确规定了适用死刑的各种情节，如绑架致使被绑架人死亡或者杀害被绑架人的，故意杀人的，抢劫有8种情形的，等等。这些具体情节的规定，为死刑在这些犯罪中的适用划定了一个大致的范围。法官在量刑的时候，应当结合刑法分则有关具体犯罪的这些规定和刑法总则关于罪行极其严重的规定，综合判断是否应对犯罪行为人适用死刑。第二类是只规定了“情节特别严重”、“情节特别恶劣”等，没有规定具体的标准，如走私武器、弹药罪，走私假币罪等等。而这种“情节特别严重”、“情节

① 参见赵秉志：《和谐社会与宽严相济刑事政策》，载赵秉志主编：《刑事法治发展研究报告（2006—2007年卷）》，中国人民公安大学出版社2007年版，第40页。

特别恶劣”等规定与刑法总则规定的“罪行极其严重”并无区别，只不过是换了一种表述，实际上相当于刑法分则没有具体的规定。对这一类犯罪，法官在适用死刑上的自由裁量权非常大。第三类是刑法规定了一定的情节，同时规定“情节特别严重”、“情节特别恶劣”等，如贪污罪、受贿罪就是如此，要同时具备贪污或受贿数额在10万元人民币以上并且情节特别严重。从刑法分则的角度看，后两种规定方式就涉及对具体犯罪情节“特别严重”、“特别恶劣”的理解问题。因为这种用语也是十分概括、抽象的，适用起来很不好掌握。因此，这就存在一个具体犯罪适用死刑的司法标准问题。

要统一刑法分则的死刑适用标准，刑事司法解释显然是一个有效的方法。可喜的是，目前我国这方面的司法解释比较多，也比较齐备。例如，2000年9月20日最高人民法院《关于审理走私刑事案件具体应用法律若干问题的解释》就对走私武器、弹药罪，走私假币罪，走私贵重金属罪等犯罪适用死刑的标准作了相对明确的规定，如第1条第3款规定：“具有下列情节之一的，属于走私武器、弹药罪‘情节特别严重’，处无期徒刑或者死刑，并处没收财产：（一）走私军用枪支二支以上或者军用子弹一百发以上的；（二）走私非军用枪支十支以上或者非军用子弹一千发以上的；（三）犯罪集团的首要分子或者使用特种车，走私武器、弹药达到本条第二款规定的数量标准的；（四）走私武器、弹药达到本条第二款规定的数量标准，并具有其他恶劣情节的”。应当说，刑事司法解释的这种规定，对于统一死刑适用的司法标准是具有积极意义的。不过，笔者以为，这些司法解释中有一些规定还可以更具体一些，以便于司法机关更好地掌握。

（二）严中有宽：死刑适用的司法限制

尽管我国现行刑法中明确规定了死刑，并且从司法实践中看，我国死刑的适用还十分普遍和广泛，但是从当前世界各国的发展趋势看，死刑的命运正逐步走下坡路。据最新资料，截至2006年9

月5日，世界上有88个国家对任何情况下的任何犯罪都废除了死刑，11个国家对普通刑事犯罪废除了死刑；另外，至少30个国家已经10年或更久没有对任何人适用死刑，这些国家被称为“事实上废止死刑的国家”。全世界仅有68个国家没有废除死刑。① 即便在保留死刑的国家，死刑的适用也受到了严格的限制。我国有学者甚至对我国死刑的消灭之路进行了设计和预测，并对死刑的严格限制和逐步废止作过一些探讨，提出了在我国未来四五十年间分三个阶段逐步废止死刑的构想。② 笔者以为，从立法的层面上看，死刑的废除是迟早的事情，但是在当前我国刑法规定有死刑的情况下，探索从哪些方面对死刑的适用进行司法限制，也许是一个更迫在眉睫的事情，也更能体现我国宽严相济的刑事政策。

从司法控制的角度，我国死刑适用的严格限制，应从以下几个方面进行把握，并且这几个方面也体现着我国宽严相济刑事政策的严中有宽的精神：

1. 利用死缓制度限制死刑立即执行的适用

我国刑法第48条第1款规定：“死刑只适用于罪行极其严重的犯罪分子。对于应当判处死刑的犯罪分子，如果不是必须立即执行的，可以判处死刑同时宣告缓期二年执行。”死缓制度是我国具有独创性的限制死刑的一项重要制度，长期以来，这项制度对死刑的适用起到了积极的分流作用。

我国刑法第50条规定：“判处死刑缓期执行的，在死刑缓期执行期间，如果没有故意犯罪，二年期满以后，减为无期徒刑；如

① http://www.amnesty.org/pages/deathpenalty-countries-eng.

② 参见赵秉志教授的下列相关文章：《中国逐步废止死刑论纲》，载《法学》2005年第1期；《论中国非暴力犯罪死刑的逐步废止》，载《政法论坛》2005年第1期；《慎用死刑的程序保障——对我国现行死刑复核制度的检讨及完善建言》，载《现代法学》2004年第4期；《死刑存废的政策分析与我国的选择》，载《法学》2004年4期；《关于分阶段逐步废止中国死刑的构想》，载《郑州大学学报》（哲学社会科学版）2005年第5期。

果确有重大立功表现，二年期满以后，减为十五年以上二十年以下有期徒刑……”这是死缓减刑的规定。按照这一规定，参照现行的减刑规则，罪犯在死刑缓期执行期间如果没有故意犯罪就应当减为无期徒刑；如果立了大功，2 年期满，就会至少减为 20 年有期徒刑，其后服刑 10 年就可能被假释，实际在狱中服刑 12 年；如果减为 15 年有期徒刑，服刑 1/2 以上假释，实际上在狱中服刑 10 年。也就是说，从这三个方面看，被判处死缓的犯罪分子，最后都保住了其生命。

可见，死刑缓期执行作为隶属于死刑刑种的一种执行制度，保留了死刑作为极刑对犯罪人最为严厉的、否定的社会政治和法律评价，同时作为生命之刑又给受刑人以生的希望，从而最大限度地减少死刑立即执行所带来的弊端。因此，在现阶段我国还不能废止死刑的情况下，应将死缓适用的范围尽可能地予以扩大，以最大限度地缩小死刑立即执行的范围。

2. 利用刑法的选择条款，大量削减非暴力犯罪的死刑，直至最终实际废止死刑

死刑是最严厉的刑罚，因而只有对最严重的犯罪才能规定死刑。根据作为宽严相济刑事政策立论依据之一的公正性要求，按照等害交换的原则，原则上只有针对剥夺他人生命的犯罪才能规定死刑。换句话说，死刑只应存在于严重暴力犯罪中，并且必须是存在于以剥夺或者危及他人生命为目标的犯罪中。对非暴力犯罪原则上不应有死刑规定，否则就违背了公正的要求，与宽严相济刑事政策精神不符。但是，从现实情况看，我国刑法中不仅规定有死刑的罪名数量大，而且所规定的非暴力犯罪众多。根据笔者的统计，在现行刑法规定的 68 种死罪中，非暴力犯罪死刑有 44 种，其中，仅“破坏社会主义市场经济秩序罪”一章就有 15 个罪名规定了死刑。非暴力犯罪死刑的广泛存在，所反映的正是非理性的重刑治罪和无差别的“严打”观念，是惩办与宽大相结合政策的一种倒退，更是对宽严相济刑事政策的严重背离。

不过，值得庆幸的是，我国刑法对死刑规定很少采取绝对确定的法定刑，更没有规定法官必须判处犯罪人死刑立即执行。这为我们从司法上限制死刑特别是死刑立即执行的适用提供了法律上的可能。

从宽严相济刑事政策的角度出发，笔者以为，我们应充分利用刑法分则条款规定的选择性法定刑，大幅度削减死刑适用的数量，特别是原则上应当不对非暴力犯罪适用死刑。国际社会之所以“极力主张仍然保留死刑的所有国家应确保死刑不适用于非暴力的经济犯罪、非暴力的信仰习惯或者内心的表达”，[①] 是因为非暴力犯罪与死刑之间并不存在一种公正意义上的等价或对应关系，无论是从其侵害的权利的性质、实际危害程度还是从这类犯罪发生的现实原因看，都不应以剥夺行为人的生命作为实现防卫社会目的的手段。只要我们在司法实践中不适用刑法有关非暴力犯罪的死刑条款，我们就可以实际上废除非暴力犯罪的死刑。

3. 利用从宽情节，限制死刑的适用

情节，在我国刑法理论上有定罪情节与量刑情节、法定情节与酌定情节、从宽情节与从严情节等区分。对于从宽情节，又有“应当”与“可以”之分，前者要求法官必须对犯罪人从宽处理，后者赋予了法官是否从宽的自由裁量权。为了贯彻宽严相济刑事政策，做到量刑上的严中有宽，笔者以为，对于有从宽情节的犯罪人，无论是法定从宽还是酌定从宽，无论是“应当”从宽还是“可以”从宽，法官在对犯罪人适用死刑时，法律规定必须从宽的要从宽，法律规定可以从宽的应尽量从宽，以体现我国宽严相济刑事政策在死刑问题上的慎重适用死刑的具体刑事政策。

从我国刑法的规定和刑事司法实践的角度看，对死刑犯罪分子的这种从宽情节，大体上有以下几个方面的内容：（1）犯罪的时候不满18周岁的人和审判的时候怀孕的妇女不适用死刑。这是我

① 邱兴隆主编：《比较刑法》（第1卷），中国检察出版社2001年版，第190页。

国刑法第49条的明确规定，也是需要特别强调的，对此在任何时候都不能突破，除非立法进行了修改。（2）刑法第10条规定：在外国已经受过刑罚处罚的，可以免除或者减轻处罚。（3）刑法第18条第3款规定，尚未完全丧失辨认或者控制自己行为能力的精神病人犯罪的，可以从轻或者减轻处罚。（4）刑法第19条规定，又聋又哑的人或者盲人犯罪，可以从轻、减轻或者免除处罚。（5）刑法第20条第2款规定，防卫过当的，应当减轻或者免除处罚。（6）刑法第21条第2款规定，紧急避险过当的，应当减轻或者免除处罚。（7）刑法第22条第2款规定，对预备犯，可以从轻、减轻处罚或者免除处罚。（8）刑法第23条第2款规定，对未遂犯，可以从轻或者减轻处罚。（9）刑法第24条第2款规定，对中止犯，没有造成损害的，应当免除处罚；造成损害的，应当减轻处罚。（10）刑法第27条第2款规定，对于从犯，应当从轻、减轻处罚或者免除处罚。（11）刑法第28条规定，对胁从犯，应当按照他的犯罪情节减轻处罚或者免除处罚。（12）刑法第67条第1款规定，对自首的，可以从轻或者减轻处罚；其中犯罪较轻的，可以免除处罚。（13）刑法第68条规定，对立功者，可以从轻或者减轻处罚；有重大立功表现的，可以减轻或者免除处罚；犯罪后自首又有重大立功表现的，应当减轻或者免除处罚，等等。

4. 利用正当程序，限制死刑的适用

程序的限制，在死刑的限制措施中也是一个很重要的环节，因为死刑最终都要通过诉讼程序来实现，要通过证据来证明。如果通过程序能够较好地控制死刑，实现宽严相济刑事政策的目标，这与刑事实体法的控制殊途同归，亦可谓妙事。从当前我国刑事诉讼法的相关规定看，利用正当程序对死刑司法适用的限制，应着重从以下几个方面加以控制：

首先，要利用死刑复核程序控制死刑的适用。死刑复核程序是我国刑事诉讼法针对死刑专门设置的一道程序。我国刑事诉讼法第199条规定：“死刑由最高人民法院核准。”第200条规定：“中级人民法院判处死刑的第一审案件，被告人不上诉的，应当由高级人民法院复核后，报请最高人民法院核准。高级人民法院不同意判处死刑的，可以提审或者发回重新审判。高级人民法院判处死刑的第一审案件被告人不上诉的，和判处死刑的第二审案件，都应当报请最高人民法院核准。”2007 年 1 月 1 日，最高人民法院已正式全部收回以前下放给高级人民法院的死刑案件核准权。与此同时，最高人民法院为死刑案件的核准专门配备了相关方面的人员。这样，最高人民法院就可以在宽严相济刑事政策和我国限制死刑、慎用死刑政策的指导下，严格控制全国死刑案件的适用。

其次，要利用死刑案件严格的证明标准控制死刑的司法适用。我国刑事诉讼法规定，刑事案件的证明标准是“事实清楚，证据确实、充分”。对此，有学者认为，这个证明标准在死刑案件中应该有更严格的掌握。在死刑案件的判决中，应严格“排除合理怀疑”的证据制度，排除合理怀疑的标准是诉讼中判断各方证明活动成效的根据和标尺，它是证据法中的一项重要制度。[①] 在国际公约方面，1984 年批准的《关于保护面临死刑的人的权利的保障措施》第 4 条规定，只有在根据明确和令人信服的证据证明被告人有罪，对事实没有其他解释余地的情况下，才能判处死刑。因此，对于死刑案件，要求只有根据明确和令人信服并且对事实基本上没有其他解释余地的证据链条，达到“排除合理怀疑”的证明标准，才能判处死刑。通过严格证据要求必然导致死刑适用门槛提高，从而降低死刑判处率。

5. 利用死刑替代措施，限制死刑的司法适用

死刑的替代措施包括有立法和司法两个层面。在立法层面上，死刑的替代措施是指废除死刑后代替死刑发挥相应功能的刑罚措施；在司法层面上，死刑的替代措施是指对一些本该判处死刑的犯

① 王瑞恒：《死刑限制论》，载《辽宁师范大学学报》（社会科学版）2005 年第 1 期。

罪不适用死刑而改用其他刑罚方法来替代死刑。关于死刑替代措施，目前我国刑法理论上的研究还很有限。

从国外的情况看，死刑的替代措施有四种：（1）绝对的无期徒刑（absolute life imprisonment），也称绝对的终身监禁，是指没有假释可能的无期徒刑或终身监禁。在美国，这被称为无假释可能的终身监禁（Life - Without - Parole），简称为LWOP。[①] 在1972年博尔曼审判案件（Furman judgment）导致临时取消死刑以后，美国很多州紧接着设立了LWOP法规，其背后的原因是害怕危险的杀人犯会被假释。如今，除了两个州（目前还在实施死刑的新墨西哥州和没有实施死刑的阿拉斯加州）以外，其他所有的州都规定了LWOP法规，而且它还是联邦法律对严重的毒品犯罪设定的最高刑罚。[②] 2006年，菲律宾总统阿罗约宣布废除所有死刑时，用于替代死刑的刑罚就是无假释可能的无期徒刑。（2）相对的无期徒刑（relative life imprisonment），也称相对的终身监禁，是指有假释可能的无期徒刑或终身监禁。不过，为了体现对严重犯罪的严厉惩罚，各国都在不同程度上对假释的条件进行了一定的限制。根据限制程度的不同，相对的无期徒刑主要有两种：[③] 一是长时期不得假释的无期徒刑，如《意大利刑法典》第176条第3款规定：被判处无期徒刑的人，在至少服刑26年后，才可以假释。《加拿大刑事法典》第742条规定：下列两种情况下，被判处终身监禁的犯罪人服刑25年内不得假释：其一，犯严重叛国罪或一级谋杀罪的；其二，曾因杀人被定过罪，又被定二级谋杀罪的。二是较长时期不得假释的无期徒刑，如《德国刑法典》规定，被判处终身监

① 国外针对无期徒刑或终身监禁都没有规定减刑制度，因此如果不允许被判处无期徒刑或终身监禁的犯人假释，则意味着他们必须终身在服刑机构中度过余生。

② 参见［英］罗杰·胡德：《在全球视角下看死刑废除之路上的发展》，载《死刑立法改革问题学术座谈会论文集》（2007年8月25～26日），第29页。

③ 参见李希慧：《论死刑的替代措施》，载《第五届中韩刑法学术研讨会论文集——中韩死刑制度比较研究》（2007年8月22～23日），第92页。

禁的犯罪分子服刑 15 年后才能假释。（3）加重的有期徒刑，是指对严重犯罪人较之一般犯罪加重判处较长刑期的有期徒刑。采用有期徒刑代替死刑的国家，一般情况下是同时废除了死刑和无期徒刑，否则不会采用有期徒刑而是会采用无期徒刑作为死刑的替代措施。这方面的典型代表是西班牙。《西班牙刑法典》在废除死刑的同时，也废除了无期徒刑，其死刑替代措施为在犯一罪的情况下，在加重一级处刑后监禁的期限不得超过 30 年。（4）绝对的有期徒刑，是指在废除死刑、无期徒刑之后代之采用的一种无假释、减刑可能的有期徒刑。绝对的有期徒刑通常适用于被判处 20 年至 30 年以上的有期徒刑，一般情况下也不承认依据赦免而得到的减刑。有学者认为，这实质上也可认为是和相对的无期徒刑相类似的一种制度，一旦服刑期满就可以得到释放，并回到社会继续做贡献，但是因为和服刑态度的好坏无关，只要期满就可以释放，在管理服刑者时就会产生困难，而且也有在设施内发生事故的危险性。[①]

笔者以为，在我国刑法中，除了有重大立功表现的，刑法规定必须减刑之外，对于假释和其他情况的减刑，我国刑法并没有强制性的规定，因此上述死刑的替代措施，除了加长的有期徒刑外，其他死刑替代措施即便在我国刑法尚未作出修改之前，也是可以尝试适用的。如果适用成功并为社会所接受，就可以通过立法的方式予以确立。[②]

二、宽严相济刑事政策下无期徒刑与有期徒刑的适用

在我国，无期徒刑与有期徒刑是两种主要的监禁刑，也是世界

① 参见［韩］申洋均：《通过绝对的终身刑来废止死刑》，载《中韩死刑制度比较研究》中国人民公安大学出版社 2008 年版，第 109 页。

② 在我国，也有学者认为，我国刑法中的死缓就是死刑替代措施。另外，对一些本应判处死刑的犯罪分子没有判处死刑而是判处无期徒刑或者长期的有期徒刑，这里的无期徒刑或者有期徒刑也具有死刑替代措施的功能。对此问题，笔者以为还可作进一步的探讨和研究。

各国应用最为广泛的刑种。其中，无期徒刑只适用于那些罪行严重的犯罪分子，而有期徒刑既可以适用于罪行严重的犯罪分子，也可以适用于罪行较轻的犯罪分子。从这个角度看，无期徒刑有利于贯彻我国宽严相济刑事政策中的严，而有期徒刑既可以贯彻宽严相济刑事政策中的严，也可以贯彻其中的宽。当然，这里的宽严都是相对的，因为宽严相济刑事政策中是严中有宽、宽中有严，宽严之间并没有绝对的界限。不过，为了叙述的便利，在这里，笔者将这两种监禁刑分别予以论述。

（一）宽严相济刑事政策下的无期徒刑

无期徒刑是终身剥夺犯罪分子人身自由，实行强制劳动改造的刑罚，也是介于有期徒刑与死刑之间的不可缺少的一种刑罚。在我国刑法分则中，有大量条款涉及无期徒刑。据有学者统计，刑法分则中共有78个条文规定有无期徒刑，其中“危害国家安全罪”8条；“危害公共安全罪”7条；“破坏社会主义市场经济秩序罪”26条；“侵犯公民人身权利、民主权利罪”5条；“侵犯财产罪”4条；“妨害社会管理秩序罪”9条；“危害国防利益罪”3条；“贪污贿赂罪”4条；“军人违反职责罪”12条。共计约占刑法分则全部条文的22.3%。[①]

不过，从我国刑法中的刑罚制度设计看，无期徒刑并不意味着犯罪分子就要在行刑机关中被关押一辈子。我国刑法第78条和第81条分别规定了减刑和假释两种制度。根据这两种制度的规定，被判处无期徒刑的犯罪分子在监狱中只要能认真遵守监规，接受教育改造，就有出狱的可能。而从宽严相济刑事政策的角度看，我国刑法针对无期徒刑的减刑、假释设计，甚至并没有体现出其应有的严。这主要表现在两个方面：

第一，刑法第78条第2款规定：“减刑以后实际执行的刑期，

---

① 参见周振想编著：《刑法学教程》，中国人民公安大学出版社1997年版，第238页。

判处管制、拘役、有期徒刑的，不能少于原判刑期的二分之一；判处无期徒刑的，不能少于十年。”也就是说，在我国刑法中，无期徒刑最少的可以执行10年就被释放。而根据刑法第58条第1款的规定，减刑的条件除了立功之外，还包括“认真遵守监规，接受教育改造，确有悔改表现”。这使得无期徒刑的实际执行刑期过短，甚至在不少场合下比有期徒刑的实际执行刑期还短，因为在我国刑法中，经过数罪并罚最长的有期徒刑的实际执行期限可达到甚至超过20年。可以认为，我国刑法对无期徒刑减刑的规定过于轻缓，有必要对其进行一定的限制。

第二，我国刑法第83条第1款规定：“有期徒刑的假释考验期限，为没有执行完毕的刑期；无期徒刑的假释考验期限为十年。”而按照我国刑法第81条的规定：“被判处有期徒刑的犯罪分子，执行原判刑期二分之一以上，被判处无期徒刑的犯罪分子，实际执行十年以上，如果认真遵守监规，接受教育改造，确有悔改表现，假释后不致再危害社会的，可以假释……”从实际执行的刑期来看，与减刑的效果一样，被假释的无期徒刑犯罪分子，执行的最短刑期可以少至10年。服刑期间太短，不仅难以与死刑相协调，而且甚至难以与有期徒刑相协调，应当进行修改。

宽严相济刑事政策要求，对于严重刑事犯罪，应该予以严厉打击。而从现行规定来看，被判处无期徒刑的犯罪分子，其实施的都是很严重的犯罪。对这些犯罪分子，按照宽严相济刑事政策的要求，应当从严处断。但是，关于无期徒刑的现行规定，显然使得这种“严”无法进行下去。为了贯彻宽严相济刑事政策中对严重犯罪分子严的一面，笔者以为，在无期徒刑的司法适用中，应适当注意从以下几个方面，严格无期徒刑的减刑、假释：

第一，在减刑方面，可以对无期徒刑的减刑适用设置更多的限制条件。

尽管我国刑法第78条和第79条分别规定了无期徒刑减刑的实体条件和程序条件，但是从这部刑法的规定看，法律并没有完全剥夺法官的自由裁量权，因此从司法适用的角度，法官可以利用这些自由裁量权，严格无期徒刑的减刑适用。

首先，法官可以对无期徒刑的"确有悔改表现"作更严格的解释。最高人民法院《关于办理减刑、假释案件具体应用法律若干问题的规定》第1条第（一）项规定："'确有悔改表现'是指同时具备以下四个方面情形：认罪服法；认真遵守监规，接受教育改造；积极参加政治、文化、技术学习；积极参加劳动，完成生产任务。"根据这一司法解释，"确有悔改表现"在司法中的含义是确定的，但是尽管如此，刑法规定了犯罪分子确有悔改表现，法官是可以减刑，并没有像重大立功那样规定"应当"减刑，因此法官在决定是否对被判处无期徒刑的犯罪分子减刑时，可以在最高人民法院的解释的基础上，对"确有悔改表现"作更严格的解释，以限制无期徒刑的减刑，保证宽严相济刑事政策中对严重犯罪的严。

其次，法官可以适当控制无期徒刑的减刑时间。被判处无期徒刑的犯罪分子，有悔改表现或者立功表现的，法官可以对其减刑。但是从何时开始减？是否一发现确有悔改表现或者立功表现就减？对此，最高人民法院《关于办理减刑、假释案件具体应用法律若干问题的规定》第6条规定："无期徒刑罪犯在执行期间，如果确有悔改表现的，或者有立功表现的，服刑二年以后，可以减刑。减刑幅度为：对确有悔改表现的，或者有立功表现的，一般可以减为十八年以上二十年以下有期徒刑；对有重大立功表现的，可以减为十三年以上十八年以下有期徒刑。"可见，最高人民法院的这一司法解释，还是在两个方面赋予了法官在减刑时间上的自由裁量权：一是减刑的开始时间，是"二年以后"。至于"以后"，具体指什么时间，法律并没有明确的限定，因此法官可以根据被判处无期徒刑的犯罪分子的具体情况，酌定延长。二是减刑的幅度，被分成了两种情况："十八年以上二十年以下有期徒刑"和"十三年以上十八年以下有期徒刑"。法官可以根据犯罪分子的具体情况，在这个幅度内选择时间长一点的有期徒刑对犯罪分子适用。

第二，在假释方面，在决定是否对被判处无期徒刑的犯罪分子适用时，对法律作更严格的解释。

我国刑法第 81 条规定："被判处有期徒刑的犯罪分子，执行原判刑期二分之一以上，被判处无期徒刑的犯罪分子，实际执行十年以上，如果认真遵守监规，接受教育改造，确有悔改表现，假释后不致再危害社会的，可以假释。如果有特殊情况，经最高人民法院核准，可以不受上述执行刑期的限制。"从这一规定可以看出，我国刑法并没有强制性规定法官必须对被判处无期徒刑的犯罪分子予以假释，法律规定的是"可以假释"，至于是否假释，由法官根据案件和犯罪分子的具体情况酌情决定。

从严格无期徒刑的假释角度，笔者以为，法官可以对假释条款中的"不致再危害社会"作较法律更为严格的解释。在最高人民法院《关于办理减刑、假释案件具体应用法律若干问题的规定》中，"不致再危害社会"被解释成为：罪犯在刑罚执行期间一贯表现好，确已具备本规定第 1 条第（一）项所列情形（即"确有悔改表现"的四个方面情形），不致违法、重新犯罪的，或者是老年、身体有残疾（不含自伤致残），并丧失作案能力的。法官可以在最高人民法院这一解释的基础上，利用"可以假释"这一弹性规定，对假释的条件作更严格的解释。

与此同时，刑法规定被判处无期徒刑的犯罪分子实际执行 10 年以上可以假释，但并没有限制 10 年以上多少年，为此法官可以根据犯罪分子的具体情况，适当从严掌握，如可以要求 15 年或者更长的时间。这都是法律赋予法官的权力。法官可以利用这种自由裁量权，为实践宽严相济刑事政策、实现社会的和谐服务。

（二）宽严相济刑事政策下的有期徒刑

有期徒刑是在一定期限内剥夺犯罪分子的人身自由，强制实行劳动改造的刑罚。我国刑法第 45 条规定："有期徒刑的期限，除本法第五十条、第六十九条规定外，为六个月以上十五年以下。"

而第50条规定：“判处死刑缓期执行的，在死刑缓期执行期间……如果确有重大立功表现，二年期满以后，减为十五年以上二十年以下有期徒刑……”第69条规定：“判决宣告以前一人犯数罪的，除判处死刑和无期徒刑的以外，应当在总和刑期以下、数刑中最高刑期以上，酌情决定执行的刑期，但是管制最高不能超过三年，拘役最高不能超过一年，有期徒刑最高不能超过二十年。”根据我国刑法这三条的规定，有期徒刑在我国的期限一般为6个月以上15年以下，在数罪并罚或者死缓减为有期徒刑的情况，可以为15年以上20年以下。与此同时，根据我国刑法第78条和第81条的规定，在减刑、假释的情况下，有期徒刑的实际执行刑期最低可以达到已判刑期的1/2。有期徒刑的最大跨度是3个月以上20年以下，这是相当大的一个跨度。不过，从宽严相济刑事政策的角度看，这种大跨度倒是为宽严调和提供了自由空间。

在现有刑法关于有期徒刑的规定中，为了贯彻宽严相济刑事政策，笔者以为可以从以下几个方面加大宽、严的力度：

1. 利用有期徒刑的轻缓面，为贯彻宽严相济刑事政策的宽服务

有期徒刑的宽，根据刑法的规定，可以体现在多个方面，具体来讲，主要有：（1）利用有期徒刑的大跨度，对轻微的刑事犯罪判处较轻的有期徒刑；或者对具有从宽情节的严重刑事犯罪，判处相对较轻的有期徒刑。我国刑法分则中规定了各种不同幅度的法定刑，主要有：2年以下有期徒刑、3年以下有期徒刑、1年以上5年以下有期徒刑、2年以上7年以下有期徒刑、3年以上10年以下有期徒刑、5年以下有期徒刑、5年以上有期徒刑、7年以上有期徒刑、10年以上有期徒刑、15年有期徒刑等等。这些有期徒刑的幅度，为法官根据案件的具体情况量刑提供了自由裁量的空间。因此，如果犯罪分子所犯的罪行较轻，或者具有从宽的情节，则法官可以在法定量刑幅度内判处犯罪分子较轻的有期徒刑。

（2）对于被判处3年以下有期徒刑的犯罪分子，符合缓刑条

件的尽量适用缓刑。根据我国刑法第 72 条的规定，被判处 3 年以下有期徒刑的犯罪分子，根据犯罪分子的犯罪情节和悔罪表现，适用缓刑不致再危害社会的，可以宣告缓刑。由于缓刑对犯罪分子不予关押，可以最大限度地避免拘押对犯罪分子所带来的负面影响，也符合行刑经济的原则，因此尽管刑法没有规定必须缓刑，但是笔者以为，为了贯彻宽严相济刑事政策，对被判处 3 年以下有期徒刑的犯罪分子，如果符合缓刑条件，应当尽量适用缓刑，体现宽严相济刑事政策的宽的精神。

（3）对轻微的犯罪分子，在适用减刑和假释上，应当依法适当从宽。我国刑法第 78 条和第 81 条对减刑、假释作了相关规定，但是刑法并没有对轻微犯罪与严重犯罪的减刑、假释方式进行区别，只是规定了一个最低执行的刑期。笔者以为，从宽严相济刑事政策的角度，对被判处了较轻的有期徒刑的犯罪分子，在适用减刑、假释时，应当适当从宽。最高人民法院《关于办理减刑、假释案件具体应用法律若干问题的规定》第 2 条规定："对有期徒刑罪犯在刑罚执行期间，符合减刑条件的减刑幅度为：如果确有悔改表现的，或者有立功表现的，一般一次减刑不超过一年有期徒刑；如果确有悔改表现并有立功表现，或者有重大立功表现的，一般一次减刑不超过两年有期徒刑。被判处十年以上有期徒刑的罪犯，如果悔改表现突出的，或者有立功表现的，一次减刑不得超过两年有期徒刑；如果悔改表现突出并有立功表现，或者有重大立功表现的，一次减刑不得超过三年有期徒刑。"第 3 条第 1 款规定："有期徒刑罪犯的减刑起始时间和间隔时间为：被判处五年以上有期徒刑的罪犯，一般在执行一年半以上方可减刑；两次减刑之间一般应当间隔一年以上。被判处十年以上有期徒刑的罪犯，一次减刑二年至三年有期徒刑之后，再减刑时，其间隔时间一般不得少于二年。被判处不满五年有期徒刑的罪犯，可以比照上述规定，适当缩短起始和间隔时间。"应当说，最高人民法院这一司法解释，对被判处不同有期徒刑的犯罪分子在适用减刑上进行区别对待的做法，是可取的，也体现了对较轻的犯罪从宽处罚的精神，符合宽严相济刑事政策的要求。

（4）对被判处有期徒刑的未成年人、老年和身体有残疾的罪犯，适当特别注意从宽。未成年人由于身心发育不成熟，容易受到坏的风气的影响。而目前我国监狱中确实也存在一些恶习，交叉感染的现象始终没有得到彻底的改善，因此对未成年人能够不予关押的，尽量不要关押，在缓刑、减刑、假释的适用条件上应当尽可能从宽。老年和身体有残疾（不是自伤致残）的罪犯，由于年龄或生理的原因，在体力、生活适应性等方面都存在一定的问题，并且这些人的再犯能力弱，人身危险性小，对被判处有期徒刑的这些罪犯，也应当尽量从宽。实际上，这一点在最高人民法院的《关于办理减刑、假释案件具体应用法律若干问题的规定》中已有一定的体现。根据该规定，对犯罪时未成年的罪犯的减刑、假释，在掌握标准上可以比照成年罪犯依法适度放宽。未成年罪犯能认罪服法，遵守监规，积极参加学习、劳动的，即可视为确有悔改表现予以减刑，其减刑的幅度可以适当放宽，间隔的时间可以相应缩短。符合刑法第 81 条第 1 款规定的，可以假释。对老年和身体有残疾（不含自伤致残）罪犯的减刑、假释，应当主要注重其悔罪的实际表现。对除刑法第 81 条第 2 款规定的情形之外，有悔罪表现，丧失作案能力或者生活不能自理，且假释后生活确有着落的老残犯，可以依法予以假释。这也体现了宽严相济刑事政策的从宽精神。

2. 利用有期徒刑的严厉面，对有从严情形的罪犯从严惩处，以贯彻宽严相济刑事政策的要求

有期徒刑的大跨度，使得它不仅能适用于轻微犯罪或有从宽情节的罪犯，而且也能适用于严重的刑事犯罪或具有从严情节的罪犯，以贯彻宽严相济刑事政策的严的要求。

宽严相济刑事政策在严的方面，一是主张对严重的刑事犯罪要予以严厉打击；二是即便是对于一些轻微刑事犯罪，如果有从严情节，也应当依法从严惩处。这两种严，在我国刑法规定的有期徒刑

中都有所体现，并且正在具体地予以贯彻实施。

首先，在对严重犯罪的严厉打击方面，根据我国刑法的规定，可以从几个方面从严：一是利用有期徒刑刑期的大跨度，对严重刑事犯罪分子判处较长的刑期，最长的可以达到20年有期徒刑，以体现宽严相济刑事政策的严。二是对于实施了严重犯罪的犯罪分子，在减刑、假释时，也可以适当从严掌握。实际上，前述的最高人民法院《关于办理减刑、假释案件具体适用法律若干问题的规定》第2条和第3条规定，对被判处5年以上或者10年以上有期徒刑的犯罪分子，在适用减刑时，其起始时间和时间间隔都要严于被判处不满5年有期徒刑的犯罪分子。这都体现了我国对严重犯罪分子从严的精神。

其次，在对轻微犯罪的从严方面，根据我国刑法的规定，如果其有从严的情节，也可以从以下两方面对其从严：

一是对于那些不悔罪的轻微犯罪，即便被判处的是3年以下有期徒刑，也可以不对其适用缓刑，以做到从严。根据我国刑法的规定，缓刑的适用条件之一是根据犯罪分子的犯罪情节和悔罪表现，不致再危害社会。如果犯罪分子有严的情节，如犯罪动机恶劣、犯罪手段残忍或者拒不认罪等，其就不符合我国刑法规定的适用缓刑的条件，就不能对其适用缓刑。

二是对于一些实施了轻微犯罪的犯罪分子，如果在判决生效以后刑罚执行过程中不认罪服法、不守监规、不接受劳动改造、不参与政治、文化学习等等，法官在对这些犯罪分子适用减刑、假释等方面对其从严掌握，不符合减刑、假释条件的，坚决不予减刑、假释。对于以前有过劣迹的，即便犯罪分子符合减刑、假释的条件，法官在决定对犯罪分子是否适用减刑、假释时也应当慎重对待，严格把关。

总之，无期徒刑与有期徒刑，作为我国刑法中适用普遍的两种监禁刑，它在对犯罪分子的改造和预防犯罪方面，都发挥着积极的作用。在宽严相济刑事政策的指引下，我们应当充分利用刑法规定的各种自由裁量权，为了实现构建和谐社会目标，尽量结合案件的具体情况，努力做到对严重犯罪从严、对轻微犯罪从宽，同时还要做到严中有宽、宽中有严，这样才能宽严相济，才能收到最佳的社会效果。

三、宽严相济刑事政策下拘役的适用

（一）拘役的理论争议与适用现状

拘役是短期剥夺犯罪分子人身自由，就近强制进行劳动改造的刑罚方法。在我国刑法中，拘役是介于管制刑和有期徒刑之间的一种刑罚。它较管制为重，较有期徒刑为轻。在我国刑法中，拘役是适用范围较广的一种刑罚。据统计，我国1997年修订的刑法中，刑法分则规定可以适用拘役的条文共有265个，其中危害国家安全罪6个；危害公共安全罪17个；破坏社会主义市场经济秩序罪72个；侵犯公民人身权利、民主权利罪26个；侵犯财产罪11个；妨害社会管理秩序罪74个；危害国防利益罪13个；贪污贿赂罪9个；渎职罪23个；军人违反职责罪14个。共计约占分则总条文的75.7%，仅次于有期徒刑。① 随着刑法修正案的不断增多，规定可以适用拘役的条文还会不断增多。

拘役是一种短期剥夺犯罪分子自由的刑罚。根据刑法第42条的规定，拘役的期限为1个月以上6个月以下。另据刑法第69条的规定，数罪并罚时，拘役期限最长不得超过1年。此外，根据刑法第44条的规定，拘役的刑期从判决执行之日起计算，判决执行以前先行羁押的，羁押1日折抵刑期1日。

拘役作为一种短期自由刑，刑法理论上对其价值的认识一直存在着较大的争议。② 早在19世纪，刑事人类学派的鼻祖、意大利

---

① 参见周振想编著：《刑法学教程》，中国人民公安大学出版社1997年版，第235页。

② 当然，刑法理论上关于拘役的争论，主要是和短期自由刑联系在一起的。对拘役的批判，也涉及刑期较短的有期徒刑。

著名刑法学家龙勃罗梭就认为，监狱改造罪犯几乎始终无一例外，尤其短期自由刑，使“罪犯聚于一处，互为恶习，徒增犯罪之事”。由于狱中愈益严重的交叉感染，监狱只能生产出更多的惯犯和累犯。他指出国家把犯罪人关起来，服满刑后又把它放出去，将使社会的危险增加，因为犯罪人已经准备好了充分的条件来反社会，他所获得的监狱经验和训练使之得以继续其惯行。① 1872 年在伦敦召开的第一届国际刑法学与监狱会议就对短期自由刑的弊端予以了充分的重视，指出：短期自由刑时间过短，无法据以教育改善受刑人；受刑人易受交叉感染；受刑人数目增多，增加国家财政支出；受刑人因此失学失业，不但对其家属生活有影响，而且其本人出狱后，在社会生存竞争中也因其前科身份处于不利的境地，易陷于贫困而再犯罪。1946 年国际刑法与监狱会议对短期自由刑归纳了五点弊害，1950 年在荷兰海牙召开的第 12 届国际刑法与监狱会议，确认短期自由刑将附带产生各种重大的弊害，并对短期自由刑在各国的滥用表示遗憾，各国代表的报告一致认为短期自由刑有害。②

我国有学者对这种反对论者的观点进行了概括，主要有以下几点：③ 第一，刑期太短，造成刑罚的严厉性不强，不具威慑功能；行刑机关因此也没有足够的时间针对受刑人的特点有针对性地选择教育改善的手段，导致其教育改善功能差。第二，短期拘禁使受刑人失去工作，离开家庭，给受刑人及其家庭带来物质上、精神上的贫困，使受刑人释放后很难重返社会，易步入再犯之途。第三，适用短期自由刑的人多为初犯、偶犯或轻微罪犯，这些人对监狱有一

① 参见马克昌主编：《近代西万刑法学说史略》，中国检察出版社 1996 年版，第 116～117 页。

② 参见谢瑞智著：《犯罪与刑事政策》，台湾文笙书局 1996 年 12 月增订版，第 217 页。

③ 参见杜宪苗：《短期自由刑的改良》，郑州大学 2004 年硕士学位论文，第 10～11 页。

定的恐惧感，尚有较强的羞耻心，一旦入狱，就对监狱不再恐惧，而其被贴上了罪犯的标签，又使其自尊心降低，易导致受刑人自暴自弃，走上再犯之路。第四，短期自由刑的执行场所大多设施不善，房舍不足，而且工作管理人员往往也不称职。受刑人聚集在一起，易发生交叉感染，强化犯罪意识，交流犯罪经验和技术，而工作人员往往又难以履行矫正职责，从而使受刑人的人身危险性不降反升，沦为更加危险的累犯。第五，短期自由刑的受刑者增多会过多地占用监狱的教育改造设施，给行刑实务造成过大负担。第六，短期自由刑的受刑人多属于中下阶层，上层阶层的犯罪人往往只被判处罚金，这恐怕会加深受刑者和社会大众的不公正感，使受刑者和社会对法律的公正性产生怀疑。

与反对者的声音相比，支持者的声音也不弱：[①] 第一，短期自由刑对于初犯者、机会犯人、过失犯具有冲击作用，有利于防止他们再犯罪；第二，从监狱的实际情况来看，刑期短会提高监狱的利用率，反而是短期自由刑的一个优点；第三，短期自由刑剥夺的是犯罪人的人身自由，在不分贫富起相同作用这一点上，符合分配的正义，符合公平的观念；第四，短期自由刑由于剥夺的是犯罪人的人身自由，与作为财产刑的罚金相比，受刑者所遭受的痛苦更大，惩罚的力度大大强于罚金刑，更具有惩罚的意义；第五，短期自由刑对于实现刑罚的一般预防目的是必要的，等等。

与支持者、反对者截然对立的两种声音相比，折中者的声音就要温和得多。实际上，从拘役的行刑效果看，我们既不能将其一棍子打死，也不能全盘肯定，而是有利有弊。对此，我国很多学者都认识到了这一点，如有的学者认为短期自由刑虽然存在一定的弊端，但应予保留并加以完善。[②] 尽管短期自由刑存在诸多弊端，有

① 参见杜宪苗：《短期自由刑的改良》，郑州大学2004年硕士学位论文，第11～12页。

② 参见赵秉志主编：《刑法争议问题研究》（上），河南人民出版社，第650～651页。

的甚至难以避免，但要废除短期自由刑是不现实的，也是不必要的，而且也是不应该的。[①] 这种认识是相当中肯的，事实上，包括拘役在内的短期自由刑并非一无是处，其除了具有肯定说所列举的优点以外，无论在理论上还是在实践中，其惩罚、教育和改造功能都是不可抹杀的。

从实践的层面看，我国最高人民法院发布的统计数据显示，1998 年我国共有 518 886 人被宣判有罪并被给予刑事处分，其中被判处 3 年以下有期徒刑未被宣告缓刑的为 185 215 人，被判处拘役未被宣告缓刑的为 31 251 人，被判处 3 年以下有期徒刑或拘役而宣告缓刑的为 76 903 人。[②] 从这一组数据来看，1998 年我国被判处 3 年以下有期徒刑和拘役的犯罪人达到 293 369 人，占全部被定罪判刑人数的 56. 54%。其中被判处拘役未被宣告缓刑所占的比例为 6%。应该说，这个比例还不是很高。

（二）宽严相济刑事政策下拘役的适用

对于拘役的存在，笔者以为，应当肯定其合理性。拘役与短期有期徒刑相比，除了期限上略有不同之外，并无其他的根本差别。而长期自由刑之前总是要有一个短期自由刑过渡，否则，我们总不能要么不判处犯罪分子监禁，要么就判处犯罪分子一个长期的监禁。从罪责刑相适应的角度看，刑罚体系也有一个从轻到重、惩罚力度逐步递进的过程。而这也是宽严相济刑事政策的要求。

当前，要发挥拘役这一刑种的优点、避免其弊端，从宽严相济刑事政策角度，我们需要从以下几个方面入手：

第一，宽其宽，对符合缓刑条件的，应当大胆适用缓刑。

拘役是一种较轻的刑罚，它适用的对象是那些罪行较轻的犯罪，体现的是一种宽容。而为了进一步体现宽严相济刑事政策中对

① 参见马克昌主编：《刑罚通论》，武汉大学出版社 1999 年版，第 170 ~ 171 页。

② 参见最高人民法院研究室编：《全国人民法院司法统计历史资料汇编 1949—1998》（刑事部分），人民法院出版社 2000 年版，第 608 页。

轻微犯罪从宽处理的精神，笔者以为，对符合缓刑条件的被判处拘役的犯罪分子，应当尽可能地适用缓刑。这样既做到了对犯罪分子的有罪宣告，又可以避免短期羁押给犯罪人带来的交叉感染等不当影响。

根据缓刑的规定，被判处拘役的犯罪分子，如果根据其犯罪情节和悔罪表现，不致再危害社会的，就可以宣告缓刑。那么，对哪些被判处拘役的犯罪分子可以大胆适用缓刑呢？对此，我国有学者对我国刑法中的从宽情节进行了归纳，一般来说，属于下列情形的犯罪分子，法官可以考虑对其适用缓刑：未成年犯；初犯、偶犯；胁从犯、从犯；有法定从轻、减轻情节的犯罪人；过失犯、中止犯；较轻的经济犯罪的犯罪人；家庭类犯罪的犯罪人；防卫过当引起的犯罪；避险过当引发的犯罪；自诉案件中的犯罪人；较轻的专业技术人员犯罪；老年犯；孕妇，等等。①

第二，宽其宽，对积极表现的，可以免予刑事处罚。

既然拘役的对象是那些实施了轻微犯罪的犯罪分子，如果这些犯罪分子在犯罪以后有积极表现，如自首、立功；或者这些犯罪分子的犯罪情节比较轻，如属于预备、中止、从犯或者胁从犯等等，则我们可以进一步对这些犯罪分子从宽处罚，考虑免予刑事处罚。这样，犯罪分子也基本上可以和被宣告缓刑的犯罪分子一样，不用关押，也就同样可以避免短期自由刑的弊端了。

最高人民法院2006年1月11日《关于审理未成年人刑事案件具体应用法律若干问题的解释》第17条规定：“未成年罪犯根据其所犯罪行，可能被判处拘役、三年以下有期徒刑，如果悔罪表现好，并具有下列情形之一的，应当依照刑法第三十七条的规定免予刑事处罚：（一）系又聋又哑的人或者盲人；（二）防卫过当或者避险过当；（三）犯罪预备、中止或者未遂；（四）共同犯罪中从

① 参见杜宪苗：《短期自由刑的改良》，郑州大学2004年硕士学位论文，第47页。

犯、胁从犯；（五）犯罪后自首或者有立功表现；（六）其他犯罪情节轻微不需要判处刑罚的。”最高人民法院的这一司法解释，表达的就是对未成年罪犯的从宽处罚。笔者以为，可以将最高人民法院这一解释所体现的精神作进一步的延伸，即对可能被判处拘役的犯罪分子，如果悔罪表现好，并且有相关的法定或者酌定从宽情节，表明其犯罪情节轻微的，也可以免予刑事处罚。尤其是当可能被判处拘役的犯罪分子，有法定的减轻情节时，更应当如此。

第三，宽其宽，利用刑法分则规定的刑罚选择，多适用管制或单处附加刑。

从我国刑法分则关于刑罚的规定看，在具体犯罪中，很多刑罚规定都是可以选择的，法律并没有规定一定要判处犯罪分子拘役，而是也可以判处管制或者罚金、剥夺政治权利。例如，我国刑法第250条规定："在出版物中刊载歧视、侮辱少数民族的内容，情节恶劣，造成严重后果的，对直接责任人员，处三年以下有期徒刑、拘役或者管制。"在这里，对出版歧视、侮辱少数民族作品的行为，法官可以在3年以下有期徒刑、拘役和管制之间选择适用，而如果犯罪分子的罪行不是很严重，为了避免短期自由刑给犯罪分子带来的不良影响，法官完全可以多多考虑对犯罪分子适用管制这种非监禁刑。

同样，我国刑法分则中还有一些条文规定了拘役与罚金、拘役与剥夺政治权利的选择刑。在这种情况下，如果犯罪分子的犯罪情节不是很恶劣，没有从重的情节，那么，法官在自由裁量的范围内，可以尽量对犯罪分子适用单处罚金、剥夺政治权利这两种附加刑，避免对犯罪分子进行不必要的关押。

第四，严其严，可以严格监管，实行分管分押，避免犯罪分子之间的交叉感染。

我国刑法第43条第1款规定："被判处拘役的犯罪分子，由公安机关就近执行。"就近执行，是指将受刑人安置在所在地的县、市或市辖区的公安机关设置的拘役所执行；对没有建立拘役所的，安排在离犯罪人所在地较近的监狱执行；如果犯罪人所在地附近没有监狱的，可将其安排在看守所执行。[①] 也就是说，就近执行，实际上就是就近关押。拘役反对论者反对拘役的一个重要理论，就是拘役这种对犯罪分子的短期关押，不仅难以起到惩罚效果（因为时间太短），而且可能造成犯罪分子之间的交叉感染，对社会的危害更大。因此，要解决拘役中存在的这一弊端，应当在被判处拘役的犯罪分子的关押上做文章。

如前所述，对于一些人身危险性和社会危害性较轻的犯罪分子，被判处拘役的，如果符合缓刑的条件，可以宣告缓刑；如果可能被判处拘役，但是有悔改表现，并且有从宽情节，可以免予刑事处罚；还有一部分人身危险和社会危害性较轻，但不符合缓刑条件的，则可以适用管制或者单处罚金、剥夺政治权利。这样一来，被判处拘役的犯罪分子，一般都是实施了轻微犯罪但没有从宽情节的人，根据我国宽严相济刑事政策的精神，对这一部分犯罪人，我们也可以宽中有严，以增加其改造效果。对被判处拘役的犯罪分子的这种宽中有严，主要是对受刑人实行分管分押，以防止交叉感染。

由于拘役的期限是1个月以上6个月以下，并且被判处拘役的犯罪分子还要接受劳动教育改造，因此即便对这些罪犯实行分管分押，让其“孤独”起来，也可能会在一定程度上增加其精神上的压力或痛苦，但不会太大，也不违反宽严相济刑事政策。

总之，作为一个刑种，拘役在实践中所发挥的改造犯罪人的作用相对有限，并且存在一定的弊端。为此，我们可以以宽严相济刑事政策为指导，宽其宽、严其严，做到宽中有严、严中有宽，宽严相济，以求最大限度地发挥拘役这一刑种的积极作用。

① 参见高铭暄、马克昌主编：《刑法学》，中国法制出版社2007年版，第352页。

第四节　宽严相济刑事政策下的诉讼实践

一、立案制度

立案程序是我国整个刑事诉讼程序的开端。作为独立诉讼阶段的立案程序肩负着初步甄别有罪者与无罪者的任务。为了完成此项艰巨的任务，我国刑事诉讼法为其设置了过高的证明标准，而且试图通过对立案材料的审查达到此项标准。由于立案阶段初查的法律地位模糊，初查中采用的诉讼手段可能不受约束地侵犯嫌疑人的基本权益。人民检察院对立案活动及其对象监督的范围过窄，监督手段缺乏刚性，无法抑制刑事立案过程中的种种违法现象。在目前刑事诉讼法尚未修改的前提下，司法机关应当从对立案条件的准确把握、谨慎运用初查手段以及严格检察机关的立案监督等三个方面贯彻宽严相济刑事政策。

（一）对立案条件的准确把握

我国刑事诉讼法第 86 条规定："人民法院、人民检察院或者公安机关对于报案、控告、举报和自首的材料，应当按照管辖范围，迅速进行审查，认为有犯罪事实需要追究刑事责任的时候，应当立案……"根据本条的规定，立案须同时具备两个条件：一是事实要件，即认为有犯罪事实存在；二是法律要件，即这种犯罪行为需要追究刑事责任。按照我国学界的通说，有犯罪事实是指有依照刑法规定构成犯罪的行为发生，并且该犯罪事实的存在有一定的证据证明。有犯罪事实还不一定能够定案，因为并不是所有发现的犯罪事实都需要追究刑事责任，依法不需要追究刑事责任的情形就不能立案。

实际上，依据人类的认识规律，案件事实是随着诉讼程序的不断进行而逐步呈现的。某种行为是否构成犯罪，是否应当被追究刑事责任，不仅在立案前大多难以确定，甚至有些案件需要通过审判最后才能确定，否则，撤销案件、不起诉、宣告无罪和定罪免刑就没有存在的必要了。在立案阶段，所谓的“犯罪事实”，只能说是受理案件的司法机关“认为有犯罪事实”，这种主观上的判断应当建立在客观的证据材料基础之上。

如果说，“有犯罪事实”只是司法机关主观上的判断的话，那么，我国立案条件中的法律要件要求司法机关在接到报案的时候就作出是否“追究刑事责任”的判断，这一标准也未免太高。在我国司法实践中，事实上和法律上过高的立案标准，往往导致应该立案侦查的没有立案侦查，这种高标准也成为某些司法机关不立案的借口。针对我国不合理的立案条件，学者们提出了各种改革建议，一种观点认为，立案只要一个条件就够了，只要存在危害社会的、为刑法禁止的行为发生，就可以立案，即只需要具备事实条件。还有观点认为，立案应包括两个要件，事实条件与第一种观点基本相同，但法律条件应根据刑事诉讼法第83条的规定修改为“立案机关对涉嫌的犯罪具有管辖权”。不论是哪种观点，事实上都主张降低立案的事实条件（或者称为证明标准）。

笔者认为，在目前公诉案件立案标准尚未修改的情况下，应当严格对法律所规定的立案条件的把握，以贯彻宽严相济刑事政策，及时启动对严重案件的追诉，以及对轻微案件的终结诉讼。最高人民检察院以及公安部对一些犯罪的立案标准进行了解释，但是，这些解释过于紊乱，标准不一。从某种意义上说，公安部所制定的立案标准，大多从有利于案件的侦查角度出发而制定，实际上就是侦查标准。最高人民检察院则将立案与起诉有机地结合起来，立案的标准就是追究犯罪嫌疑人刑事责任的标准，该案件侦破后能够直接就此追究犯罪嫌疑人的刑事责任，这种立案标准实际上演变成了起诉标准。而且，公安机关和检察系统对究竟“以人立案”还是“以事立案”的问题也未达成共识。公安机关主要采取以事立案的方式，很少以人立案。最高人民检察院2000年1月颁布的《人民检察院立案监督工作问题解答》则通篇贯穿了以人立案的理念。

笔者认为，我国现行刑事诉讼法第86条所规定的立案标准实际上是以事立案，而非以人立案。在对立案标准的认定上，司法机关应当以刑事诉讼法第86条的规定为总的指导原则，结合个罪的相关司法解释，以达到追诉的要求为基本的立案标准。在事实标准上，以案源为立案的基本依据，即案件发生时的法律事实符合刑事立案的标准就将其当做刑事案件予以立案，符合治安、行政案件的标准，就不再将其作为刑事案件，不能人为地为了法律之外的目的而抬高或者降低立案标准。

此外，侦查机关还应当科学、客观地看待立案的数目。从某种意义上讲，并不是立案数目越大，侦查机关打击犯罪的力度越大，侦查机关的侦查水平越高；相反，立案数目越小，打击犯罪力度越不够，侦查机关侦查水平越低。同时，也并不是说立案数目越大，治安形势越严峻；立案数目越小，治安形势越好。司法人员对立案材料的审查处理方式会影响立案数目大小，受害人报案的主动性等客观因素同样也会影响立案数目的大小。因此，侦查机关绝对不能忽视客观事实和法律的规定，刻意地为了追求立案的高数量而对具有法定不予追究刑事责任的、没有犯罪事实的，或者依照刑法规定不负刑事责任和不是犯罪的情形予以立案。侦查机关只有抱着实事求是、依法办事、保障人权的刑事追诉态度，才能体现宽严相济的刑事政策。同时，侦查机关也不能机械地以立案的数目或者立案基础上的破案率作为考核业绩的唯一标准。忽视客观规律追求高立案数和高破案率的做法只会导致违法的立案和违法的破案。

（二）对初查手段的谨慎运用

按照我国刑事诉讼法第86条的规定，人民法院、人民检察院或者公安机关对于报案、控告、举报和自首的材料，应当按照管辖范围，迅速进行审查，认为有犯罪事实需要追究刑事责任的时候，应当立案。事实上，仅仅通过审查报案、控告、举报、自首等材料，无法准确判断事件性质及行为人是否需要追究刑事责任。1999年最高人民检察院《人民检察院刑事诉讼规则》（以下简称最高检察院《规则》）第六章“立案”中将这种“审查”在相关解释中定位为“初查”，以“初查”的结果来判断是否符合立案的条件。那么，在初查阶段可以使用哪些调查手段呢？最高检察院《规则》第127条规定，侦查部门对举报中心移交举报的线索进行审查后，认为需要初查的，应当报检察长或者检察委员会决定。举报线索的初查由侦查部门进行，但性质不明、难以归口处理的案件线索可以由举报中心进行初查。最高检察院《规则》第128条规定，在举报线索的初查过程中，可以进行询问、查询、勘验、鉴定、调取证据材料等不限制被查对象人身、财产权利的措施。不得对被查对象采取强制措施，不得查封、扣押、冻结被查对象的财产。立案前的初查行为并不是行政活动，尽管它存在于立案程序中（具体来讲是在立案或者不立案作出决定之前），如果以此为由认为初查就不是刑事诉讼活动的话，实际上是不恰当的。初查与立案后的侦查行为之间并没有本质上的区别，初查行为实际上就是侦查性质的调查活动。

公安机关的执法实践表明，由于公安机关接到报警后几分钟必须赶到现场，以及现场情况不明、现行犯或者重大嫌疑分子身份不清的原因，要求警察必须在立案以后才采取侦查行为是不切实际的。[①] 事实上，由于公安机关不但具有刑事司法职能，而且具有维护社会治安的行政管理职能，因此，在初查过程中，公安机关经常依照《人民警察法》的规定，对嫌疑人实施盘查、留置等行政强制措施。除此之外，公安机关还可能按照《治安管理处罚法》的规定，对嫌疑人进行传唤、强制传唤、讯问、取证等。由于公安机关行政职能与刑事诉讼职能不分，公安机关可能借行政执法之名，行立案初查、刑事侦查之实，这种行为又无法受到刑事诉讼立法和司法的控制。

---

① 参见殷小峰等：《规范警察立案前的侦查行为》，载《中国刑事警察》2005年第5期。

为了在立案阶段体现宽严相济的基本精神，公安机关、检察机关的侦查人员在受理立案材料之后，应当在主观上充分认识到初查不同于立案之后的侦查手段，并且谨慎地进行初查，以准确地甄别对嫌疑人是否应当追诉。具体而言，公安机关、检察机关的初查可以是书面审查，也可以采取一些必要的调查措施，如询问、查询、勘验、鉴定、调取证据材料等不限制被查对象人身、财产权利的方式，但不得采取强制措施、查封、扣押、冻结等方式。初查内容侧重体现为外围的、泛泛的调查。初查终结时，侦查人员对每一项事实的调查结论都要有合理的分析判断，不能凭空猜测而妄下断论。此外，侦查人员在初查时，也应遵循一定的法律程序（在目前没有法律对初查进行完善的规定的情况下，可以类推适用一些侦查程序）。例如，侦查人员在初查过程中也应遵循回避的规定；实施查询、勘验、鉴定、调取证据材料等手段时，应当明示自己的身份、告知被询问人员相应的权利和义务，等等。

（三）严格立案监督机制

1. 我国刑事立案监督的现状

按照我国宪法和刑事诉讼法的相关规定，人民检察院是国家的法律监督机关。它有权对整个刑事诉讼活动进行监督，立案作为现阶段刑事诉讼活动的一个独立的阶段，自然属于人民检察院法律监督中的重要一环。1979 年刑事诉讼法并没有对立案监督作出专门的规定，仅规定通过审查批捕、审查起诉来纠正公安机关不应立案而立案追究的问题。1996 年刑事诉讼法对立案制度作了进一步补充，增加了“立案监督”等内容，完善了我国的刑事立案监督机制。刑事诉讼法第 87 条规定：“人民检察院认为公安机关对应当立案侦查的案件而不立案侦查的，或者被害人认为公安机关对应当立案侦查的案件而不立案侦查，向人民检察院提出的，人民检察院应当要求公安机关说明不立案的理由。人民检察院认为公安机关不立案理由不能成立的，应当通知公安机关立案，公安机关接到通知后应当立案。”最高人民法院、最高人民检察院、公安部、国家安全部、司法部、全国人大常委会法制工作委员会联合出台的《关于刑事诉讼法实施中若干问题的规定》(以下简称六机关《规定》)第7条指出，根据刑事诉讼法第87条的规定，公安机关在收到人民检察院《要求说明不立案理由通知书》后7日内应当将说明情况书面答复人民检察院。人民检察院认为公安机关不立案理由不能成立，发出《通知立案书》时，应当将有关证明应该立案的材料同时移送公安机关。公安机关在收到《通知立案书》后，应当在15日内决定立案，并将立案决定书送达人民检察院。此外，最高检察院《规则》结合我国刑事司法实践，对刑事诉讼法关于立案监督的内容进行细化，并在某种程度上进行了扩大解释。比如，在立案监督的范围上，最高检察院《规则》第378条将其范围扩大到“公安机关不应当立案而立案侦查”之上，规定：“对于公安机关不应当立案而立案侦查的，人民检察院应当向公安机关提出纠正违法意见。”最高检察院《规则》第376条将监督的范围扩大到立案的过程中，规定：“人民检察院通知公安机关立案的，应当依法对通知立案的执行情况进行监督。”[①] 在立案监督的手段上，最高检察院《规则》第377条规定：“对于由公安机关管辖的国家机关工作人员利用职权实施的重大犯罪案件，人民检察院通知公安机关立案，公安机关不予立案的，经省级以上人民检察院决定，人民检察院可以直接立案侦查。”该条规定实际上扩充了人民检察院的监督手段。

2. 我国刑事立案监督面临的问题

第一，刑事立案监督的范围狭窄。理论上讲，立案监督既包括对公安机关立案活动的监督，也包括对其不立案活动的监督。但

---

① 这一规定主要针对我国司法实践中存在的下列三种现象：(1) 立而不侦。在检察机关监督下公安机关虽然立了案，但立而不侦，久拖不决。(2) 先立后撤。公安机关立案后，未经侦查或未经认真侦查就撤销案件，以规避立案监督。(3) 以罚代刑、以教代刑。公安机关立案后对一些已经构成犯罪的案件予以罚款、行政处罚或劳动教养等降格处理。参见顾军民：《完善刑事立案监督的思考》，载《中国检察官》2006年第6期。

是，根据我国刑事诉讼法第 87 条的规定，检察机关只能对应当立案而不立案的行为进行监督。我国司法实践中，枉法追诉、滥用刑事诉讼立案权的现象也是客观存在的：如片面追求办案数量，对一些不应该追究刑事责任的案件也立案；插手经济纠纷，对一些明显属于民事经济纠纷的案件，也立案后滥用侦查措施，以追求经济效益，受利益驱动，充当保护伞，不该受理的案件也立案，等等。[①] 基于此种现状，最高检察院《规则》第 378 条规定："对于公安机关不应当立案而立案侦查的，人民检察院应当向公安机关提出纠正违法意见。"这一规定显然也是个软规定，公安机关往往以刑事诉讼法没有相应规定而认为该规定没有约束力。司法实践中，对侦查机关不应当立案侦查而立案，滥用刑事诉讼程序的违法行为，通过立案监督程序予以纠正的并不常见。

第二，刑事立案监督的对象不完整。基于我国公安机关管辖大多数刑事案件的现状，我国刑事诉讼法只是规定了对公安机关不立案的监督，普遍认为，这里的公安机关只能作狭义的理解。事实上，其他拥有立案管辖权的机关（如人民检察院的自侦部门、国家安全机关、军队保卫部门、海关走私侦查部门、监狱侦查部门以及人民法院等）在受理各自管辖的案件的时候，也会存在不同程度的违法行为，也需要一定的监督机制的存在。最高检察院《规则》第 379 条尽管规定了"对本院侦查部门应当立案侦查的案件不报请立案侦查的行为实施监督"，但是这种规定显然是不够全面的。而且，检察机关既是运动员又是裁判员，既是监督者又是被监督者。在司法实践中，这种自我监督能在多大程度上得以落实，也是存在疑问的。

第三，立案监督措施缺乏刚性的效果。尽管刑事诉讼法第 87 条、六机关《规定》第 7 条以及最高检察院《规则》第十章第一

① 参见戴御忠：《当前刑事立案监督存在的问题及建议》，载《行政与法》2002 年第 5 期。

节对于立案监督的具体实施程序作出了明确规定，但是，法律以及相关解释中的立案监督手段缺乏刚性，难以达到监督的目的。以对公安机关不立案监督的手段而言，法律没有规定对公安机关接到立案通知后仍不立案的进一步监督措施，导致在司法实践中，公安机关接到立案通知仍不立案或者立案后不进行侦查造成案件长期拖延，甚至变相撤销案件。从最高检察院《规则》所规定的对于公安机关不应当立案而立案侦查的监督角度而言，人民检察院向公安机关提出的纠正违法意见，在我国目前公安机关处于诉讼中的强势地位的情况下，事实上很难得到公安机关的遵守。

3. 通过刑事立案监督来贯彻宽严相济刑事政策

我国刑事立案监督机制存在缺陷的原因是多方面的，最为关键的就是我国公安机关、人民检察院和人民法院三机关之间“分工负责、互相配合、互相制约”之间的关系，在这种司法体制下，检察机关的监督地位很大程度上得不到被监督者的尊重，导致司法实践中检察机关与公安机关之间配合有余而监督不足。因此，在司法实践中，检察机关应当探索检察引导侦查的诉讼机制，通过检察机关对公安机关侦查活动的介入，促进监督（包括立案监督和侦查监督）机制的完善。[①] 在检察引导侦查的体制之下，应当充分运用我国现有的立案监督机制贯彻宽严相济刑事政策。

（1）在现有的立法框架内扩大立案监督的范围与对象。

检察机关的立案监督内容，既包括应当立案侦查而不立案的违法现象，也包括不应当立案侦查却立案的违法行为。检察机关的立案监督不仅包括立案的结果，而且包括立案的活动。同时，立案监督的对象也应当扩大，从理论上讲，立案监督的对象包括所有具有刑事立案权的机关。但是，我们认为，考虑到我国现行的司法体制和诉讼制度，还有监督机制的可操作性，检察机关的立案监督对象

① 值得注意的是，这种检察引导侦查的机制中，绝对不可只有配合，没有监督，否则，人民检察院法律监督的地位就没有得到根本的体现。

只应包括国家安全机关、监狱侦查部门、海关走私侦查部门、军队保卫部门，而人民法院对刑事自诉案件的立案活动则不应由检察机关来监督，原因在于，人民法院的刑事立案与上述机关的刑事立案并不相同，人民法院的刑事立案是为了审判，而上述立案机关的立案则是为了侦查。理论上人民法院对刑事案件的立案和民事案件中的立案没有太大区别，如同民事诉讼法学界呼吁取消民事立案程序一样，对于刑事自诉案件的立案也应当取消。人民法院原则上应当受理每个公民的自诉，这是各国通行的做法。唯有如此才能从根本上解决自诉案件被害人“告状无门”的现象。对于检察机关自侦案件的立案的监督权，由于自我监督天然的局限性，我们认为，应当交给人民法院，也就是说，利害关系人可以针对检察机关在立案中的违法行为，向人民法院提出救济申请，纠正其违法行为。但是，目前在刑事诉讼法尚未修改的情况下，应当发挥上一级检察机关的业务领导作用，随时对下级检察机关的违法立案或者不立案的活动进行审查监督，以达到双重监督的效果。

（2）在刑事立案监督活动中，应运用更多的刚性立案监督措施。

在我国目前没有对立案程序进行全面改造的情况下，应当赋予检察机关一些刚性的手段监督立案机关，比如，立案监督调查权，即人民检察院有权对刑事立案机关的诉讼活动依法进行调查；立案监督决定权，即人民检察院有权对刑事立案机关的立案、不立案决定作出变更的处理；立案监督处罚建议权，即人民检察院在纠正违法过程中，认为需要给予违法责任人员行政处罚、内部纪律处分时，有权提出立案监督处罚建议书，送达有关机关，要求对违法责任人员给予处罚。

二、逮捕制度

逮捕是刑事诉讼强制措施中最严厉的一种手段，正确、合法地适用逮捕不仅关系着追诉犯罪的成功与否，而且关系着公民的人身权利是否得到保障。在我国司法实践中，出于种种目的的需要，执法机关偏好逮捕等羁押性强制措施的适用。对被追诉者的逮捕羁押成为刑事强制措施适用的常态。有的地方机械地将案件类型、被告人的户籍确定为是否逮捕羁押的标准，也导致许多罪行轻微的刑事被告人被不当羁押。为了让逮捕措施的适用更好地体现宽严相济的刑事政策，应当破除某些不当的司法惯性，在现行立法基础之上对逮捕制度加以正确理解和运用。

（一）逮捕的条件

逮捕条件的设置是否科学事关逮捕制度本身是否科学、正当，以及逮捕措施在实践中是否会被非法使用或者不合理使用，还关系着被羁押公民的人权是否可能得到切实的保护。实践中出现的普遍羁押、超期羁押现象说明1996年修订刑事诉讼法所带来的逮捕条件的变化并没有实现立法时所确定的人权保障目标。

归纳一下我国立法和实践中的逮捕，大致有以下三种：我国刑事诉讼法第60条规定的是一般逮捕，也就是符合证据要件、刑罚要件和必要性要件的情况下实施的逮捕。而刑事诉讼法第56条和第57条规定的逮捕不同于上述一般逮捕，它的前提是被取保候审、监视居住人违背义务性规定，且情节严重，这种逮捕也被称为“变更型逮捕”。在我国司法实践中，有些检察机关还创立了“附条件逮捕制度”（也称为“有条件逮捕制度”）①，将这种制度当做贯彻严厉刑事政策的体现。具体而言，附条件逮捕制度就是，对于杀人、抢劫、强奸、绑架、贩毒、放火、爆炸、投放危险物质等严重刑事犯罪和黑恶势力犯罪案件，如果证据有所欠缺，但已基本构成犯罪，确实具备补充、完善证据的条件和可能，而且公安机关已有补充侦查的具体计划与方案的，经过进一步侦查能够取得定罪所

① 参见王学东：《宽严相济刑事政策在审查逮捕环节中的适用》，正义网，2007－03－12。也可参见刘静等：《宽严相济刑事政策视角下适用逮捕措施的机制探讨》，载卢建平主编：《刑事政策评论》（第1卷），中国方正出版社2007年版，第213～227页。

必需的证据、确有逮捕必要的重大案件的犯罪嫌疑人，经过检察委员会讨论决定可以批准逮捕。在作出批准逮捕的同时，检察机关须要求公安机关在限定时间内补充完善证据。如果侦查机关在侦查羁押期限届满时，仍未能取到定罪所必需的充足证据的，应当及时撤销批准逮捕的决定。

以下将对这三种逮捕的适用条件进行具体分析：

1. 对一般逮捕适用条件的把握

（1）证据要件。修改后的刑事诉讼法将原逮捕条件的“主要犯罪事实已经查清”修改为“有证据证明有犯罪事实”，根据六机关《规定》第26条的规定，“有证据证明有犯罪事实”是指同时具备下列情形，即有证据证明发生了犯罪事实；有证据证明犯罪事实是犯罪嫌疑人实施的；证明犯罪嫌疑人实施犯罪行为的证据已经查证属实的。在我国司法实践中，由于害怕国家赔偿和错案追究，司法人员往往对“有证据证明有犯罪事实”这一条件把握过严，几乎将其等同于起诉或定罪时的标准，殊少有司法人员在“八九不离十”的例外情形下批准逮捕，通常都是以是否真正构成犯罪作为批捕的标准。

笔者认为，司法实践中，“错捕”的认定标准应当科学化，具体而言，逮捕当时符合刑事诉讼法第60条规定的逮捕条件的犯罪嫌疑人，之后的诉讼结果和逮捕预期不符的，不应视为错捕。具有对不符合刑事诉讼法第60条规定的逮捕条件而逮捕犯罪嫌疑人并经撤案、不起诉、宣判无罪等诉讼程序确认时，可认定为错捕。包括以下几种情形：没有犯罪事实存在或犯罪行为不是犯罪嫌疑人实施的；法律无明文规定为犯罪的；存在阻却犯罪的合法事由的；情节显著轻微，危害不大，不认为是犯罪的；犯罪已过追诉时效期限的；在案件事实证据法律无变化的情况下，捕后出现撤案、撤捕、不起诉、宣判无罪情形之一。只有在“错捕”的认定标准科学化的基础上，才能要求批捕主体严格按照刑事诉讼法第60条规定的逮捕条件依法大胆地决定逮捕或者不予逮捕，批捕主体绝对不能一味地害怕错捕而提高逮捕的条件，也不能为了打击犯罪而随意降低逮捕的要求。

(2）必要性条件。必要性条件的具体表述为“采取取保候审、监视居住等方法，尚不足以防止发生社会危险性，而有逮捕必要”。法律对必要性条件的规定不甚明确，实践中不太好把握。在司法实践中，司法机关一旦适用“无逮捕必要”不予逮捕，发生犯罪嫌疑人外逃、自杀或再次危害社会等情形，办案人员承受的压力很大。这就导致在司法实践中逮捕的滥用，甚至有时将逮捕作为打击犯罪、维护社会稳定的工具或一种惩罚方式。某些地方的办案人员甚至只片面强调“证据要件”和“刑罚要件”，或仅强调“证据要件”，而极少考虑或根本就不考虑“必要性”标准，这就使得我国有些地方的逮捕率居高不下。①

基于上述司法现状，笔者认为，在目前刑事诉讼法尚未修改的情况下，司法机关在认定犯罪嫌疑人、被告人是否“有逮捕必要”时，应当综合考虑犯罪嫌疑人、被告人的主体、主观因素、证据因素、可能判处的刑罚以及犯罪情节等等。具体包括：一是主体是否属于未成年人或者在校学生、老年人、严重疾病患者、盲聋哑人、初犯、从犯或者怀孕、哺乳自己婴儿的妇女等；二是法定刑是否属于较轻的刑罚；三是情节是否具有中止、未遂、自首、立功等法定从轻、减轻或者免除处罚等情形；四是主观方面是否具有过失、受骗、被胁迫等；五是犯罪后是否具有认罪、悔罪表现，是否具有重新危害社会或者串供、毁证、妨碍作证等妨害诉讼进行的可能；六是犯罪嫌疑人是否属于流窜作案、有无固定住所及帮教、管教条件；七是案件基本证据是否已经收集固定、是否有翻供翻证的可能等。对于上述7种情形，罪行严重、主观恶性较大、人身危险性大

---

① 当然，多年来，我国司法机关一直把高批捕率视为打击犯罪力度的标志，以批捕数量的多少作为衡量案件质量和考核工作成绩的标准，这也导致了办案部门片面追求案件的批捕数和批捕率。参见王维志：《逮捕强制措施普遍化的实证分析》，载《中国检察官》2006年第9期。

或者有串供、毁证、妨碍作证等妨害诉讼顺利进行可能，符合逮捕条件的，应当批准逮捕。对于不采取强制措施或者采取其他强制措施不至于妨害诉讼顺利进行的，应当不予批捕。对于可捕可不捕的坚决不捕。对于罪行较轻，具备有效监护条件或者社会帮教措施，没有社会危险性或者社会危险性较小，不会妨害诉讼正常进行的未成年犯罪嫌疑人，一般不予批准逮捕。对于罪行比较严重，但主观恶性不大，有悔罪表现，具备有效监护条件或者社会帮教措施，不具有社会危险性，不会妨害诉讼正常进行，并具有下列情形之一的未成年犯罪嫌疑人，也可以依法不予批准逮捕：初次犯罪、过失犯罪的；犯罪预备、中止、未遂的；有自首或者立功表现的；犯罪后能够如实交代罪行，认识自己行为的危害性、违法性，积极退赃，尽力减少和赔偿损失，得到被害人谅解的；不是共同犯罪的主犯或者集团犯罪中的首要分子的；属于已满14周岁不满16周岁的未成年人或者系在校学生的。

2. 变更型逮捕适用条件的理解

"变更型逮捕"的前提条件是，被取保候审的犯罪嫌疑人违反取保候审规定，并且情节严重。那么，在适用逮捕措施时，是否还应同时符合刑事诉讼法第60条规定的条件？一种观点认为，对犯罪嫌疑人违反取保候审规定的，只要达到情节严重的程度，就可作出批准逮捕决定；另一种观点则认为，对违反取保候审规定的犯罪嫌疑人批准逮捕，必须符合刑事诉讼法第60条关于适用逮捕的三个条件。司法实践中，有些司法机关认为第一种观点不违反刑事诉讼法的立法原意，也符合最高人民检察院有关司法解释的规定。[①]笔者认为，"变更型逮捕"是指被取保候审、监视居住的犯罪嫌疑人、被告人因严重违反法定义务而对其变更强制措施予以的逮捕。

---

① 参见《人民检察》学习问答组：《对违反取保候审规定的犯罪嫌疑人如何适用逮捕措施》，载《人民检察》2007年第16期。类似观点，参见龙飞俊：《变更型逮捕适用条件怎样掌握》，载《检察日报》2002年7月29日。

“变更型逮捕”在本质上仍然是一种逮捕措施，它的目的在于消除诉讼障碍，保障刑事诉讼顺畅进行，因此，它必须符合一般逮捕的条件。犯罪嫌疑人违反取保候审或者监视居住的规定，只表明其具备了一般逮捕中的必要性条件，对其是否采用逮捕，还必须审查其是否具备另外两个条件，即证据条件和刑罚条件。只有犯罪嫌疑人同时具备一般逮捕的三个条件，才能适用“变更型逮捕”。

3. 对附条件逮捕实践的质疑

从理论上讲，刑事政策不能取代刑事法律的规定，宽严相济刑事政策必须以刑事法律的规定为基础，在刑法适用中贯彻宽严相济刑事政策就是要遵循罪刑法定原则，在刑事诉讼过程中就是应遵循程序法定原则。刑法所规定的罪责在绝大多数情况下都是有裁量余地的，而且，在结合个案进行判断的过程中，刑法的实现也依靠办案人员在诉讼流程中认定案件事实和适用法律。刑事政策之所以能够在刑事法律的适用中起到作用，最为主要的就是法律所赋予司法人员的裁量权。从这个意义上来讲，司法人员严格遵守程序法律更为重要。因为刑事程序法本身对司法人员的角色、功能进行定位，某种程度上就已经约束了这种裁量权的滥用，保证通过法定程序得出的实体结果是正当、理性的结果。可以说，通过遵守法定程序，能够使宽严相济刑事政策在具体案件中正确地贯彻，真正做到严有度、宽有节。

一般逮捕、变更型逮捕属于立法所规定的逮捕种类，都是必须符合法定条件的逮捕。但是，在司法实践中，某些检察机关在办理各类审查逮捕案件时，常会遇到一些因证据不充分而不符合逮捕条件的严重刑事犯罪案件，检察机关对这些案件往往不敢贸然批捕，但这些案件大多涉嫌杀人、抢劫、强奸、绑架、贩毒、放火、爆炸、投放危险物质等严重刑事犯罪，如不将涉案嫌疑人及时批准逮捕，很可能会影响到以后刑事诉讼的顺利进行，有碍案件的进一步侦查。于是，一些检察机关创立了“附条件逮捕”，并积极探索附条件逮捕工作机制。有些司法机关甚至出台了相关的规定，如

2007年8月重庆市渝北区人民检察院与重庆市公安局渝北区分局、经济开发区分局、民航重庆机场公安局等单位联合制定了《附条件逮捕实施办法》，该办法共分16条，其内容包括附条件逮捕的概念、适用条件和范围，具体程序、办理期限、文书制作，以及对检察机关和侦查机关的不同要求、最终处理结果等方面内容。该办法规定，适用附条件逮捕的案件必须同时具备以下条件：有证据证明有犯罪事实发生，且属严重刑事犯罪或其他罪行严重、社会影响大的犯罪案件；有证据证明犯罪嫌疑人是行为人或共同行为人之一；有证据证明犯罪嫌疑人已经达到了刑事责任年龄并具有刑事责任能力；有证据证明犯罪嫌疑人实施了犯罪行为，但证据未达到批准（决定）逮捕标准；有进一步收集、补充、完善证据的条件和可能，侦查机关（部门）已有明确的补充侦查方案和计划，因刑事拘留时限不足尚未施行的；侦查机关（部门）已经采取刑事拘留强制措施，采取取保候审、监视居住等方法尚不足以防止社会危险性，而有逮捕必要。① 笔者认为，逮捕权是一种公权力，对于公权力而言，“法无明文规定不得行”。“附条件逮捕”这一做法突破了我国刑事诉讼法对逮捕条件的规定，在具备逮捕的法定条件时先逮捕犯罪嫌疑人、被告人，然后寻找证据满足逮捕的条件，这种做法实际上是在立法没有规定的情况下，司法机关自我授权，不仅可能无法体现宽严相济刑事政策，而且破坏了我国法律的权威，更可能侵犯犯罪嫌疑人、被告人的诉讼权利和人身权利。因此，这种“附条件逮捕”的做法应当尽快废止。

（二）逮捕的审查程序

在司法层面，为了贯彻宽严相济的刑事政策，检察机关应当改变目前一刀切的做法，对于复杂与简单、严重与轻微、成年人和未成年人案件予以区别对待，建立繁简分流、轻案快速处理机制。具

---

① 参见《我院与公安机关联合制定〈附条件逮捕实施办法〉》，参见重庆市渝北区人民检察院官方网站。

体而言，对案情简单、犯罪嫌疑人认罪并且供述稳定的案件，根据具体情况，在审查批捕环节适用简易程序，简化法律文书制作，在确保案件质量的前提下，用较短的时间办理，使轻案在审前环节得到快速处理。在对未成年人犯罪案件进行审查逮捕时，要设立专门的办案小组或办案机构，逐步完善未成年人案件社会调查制度、特别告知制度与简化办案流程等办案机制，认真落实未成年人犯罪案件的轻缓化刑事政策，最大限度地保障未成年犯罪嫌疑人的合法权益。①

同时，科学的立法均需依据正当化的诉讼程序来落实。我国现行的逮捕审查方式具有行政化、封闭性的特点，不利于提请批捕的机关以及犯罪嫌疑人、被害人等诉讼参与人的参与，难以预防批捕权的滥用。为此，我们建议在现有法律框架内改逮捕的内部行政审查式为外部听证式。所谓逮捕听证程序，就是指逮捕的决定主体在作出逮捕决定前，派专人主持听取案件承办人、侦查人员、被害人、犯罪嫌疑人、被告人及其他诉讼参与人对案件事实进行陈述、质证、辩论，并最终作出处理决定的程序。具体而言，听证主持人可由检察长（院长）或检察委员会（审判委员会）的委员担任。听证参与人包括案件承办人、侦查人员、被害人和犯罪嫌疑人、被告人、证人、鉴定人、翻译人，以及被害人委托的诉讼代理人、犯罪嫌疑人、被告人委托的辩护人等。犯罪嫌疑人、被告人、被害人在听证中享有的权利主要包括：（1）可以对听证主持人、记录人提出回避申请；（2）可以委托辩护人、代理人参加听证，但犯罪嫌疑人（被告人）必须参加听证；（3）对案件的事实情况和适用法律依据等进行陈述、辩护；（4）对听证笔录进行审核。听证的程序包括听证的告知、听证的申请、听证的通知以及听证会的步骤。听证应制作笔录，笔录经听证参与人审核无误后应签字或盖

---

① 参见王学东：《宽严相济刑事政策在审查逮捕环节中的适用》，http://www.jcrb.com/zywfiles/ca589397.htm。

章。听证结束后听证主持人应根据听证过程中参与人的陈述和辩论提出案件处理意见，案件承办人据此作出最终处理决定。①

（三）对被逮捕公民诉讼权利的保障

逮捕制度本身集中了国家权力与个人权利的对抗。在逮捕实施过程中，尽管国家权力本身应当节制以体现谦抑性，但是，国家权力的运行最终要体现在对被处分人的权利的剥夺之上，被处分人的基本权利是否受到尊重，被追诉者的诉讼主体地位是否得以确立，足以体现国家的刑事强制处分权行使是否恰当。立法者在设计逮捕制度时，应赋予被追诉者一系列的程序性权利，保障被追诉者的诉讼主体地位的确立。因为，拥有诉讼主体地位的被追诉者及其协助者可以监督、约束逮捕实施者的权力行使，通过自身程序性权利对抗逮捕实施权，直接或者间接地矫正逮捕实施中的非正当行为。

在司法实践中贯彻宽严相济的刑事政策，要做到宽中有严、严中有宽。司法人员尽管对犯罪嫌疑人、被告人实施这种最为严厉的强制措施，但同时应当充分保障被逮捕人的基本诉讼权利。在逮捕之后，司法机关应当及时告知被逮捕者所享有的诉讼权利，告知其如实供述案件事实的法律规定和意义；告知被逮捕的理由以及可能提出的指控；告知被逮捕者有权为自己进行辩护或依法委托律师进行辩护；告知被逮捕者有权尽快与其家属或者律师联络，等等。人民检察院审查批准逮捕未成年人犯罪案件，应当讯问未成年犯罪嫌疑人；讯问未成年犯罪嫌疑人，应当通知其法定代理人到场。

三、搜查制度

搜查是侦查机关为了收集犯罪证据、查获犯罪人，对犯罪嫌疑人的人身以及可能隐藏罪犯或者犯罪证据的人的身体、物品、住处和其他有关地方进行搜索、检查的侦查行为。我国宪法第 37 条第

① 参见张杰：《建议设立逮捕听证程序》，http://www.jcrb.com/zyw/n99/ca57106.htm。

3 款和第 39 条分别规定："禁止非法拘禁和以其他方法非法剥夺或者限制公民的人身自由，禁止非法搜查公民的身体。""中华人民共和国公民的住宅不受侵犯。禁止非法搜查或者非法侵入公民的住宅。"为保证上述规定的实现，我国刑事诉讼法第二篇第二章"侦查"第五节用第 109 条至第 113 条共 5 个条文对搜查进行了规定。《公安机关办理刑事案件程序规定》第 205 条至第 209 条对刑事诉讼法进行了补充规定。《人民检察院刑事诉讼规则》第 174 条至第 185 条对刑事诉讼法进行了规定解释。与西方国家相比，我国搜查程序的法律规定过于粗疏，导致我国的搜查在实践中问题重重。

（一）我国搜查制度的实践及其问题

在搜查实践中贯彻宽严相济的刑事政策，必须有完善的搜查制度作为保障。搜查作为一种侦查手段，一方面是有效地获取证据的手段，另一方面可能侵犯被搜查人的隐私权、财产权等基本权益。对不同的案件和对象，往往应适用不同的搜查种类和程序。可以说，对搜查的启动理由、证据标准、审批程序、执行程序、对违法搜查的救济程序等各个方面的规定都能体现宽严相济的精神。由于我国搜查制度本身的缺陷，其在以下各方面不利于宽严相济刑事政策的实现：

1. 对启动搜查的理由和标准未作出明确规定

刑事诉讼法第 109 条规定，为了收集犯罪证据、查获犯罪人，侦查人员可以对犯罪嫌疑人以及可能隐藏罪犯或者犯罪证据的人的身体、物品、住处和其他有关地方进行搜查。《公安机关办理刑事案件程序规定》第 205 条规定："为了收集犯罪证据、查获犯罪人，经县级以上公安机关负责人批准，侦查人员可以对犯罪嫌疑人以及可能隐藏罪犯或者犯罪证据的人的身体、物品、住处和其他有关的地方进行搜查。"《人民检察院刑事诉讼规则》第 175 条规定："为了收集犯罪证据，查获犯罪人，侦查人员可以对犯罪嫌疑人以及可能隐藏罪犯或者犯罪证据的人的身体、物品、住处、工作地点和其他有关地方进行搜查。"从这几个条文的表述中，难以找到具体的搜查启动的证明标准，换句话说，至少从法律规定上看，我国的刑事搜查不需要达到任何证明标准，这就为侦查人员启动搜查程序留下了很大的裁量空间。

2. 有证搜查的审批程序无法遏制侦查人员的权力滥用

依据我国刑事诉讼法的规定，搜查的决定和执行均由同一侦查机关负责。根据《公安机关办理刑事案件程序规定》第205条、第206条的规定，搜查由县级以上公安机关负责人批准，执行搜查的侦查人员不得少于2人；在自侦案件中，根据《人民检察院刑事诉讼规则》第177条、第178条的规定，搜查证由检察长签发，搜查应当在检察人员的主持下进行，可以有司法警察参加。从某种意义上来讲，我国的搜查权系侦查机关一家操控，不受其他权力机关的制约。这种绝对权力的运作必然包含着滥用权力的危险。实践中多数令状搜查并不规范，存在诸如空白搜查证、先搜查后填证等现象，令状搜查常常流于空置。

3. 搜查证过于简单，无法将搜查的对象、范围、时间等特定化

从侦查实践看，《搜查证》是一种填空类文书，共两联（正页和存根）。正页应依次填写执行人姓名、被搜查人住址和被搜查人姓名，尾部应加盖公安局长的私章和公安局公章，并填写签发时间；存根应按固定格式的项目，依次填写发文字号、被搜查人姓名、填发时间和填发人。我国现行法律没有规定享有搜查决定权的主体在何种条件下（或称搜查理由）才能签发搜查证，搜查证中无须注明搜查对象，没有规定侦查人员提出搜查申请后，搜查决定主体应当在几日内对申请予以审查并作出是否批准的决定，也没有规定搜查证的有效期限，更未规定超过搜查证有效期限后再次搜查的程序。[①]

① 参见蒋丽华：《法治视野下搜查程序问题研究》，载《当代法学》2004年第5期。

4. 搜查的执行程序过于粗疏，给予搜查人员过多的自由裁量权，被搜查人的权利难以得到有效的保障

刑事诉讼法对搜查执行程序进行了较为严格的规定，如侦查人员进行搜查时，必须向被搜查人出示搜查证，应当有被搜查人或者他的家属、邻居或者其他见证人在场；搜查妇女的身体，应当由女工作人员进行；搜查的情况应当制作笔录，由侦查人员和被搜查人或者他的家属、邻居或者其他见证人签名或者盖章。如果被搜查人或者他的家属在逃或者拒绝签名、盖章，应当在笔录上注明。但是，对于搜查的时间，我国立法未作任何规定、限制，在司法实践中，何时进行搜查，完全取决于侦查人员对案情的判断和个人的自由裁量，一般是以最大限度地实现搜查的目标作为搜查时间的判断标准，甚至个别侦查人员申请到搜查证后，在较长的时间内不进行搜查。此外，对于侦查人员对搜查过程中获悉的被搜查人的隐私或其他秘密是否具有保密义务，如果被搜查人主动将与犯罪有关的证据材料交出，搜查是否停止等问题都未作出相应的规定。

5. 附带搜查的规定不规范

附带搜查，是指执法者在执行拘留、逮捕等强制措施之时，基于“保护执法人员及其他相关人员安全”和“避免证据毁损或灭失”的目的，搜查被追诉者的无令状搜查制度。我国的附带搜查的规定存在以下缺陷：首先，我国附带搜查的目的不明确。我国附带搜查不是以保护执法人员及其他相关人员安全和避免证据毁损或灭失为特殊目的，而是与有证搜查一样，以“收集犯罪证据、查获犯罪嫌疑人”统而概之。其次，在附带搜查的适用要件上，我国刑事诉讼法第111条规定附带搜查必须具备“执行逮捕、拘留时”和“遇有紧急情况”两个条件。但是，对该条既可以作“在执行逮捕、拘留的时候”并且“遇有紧急情况”、不另用搜查证也可以进行搜查这样一种“重叠式”理解，也可以作“在执行逮捕、拘留的时候”和“遇有紧急情况的时候”、不另用搜查证也可以进行搜查这样一种“并列式”理解。《公安机关办理刑事案件程序规

定》第207条对此作出了“重叠式”理解。此外，我国附带搜查的实施也不需逾越诸如“相当理由”、“合理怀疑”的任何证据门槛。再次，对于附带搜查的实施范围，我国刑事诉讼法及其相关司法解释未作出规定。基于追诉犯罪的方便，搜查人员可能触及任何有利于目的达成的场所。

6. 欠缺对违法搜查的救济措施规定

在西方国家，被搜查者针对违法的搜查、扣押所获得的证据，可以要求法庭在审判中予以排除，同样，对于实施违法搜查的主体，可以追究相关的纪律责任、民事赔偿责任甚至刑事责任。在我国刑事诉讼法中，缺少这一系列的制裁措施规定。就证据排除规则而言，尽管我国刑事诉讼法和相关的司法解释对非法证据规则有着有限的规定，但是只有对非法言词证据的规定，对于像搜查等类似手段获得的实物证据的排除，尚属立法空白。即使立法增加了对实物证据的规定，但由于法律没有对非法证据证明的启动主体、阶段、证明责任分配、证明标准等作出具体可操作性的规定，非法证据排除规则也将成为一纸空文。

7. 刑事诉讼之外的行政性强制手段代替刑事搜查而被加以运用

在司法实践中，无论是刑事诉讼法，还是治安管理处罚法，都未规定在将违法犯罪嫌疑人传唤到案后能否对其人身及随身携带的物品进行检查，但是在实践中，公安机关出于安全和便利因素的考虑，都会对其进行检查。这种到案检查消解了搜查在针对犯罪嫌疑人的人身方面的适用情形，对搜查起到了替代作用。针对公共场所，公安机关通常是以公共检查、日常检查的方式来进行，尽管名为检查，其实质仍然是搜查，只有针对住宅时才采用正规的搜查程序进行。另外，侦查人员还通过取得犯罪嫌疑人或其他证据持有人的合作而采取证据扣押和提取，从而规避搜查的适用。①

（二）宽严相济刑事政策视野下的我国刑事搜查实践

针对我国司法实践中以行政检查之名行搜查之实的现象，刑事诉讼法应当完善附带搜查机制，建立同意搜查机制，而且，必须严格无证搜查的事后审查机制；同时，对于有证搜查滥用的现象，未来的立法必须严格有证搜查启动的证据要件，改革搜查的审批授权体制，在满足获取证据的合理需要与保障公民合法权益不受侵犯之间保持适度平衡，最终全面实现我国搜查制度与实践的规范化、法治化。当然，在刑事诉讼法尚未修改的情况下，我国的司法机关应当严格有证搜查的运用，积极探索无证搜查制度的实践。

1. 严格有证搜查的运用

（1）侦查机关应当明确搜查的理由和标准。在目前刑事诉讼法尚未修改的情况下，侦查机关内部应当制定统一的规范来规定搜查发动的证据标准。笔者认为，搜查的证据标准应确定为“相当理由”。而且，司法人员不能机械地适用“相当理由”标准，而针对不同地点、不同时间范围内实施的搜查往往需要满足不同的证明标准。在搜查的实施中，对于隐私期待较多的住所等的搜查，证据要求较高；对于隐私期待较少的例行检查，证据要求较低。

（2）严格搜查的审批程序。侦查人员进行搜查，必须由侦查机关的负责人签发搜查证，即使是在执行逮捕、拘留犯罪嫌疑人时，遇到紧急情况，如没有办搜查证而又必须搜查的，都应当立即向侦查机关的负责人报告，经允许后才能进行搜查，并及时补办有关手续，不得擅自进行搜查，以杜绝搜查的随意性。

（3）细化搜查证的内容。完整的搜查证应指明具体的搜查目标、搜查的范围、搜查的主体、搜查的程序要求、搜查证的有效期、搜查实施时间等。

① 参见左卫民：《规避与替代——搜查运行机制的实证考察》，载《中国法学》2007年第3期。

2. 探索无证搜查制度的实践

令状主义并非十全十美，尽管其有着事后审查不可替代的功能，但是，由于令状自身运作的成本耗费较大，而且存在不确定性，容易在追诉犯罪过程中贻误战机，所以，即使在作为令状主义起源的英美法系国家，令状主义也不像想象中那样普遍。正如美国学者威廉·斯汤兹所言，“如果事前的过滤机制（pre – screening）比事后的过滤机制（post – screening）需要更多的成本，那么，人们就会期望一种使裁判成本较低的执行方式”。[①] 英美的立法、司法实践的历史表明，无令状的搜查等强制处分正在被扩大化适用。美国联邦最高法院借由种种的合宪解释，于不同的案件中所承认的无令状搜查的情形包括盘查（stop and frisk）、同意搜查（consent search）、一览无余的搜查（plain view）、径行搜查（又称热搜查，hot pursuit）、汽车搜查（auto search）、紧急搜查（exigent search）、合法逮捕后的附带搜查（search incident to lawful arrest）等。我国也应当适当地探索同意搜查、附带搜查、紧急搜查等无证搜查制度的实践，以改变我国目前“法律上要求绝大多数应当有证搜查，实践中绝大多数反倒是无证搜查”的现状。

（1）关于同意搜查。刑事同意搜查程序不仅要满足一般无令状搜查在发动、执行上的必要性（即有查获犯罪嫌疑人及犯罪证据的较大可能性）和适度性等要件，还应当遵循其特殊的实体要件和程序要件，以保障被搜查人的自愿性，防止追诉者滥用公权力侵犯被搜查者的基本权益。具体而言，首先，在实体要件上，对拥有同意能力的人员范围以及同意自愿性的判断方法应当明确；其次，在程序要件上，搜查人员必须出示证件，告知被搜查人有拒绝的权利，签署文件或作详细笔录；再次，对同意搜查的法律效果和

---

① William J. Stuntz , Warrants and Fourth Amendment Remedies, 77 Va. L. Rev. 881 (1991), p. 889.

权利救济途径亦须明确。①

（2）关于附带搜查。附带搜查不是保障有证搜查实施的手段，而是一种独立的无令状搜查。附带搜查制度的特殊目的是“保护执法人员及其他相关人员安全”和“避免证据毁损或灭失”。附带搜查实施的主体必须是法定具有侦查权的主体；实施的对象一般限于被拘留、逮捕、羁押的犯罪嫌疑人、现行犯；在发动、实施环节必须遵守以下诸要件，即须有合法逮捕；附带搜查应与拘留、逮捕同时或是紧接拘留、逮捕后进行；附带搜查的发动原则上必须具备相当理由的证据标准。基于附带搜查“保护执法人员及其他相关人员安全”和“避免证据毁损或灭失”的目的，附带搜查范围的判断应当以“立即可控制”为标准。具体而言，从被逮捕的被告人或是犯罪嫌疑人的角度观察，即警察在逮捕被告人或是犯罪嫌疑人时，对该被告人或是犯罪嫌疑人立即可控制的范围，执法人员均可以为附带搜查。②

（3）关于紧急搜查。紧急搜查，主要是指在紧急情形下对现行犯的人身搜查，其主要目的在于保障公共安全，排除社会不安定因素。一般针对正在预备犯罪、实行犯罪或者在犯罪后即时被发觉的犯罪嫌疑人、在追缉过程中的犯罪嫌疑人。紧急情形，是指有理由相信嫌疑人身上带有武器或其他攻击性工具，可能对警察或他人的生命造成威胁。

作为典型事前审查形式的令状授权与无令状的事后审查，二者是互补的。事后审查同样具有防止无理强制措施的功能。正如美国学者威廉·斯汤兹所言，“一盎司的预防可能确实抵得上一磅的治愈（An ounce of prevention may indeed be worth a pound of cure），但是，一磅的治愈——事后审查——其本身就是一种预防机制。对事

① 关于同意搜查的具体分析，参见杨雄：《刑事同意搜查的正当化要件分析》，载《河南公安高等专科学校学报》2006 年第 1 期。

② 关于附带搜查的具体分析，参见杨雄：《论我国刑事附带搜查制度的重构——以美国法为参照的分析》，载《福建公安高等专科学校学报》2006 年第 1 期。

后惩罚的恐惧可能影响事前的行为模式，这虽然很简单，但是相当重要的一点。警察如同其他管理者一样，会基于法律信号作出回应，对自身行为模式作出改变，从而避免事后的制裁。"[①] 因此，司法实践中，还应强化对无证搜查的事后司法审查机制。

3. 明确搜查的执行规范

（1）搜查前的告知。搜查前，侦查人员必须向被搜查人出示搜查证及搜查人员的工作证等表明身份的证件，同时，侦查人员应告知被搜查人享有的权利和应履行的义务，以及违背义务时应承担的法律责任。

（2）搜查时间的限定。对场所的搜查，一般应当在白天进行，禁止夜间搜查。除非屋主提出要求或者法律另有规定，对场所的搜查应当在白天进行。夜间搜查有关场所应当限于追捕现行犯，延误就会存在危险，或者追捕潜逃囚犯的情况。当然，对于夜间任何人都可以出入的房间，惯犯的投宿聚结点，秘密赌场、麻醉品、武器非法交易或卖淫地点与房间，也可以适用夜间搜查。

搜查活动为了能查到所寻找的罪证及犯罪嫌疑人，可能要持续一定时间。当在查找过程中遇到困难时，持续的时间还会更长，这可能会严重影响到公民的居住、休息等权利。如果不对搜查可持续时间进行限定，还可能造成侦查人员对搜查权的滥用，借搜查之名侵犯公民的基本权利。基于搜查证上要求明确表明搜查的对象，因此搜查对象的查获与否应成为搜查完成的时间标志，但是，没有发现搜查目的物也不能成为拖延搜查的借口，搜查不间断持续 8 小时而没有发现搜查证上规定的特定物时，搜查就应停止。

（3）搜查人员的保密义务。搜查人员应当为被搜查人承担保密义务。搜查人员对于搜查所获的有关材料、信息应当避免让无关人员接触。有关材料、信息如果与案件事实无关，应退回被搜查人

---

① William J. Stuntz , Warrants and Fourth Amendment Remedies, 77 Va. L. Rev. 881 (1991), p. 894.

或加以销毁。如果搜查人员违反保密义务，则应当承担相应的责任。

4. 明确违法搜查后的法律后果

虽然，我国目前的司法解释仅仅针对“采用刑讯逼供或者威胁、引诱、欺骗等非法的方法取得的证人证言、被害人陈述、被告人供述”规定“不能作为定案的根据”，但是，司法实践也应当探索非法实物证据的排除规则，通过非法证据排除规则将非法搜查所获取的证据排除，这不仅是对侦查人员行为的约束，也是对被搜查人的一项救济。另外，司法机关应切实保障公民针对非法搜查提起诉讼的权利。对于非法搜查，被搜查人可以请求刑事或民事赔偿。最后，对于造成严重危害后果的搜查人员，必须给予一定的纪律处分并实施一定的经济制裁；在搜查中非法使用暴力构成犯罪的，应当追究搜查人的刑事责任。

四、不起诉制度

刑事不起诉制度是刑事诉讼制度的一个组成部分。不起诉，是指人民检察院对侦查机关移送起诉的案件进行审查后，确认符合法律规定的终止刑事诉讼的案件，不应或不必对犯罪嫌疑人定罪，从而作出不将案件交付人民法院审判的处理决定。不起诉是人民检察院基于公诉职能和法律监督职能的一项重要权力，将不符合起诉条件的案件不移交人民法院审判，有利于提高诉讼效率，节约司法资源。然而，由于该制度本身设置上存在一些失误和不合理之处，以及在司法实践中执行的偏差，刑事不起诉制度的内在价值无法得到充分实现。

在司法实践中，一方面由于不起诉制度本身的缺陷、司法腐败和外来的不当干涉等因素，出现了一些应当提起公诉而决定不起诉的案件，这些错误的不起诉决定，使不起诉制度所追求的价值在个案中消失殆尽，追究犯罪的刑事司法目标无法达到，被害人的利益受到侵害。另一方面，由于担心放开对不起诉的控制会滋生腐败，影响司法公正，实践中对不起诉的控制很严格，又造成了不起诉率过低的现象。“如部分省市对相对不起诉的适用率控制在4%至5%，有的还把不起诉率的高低作为考评起诉工作好坏的一项重要指标，人为地限制相对不起诉决定的适用”。这使得起诉制度所追求的价值和目标无法充分实现。

（一）我国不起诉制度运用中存在的若干问题

1. 相对不起诉尺度把握过严

检察机关在贯彻宽严相济刑事政策的过程中，应当合理掌控起诉裁量权，在依据事实和法律的基础上，依法作出起诉或不起诉的决定。对于符合提起公诉条件的黑社会性质组织犯罪、恐怖犯罪、毒品犯罪以及杀人、爆炸、抢劫、强奸、绑架、投放危险物质等严重危害社会治安的刑事犯罪，严重破坏金融秩序、侵犯知识产权、制售严重危害人身安全和人体健康的伪劣商品等严重破坏社会主义市场经济秩序的犯罪，重大环境污染等破坏环境资源犯罪，该起诉的要坚决起诉，体现“严”的精神；对符合刑事诉讼法第15条规定的法定不予追究刑事责任情形之一的，检察机关没有任何的裁量余地，应当果断地作出不起诉决定；对于犯罪情节轻微，依照刑法规定不需要判处刑罚或者免除刑罚的，检察机关应充分考虑起诉的必要性，可诉可不诉的不诉；对于符合存疑不起诉条件的，在慎重判断证据和事实的基础上，作出存疑不起诉的决定，以体现宽缓的刑事政策。当然，在起诉和不起诉的选择之中，检察机关起诉裁量权最明显地体现在相对不起诉之中。相对不起诉使检察机关能够适时地终结一些已经启动的诉讼程序，不仅减少了不必要的诉讼成本，而且避免了对被告人适用短期自由刑带来的弊端，有利于预防犯罪和减少犯罪。

在当下的检察实践中，由于相对不起诉在适用中程序烦琐，[①]以及某些机械地人为限制不起诉率，[②]导致检察机关对于“犯罪情节轻微，依法不需要判处刑罚或者免除刑罚”这一法定标准把握过严，造成相对不起诉的适用率低下。例如，2004 年，北京市检察机关的不起诉率仅为 1.54%，其中仅有 220 件 306 人被作出相对不起诉处理，占北京市检察机关审查起诉案件总数（19550 件 28358 人）的 1.13%、1.08%。[③]

2. 对疑罪的认定容易出现偏差

刑事诉讼法第 140 条第 4 款规定：“对于补充侦查的案件，人民检察院仍然认为证据不足，不符合起诉条件的，可以作出不起诉的决定。”这里的“存疑不起诉”是我国刑事诉讼法规定的不起诉的形式之一。关于存疑不起诉的性质，有学者认为，存疑不起诉是检察机关的一种职责，也就是说检察机关经过补充侦查，认为证明该案犯罪事实的证据不足，不符合起诉条件的，根据无罪推定原则，应当作出不起诉决定。另有学者认为，存疑不起诉是检察机关

① 目前司法实践中，各地在适用相对不起诉时一般都要经过主诉检察官联席会议、检察委员会讨论、不起诉听证、公开宣布等较为烦琐的程序，如果属于自侦案件还需要进入人民监督员审查程序，不起诉适用后还需要进行多次上级院的复查和复核，这就使得不起诉案件的工作程序比提起公诉要复杂得多，同时由于相对不起诉案件在案件处理上具有的特殊模糊性（即轻罪判决与不起诉的模糊性），部分承办人员出于办案效率和自我保护（防止陷入司法不公）的考虑，将大量的轻微刑事案件纳入公诉程序，刻意回避不起诉的适用，这一现象在某种程度上也影响了不起诉在实践中的运用效果。

② 目前司法实践中，人为限制相对不起诉自由裁量权的主要情形有四种：一是有的检察公诉部门把不起诉率列入办案质量预警机制的规定中，对不起诉率超过规定的指标的，下级检察公诉部门负责人应当到上级院公诉部门说明情况；二是有的规定把不起诉率的降低作为工作的业绩来考量；三是各地规定的不起诉率指标不一致，执行中也各有差异；四是有的按罪名类别规定不同的不起诉率，如普通刑事案件为 2%、破坏社会主义市场经济秩序案件为 6%、检察机关直接立案侦查的案件为 10%。参见黄培元：《不起诉率有悖社会主义法治理念的本质要求》，http://www.jcrb.com/zywfiles/ca532022.htm。

③ 参见艾建国等：《轻罪视野中的刑事司法政策与诉讼机制》，载卢建平主编：《刑事政策评论》（第 1 卷），中国方正出版社 2007 年版，第 341～368 页。

的一种自由裁量权，即对证据不足的案件检察机关“可以”不起诉。笔者认为，存疑不起诉不属于起诉便宜主义，而是起诉法定主义原则的要求，检察机关不享有自由裁量权。如果法律赋予检察官遇有此类情形时，既可以作出不起诉的决定，也可以作出起诉的决定，将会与刑事诉讼法确立的“疑罪从无”原则相悖，侵犯犯罪嫌疑人的合法权益。

此外，对于人民检察院必须经过几次补充侦查作出不起诉决定，理论界和实务界也存有争议，一种观点认为，为了保证存疑不起诉的质量，保证不起诉的恰当适用，应当以补充侦查两次之后仍然证据不足为存疑不起诉的必要条件。另一种观点则认为，不应机械地以补充侦查两次作为存疑不起诉的必要条件，应当综合案件的具体情况进行分析，补充侦查一次也可以作出不起诉处理，这样更加有利于防止案件无休止拖延，损害犯罪嫌疑人的权利。笔者认为，在司法实践中，某些案件的犯罪事实如果经过第一次补充侦查暂时未能查清，通过进一步调查或补充侦查后，还是有可能查清的，那么不应该轻率地认定为疑罪，而应做最后的努力去查证。如果经过第一次补充侦查，已没有可能通过进一步调查而查清事实，那么，检察机关有权作出存疑不起诉的处理。这就意味着，检察机关对于经过一次补充侦查的案件，认为证据不足、事实不清，不符合起诉条件的，可以作出不起诉决定或者决定再次补充侦查；对第二次补充侦查的案件，人民检察院仍然认为事实不清、证据不足，不符合起诉条件的，应当作出不起诉的决定。

3. 对于不起诉案件所试行的听证程序不规范

现行刑事诉讼法及其相关司法解释所规定的不起诉决定程序具有行政化、书面化的特征。司法实践中，为了减少被害人和犯罪嫌疑人的猜疑、侦查机关的不满以及避免个别人乘机指责检察机关滥用不起诉权，许多人民检察院开始借鉴行政听证程序，在作出不起诉决定之前举行不起诉听证会。2001 年初，最高人民检察院提出的 7 项公诉改革中，对不起诉案件的公开审查居首位，不起诉案件的听证会已经成为某些地方检察机关对不起诉案件进行公开审查的基本方式。这种不起诉听证，将检察机关决定不起诉的过程公开，让侦查机关、被害人、犯罪嫌疑人对不起诉决定的事实、证据提出不同的意见。它有利于检察机关听取各方面意见，准确适用法律，在实际运用中，也取得了较好的社会效果，但是，毕竟不起诉听证程序在我国现行刑事诉讼法及相关司法解释中没有统一的规定，这就导致了司法实践中各地摸索出的不起诉听证程序不大一致，甚至有的突破了法律的禁止性规定，毫无疑问，这一现状不利于树立法律的权威，亟待相关法律的完善。

4. “暂缓起诉”（或称为“附条件不起诉”）的改革实践备受质疑

我国司法实践中，一些地方开展的“暂缓起诉”（或者称为“附条件不起诉”）的改革实践，对符合法定条件的刑事被告人决定附条件缓予起诉，待被告人在一定期限内履行了法定的义务后，就作出终止诉讼决定。这一实践在一定程度上与“宽缓”刑事政策的价值取向趋于一致。但是，对于这种改革实践，持否定意见者认为，暂缓起诉“实验”缺乏法律依据；暂缓起诉于我国的司法有害无益，它会导致检察机关裁量权的滥用，不利于树立检察机关的公正执法形象，它违反了公诉权的实质内涵，造成对审判权的侵犯；暂缓起诉造成与缓刑适用的冲突。而对这种实践持肯定意见者则认为，暂缓起诉可以促使未成年犯罪人真正悔改，重返社会，更好地体现“惩罚是手段，教育是目的”的刑罚原则；暂缓起诉是诉讼经济原则的体现；实行暂缓起诉也符合国际潮流。①

不论是实务界探索的“暂缓起诉”，还是刑事诉讼法中的不起诉制度，都体现了一种非刑罚化的宽缓思想。但是，由于对“暂缓起诉”适用范围、程序缺乏规范、和解后监督措施不到位等多

① 参见王敏远：《暂缓起诉制度——争议及前景》，载《人民检察》2006 年第 7 期。

种原因，司法实践中“暂缓起诉”的运用出现了一系列的问题，如在适用中，司法机关普遍存在只重视“宽”而忽视“严”的情况，没有做到“宽而有节”。

5. 不起诉的制约救济程序不科学

为了防止检察机关滥用裁量不起诉权，我国刑事诉讼法规定了一系列严格的制约措施和救济手段。但是，问题在于上述制约救济措施多为事后制约，而没有一种前置程序和机制对不起诉决定进行实质性的制约和影响，不利于不起诉裁量权的正确行使。特别值得一提的是，被害人对检察机关的不起诉决定有权向人民法院提起自诉，这一制约不起诉的做法存在很大的争议。一种观点认为，这种转诉制度的设置是出于进一步保护被害人权益的目的，这符合我国刑事诉讼法的任务和基本原则。有的学者还通过阐释公诉与私诉的起源和关系，以及维护当事人权益这一目的实现手段（即诉权之间的关系），充分论证了转诉的合理性，并得出结论：“它充分地体现了我国社会主义民主与法制建设的进步。”① 另一种观点则认为，转诉制度的设立虽在保护被害人的权益方面有其积极意义，但它从根本上否定了检察机关不起诉决定的效力，违背了起诉便宜主义的精神。② 笔者同意第二种观点，事实上，在司法实践中，由于这类案件多为难以查证或者缺乏其他定罪条件的“扯皮”案件，在公、检机关凭借国家强制力都无法查证属实的情况下，被害人承

① 孙国瑞、江晓阳：《“转诉”之我见——与李学宽同志商榷》，载《人民检察》1997 年第 1 期。

② 参见汪建成：《论起诉法定主义与起诉便宜主义的调和》，载《中国人民大学学报》2000 年第 2 期。

担举证责任不太现实。[①]

（二）宽严相济刑事政策视野下的不起诉实践

1. 适当扩大不起诉的适用范围

检察机关在起诉过程中贯彻宽严相济刑事政策，应确认刑事和解对不起诉决定的影响，适当扩大不起诉的适用范围，充分考虑涉嫌犯罪的案件和犯罪嫌疑人的具体情况，权衡起诉或不起诉对于社会公共利益和当事人、被害人权益的影响，对于初犯、从犯、预备犯、中止犯、防卫过当、避险过当、未成年人犯罪、老年人犯罪以及亲友、邻里、同学、同事间纠纷引发的案件，符合不起诉条件的，可以依法适用不起诉，并可以根据案件的不同情况，对被不起诉人予以训诫或者责令具结悔过、赔礼道歉、赔偿损失。确需提起公诉的，可以依法向人民法院提出从宽处理、适用缓刑等量刑方面的意见。对于犯罪情节轻微，并具有下列情形之一，依照刑法规定不需要判处刑罚或者免除刑罚的未成年、老年犯罪嫌疑人，检察机关一般应当依法作出不起诉决定：（1）被胁迫参与犯罪的；（2）犯罪预备、中止的；（3）在共同犯罪中起次要或者辅助作用的；（4）又聋又哑的人或者盲人；（5）因防卫过当或者紧急避险过当构成犯罪的；（6）有自首或者重大立功表现的；（7）其他依照刑法规定不需要判处刑罚或者免除刑罚的情形。

2. 探索附条件不起诉制度

在我国刑事诉讼法尚未修改的情况下，检察机关应当探索附条件不起诉，以更好地贯彻宽严相济刑事政策。具体而言，对于依照

① 2001 年，北京市各级检察机关共决定不起诉刑事案件 287 件 337 人，对检察机关的不起诉决定，公安机关提出复议的 4 件 4 人，占公安机关侦查案件不起诉总数和人数的 1.16%、1.36%；被害人申诉 2 件 3 人，被不起诉人申诉 1 件 1 人，均属于公安机关办理的案件。在复议、申诉结果上，本院或上级院审查后均维持了原决定。2001 年，不起诉案件中，无被害人自行向人民法院起诉的案件。参见赵永红：《不起诉的实践运作、加强与改进——关于对北京市不起诉工作的调查》，载《国家检察官学院学报》2002 年第 6 期。

刑法规定可能判处3年以下有期徒刑、拘役、管制、单处罚金的案件，犯罪嫌疑人提出申请，并具有下列情形之一的，人民检察院可以作出附条件不起诉的决定：（1）犯罪嫌疑人是未成年人的；（2）有自首或者立功情节的；（3）向被害人赔礼道歉或者赔偿损失，得到被害人谅解的；（4）不满22周岁初次犯罪的。犯罪嫌疑人曾因故意犯罪被判处有期徒刑以上刑罚的，人民检察院不得作出附条件不起诉的决定。附条件不起诉的考验期为6个月以上2年以下，从人民检察院作出附条件不起诉的决定之日起计算。被决定附条件不起诉的人，在考验期内应当遵守下列规定：（1）遵守法律、行政法规，服从监督；（2）按照决定机关的规定定期报告自己的活动情况；（3）履行与被害人之间达成的谅解协议；（4）离开所居住的市、县或者迁居，应当报经决定机关批准。被决定附条件不起诉的人，在考验期内有下列情形之一的，人民检察院应当撤销附条件不起诉的决定，提起公诉：（1）又犯罪的；（2）违反上述规定，情节严重的；（3）在决定附条件不起诉前还有其他犯罪需要追诉的。被决定附条件不起诉的人，在考验期内没有前述规定的情形，考验期满的，人民检察院应当作出不起诉的决定。这种附条件不起诉对于当事人权利的保护、诉讼效率的提高以及刑事案件的合理分流都有重要意义。

3. 简化烦琐的不起诉审批程序

在司法实践中，烦琐的不起诉审批程序在某种程度上制约了不起诉的运用。笔者建议，对法定不起诉应由承办的检察人员提出意见，经部门领导审查后报主管检察长批准即可，无须再经检察委员会讨论决定，更不需要报上级人民检察院备案。实行主诉检察官制度的人民检察院，应当把法定不起诉的决定权下放给主诉检察官，主管领导不必再审查，也无须再报主管检察长审批。对酌定不起诉的案件，由承办的检察官在对案件审查后提出不起诉意见，报主管领导审查及主管检察长审批前，则必须对酌定不起诉案件举行听证会。在已经实行主诉检察官制度的检察院，对举行过听证程序的酌定不起诉案件，主诉检察官有权独立行使不起诉权。[①]

4. 设置不起诉的听证程序

在检察机关不起诉决定公布之前，被害人或公安机关提出听证要求的，检察机关应予以安排。另外，检察机关的办案组织和检察长有权决定召开听证会。不起诉听证应贯彻公开原则，因此，听证除检察人员参与外，还应有侦查人员、犯罪嫌疑人、被害人及旁听人员等参与。审查起诉部门按照规定程序及合议制的方式办理不起诉案件，在办案过程中应告知被害人、公安机关有要求听证的权利。被害人、公安机关在不起诉决定公布之前要求听证的，检察机关应在3日内予以安排。听证过程中，承办案件的检察人员、侦查机关委派的代表（自侦部门）、被害人及其诉讼代理人、犯罪嫌疑人及其辩护人可以就案件事实、适用法律、证据等发表意见。听证结束后，主持人应召集听证小组成员进行评议并表决。评议后应由听证小组成员按照少数服从多数的原则进行表决，作出是否不起诉的决定。若案件重大、疑难、复杂，听证小组成员对是否不起诉存在较大分歧的应提交检察委员会讨论决定是否不起诉。[②]

5. 强化不起诉决定书的说理，探索推行不起诉案件的答疑说理制度

为有效化解矛盾纠纷，从源头遏制信访案件发生，检察机关应当强化不起诉决定书的说理、探索推行不起诉案件的答疑说理制度。对于被不起诉人和被害人有疑问的不起诉决定，检察机关应当认真耐心地听取相关人的意见，做好法律宣传、政策解释和思想疏导工作，防止因语言表达不明、法律条文引用不准而使当事人缠诉、上访，让法律程序最大限度地吸纳各方诉讼参与人的不满情绪。

---

① 参见陈小平：《论刑事不起诉制度的完善》，载《社会科学论坛》（学术研究卷）2007年第5期。

② 参见邓晓霞：《不起诉听证制度探究》，载《政治与法律》2004年第5期。

6. 改良公诉的考评机制

检察机关应当树立对待起诉与不起诉的正确观念，即起诉率并非越高越好，不起诉率并非越低越好。提起公诉的目的不是单纯惩罚犯罪，不起诉的目的也不是单纯地从宽处理。在这种观念基础上，检察系统应当按照司法规律和检察工作规律管理检察业务工作，从有利于贯彻宽严相济刑事政策出发，科学确定公诉的考评机制，保证依法正确适用不起诉制度，改变不适当地控制不起诉率的做法，实现办案数量、质量和效果的有机统一。

7. 改革不起诉的制约救济制度

对于不起诉决定，不但要充分利用检察机关内部的制约机制，而且应当从检察机关外部寻找制约因素，防止不起诉裁量权的滥用。笔者建议，一是应充分发挥人民监督员的作用；二是应发挥上级人民检察院的业务领导作用，对于不起诉案件，上一级人民检察院应当定期进行抽查，如果违法不起诉的，上一级人民检察院应当命令下一级人民检察院撤销原来的不起诉决定，并且依法提起公诉。

五、简化审与简易程序制度

（一）我国简化审与简易程序适用的现状及其问题

刑事案件繁简不一，所适用的审判程序也应有所区别。对于那些事实清楚、证据充分、双方均无争议的刑事案件，适用简易程序审理可以大大提高审判效率，让人民法院将更多的时间和精力投入到重大复杂的刑事案件中去。当今世界多数国家在配置刑事审判程序时，都坚持“繁者更繁、简者更简”的方针。然而我国刑事简易程序却存在种种问题，司法实践中对简易程序的适用也不尽如人意。

第一，刑事简易程序适用率较低。我国目前的简易程序体系主要由两个部分构成，即刑事诉讼法规定的简易程序和最高人民法院、最高人民检察院、司法部《关于适用普通程序审理“被告人认罪案件”的若干意见（试行）》（以下简称《“被告人认罪案件”的若干意见》）确立的普通程序简化审。我国刑事诉讼法第174条规定：“人民法院对于下列案件，可以适用简易程序，由审判员一人独任审判：（一）对依法可能判处三年以下有期徒刑、拘役、管制、单处罚金的公诉案件，事实清楚、证据充分，人民检察院建议或者同意适用简易程序的；（二）告诉才处理的案件；（三）被告人起诉的有证据证明的轻微刑事案件。”根据最高人民法院《关于执行〈中华人民共和国刑事诉讼法〉若干问题的解释》第222条的规定，人民法院审理具有以下情形之一的案件，不应当适用简易程序：公诉案件的被告人对于起诉指控的犯罪事实予以否认的；比较复杂的共同犯罪案件；被告人是盲、聋、哑人的；辩护人作无罪辩护的；其他不宜适用简易程序的。从全国来看，1998年全国审结刑事案件480 374件，其中适用简易程序的案件为92 394件，占19.23%；1999年全国审结刑事案件539 335件，其中适用简易程序的案件为115 687件，占21.45%；2000年全国审结刑事案件560 111件，其中适用简易程序审结案件128 259件，占22.9%；2001年全国审结刑事案件623 792件，其中适用简易程序审理的案件为163 839件，占26.27%。普通程序简化审的出台在一定意义上反映了现行刑事简易程序存在极大的局限性。被告人对被指控的基本犯罪事实无异议，并自愿认罪的第一审公诉案件，除非例外，均可以适用普通程序简化审。这些例外包括被告人系盲、聋、哑人的；可能判处死刑的；外国人犯罪的；有重大社会影响的；被告人认罪但经审查认为可能不构成犯罪的；共同犯罪案件中，有的被告人不认罪或者不同意适用本意见审理的；其他不宜适用普通程序简化审理的案件。根据中国政法大学刑事法律研究中心赴西安部分地区人民法院对适用刑事简易程序的情况调查统计数字显示，仅西安一地，中级人民法院与基层人民法院适用比率差距很大，适用不平衡状况严重。基层人民法院对于简易程序和简化审理方式适用最多的可达60%，适用最少的基层人民法院仅有20%。中级人民法院适用简化审理的案件还要少得多，不到10%。①

第二，被告人的程序选择权未得到充分保障。依据我国刑事诉讼法第174条的规定，简易程序的适用由人民检察院建议或者同意，由人民法院决定，却未规定要征求当事人的意见。尽管《“被告人认罪案件”的若干意见》第4条规定，人民法院在决定适用本意见审理案件前，应当向被告人讲明有关法律规定、认罪和适用本意见审理可能导致的法律后果，确认被告人自愿同意适用本意见审理，但事实上，我国刑事诉讼中绝大多数被告人被羁押，他们中有相当数量没有聘请律师辩护。同时，由于其自身文化程度普遍不高，对法律知之甚少，他们对检察机关指控的事实和罪名很难有正确的理解。《“被告人认罪案件”的若干意见》所赋予被告人的权利未必能够真正实现。

第三，被害人在简化审与简易程序中的参与权未得到尊重。《“被告人认罪案件”的若干意见》第7条对庭审具体审理方式上的简化作出规定：“公诉人、辩护人、审判人员对被告人的讯问、发问可以简化或省略。合议庭经确认公诉人、被告人、辩护人无异议的，可以当庭予以认证。”《“被告人认罪案件”的若干意见》丝毫没有涉及被害人在适用这一程序中的作用。司法实践中，多数适用简易程序的刑事案件，被害人参与率极低。从福建省某县人民检察院2003年1月至2007年5月间提起公诉的三大类案件来看，严重侵犯人身权利类案件（故意伤害案247件268人、故意杀人案4件5人、交通肇事案139件139人）中，被害人或其法定代理人较少出庭参与庭审，其中适用简易程序的致被害人轻伤案件有144件148人，被害人无一出庭陈述；侵犯财产类案件（抢劫案112件163人、抢夺案19件29人、盗窃案230件325人）中，被害人出庭陈述的仅有2件2人；而性犯罪类案件（强奸案39件43人，强

① 参见中国政法大学刑事法律研究中心：《关于审判公正问题的调研报告》，载《西安审判》2003年4期。

制猥亵妇女案3件3人）中，被害人受传统文化和社会伦理道德观的影响，更是羞于出庭指证犯罪。[①]

第四，简易程序和简化审程序中庭审常常流于虚置。最高人民法院、最高人民检察院、司法部《关于适用简易程序审理公诉案件的若干意见》第3条规定，人民检察院建议适用简易程序的，应当制作《适用简易程序建议书》，在提起公诉时，连同全案卷宗、证据材料、起诉书一并移送人民法院。《“被告人认罪案件”的若干意见》第6条规定，对于决定适用本意见审理的案件，人民法院在开庭前可以阅卷，这常常导致法官通过阅卷对案件形成审前预断，使庭审虚置而流于形式。

第五，公诉案件检察机关可以不派员出席法庭，导致简易程序“纠问式”审判的职权主义思想观念倾向极为明显。最高人民法院、最高人民检察院、司法部《关于适用简易程序审理公诉案件的若干意见》第6条规定，适用简易程序审理公诉案件，除人民检察院监督公安机关立案侦查的案件，以及其他人民检察院认为有必要派员出庭的案件外，人民检察院可以不派员出庭。尽管这里规定的是“可以”不出庭，意味着也可以出庭，但实践中基层检察机关对于适用简易程序审理的公诉案件，基本上不派员出席法庭。据调查，2002年在北京市9个基层人民法院上半年内适用简易程序审理的194件案件中，只有5件案件中有公诉人出庭。[②] 这一做法有违控审分离司法原则，使法官不得不同时充当公诉人和裁判者两个诉讼角色，行使追诉和审判两种诉讼职能，其中立性势必受到影响，难以确保审判公正。可见，公诉人不出庭不利于检察机关法律监督职能的行使。

第六，简易程序的庭后程序不简易。最高人民法院、最高人民

---

① 参见胡亚金：《刑事被害人庭审参与权的完善》，载《检察日报》2007年11月11日。

② 参见耿景仪：《刑事简易程序的适用与问题研究》，载《当代法学》1998年第5期。

检察院、司法部《关于适用简易程序审理公诉案件的若干意见》第8条规定，对于适用简易程序审理的公诉案件，人民法院一般当庭宣判。《“被告人认罪案件”的若干意见》第10条规定，对适用本意见审理的案件，人民法院一般当庭宣判。但是，我国司法实践中并没有真正建立起当庭宣判的制度。有相当一部分案件实际上没有当庭宣判，或在庭审笔录中补记宣判内容，或将笔录上的宣判时间提前到开庭日。此外，立法并未对简易程序的判决书作特殊规定，我国目前司法实践中基本上沿用普通程序判决书的制作过程和制作要求，这就使得法官必须占用庭外的时间来完成，使简易程序无法真正提高效率，节省诉讼资源。

（二）宽严相济刑事政策视野下的我国普通程序简化审与简易程序运用

为了克服上述弊端，我国司法机关应当遵循普通程序简化审与简易程序的立法相当原则，充分运用自身的裁量权，充分运用普通程序简化审与简易程序，以提高诉讼效率，节省诉讼资源。

第一，应当扩大普通程序简化审与简易程序的适用范围。对于以下案件，司法机关应当依法适用普通程序简化审与简易程序进行审理：未成年人或者在校学生涉嫌犯罪的案件；70周岁以上的老年人涉嫌犯罪的案件；盲聋哑人、严重疾病患者或者怀孕、哺乳自己未满一周岁婴儿的妇女涉嫌犯罪的案件；主观恶性较小的初犯、过失犯；因亲友、邻里等之间的纠纷引发的刑事案件；当事人双方已经就民事赔偿、化解矛盾等达成和解的刑事案件；具有中止、未遂、自首、立功等法定从轻、减轻或者免除处罚情节的案件；其他轻微刑事案件。相反，对于危害国家安全犯罪的案件、涉外刑事案件、故意实施的严重犯罪案件以及其他疑难、复杂的刑事案件，不适用普通程序简化审与简易程序进行审理。对于符合法定条件的轻微刑事案件，人民检察院应当建议适用简易程序；被告人及其辩护人提出适用简易程序，人民检察院经审查认为符合法定条件的，应当同意并向人民法院提出建议；人民法院建议适用简易程序，人民检察院经审查认为符合法定条件的，应当同意。对于被告人认罪的普通刑事案件，符合有关规定条件的，人民检察院应当建议适用简化审理程序。

第二，应切实保障被告人的诉讼权利。首先，应保障被告人对适用简易程序的选择权和否决权。人民法院在决定适用简化审理方式前，应当向被告人讲明有关法律规定、认罪和适用简化审理可能导致的法律后果，核实是否对基本犯罪事实无异议和是否同意此种审理方式，告知被告人及诉讼参与人在法庭诉讼中的权利。司法机关绝不能为了追求快速办理而忽视对被告人诉讼权利的保护。其次，应保障被告人获得律师法律帮助的权利。1989 年 10 月，维也纳召开的第十四届国际刑法学协会代表大会在其决议中对各国立法部门提出了以下建议："对简单的案件，可以采取，也应当采取简易程序；但是应确保被告人享有获知被控内容和有罪证据的权利，享有获得法庭审判的权利，包括提供证据的权利和聘请律师为其辩护的权利。"① 我国刑事诉讼法"辩护与代理"一章对指定辩护只规定了较窄的适用范围，简易程序的轻微案件并不属于应当指定辩护的范围。因此，在简易程序中，法院认为有必要的时候，应当为被告人指定具有法律援助义务的律师，以保证被告人选择的自愿性和明智性。

第三，应切实保障被害人对简易程序的诉讼参与权。人民法院在庭审前应通知被害人出庭，在庭审中应保证其享有申请回避、讯问、质证、发言辩论等权利，并接受公诉人、辩护方的交叉询问。对于有多名被害人的案件，原则上人民法院在开庭前应当按照人民检察院开具的被害人名单逐一通知，被害人未到庭的即视为放弃诉讼权利；也可以引导和允许被害人推举代表参与诉讼，在庭审中依

① 转引自陈瑞华著：《刑事审判原理论》，北京大学出版社 2003 年版，第 342 页。

法行使其享有的各项诉讼权利。①

第四，对于适用各种简易程序的被告人，予以酌定从轻处罚。在目前刑事诉讼法尚未修改的情况下，各省高级人民法院应当对酌情的幅度作出统一的限定，一般而言，应当限定在法定最高刑的2/3以下。因为，我国目前普通程序简化审中的酌量从轻幅度不明确，会引起被告人乃至社会对最终能否真正得到从轻乃至会不会出现畸轻畸重的怀疑；同时，加大利益激励的力度，通过利益机制也可以促使更多的被告人选择同意适用简易程序。

第五，检察机关在简易程序中应当依法派员出庭。检察机关派员出庭，一方面起到确认案件适用简易程序的作用；另一方面，检察机关在庭审中可以实现支持公诉的权能；另外，对于简易程序适用过程中的错误、违法行为可以及时监督纠正。

第六，简易程序的判决书应当格式化。适用简易程序的刑事案件往往比较简单，事实比较清楚，控辩双方的争议并不大，因此，在适用简易程序的刑事案件的判决书中，事实和理由部分的叙述相对普通程序而言，可以进行简要列举，无须深入阐述。

① 参见胡亚金:《刑事被害人庭审参与权的完善》，载《检察日报》2007年11月11日。

第六章　宽严相济刑事政策视野下的刑事立法

第一节　完善刑事立法的基本原则

对立法的修订与完善是其走向科学化的需要。在宽严相济刑事政策的指导下，进一步完善我国的刑事立法，应当遵循如下几项基本原则。

一、谦抑原则

"谦抑"一词正式作为法律术语在何时、由何人应用到刑法中，理论界见解不一。有学者指出，"刑法谦抑性"这一概念的首先提出者是日本刑法学者平野龙一。虽然平野龙一主张刑法的谦抑性，但其并未对"谦抑"给予完整界定，而只是指出"谦抑"具有以下三层含义：一是刑法的补充性，即使是有关市民安全的事项，只有在其他手段（如习惯的、道德的制裁即地域社会的非正式的控制或民事的规制）不充分时，才能动用刑法；二是刑法的不完整性，即刑法只不过是整个社会规范体系中的一个重要环节，而非社会规范的全部，是指刑法不介入公民生活的各个角落，刑法的调控范围以及刑罚手段的运用是有限的；三是刑法的宽容性，即即使市民的安全受到侵犯，其他控制手段没有充分发挥效果，刑法也没有必要无遗漏地处罚。① 亦有论者认为，"刑法谦抑性"的概

① 参见张明楷：《论刑法的谦抑》，载《法商研究》1995年第4期。

念由日本学者宫本英修首次明确提出，并将其与主观违法性论结合，构建了自成一体的“行为性——违法性——可罚性”犯罪论体系，[①] 可罚的违法性理论意图通过对可罚性进行实质的判断来限定处罚的范围，实现刑法的谦抑主义。也有论者认为，平野龙一只是最早对刑法谦抑精神的内涵进行界定的日本刑法学者，小暮得雄教授则把刑法的谦抑精神广泛地运用在刑法的各个角落。[②] 其实，这一术语到底源于何时何人，也许已难以考究，即使可考，也已不重要。[③] 可推断的是，目前在我国刑法学界被频繁使用的“谦抑性”一词，很大程度上是经由日本刑法理论导入我国的。

所谓谦抑原则，是指对于具有危害属性的行为，在决定是否运用刑法予以干预时，从刑法作为最后手段法、补充法、保障法的属性出发而进行的考量。“刑罚之界限应该是内缩的，而不是外张的，刑罚该是国家为达其保护法益与维护秩序的任务时的最后手段。能够不使用刑罚，而以其他手段亦能达到维护社会公共生活秩序及保护社会与个人法益之目的时，则务必放弃刑罚手段。”[④] 日本学者宫本英修认为，刑法是对不服从第一次规范（如民法规范、行政法规范）所保护的利益进行强有力的第二次保护的规范。[⑤] 换言之，刑法的适用是以其他调控手段的优先适用为前提的，对于危害行为，应当优先考虑适用制裁力较弱的其他部门法，只有当其他调控手段不足以制止某种危害行为时，才不得不求助于刑法，刑法是在其他手段无效时的选择，是国家对危害行为进行规范和调控的

---

① 参见李海东主编：《日本刑事法学者》（上），法律出版社 1995 年版，第 97 ~ 98 页。

② 参见王明星著：《刑法谦抑精神研究》，中国人民公安大学出版社 2005 年版，第 14 页。

③ 关于“谦抑”一词是否舶来品，有不同见解。为了证明“谦抑”一词的本土性，有学者特意从古典文献中寻章摘句查出不少含有“谦抑”一词的句子。参见王明星著：《刑法谦抑精神研究》，中国人民公安大学出版社 2005 年版，第 6 ~ 7 页。

④ 林山田著：《刑罚学》，台湾商务印书馆 1983 年版，第 128 页。

⑤ 引自梁根林著：《刑事政策：立场与范畴》，法律出版社 2005 年版，第 107 页。

最后一道防线，刑法的存在为其他法律的实施提供了强有力的后盾和保障。正是在此意义上，卢梭指出，“刑法与其说是一种特别法，还不如说是其他一切法律的制裁力量。”①

谦抑原则是理性主义犯罪观和刑罚观的产物。一方面，对犯罪存在的必然性以及犯罪的相对性的认识，使得人们在犯罪控制对策上开始转变态度。绝对主义的犯罪观容易导致以“除恶务尽”为目标的刑事政策的出台，在这种政策指导下的刑事立法总是以积极扩张的姿态，企图将其干预的触角尽可能地延伸到社会生活的各个角落，如19世纪以来西方国家出现的以刑法高度道德主义为主要特征的刑法泛化倾向，就是绝对主义犯罪观的产物。只有清醒地认识到犯罪现象的客观必然性以及犯罪价值的相对性，立法者才能保持“平常心”和理性的宽容，从而适度地收敛刑法的触角，将一些越轨行为交给其他规范和调控手段。另一方面，对刑罚这一调控手段的正确认识和评价，也使得国家在刑罚运用上逐渐变得理性和现实。刑罚是国家惩罚和预防犯罪的重要手段，但不是唯一的手段，同时，刑罚也并非万能的，犯罪原因的复杂性、刑罚自身的能力以及刑罚运用的客观条件决定了刑罚功能的发挥具有一定的局限性，甚至在一定条件下，刑罚还可能产生与人们的期望恰好相反的负面效果。正如德国刑法学家耶林所言：“刑罚犹如双刃之剑，用之不得其当，则国家与个人两受其害。”刑罚如果运用不当，非但不能起到预防犯罪、维护社会秩序的作用，反而可能激发或者加剧社会矛盾，从而引发新的犯罪。正是基于对犯罪现象以及刑罚功能的科学认识，谦抑性成为现代国家刑事立法所强调和遵循的一项原则。

由于刑法规范属于禁止性规范，无论在犯罪化的过程中如何努力保持克制和谦抑，犯罪化终究意味着公民自由空间的相应缩减，为了防止过度的犯罪化对公民自由权利的侵害，谦抑原则就被特别

---

① ［法］卢梭著：《社会契约论》，何兆武译，商务印书馆1962年版，第63页。

地强调。根据谦抑原则，刑事立法应当遵循如下两方面的要求：一是刑事干预的必要性，即犯罪化必须为维持社会最低秩序所必需。一个社会对反社会行为的规范调整具有多重层次和结构，其中，既有非法律规范的调整，如道德规范、行业规范、乡规民约、社会风俗、宗教戒律等，又有法律规范的调整。法律规范又是一个具有多级层次和诸多部门的规范体系。[①] 严密法网并不意味着刑事法网要覆盖社会生活的所有角落，实际上，现实生活中大量的越轨行为只需要民事法规范、行政法规范等非刑事法律规范进行调整即可，有的甚至只需要道德规范进行调整即可实现秩序且更易于社会和谐。因此，在犯罪化的范围上，要考虑的核心问题是道德与刑法、犯罪与民事不法、行政不法之间界限的区分和把握，以及将特定不法行为犯罪化是否符合刑事法理，即梁根林教授所谓“道德→第一次法→第二次法”的犯罪化作业过滤机制。[②] 在这个过程中，刑法的最后手段性以及必要性的要求应当被恪守，即能够被道德规范、民事法律或者行政立法等有效调整、规制和制裁的民事不法行为或者行政不法行为，不得予以犯罪化，只有在民事制裁、行政处罚手段等都不能充分对法益予以保护时，才需要刑法的介入和干预。二是刑事干预的可行性。在必要性的前提下，刑法干预还应当以刑法具有的主观能力为基础，在现实条件所许可的范围内进行。[③] 刑法干预的可行性受到内外两方面因素的制约，内在因素是刑罚本身所具有的利害两面性以及刑罚功能的有限性；外在因素则是刑罚成本的有限性。只有在具备可行性的情况下，刑事干预才会是有效且有益的，否则，只能造成社会资源的浪费甚至导致负面效应。无视刑法干预的可行性的犯罪化将导致刑法陷入尴尬甚至是荒唐的境地。例如，针对现实生活中频发的“看客”事件，不少人主张设立“见

① 参见梁根林：《论犯罪化及其限制》，载《中外法学》1998 年第 3 期。

② 参见梁根林著：《刑事法网：扩张与限缩》，法律出版社 2005 年版，第 33 ~ 102 页。

③ 参见梁根林：《论犯罪化及其限制》，载《中外法学》1998 年第 3 期。

危不救罪”，试图通过刑事干预来强化社会公众的道德意识，这无疑是对刑法的不当期待，不仅有违谦抑原则，而且是缺乏可行性的。试想，要在茫茫人海中找出当时在场的看客，侦查取证的难度何等之大？退一步讲，就算能够搜捕归案，一人跳水自杀，而与其无冤无仇的数人、十数人甚至数十人仅仅因为偶然路过时的好奇一瞥就要为此受到刑事制裁，岂不荒唐？

刑法谦抑早期被作为刑事立法的原则，成为罪刑法定主义的发展基石。在18～19世纪的形式罪刑法定时代，刑法谦抑主要体现为刑事立法而非刑事司法的谦抑，但在20世纪随着实质的罪刑法定观点被人们广泛接受，谦抑原则不仅应当在刑事立法中予以体现，在刑罚的发动、刑罚的裁量以及刑罚的执行过程中，谦抑原则也具有重要的意义。尤其是在我国，在刑事司法和刑罚执行阶段提倡谦抑原则，也符合宽严相济刑事政策与构建和谐社会的要求。

二、人权保障原则

人权状况既是一个社会文明发达程度的标志，也是一个社会文明发达程度最基本的条件之一。人权是现代民主政治的目的，作为现代法治社会的一个重要标志，保障人权也是刑事法治理念的基础性要求，是刑事立法的基本价值之一。作为国家法治的重要组成部分，刑事法具有一定的特殊性，它直接关系到公民的基本人权，涉及对公民的生杀予夺，同时，尽管刑事法存在的必要性在于保护社会免遭犯罪的侵害，但国家刑罚权的运用又使得公民的权利时常有被侵夺之虞。正是在这一特殊矛盾中，刑事法治中的人权保障的重要性才得以凸显并受到充分的重视。

对于刑事法治中的“人权”的含义，理解上存在不同观点。有的将其限定为被害人的权利；有的则将其理解为犯罪嫌疑人和被告人的权利。这都是具有片面性的。对于刑事法治中的“人权保障”，绝不应仅仅从国家刑事惩罚权运用过程的表象来理解，而应当考虑作为刑事法治的出发点和归宿的人权保障，即对社会所有公民的权利的保障。正如陈忠林教授所指出的，“如果我们把保护人权视为刑法最基本的目的，这个目的的主要内容恐怕也首先应该是保护每个公民都平等享有的不受犯罪侵害的权利。即使我们把刑法的‘保障功能’仅理解为强调罪刑法定、反对法外用刑，或者说理解为限制国家刑罚权的滥用，那刑法的这一功能恐怕主要还是为了保护无辜的人、保护没有犯罪的人免受国家滥用刑罚权的侵害，而不应该仅仅意味着保护犯罪人不受不应得的处罚。”① 因此，刑事法治中的人权保障应当包含两个层次的内容：一是对犯罪嫌疑人和被告人合法权益的保障。这是刑事法律制度所体现出的表层含义，如现代刑事立法中的罪刑法定原则、无罪推定原则、正当法律程序原则、刑罚人道原则等，无不是以约束国家刑罚权的运用、防止犯罪嫌疑人和被告人受到不应得的处罚作为其核心内容的。这是刑事法治文明和理性的表现。二是对全体公民个人权利的保障。这是人权保障的更深层次的含义。在这个意义上可以说，刑法是公民自由的大宪章。这既是现代法治国家的刑法的灵魂与精髓，也是现代刑法与以往专制刑法的最根本区别之一。② 在专制社会里，公民的自由范围十分有限，国家的刑罚权却恶性膨胀，公民的自由往往成为罪刑擅断制度的牺牲品。在饱受了国家刑罚权滥用的侵害后，在刑事古典学派倡导的早期刑法改革运动中，公民个人权利的保障被放到了首要的地位，罪刑法定就是这场刑法改革运动的产物。只有从保障所有公民不受国家权力的非法侵害这一思想出发，才能对刑事法治中人权保障的意义予以全面、深刻的把握。

宽严相济刑事政策所提出的时代背景使其包含着深刻的人权保障精神，这就是立法的人性化、宽容以及防卫社会与尊重个人权利之间的妥协。作为刑事立法的两大基本价值取向，人权保障和社会

---

① 陈忠林：《关于人权概念的几个基本问题》，载《第二届“当代刑法国际论坛”论文集》，2007 年 10 月。

② 参见陈兴良著：《刑法的价值构造》，中国人民大学出版社 1998 年版，第 142 页。

防卫之间是对立统一的。尽管国家行使刑罚权惩罚犯罪的终极目的是为了保护全体公民的安全和利益，但是在刑罚权运用的具体过程中，国家权力与个人权利之间呈现一种此消彼长的关系。宽严相济，就是要在打击犯罪与保障人权之间保持一种动态的平衡，特别是顺应市民社会的发展以及现代民主法治的要求，提升公民的权利意识和权利观念，加强人权保障，就成为刑事法治改革的一项重要内容。在刑事立法中对人权保障的重视和强调不仅表现在对犯罪和刑罚规定的宽松方面，而且也表现在对犯罪和刑罚规定的严格方面，防止出现只关注人权保障而忽略打击犯罪或者只强调打击犯罪而忽视人权保障的片面化。同时，在人权保障方面，既要注意保护犯罪嫌疑人、被告人的权益，也要注重对被害人权益的保护，建立健全相关制度，为被害人参与刑事诉讼、要求赔偿、获取救济等提供充分的保障。

三、罪刑均衡原则

罪刑均衡是人类基于公正理念而产生的对刑法的期望和永恒追求。罪刑均衡的基本含义体现在“罪当其罚，罚当其罪”这一古老的法律公式里，追求罪刑之间的价值（质与量）上的对称关系。[①] 人类天生就有追求对等性的本能，追求对等性是人类追求公正性价值的最原始表现。然而，何谓公正？公正亦称正义。“正义是使每个人获得其应得的东西的永恒不变的意志。”[②] “人公认每个人得到他应得的东西为公道；也公认每个人得到他不应得到的福利或遭受他不应得到的祸害为不公道。”[③] 可见，所谓公正就是比例，不公正就是违反了比例规则，出现了多或少。公正或正义“全在于某一内在活动与另一内在活动之间按照某种平等关系能有适当的

① 陈兴良著：《刑法的价值构造》，中国人民大学出版社 1998 年版，第 595 页。

② ［美］E. 博登海默著：《法理学——法哲学及其方法》，邓正来译，华夏出版社 1987 年版，第 253 页。

③ ［英］穆勒著：《功用主义》，唐钺译，商务印书馆 1957 年版，第 48 页。

比例。"[1] 这种平等关系下的适当比例，在人们的日常生活中表现为等利交换，而在罪与罚的关系上则表现为一种等害交换。人类追求等害交换的公正性情感，反映在罪刑均衡原则观念的嬗变过程中。在同态复仇时代，"以眼还眼，以牙还牙"这种朴素的公正观念在古代法律中多有记载，如《汉穆拉比法典》第196条规定："倘自由民毁损任何自由民之子之眼，则应毁其眼。"《十二铜表法》第8表第2条规定："如果故意伤人肢体，而又未与和解者，则他本人亦应遭受同样的伤害。"这些规定体现了罪刑均衡的原始形态。报应刑把人类的追求等害交换的公正性情感上升到理论高度，于是有了道义报应、法律报应和规范报应的不同主张。在刑与罪的具体标准认定上，无论是以康德为代表的等量报应，还是以黑格尔为代表的等价报应，它们所折射的无不是人类追求"等害交换"的道德情感的真实流露。

自刑事古典学派以来，罪刑均衡就被提高到了刑法基本原则的高度。贝卡里亚认为，刑罚的目的在于制止犯罪，只有罪刑均衡才能实现这一目的。因为，"犯罪对公共利益的危害越大，促使人们犯罪的力量越强，制止人们犯罪的手段就应该越强有力。这就需要刑罚与犯罪相对称"。[2] 贝卡里亚认为，人是受快乐和痛苦这两种动机支配的感知物，立法者为了实现社会正义推动人们追求和从事最卓越的事业，向善避恶，就应当适当地安排奖赏和刑罚这两种动力。由此贝卡里亚提出了一个分配公正的问题。[3] 贝卡里亚指出，"赏罚上的分配不当就会引起一种越普遍反而越被人忽略的矛盾，即刑罚的对象正是它自己造成的犯罪。如果对两种不同程度地侵犯社会的犯罪处以同等的刑罚，那么人们就找不到更有利的手段去制

---

① [美] 莫蒂默·艾德勒、查尔斯·范多伦编：《西方思想宝库》，吉林人民出版社1988年版，第951页。

② [意] 贝卡里亚著：《论犯罪与刑罚》，黄风译，中国大百科全书出版社1993年版，第65页。

③ 参见陈兴良著：《走向哲学的刑法学》，法律出版社1999年版，第292页。

止实施能带来较大好处的犯罪了。”[①] 为了实现刑罚分配的公正，贝卡里亚还提出了罪刑阶梯的设想，即“一个由一系列越轨行为构成的阶梯，它的最高一级就是那些直接毁灭社会的行为，最低一级就是对于作为社会成员的个人所可能犯下的、最轻微的非正义的行为。在这两极之间，包括了所有侵害公共利益的、我们称之为犯罪的行为，这些行为都沿着这无形的阶梯，按从高到低顺序排列。”[②] 如果说贝卡里亚所说的罪刑均衡尚是一个抽象原则的话，边沁的研究则更进一步，他更强调罪刑均衡的实现方式，提出了计算罪刑均衡的5个具体规则：刑罚之苦必须超过犯罪之利；刑罚的确定性越小，其严厉性就应该越大；当两个罪行相联系时，严重之罪应适用严厉之刑，从而使罪犯有可能在较轻阶段停止犯罪；罪行越重，适用严厉之刑可以减少其发生的理由就越充足；不应该对所有罪犯的相同之罪适用相同之刑，必须对可能影响感情的某些情节给予考虑。[③] 古典学派确立的罪刑均衡原则，在19世纪末受到了实证学派的有力挑战。实证学派对犯罪的看法从犯罪行为转向了犯罪人，犯罪本质从社会危害性转换为人身危险性。实证学派主张的是以预防再犯为重心的个别预防论，即刑罚应与犯罪人的人身危险性相适应。报应论与预防论从不同的角度选择各自的刑罚均衡性的标准，它们都具有一定的合理性，但又具有一定的局限性与片面性。有鉴于此，当代学者在对诸种理论的扬弃、整合中形成了熔报应与预防为一炉的刑罚一体论，尽管不同的一体论者在为什么要以及怎样将两者相结合问题上所持的主张各异，从而形成了不同的一体论或称折中论模式，但是都认为刑罚既应体现报应也应兼顾功

① ［意］贝卡里亚著：《论犯罪与刑罚》，黄风译，中国大百科全书出版社1993年版，第65页。

② ［意］贝卡里亚著：《论犯罪与刑罚》，黄风译，中国大百科全书出版社1993年版，第66页。

③ 参见［英］吉米·边沁著：《立法原理——刑法典原理》，孙力等译，中国人民公安大学出版社1993年版，第69～70页。

利，即刑罚要与犯罪的社会危害性和犯罪人的人身危险性相适应。

罪刑均衡体现在刑事立法上，包括两个方面的内容：一是就具体个罪而言，刑的严厉程度与罪的危害程度的平衡，即在个罪刑罚的立法配置上，应切实体现刑罚与犯罪性质、客观危害以及犯罪人人身危险性之间的均衡，即使是犯同一种罪，行为手段、时间、地点、对象、结果、行为人的身份、主观恶性程度等不同，其刑罚轻重也相应有所不同，刑罚的设置要做到宽严适度。二是在罪间关系上，不同的罪在法定刑上的平衡。简言之，即重罪重罚，轻罪轻罚，宽严有序。罪间的均衡包括类罪之间的均衡与个罪之间的均衡。不同的类罪，其危害性在程度上是有差别的，如侵犯公民人身权利的犯罪比侵犯财产权的犯罪的危害性要大，相应地，针对前者所规定的刑罚就比后者的刑罚要严厉。个罪之间的均衡首先是指同一类罪中不同个罪之间刑罚的均衡。例如，同为侵犯人身权利的犯罪，故意杀人罪的刑罚要重于故意伤害罪的刑罚，故意伤害罪的刑罚重于过失重伤罪的刑罚；同为侵犯财产权的犯罪，抢劫罪的刑罚要重于盗窃罪、抢夺罪的刑罚。其次，分属于不同类罪的个罪（特别是性质相近的犯罪）之间，如贪污罪与盗窃罪、职务侵占罪，挪用公款罪与挪用资金罪，也存在刑罚均衡的问题。

综观各国刑法的规定，可以发现罪刑均衡的一些基本规则，如同种性质的犯罪中，实害犯的法定刑比危险犯的法定刑重；过失犯罪中，业务过失犯罪的法定刑比普通过失犯罪重；利用职务实施的犯罪的法定刑比非职务性的同种犯罪的法定刑重；暴力犯罪的法定刑原则上比非暴力性犯罪的法定刑重；侵犯在刑法上具有特殊意义的特定对象的犯罪的法定刑比侵犯普通对象的犯罪的法定刑重；有组织犯罪的法定刑比非组织性的单个人实施的犯罪的法定刑重，等等。值得注意的是，今天的罪刑均衡已不是报应论的刑罚与犯罪的社会危害性的绝对相对应，而是兼顾预防的，即刑罚与犯罪的社会危害性和犯罪人的人身危险性二者的均衡。既然要考虑人身危险性，而人身危险性所具有的不能以实证方法来确定的特性决定了罪刑之间的绝对均衡是不可能的，而只能是相对意义上的罪刑均衡。此外，社会在不断发展前进，犯罪也在发生着变化，罪刑均衡的标准也应当灵活掌握，并随着形势的发展变化而不断进行调整。“在刚刚摆脱野蛮状态的国家里，刑罚给予那些僵硬心灵的印象应该比较强烈和易感。为了打倒一头狂暴地扑向枪弹的狮子，必须使用闪击。但是，随着人的心灵在社会状态中柔化和感觉能力的增长，如果想保持客观与感受之间的稳定关系，就应该降低刑罚的强度。”① 因此，在这个意义上可以说，罪与刑的均衡也是一个动态的平衡。

贯彻宽严相济刑事政策，在刑事立法上要处理好该宽则宽、该严则严的关系，不能因强调对某些严重犯罪的严惩而对其他犯罪也一律“水涨船高”，导致刑罚整体攀高；也不能因强调“宽”就忽视了对有组织犯罪、严重暴力犯罪、累犯等严格和严厉的一面。同时，实现立法上的罪刑均衡，需要树立全局观念，既要对个罪加强研究，又要统筹兼顾，注意作纵向、横向的比较，避免牵一发而动全身，引起罪刑之间新的失衡，罪刑关系的设置既要实现宏观上和微观上的均衡，又要实现纵向与横向的均衡。

四、效率（经济）原则

运用刑事手段遏制犯罪虽然可以产生积极的社会效益，但这种社会效益的取得并不是一本万利的。作为抗制犯罪的重要手段，刑法的适用需要一定的物质支撑：刑事体制（包括刑事立法与刑事司法）的运行需要投入大量的人力与物力，而刑事设施的维持更离不开一定的物质条件。美国学者罗伯特·考特与托马斯·尤伦通过对刑法的经济分析，他指出：最优化的威慑效应并不是铲除所有的犯罪，因为这样做的代价很高，而且社会效益会不断降低。因

① ［意］贝卡里亚著：《论犯罪与刑罚》，黄风译，中国大百科全书出版社 1993 年版，第 44 页。

此，政策制定者需要对有限的资源加以配置，争取以最少的成本实现威慑目标；这也就是说，力求有效率地实现这一目标。①

理论界常常有论者将刑法效率（经济）与刑法谦抑相提并论。例如，有学者认为，刑法的经济性是谦抑性的价值蕴涵之一。②也有的论者将二者混同，认为，刑法的经济性（节俭性）其实就是刑法的谦抑性。③笔者认为，谦抑性与经济性既有联系又有区别，二者不能等同。谦抑性强调的是刑法在干预范围上的克制，着重从是否必要以及是否可行的角度来考虑是否将行为纳入刑法的调控。如前所述，之所以要进行可行性的考量，就是因为刑罚内在的"双刃剑"特性以及外在资源的有限性。可以这样说，刑法的经济性是刑法谦抑原则的根据之一，正是由于刑法的运用需要投入大量的成本，是一种很耗费社会资源的活动，所以我们才提倡在发动刑法或者动用刑罚手段时，要慎之又慎。谦抑性关注的是刑法的触角延伸至何处，通俗地说，是"管多宽"的问题；经济性注重的则是成本和收益的衡量，是关于"如何管"的问题。因此，谦抑性更多的是体现在犯罪圈的划定上，而经济性则主要是在刑罚运用过程中需要考虑的问题。

刑事立法的效率原则涉及两方面的内容：一是实体法中的刑罚设置；二是程序法中的制度设计。

就实体法来说，刑罚的设定和配置必须考虑成本资源投入的必要性、经济性和有效性，尽量避免不必要、不经济或者无效的投入。

首先，刑罚的设定必须具有必要性。因为，不是所有在刑法上

---

① 参见［美］罗伯特·考特、托马斯·尤伦著：《法和经济学》，张军等译，上海三联书店、上海人民出版社 1994 年版，第739 页。

② 参见陈兴良著：《刑法的价值构造》，中国人民大学出版社 1998 年版，第 380 页。

③ 参见佘小松：《刑法经济性理论根据及其实现》，载《中国政法大学研究生院学报》2002 年春季号。

被确认为犯罪的行为，都一定要予以刑罚处罚，有一些行为虽然在刑法上受到否定性评价，但其危害性较轻、尚不需要动用刑罚手段予以惩治；只有那些非动用刑罚手段不足以遏制的危害行为，才属于刑法规制的对象。强调刑罚设置的必要性，才能尽可能将有限的刑罚资源集中于最需要惩治的犯罪，避免资源浪费。

其次，刑罚的设置要讲求经济性，这既包括刑罚种类的选择，也包括刑罚量的设定。不同的刑罚种类对社会资源的消耗程度是不同的，如自由刑（特别是长期自由刑）属于资源消耗型的刑罚，而罚金刑无疑是一种资源节约型的刑罚。在罪刑法定的前提下，立法上对刑罚种类的设置直接影响到司法适用的结果，要实现刑罚的经济性，在立法上应当尽可能地设置较节约成本的刑罚方法。同时，刑罚量的设定也要讲究效益。一定的刑罚量的支付是获取刑罚效益的前提，但是，刑罚量的投入与刑罚效益之间并不存在一个正比例的关系，不是刑罚量越大效益便越高，过度的刑罚虽然使犯罪人受到了惩罚和威慑，然而过量的刑罚投入所造成的不必要的代价足以抵消这种刑罚效益，从总体上反而是得不偿失；反之，刑罚量的投入过低，又可能导致可预期的刑罚效益的丧失。刑罚贵在轻重有别，宽严相济，使轻罪与重罪分别得到妥当的处理，有利于获得刑罚效益的最大化。因此，“我们必须在刑罚量投入的限度区间里寻找到一个平衡点，在这一点上，刑罚量的投入水平是最佳的，所预期合理的刑罚效益得到最充分的实现，从成本与效益对比关系来说，刑罚成本处于最佳的最小水平，而刑罚效益处于最佳的最大值，刑罚量的投入不存在不足和过剩。”①

最后，刑罚的有效性，即所设置的刑罚应当能够有效地教育、改造罪犯，预防犯罪，促进刑罚目的的实现。这可以说是刑罚的社会效益。倘不具备有效性，无论刑罚设置得如何精妙，都是枉然和浪费。刑罚有效性的考量是建立在实践经验的基础上的，通过对刑

① 陈正云著：《刑法的经济分析》，中国法制出版社1997年版，第283页。

罚适用的实际效果的考察和分析，通过对以往立法经验、教训的总结，才能作出正确合理的判断。

一个国家刑事诉讼效率的高低，可以反映出该国刑事司法制度在实现民主、公正途径中的科学化程度或进步性程度，因此，当代世界各国无不将效率作为刑事诉讼中的一项重要价值目标。我国著名刑事诉讼法学家陈光中教授指出，刑事诉讼中的效率价值主要体现在两个方面：一是刑事诉讼过程的经济合理性；二是刑事诉讼效果的合目的性。刑事诉讼过程的经济合理性就是要求在司法资源有限的前提下，合理地设计刑事诉讼程序和科学地配置这些司法资源，来实现刑事诉讼的目的。具体地说，就是国家通过诉讼规则和程序的设置和运用，对诉讼权力与责任、诉讼权利与诉讼义务等法律资源进行合理配置，来促使各诉讼主体选择适当的行为，使司法资源被有效地利用，即通过设计科学合理的诉讼程序、优化配置司法资源以实现效率的最大化。刑事诉讼效果的合目的性则表现为办结案件的数量与质量的统一。[①] 诉讼过程的经济合理性要求人们在刑事诉讼过程中寻求最佳的方式来科学合理地利用诉讼资源，诉讼结果的合目的性实际上是要求刑事诉讼结果的实现必须符合公正、秩序和自由的价值目标。因此，笔者认为，就诉讼效率的基本和核心含义而言，诉讼过程的经济合理性应当是刑事诉讼立法所关注的重点。而作为评价诉讼过程经济合理性的具体标准，诉讼周期的长短、诉讼程序的繁简、司法资源的合理配置等，都是完善诉讼体制时需要重点考虑的问题。

① 陈光中：《刑事诉讼中的效率价值》，载《诉讼法学研究》第1卷，中国检察出版社2002年版。

第二节　犯罪规定方面的完善

一、犯罪化的范围

（一）犯罪化的方式与类型

从我国当前的犯罪化实践来看，刑法上的犯罪化主要是通过以下两种方式进行的：[①] 一是增设新的罪名。例如，《关于惩治骗购外汇、逃汇和非法买卖外汇犯罪的决定》增设了骗购外汇罪；《刑法修正案》增设了隐匿、故意销毁会计凭证、会计账簿、财务会计报告罪；《刑法修正案（三）》增设了资助恐怖活动罪，投放虚假危险物质罪和编造、故意传播虚假恐怖信息罪等；《刑法修正案（四）》增设了雇用童工从事危重劳动罪，执行判决、裁定失职罪和执行判决、裁定滥用职权罪等；《刑法修正案（五）》增设了妨害信用卡管理罪和过失损坏武器装备、军事设施、军事通信罪等；《刑法修正案（六）》增设了大型群众性活动重大安全事故罪，不报、谎报安全事故罪，虚假破产罪，背信损害上市公司利益罪，骗取贷款、票据承兑、金融票证罪，背信运用受托财产罪，组织残疾人、儿童乞讨罪，枉法仲裁罪等新罪名。二是改变已有犯罪的构成要件。具体来说，又包括以下四种类型：（1）扩大行为对象或者犯罪对象的范围。例如，《刑法修正案（二）》将非法占用耕地罪修改为非法占用农用地罪；《刑法修正案（三）》将投毒罪修改为投放危险物质罪；《刑法修正案（四）》将走私固体废物罪修改为走私废物罪；《刑法修正案（六）》将刑法第164条规定的犯罪的对象由“公司、企业的工作人员”修改为“公司、企业或者其他单位的工作人员”；《刑法修正案（三）》和《刑法修正案（六）》

---

① 参见赵秉志：《刑法调控范围宜适度扩大——解析犯罪化与非犯罪化之争》，载《检察日报》2004年3月25日。

先后补充规定了恐怖活动犯罪、贪污贿赂犯罪、破坏金融管理秩序犯罪、金融诈骗犯罪的所得及其产生的收益作为洗钱罪的行为对象。(2) 增加犯罪行为方式。例如,《刑法修正案(三)》将非法买卖、运输核材料罪修改为非法制造、买卖、运输、储存危险物质罪;《刑法修正案(四)》将非法收购盗伐、滥伐的林木罪修改为非法收购、运输盗伐、滥伐的林木罪;《刑法修正案(五)》在信用卡诈骗罪中增加了“使用以虚假的身份证明骗领的信用卡”的行为。(3) 降低犯罪的起刑标准。例如,《刑法修正案(四)》将刑法第145条规定的生产、销售不符合标准的医用器材罪的起刑标准“对人体健康造成严重危害的”修改为“足以严重危害人体健康的”。(4) 扩大犯罪主体的范围。例如,《关于惩治骗购外汇、逃汇和非法买卖外汇犯罪的决定》将逃汇罪的犯罪主体由“国有公司、企业或者其他国有单位”修改扩充为“公司、企业或者其他单位”。《刑法修正案(六)》将刑法第163条规定的犯罪的主体由“公司、企业的工作人员”修改为“公司、企业或者其他单位的工作人员”,扩大了该罪的主体范围。

上述两种犯罪化的方式在本质上并没有差别,无所谓优劣之分,都是基于社会发展的现实需要,将原先在立法上没有作为犯罪论处的行为明确规定为犯罪。略有不同的是,对已有犯罪构成要件的改变,并不必然导致出现新的罪名或者使罪名发生变化。例如,洗钱罪,其行为对象范围的扩大对罪名并无影响;生产、销售不符合标准的医用器材罪由结果犯变为危险犯,其罪名也没有发生变化。通常来讲,在社会转型或变革时期,由于犯罪行为的复杂多变以及立法的不足,增设新罪名的方式会被频繁使用,随着社会活动的逐渐定型化以及立法的不断完善,第二种方式将会被作为立法上犯罪化的主要方式。并且,从对刑法典的稳定性及其内容体系的影响上来看,第二种方式显然更轻微。因此,笔者建议,今后的犯罪化在具体操作上应当以第二种方式为首选,第一种方式为补充,即在能够通过修改原有的犯罪构成要件来达到目的的情况下,首先应当尽可能采取这一方式；其次，才考虑通过修正案来增设新的条文和罪名。

犯罪化的过程对于社会公民来说就意味着个人自由空间的缩减，因此，犯罪化应当是一个审慎的举措，只能够通过立法的途径进行，换言之，犯罪化的主体具有唯一性，仅限于国家的立法机关，除此以外的任何机关和个人都无权进行犯罪化操作。这也是现代刑法罪刑法定原则的基本要求。不过，值得注意的是，在我国目前存在着通过司法途径进行犯罪化的做法。例如，1998 年 3 月 17 日最高人民法院《关于审理盗窃案件具体应用法律若干问题的解释》第 6 条第（一）项规定："盗窃公私财物接近'数额较大'的起点，具有下列情形之一的，可以追究刑事责任：1. 以破坏性手段盗窃造成公私财产损失的；2. 盗窃残疾人、孤寡老人或者丧失劳动能力人的财物的；3. 造成严重后果或者具有其他恶劣情节的。"现行刑法第 264 条规定，盗窃公私财物"数额较大或者多次盗窃的"，成立盗窃罪。而根据上述司法解释的规定，盗窃财物未达数额较大但情节严重的，亦可成立盗窃罪。这无疑是另设了"情节严重"作为与"数额较大"并列的选择条件，相当于将盗窃罪的成立条件修改为"数额较大或者情节严重"，显然属于越权解释。这种司法上的犯罪化违背了罪刑法定原则，是应予以否定的。

从我国目前业已出台的 6 个刑法修正案的内容来看，涉及分则条文 45 个，其中，有 26 个条文分布于"破坏社会主义市场经济秩序罪"一章中，8 个条文分布于"危害公共安全罪"一章中，6 个条文分布于"妨害社会管理秩序罪"一章中。《关于惩治骗购外汇、逃汇和非法买卖外汇犯罪的决定》虽然是单行刑法，但其在内容上也属于破坏社会主义市场经济秩序的犯罪。经济领域新型犯罪的激增，也是由我国近些年来经济体制改革不断推进、经济迅速发展、经济活动日益复杂化的社会现实所决定的。与社会变革、犯罪浪潮相伴而生的犯罪化趋势和要求可以说是转型期社会的一个显著特点，这一社会背景决定了我国的犯罪化进程仍将继续。就我国今后犯罪化的范围而言，在犯罪类型上，传统的自然犯（主要是侵犯人身权利、财产权利的犯罪）基本上已经没有什么空间。这是因为，虽然侵犯人身权利的犯罪和侵犯财产权利的犯罪在行为方式上表现多样，但是在要件特征和罪状概括上较易于定型化，如杀人案的手段各异，但即便是运用现代高科技手段实施的杀人行为，也可以被“故意杀人”这一词组所精确概括；再如，盗窃财物，即使是利用现代的电脑、网络技术来实施，仍然不外乎“秘密窃取他人财物”。而随着经济活动和社会生活进一步多样化、复杂化，“随之而来的就是社会生存、人类生活的方方面面时时处处都有风险相伴。可以说，随着市场经济的发展，风险社会就到来了。……随着风险社会的到来，法定犯时代也随之到来了”。[①] 作为法定犯的主要内容和表现，经济领域的犯罪、危害公共秩序和妨害社会管理的犯罪仍将是今后我国犯罪化的主要领域。

（二）犯罪化的起点问题

界定某一行为是否构成犯罪，首先涉及的就是罪与非罪的界限问题，这个界限的划分就是要让犯罪起点起到分水岭的作用。所谓犯罪起点，就是指行为人的行为要构成某种犯罪必须达到的社会危害的最低限度。我们通常所说的某种行为是否构成了犯罪，实际上就是对该行为是否达到刑法所规定的该种罪名的最低起点的判断。犯罪起点设置合理与否，不仅涉及刑事政策的科学性和刑法的价值取舍问题，更涉及违法犯罪群体的合法权益和社会阶层的群落划分问题。犯罪起点偏高，容易形成打击不力，使人民群众没有安全感；犯罪起点偏低，会导致打击面过宽，侵害一部分违法群体甚至无辜者的利益，使统治阶级的对立面增多。这两种情况都会使我国的刑事政策出现“右”或“左”的倾向，增加社会不安定因素，

---

① 储槐植：《要正视法定犯时代的到来》，载《检察日报》2007年6月1日。

影响和谐社会的构建。①

我国刑法一贯采取的是“立法定性＋定量”的犯罪化模式，无论是在1979年刑法中，还是在1997年修订刑法及其后出台的单行刑法和修正案中，除了某些不法行为本身的性质已足以使其应受刑罚惩罚以外，对大多数不法行为构成犯罪，都以“数额较大”或者“情节严重”等形式进行了定量限制。换言之，我国刑法上对犯罪起点的设定包括定性与定量两个方面。

第一，行为犯罪化的定性起点。

定性起点，亦称为犯罪化的范围边界，讨论的问题是什么性质的行为应该予以犯罪化。犯罪属于社会的越轨行为，但社会的越轨行为并不都是犯罪。犯罪化的适当范围首先要求立法者对犯罪行为与道德违反行为、民事违法行为和行政不法行为的界限作出正确界定，换句话说，立法者应当从对越轨行为的规范调整体系中划出一块属于刑法的“领地”。立足于刑事立法的谦抑原则，在划定刑法调整的范围边界时，下列情况不宜入罪：（1）私人道德领域的有关行为。这是现代法治社会对国家刑罚权运作的基本限制。“虽然刑法必须保持与道德之间的一致性，但是并非所有的不道德行为都可以成为刑法的调控对象，立法者应当决定在什么时候将新的概念纳入这样的一致性中，必须给私人道德与不道德留下一定余地，而这些，用简单而粗鲁的话来说，不干法律的事。”②（2）替代手段可有效干预的行为，即通过非刑罚手段（如民事制裁或行政制裁）就足以预防和控制的行为。在这种情况下，动用刑法干预就是缺乏必要性的。（3）刑法干预无效的行为，即对于某一危害行为来说，即使将其规定为犯罪并予以刑罚处罚，也达不到预防和遏制的效果。（4）刑法上不能进行客观认定和公平处理的行为。社会在不

---

① 参见苟红兵：《犯罪起点：宽严相济的刑事法治的分水岭》，http://www.iolaw.org.cn/library/shownews.asp?id=14273，2006－05－25。

② ［英］彼得·斯坦、约翰·香德著：《西方社会的法律价值》，王献平译，中国法制出版社2004年版，第206页。

断地发展变化，刑事立法总是具有一定的滞后性的，对于一些新的现象和情况，在特定时期的刑事立法上难以客观准确地判断其利害价值并作出公平的处理。在这种情况下，立法者应当采取审慎的态度，尽量不要动用刑罚进行制裁，避免因草率禁止（刑法属禁止性规范）而限制公民自由或者侵害公民的权利，甚至严重妨碍科技的进步和社会的发展。

此外，对不具常态性和普遍性的危害行为，应当慎重犯罪化。考虑是否将某种行为纳入犯罪圈，除了要考虑行为本身的危害程度之外，还要看这种行为是否具有普遍性或者有发展为普遍现象的趋势。对于那些虽有较大危害性，但不具有普遍性或者不可能发展成为普遍现象的危害行为，一般不宜轻易在刑法上予以入罪。例如，对于要不要立法禁止女性强奸男性问题，[①] 就值得慎重研究。虽然实践中确实出现过个别这种案件，但从发展趋势看，这种行为是不可能成为社会普遍现象的，不具有常态性，只能是极个别的个案，它对社会的整体秩序不可能构成严重危害，因此国家就没有在刑法中规定这种犯罪的必要性。即使社会上发生了个别严重案件，往往会对被害人造成其他方面的侵害，从而会构成其他犯罪，以其他罪名来对行为人加以处罚，同样能达到制裁这些个别行为人的效果。[②] 例如，实践中发生的拐卖、拐骗14周岁以上男性的案件，在拐卖、拐骗过程中通常伴有非法限制被害人人身自由的行为，因而有很多是以非法拘禁罪论处的。对于这种不具普遍性和常态性的失范行为，应尽可能通过包括民法、行政法等在内的规范手段或者非规范手段进行治理，这既符合谦抑原则，同时也节约了司法资源。

---

① 《卖淫女性侵犯大学生　专家称女性强奸男性应入罪》，http://www.chinalawedu.com/news/21605/11700/120/2006/5/zh3293464659325600221850—0.htm，2006-05-23。

② 张绍谦：《从刑罚特性看犯罪圈的界限》，载《河南省政法管理干部学院学报》2007年第5期。

第二，行为犯罪化的定量起点。

定量起点，亦称为犯罪化的程度边界，所讨论的问题是达到什么程度的行为应该犯罪化。我国现行刑法对于犯罪定量起点的确定，主要采取了两种方式：一是采用原则性规定，即在刑法中明确规定犯罪起点，如毒品犯罪、走私犯罪和职务型犯罪中的贪污贿赂犯罪等；另一种则是采用灵活性规定，在刑法中以“数额较大”、“情节严重”、“情节恶劣”等作为犯罪起点，如侵财型犯罪、渎职类犯罪等，对于这类规定，通常是由最高人民法院和最高人民检察院以司法解释的形式对犯罪起点作出具体说明。长期以来，“两高”相关司法解释对大部分犯罪明确规定了具体的犯罪起点，但对小部分犯罪，主要是一部分涉及财产的犯罪（如盗窃罪、挪用公款罪），则是发布一个幅度性的犯罪起点，由各省再自行确定这些犯罪的起点。有的省份在确定这些犯罪起点时，又将城镇和农村分开，制定不同的犯罪起点，如四川省规定，城镇盗窃罪的起点为1000元，农村为700元。①

从立法明确化的角度来说，在刑法中明确规定犯罪定量起点的方式显然是更能直接体现罪刑法定的，而且也实现了犯罪认定标准的统一。但是，这种方式有一个最大的弊端，就是随着社会经济的发展，行为的危害性程度也会发生变化。某一时期认为合理的定量起点，经过一段时间以后，就会变得不合理，可能偏高，也可能偏低。而要调整该起点，哪怕只是一个数字的改变，都必须要修改刑法。相比之下，从维护刑法稳定性的角度出发，第二种方式，即灵活性规定，更合适、更实用些。对于目前“两高”对一些财产犯罪规定幅度性的犯罪起点的做法，有的学者提出质疑，认为这样不利于实现犯罪认定标准的统一，因而主张摒弃这种设定幅度的方

① 参见苟红兵：《犯罪起点：宽严相济的刑事法治的分水岭》，http://www.iolaw.org.cn/library/shownews.asp? id=14273,2006-05-25。

式，而改为确定数额。[①] 对此，笔者不能苟同。目前我国各地经济发展很不平衡，要划定一个统一的定量起点，必须选择适当的标准，如果以经济落后地区为准，在经济发达地区就容易造成起点过低、打击面过大；如果以经济发达地区为准，在落后地区又容易导致起点过高而放纵犯罪。各地经济发展水平的不均衡，使得侵犯同等数额财产的行为所具有的社会危害性程度在不同地区有所差异。不区分各地实际情况而实行绝对统一、"一刀切"，表面上看似公平，其实反而更容易导致实际的不公平。因此，设定幅度性的犯罪起点还是具有合理性的，能够较好地体现原则性与灵活性的结合，适合我国目前的国情。

一国刑法对不法行为干预的程度，取决于一个国家对一定历史时期内不法行为危害量的估计和现实评价，受这个国家现存的政治组织形式、经济运作方式以及社会大多数成员的价值观念和对于不法行为的承受力、容忍度等的制约，因而不可避免地呈现国别差异（横向差异）；在同一国家的不同历史时期，随着上述因素的演进和变迁，对犯罪行为进行定量的标准也会呈现时间差异（纵向差异）。[②] 确立犯罪起点标准，需要结合我国在不同历史时期的政治、经济、法律等诸多方面的因素，进行全盘考虑。随着我国社会的发展，经济实力的增强，社会承受力和容忍度的提高，过去被认为是犯罪的一些行为会逐渐弱化为一般违法状态，因此，犯罪起点也有必要进行相应的调整，特别是多发性财产犯罪、经济犯罪。[③] 犯罪定量起点是行为犯罪化的重要标准，不同的起点往往决定着成千上

---

① 参见荀红兵：《犯罪起点：宽严相济的刑事法治的分水岭》，http://www.iolaw.org.cn/library/shownews.asp? id = 14273，2006 - 05 - 25。

② 参见梁根林：《论犯罪化及其限制》，载《中外法学》1998 年第 3 期。

③ 刑法中涉及犯罪定量起点的罪名，主要包括侵财型犯罪、渎职类犯罪以及其他类型犯罪。盗窃、诈骗等属于传统的侵财型犯罪。贪污受贿等职务犯罪，也涉及财产数额。其他类型犯罪中，有一些如金融犯罪等，在认定时通常也涉及数额；另有一些犯罪，虽然刑法规定以"情节严重"、"情节恶劣"为其犯罪起点要求，但其中同样有很多在"情节"的认定上涉及具体数额，如非法经营罪、假冒专利罪等。

万人是否应负刑事责任的问题，所以，对这类犯罪起点的数额确定，尤其应当引起重视并采用科学合理的标准。一方面，需要政策和规范层面的转变，在犯罪起点的确定上，应当改变过去那种重惩治、重威慑的政策，宽严相济，轻重有别，对轻罪设定较高标准的犯罪起点，对重罪设定合理的犯罪起点。同时，犯罪起点的设定应当顺应时代潮流，符合刑法宽松轻缓的总体发展趋势，只有这样，才能合理使用犯罪起点的调剂尺度，利用犯罪起点的设定对刑法的系统体系产生影响，调整刑法打击的重点和打击方向，为经济发展与构建和谐社会提供良好的保障。另一方面，还需要在技术层面上予以完善。例如，建立犯罪起点的评估机制，在设定犯罪定量起点时，要经过专门性的论证，特别是由最高司法机关确定犯罪起点时，应当在相应的文件中作出说明，并且应当根据客观形势的发展变化，及时地对犯罪的定量起点进行调整。

二、不同类型犯罪构成模式的规定

刑事立法的“宽”与“严”还体现在犯罪构成模式的类型上，具体犯罪构成要件的设置是在相对微观的个罪上，解决着刑法的介入度及其对具体犯罪行为宽与严的程度问题。

（一）行为本位模式的犯罪构成与结果本位模式的犯罪构成

在我国刑法理论中，犯罪构成指的是成立某种具体犯罪所需的所有必要条件，亦即具体犯罪的成立条件。根据不同犯罪成立条件的不同要求，可以将犯罪构成模式分为两种类型：一种是行为本位模式的犯罪构成，即行为人实施一定的行为即成立犯罪；另一种是结果本位模式的犯罪构成，即行为人不仅要实施一定的行为，还须造成一定的结果，方成立犯罪（要注意的是，这里所说的行为本位模式、结果本位模式都是就犯罪成立条件而言的，不同于犯罪既遂模式中所谓的行为犯和结果犯概念）。

行为本位模式的犯罪构成与结果本位模式的犯罪构成反映了对不同犯罪的追诉标准和证明的难易程度。比较而言，行为本位模式的犯罪构成，在关于犯罪行为的追诉和证明上，追诉门槛较低，只要行为人实施了该种行为，即会受到刑法的追究；相应地，追诉机关所承担的证明责任也相对较低，只需掌握能够证明行为人实施了某种行为的证据即可。而结果本位模式的犯罪构成，追诉的门槛相对高一些，只有当行为人所实施的危害行为造成刑法所规定的结果时，才会被作为追诉的对象；与此同时，追诉机关所承担的证明责任也相对较高，不仅要掌握关于行为人实施了某种行为的证据，还要求能够查明该行为造成了刑法所规定的结果。

如前所述，总体而言，我国现行刑法在犯罪构成模式的选择上较偏重于结果本位。例如，现行刑法中关于过失犯罪的规定，在客观方面，均以一定的危害结果的发生作为过失行为成立犯罪的必备条件，在主观方面也主要强调的是对于危害结果的认识。就故意犯罪而言，有的犯罪构成采用的是行为本位模式，有的犯罪构成采用的是结果本位模式，但无论是刑事立法中关于犯罪故意的规定，还是刑事司法中对行为人的认识因素和意志因素的考察和认定，都是以危害结果作为其中心内容的。

刑法关于具体犯罪构成的规定往往反映了立法者对于不同的危害行为的容忍程度以及追究和惩治的力度。从犯罪构成模式的着眼点来看，结果本位模式重惩罚，反映的是事后的消极刑法思想的原则；行为本位模式重预防，体现的是积极刑法思想的原则。两种模式各有长短，结果本位虽在一定意义上符合谦抑要求，但又消极被动，且易有所疏漏；行为本位虽积极主动、法网严密，但又有不当扩张之虞。因此，在犯罪构成条件的设定上，片面倚重任何一种模式，都可能导致刑事立法走向极端。要贯彻宽严相济，就要对不同类型的犯罪在追诉的门槛、追究和惩治的力度等方面予以区别对待，在刑事立法中采取行为本位与结果本位并行的模式，一方面，对于严重犯罪，采用行为本位的构成模式，可以加大威慑和惩治力度；另一方面，对于轻罪，采用结果本位的构成模式，适当提高追诉的门槛，既体现出立法的谦抑和宽容，同时也有利于节约司法资源、实现刑法的效率。

（二）基本的犯罪构成、加重的犯罪构成与减轻的犯罪构成

以犯罪行为的危害程度为标准，犯罪构成还可分为基本的犯罪构成、加重的犯罪构成与减轻的犯罪构成。前述所谓行为本位和结果本位的犯罪构成模式主要是针对基本的犯罪构成而言的，所涉及的是不同类型的犯罪其犯罪构成模式的选择；而基本的犯罪构成、加重的犯罪构成与减轻的犯罪构成则是就同一类型的犯罪而言，以法定加重或减轻事由（特定情节或结果）的发生作为对该类犯罪行为予以重处或者轻处的条件，此种划分更主要的是在犯罪的处罚上具有意义。宽严相济不仅体现在对不同类型犯罪的区别对待上，还体现为对同一类型的犯罪在处理上的轻重有别。在刑事立法中对于一些比较复杂的犯罪，在基本的犯罪构成之外，设置加重的构成与减轻的构成，体现了一罪中的区别对待，有利于实现罪刑相适应与司法公正。

三、现行犯罪化行为的梳理与重组

犯罪化是社会发展的现实需要，立足于我国转型期的社会现实，结合我国刑法分则的类罪体系，以下着重对今后犯罪化的几个主要领域（危害公共安全的犯罪、经济领域的犯罪以及妨害社会管理的犯罪等）的罪名体系的完善，择其要者予以概述。

（一）“危害公共安全罪”一章：增设过失危险犯

传统刑法理论将过失犯罪界定为实害犯，以一定的危害结果的发生作为过失行为构成犯罪的必备条件，我国现行刑法亦不例外，对于过失犯罪的规定一律采用的是结果本位模式的犯罪构成。这意味着即使是严重的过失，只要未发生实质性的危害结果，就不会受到刑法的追究。然而，随着社会的发展和现代科技成果的广泛运用，现代社会正变成一个风险社会，无论是社会活动还是人类生活，风险几乎无处不在，稍微懈怠疏忽，就可能酿成巨大的灾难。基于风险控制的需要，过失危险行为的犯罪化就显得十分必要。

过失危险行为应否犯罪化，关键在于考察这种行为的社会危害程度。如果行为的社会危害程度高，则应当犯罪化；反之，如果行为的社会危害程度不高，刑法就不应当过度干预。从现实生活看，有些过失危险行为的社会危害是非常大的。例如，据报载，2000年2月13日下午2时，在郑州新郑机场上空发生了惊险的一幕：在飞机降到离地面150米时，由于乘客王某违规使用手机，致使飞机仪表突然全部失灵，飞机无法对准跑道着陆。机组人员采取紧急措施，经过复飞，才使飞机安全着陆。[①] 这类足以危害公共安全的过失行为，由于其针对的是不特定多数人的生命、健康和重大公私财产的安全，如果等到严重实害结果发生时，刑法才介入，显然已为时太晚。[②] 尽管过失行为者在其主观上确实是不希望或者根本没有预见到危害结果的发生，然而，过失行为人违反相关的防范法规却通常是故意的，如果对这种容易引起严重后果的故意违法行为给予适当的刑罚震慑，一方面可以促使过失行为人深刻地认识到遵守有关规范的重要性，启发并提升其规范意识，唤醒其责任心，有利于预防其再犯此类过错；另一方面也会促使那些在日常生活、生产和作业过程中草率鲁莽、疏忽大意、极不负责任的人警醒，预防类似行为的发生。因此，为了更周全地保护法益，立法者应当将刑法的防卫线向前推置，在处罚故意犯罪为原则的前提下，例外地处罚一些严重的过失危险行为。同时，为了尽量减少将过失危险行为犯罪化对社会发展可能导致的负面影响，笔者建议，应当将过失危险犯限定于危害公共安全的领域，特别是诸如航空、铁路运营、危险物品、大型生产、工程设施等涉及重大的社会利益，增设过失危险犯，将过失行为提前到危险阶段处罚，才能更好地发挥刑法对公共安全的保障功能。

---

① 《法制日报》2000年2月17日。

② 参见王俊平：《我国刑法中的责任事故犯罪立法之检视》，载《国家检察官学院学报》2002年第3期。

（二）“破坏社会主义市场经济秩序罪”一章：完善知识产权犯罪的罪名体系

有关知识产权犯罪的立法可以说是现行刑法分则罪名体系中的一个薄弱环节。1997 年修订刑法中只规定了 7 个罪名，之后出台的刑法修正案没有增设其他罪名。这使得一些在国外被规定为犯罪的、比较严重的侵犯知识产权的行为在我国只能以民事侵权行为定性，这对于我国支持发展知识产权的立法原意、保护知识产权人的创造积极性是极为不利的。尤其在加入 WTO 之后，我国面临的知识产权保护的任务更加艰巨。而目前我国关于知识产权保护的落后局面，使得我国在与其他国家的知识产权谈判中处于被动、尴尬的境地。[①] 要改变这种状况，只有变被动为主动，积极调适我们的法律，缩小我国与其他国家知识产权保护方面的差距。就刑事立法来说，主要是通过刑法修正案的形式，完备和细化知识产权犯罪的罪名体系。具体来说：其一，完善侵犯专利权的犯罪。关于侵犯专利权的犯罪，现行刑法仅规定了假冒专利罪，而社会危害性同样严重的侵犯专利申请权的行为以及非法实施专利行为却不受刑法规制。因此，有必要增设侵犯专利申请权和非法实施专利的犯罪。其二，扩大假冒注册商标罪的保护范围。对与商品贸易相关的商品商标和与服务贸易相关的服务商标，也应当予以同样的法律保护，这样既有利于增强商标刑事立法与《商标法》之间的衔接与协调，又有利于推动我国商标刑事立法的国际化。[②] 其三，修改侵犯著作权罪的要件。取消“以营利为目的”的要件，而将其作为一个量刑情节，即侵犯著作权犯罪的成立无须具有营利目的；对于以营利为目

① 近年来我国不断遭受到欧盟、美国等发达国家“知识产权保护不力”的指责，甚至有的国家向世界贸易组织提起对华知识产权诉讼。

② 参见张兰菊、裘京兰：《论知识产权刑法保护的问题——从专利权犯罪谈起》，http://www.chinacourt.org/，中国法院网，2005－09－30。

的实施侵犯著作权犯罪的，可加重处罚。[①]

（三）“妨害社会管理秩序罪”一章：完善有关黑社会性质犯罪和计算机犯罪的规定

完善“反黑”刑事立法，首先要健全其罪名体系。针对黑社会性质犯罪的现状，增设“参加境外黑社会组织罪”和“入境从事黑社会活动罪”，使之与入境发展黑社会组织罪的规定相对应，以满足刑事立法和罪刑法定原则的完备性要求。[②] 为了加大对黑社会性质犯罪的打击和控制，还应增设“资助黑社会（性质）组织罪”，该罪的犯罪主体既可以是个人，也可以是单位。此外，还可以考虑增设涉黑特别累犯制度。黑社会（性质）组织犯罪的社会危害性并不亚于走私、贩卖、运输、制造、非法持有毒品罪，从严厉打击涉黑犯罪的价值取向出发，应当增设与毒品特殊累犯制度相似的涉黑特殊累犯制度。并且对刑法第 81 条第 2 款进行修改，增加对黑社会性质组织的首要分子不得适用假释的规定。[③]

1997 年修订刑法规定了计算机犯罪的两个罪名，即非法侵入计算机信息系统罪和破坏计算机信息系统罪，随着计算机的普及使用和计算机犯罪的日益猖獗，立法的不足也逐渐显现，需要完善现行刑法中关于计算机犯罪的条款：其一，增设新的罪名。对于现时期司法实践已经出现并且可以预见今后将大量存在的某些违法乃至足以构成犯罪的计算机严重违法行为，应当增设新的罪名，以便处之有据。例如，近年来盗用他人上网账号、密码的案件时有发生，该行为虽然给合法用户造成一定的经济损失，但其行为特征又不同于盗窃罪，实质上是一种盗用服务的行为，对此，应当增设盗用计

① 参见曹盛、郭理蓉：《侵犯著作权犯罪比较研究》，载《山西师大学报》（社会科学版）2005 年第 6 期。

② 参见田宏杰：《试论我国“反黑”刑事立法的完善》，载《法律科学》2001 年第 5 期。

③ 参见汪敏、任志中：《惩治黑社会性质组织犯罪的司法对策》，http://www.chinacourt.org/，中国法院网，2002－10－09。

算机信息系统服务罪。再如，窃取计算机信息系统程序、数据的行为本身虽不破坏计算机系统，但其对计算机信息系统的安全构成了重大的威胁，特别是一些关系到国计民生的计算机信息系统，其后果将是不堪设想的，因此应将该行为规定为犯罪，即窃取计算机信息系统程序、数据罪。其二，对于现有的两个罪名，也应当予以完善。例如，就非法侵入计算机信息系统罪而言，“计算机信息系统”的范围有必要予以扩大。1996 年公安部起草提交的《危害计算机信息系统安全罪方案（草稿）》中曾将“经济建设”领域的计算机系统纳入非法侵入计算机信息系统罪的对象予以规定，[①] 但是在 1997 年刑法通过时被删除，至于具体理由，有学者分析是“经济建设”的范围过于宽泛而难以掌握，司法实践不易操作，容易导致对经济所有制、经济领域等范围判断的争议。[②] 笔者认为，“经济建设”领域的计算机系统确实范围宽泛，但因范围宽、难以掌握就一概放弃保护并不妥当，应当将经济建设中至关重要的一些领域的计算机系统纳入进来，就目前来看，至少应当包括金融机构计算机系统和公共福利计算机信息系统。此类计算机信息系统关系到社会稳定与国民生活保障，一旦遭到恶意入侵，陷入混乱状态，其后果难以想象，因而应当给予格外关注。就破坏计算机信息系统罪而言，只限于故意犯罪是不够的，至少对于那些因严重过失导致某些重要的计算机信息系统遭破坏，造成严重后果的，应给予刑事制裁。其三，增加规定单位作为计算机犯罪的主体。现行刑法规定的计算机犯罪的主体都只限于自然人，而从司法实践来看，由单位

---

① 参见高铭暄、赵秉志编：《新中国刑法立法文献资料总览》（下），中国人民公安大学出版社 1998 年版，第 2698 页。

② 参见于志刚著：《计算机犯罪研究》，中国检察出版社 1998 年版，第 54 页。

组织实施的计算机犯罪确实是存在的,[①] 增设单位为计算机犯罪的主体，是现实需要。

(四)“贪污贿赂罪”一章:“性贿赂”入罪

关于贿赂犯罪中“贿赂”的含义和范围，传统的文义和解释都只将其限于财物。我国现行刑法也坚持这一立场。然而，随着腐败形态由传统的权钱交易至权利交易、权色交易的发展态势的改变，我国理论界和实务界有人提出，应当修改受贿罪的犯罪构成，将贿赂的范围从财物扩大到包括财产性利益。还有学者进一步提出，除了财产性利益以外，非财产性利益也应纳入贿赂的范围。2007年7月最高人民法院、最高人民检察院联合发布的《关于办理受贿刑事案件适用法律若干问题的意见》明确表明了对将财产性利益作为“贿赂”内容的肯定态度。而“性贿赂”问题在理论界的争议仍然很大，现行立法与实务界对此亦持否定态度。之所以如此，一个很重要的理由是认为，权色交易是男女关系问题，属于个人道德品质的瑕疵，应当受到道德谴责或者党纪、政纪处分，而非刑法所应干预，否则有道德刑法化的嫌疑。

实际上，对于行为的刑法评价与道德评价从来都不是截然分离的，刑法上所规定的犯罪，特别是传统的自然犯，如杀人、强奸、抢劫、诈骗等行为，在道德评价上也同样是否定的。应当说，刑法所维护的是一个社会的道德底线。因此，刑法与道德的分界并不在于行为本身是否道德，而在于行为侵犯法益、破坏秩序的客观危害程度。男女双方基于情爱而发生的婚外性行为虽然可能对婚姻构成一定的威胁，但其所侵害的仅限于个别的私法益，而且这种侵害更多的是一种精神上的伤害，因而属于私人道德范畴的事情，除非由

---

① 例如，1990年5月，日本发现了第一例公司之间采用计算机病毒作为竞争手段的案例：日本一家公司企图利用计算机病毒来破坏夏普公司的X6800微型计算机系统数据文件，以达到不正当竞争的目的。我国也有此类案例。参见廖天华:《关于KV300++所谓“逻辑炸弹”的新闻调查》，载《电脑报》1997年8月8日第1版;《KV300++“逻辑锁”事件有结论》，载《电脑报》1997年9月12日第1版。

此引发严重侵害法益的行为构成犯罪（如重婚、虐待或其他犯罪），否则，刑法是不予干涉的。但是，“性贿赂”这种以收买和交换为目的而进行的肉体交易，已经远远超出了单纯的男女关系或者个人情感的范围，它不仅仅是当事者个人道德的败坏，更重要的是这种交易的结果使得本应作为公共资源为公众服务的公共权力被少数人所滥用，危害社会公共利益，进而危害到整个社会的法秩序。权色交易与权钱交易在本质上都是公权与私利的交易，严重腐蚀了国家工作人员队伍，亵渎了公务行为的廉洁性，其危害性丝毫不亚于权钱交易。因此，“权色交易行为不仅具有伦理上的可责难性，而且具有了刑法上的可罚性，因而进入了刑法触须应当干预的视野。刑法对这种权色交易行为的犯罪化，不仅体现了刑法对道德规范的支持和强化，更是对这种权色交易行为亵渎公职行为廉洁性的必要和正当的刑法反应。”① 并且，将性贿赂入罪，在世界其他国家和地区，也不乏这样的立法和判例。例如，在日本法院的判例中对“贿赂”范围的解释相当广，无论有形的还是无形的，凡是能够满足人的需要或者欲望的一切利益都可以视为贿赂，既包括财物和财产性利益，也包括性服务等非财产性利益。②《德国刑法典》将受贿对象规定为“利益”，在审判中也有“性贿赂”的判例。③《香港防止贿赂条例》规定贿赂的对象是利益，并且采用列举的方式明确了贿赂的内容和范围，其中，职位、雇用或契约以及“任何其他服务或优惠”等都属于贿赂。《联合国反腐败公约》中规定的贿赂为“不正当好处”，其含义也是较广的。作为《联合国反腐败公约》的成员国，我国在贿赂犯罪的有关立法上理应与公约的

---

① 梁根林著：《刑事法网：扩张与限缩》，法律出版社2005年版，第212页。

② 参见［日］大塚仁著：《刑法概说（各论）》，冯军译，中国人民大学出版社2003年版，第596页。

③ 例如，2007年在德国引起轰动的德国社会民主党议员汉斯－朱根·乌尔（Hans－Jürgen Uhl）接受大众汽车公司“性贿赂”一案。详见 http://germanyfinance.cn/，德国财经网，2007－06－15。

规定保持一致。面对腐败犯罪中权色交易猖獗的严峻形势，适应打击贿赂犯罪的现实需要，我国的刑事立法中应当扩大“贿赂”的范围，将财产性利益以及包括“性贿赂”在内的非财产性利益均纳入“贿赂”范围。

（五）“渎职罪”一章：取消“徇私”动机，修正罪状和罪名

如前所述，作为犯罪的动机，“徇私”不属于犯罪构成的条件，将其在罪状中明确予以规定，一则违反了罪状描述的基本规则，二则给渎职犯罪的认定附加了额外的、不必要的限制，反而不利于对渎职犯罪的惩治。基于此，笔者认为，应当对本章中所有规定有“徇私”动机的犯罪的罪状进行修改，取消“徇私”、“徇情”等规定，以便将那些非出于徇私动机的渎职行为涵括进来。相应地，罪名也应予以调整。例如，“徇私枉法罪”改为“刑事枉法追诉、裁判罪”；“徇私舞弊减刑、假释、暂予监外执行罪”改为“违法减刑、假释、暂予监外执行罪”；“商检徇私舞弊罪”改为“出具虚假商检结果罪”，等等。

四、现行刑法中应当非犯罪化的行为/罪名

在我国，非犯罪化问题在1997年以前就引起了学界的关注，围绕着如何看待非犯罪化、我国刑法中的非犯罪化问题展开了热烈的争论和探讨，一些具有共识性的研究成果被立法者所采纳，从而在立法上得以体现。与1979年刑法对比，我国1997年修订刑法进行了小范围的非犯罪化，主要包括两种情况：一是对某些罪名完全实行了非犯罪化，如组织、领导反革命集团罪，聚众打砸抢罪，非法管制罪，伪造、倒卖计划供应票证罪；二是对某些罪名实行了部分非犯罪化，即某一罪名的部分行为不再作为犯罪处理，另有部分行为仍然作为犯罪处理，但作为犯罪处理的这部分行为罪名也发生了变化。例如，反革命破坏罪、拐卖人口罪、投机倒把罪、流氓罪。这几个罪名只是其中的部分行为非犯罪化了，其他行为则被分

解了。[①] 例如，流氓罪被分解为寻衅滋事罪，聚众淫乱罪，强制猥亵、侮辱妇女罪，猥亵儿童罪等，而以前被认定为流氓罪的非聚众性的鸡奸、兽奸以及同性恋行为不再被视为犯罪。

就非犯罪化的背景和实际情况来看，我国与西方国家显然不同。西方国家的非犯罪化的前提，一是19世纪末20世纪初传统文化道德观念和现代物质文明的激烈冲突所导致的道德刑法化、刑法道德化现象的存在，二是其传统上对犯罪的界定范围较广。从西方国家非犯罪化的实践来看，其对象主要是道德犯罪、无被害人的犯罪，还有一些违警罪。而我国在立法上已经明确区分了犯罪与一般违法行为，且各自由不同的法律进行规制，同时，我国刑法中极少涉及道德犯罪，对无被害人的犯罪，刑法也只规定了赌博罪、聚众淫乱罪等少数几种。因此，从刑事立法上来说，我国今后非犯罪化的空间是比较有限的。具体来说，以下几种行为可以考虑予以非犯罪化处理。

（一）犯罪预备行为

正如德国学者玛拉哈指出的：（犯罪）预备原则上是不可罚的，其理由有二：一是基于证明技术的要求，二是基于刑事政策的要求。[②] 由于尚未进入着手实行阶段，犯罪预备在证据证明上具有相当大的难度，如一个人为实施杀人行为而准备工具，如何证明其是犯罪预备呢？仅仅因为其买了把刀吗？显然不能。假如他真的买好了刀，伺机作案，除了与他共谋的人，又有何证据证明他买刀是为了杀人？即便他当众磨刀霍霍，可只要他没有着手实施杀人行为，我们就无法证明他是预备犯。在大案要案不断、司法资源又很有限的情况下，耗费大量司法资源去调查证明此类本身难以证明且意义不大的犯罪预备案件，这显然是有违司法经济原则的。如前所

① 参见刘艳红：《刑法调控范围之理性思考与启示》，载梁根林、张立宇主编：《刑事一体化的本体展开》，法律出版社2003年版，第76～77页。

② 引自马克昌著：《刑法理论探索》，法律出版社1995年版，第314页。

述，犯罪预备的危害性较小，甚至在很多情况下，比未造成损害的犯罪中止的客观危害程度还要轻微。与未造成损害的犯罪中止“应当免除处罚”相比，犯罪预备的不罚自然具有其合理性。不仅符合宽严相济刑事政策的要求，而且体现了刑法的谦抑和效率原则。实际上，从我国的司法实践来看，也只有极少数性质严重的犯罪的预备行为才受到刑事追究。[①] 既如此，何不在立法上予以确认，使得司法上的不追究更加“名正言顺”呢？所以，笔者认为，可以对现行刑法关于犯罪预备的规定进行修改，将现行刑法第22条第2款改为：“对犯罪预备的处罚，以本法分则的明文规定为限。”在立法上明确，对犯罪预备的处罚仅限于分则特别规定的某些犯罪，一般不再处罚犯罪预备。这样，既符合国家一般不罚犯罪预备的习惯做法，又可实现立法与司法的一致。

（二）成年人自愿参与秘密的聚众淫乱

首先，成年人自愿参与秘密的聚众淫乱是行为人行使自己性权利的行为，不具有可罚性。性权利是最基本的人权之一，属于个人隐私权的内容。《世界人权宣言》第12条规定，对于任何人的私生活，不得任意干涉。1999年在香港召开的第14次世界性学会议发表的《性权宣言》具体规定了性自由权、性自治权等11项性权利，强调性私权是“个人就其亲密关系自主决定与行为之权利，只要他们未侵犯其他人之性权”。这表明国际社会承认、尊重性权利，并对之采取不干涉的自由主义的态度。因此，成年人有权决定自己性行为的方式，他人不应干涉。其次，成年人自愿进行秘密的聚众淫乱活动，不具有法益侵害性。自愿参与聚众淫乱是参加者自由选择的结果，是参加者行使性权利的方式，所以在参加者之间不存在被害人。成年人自愿进行秘密的聚众淫乱活动不为外界所知晓，该行为不会侵犯正常的生活秩序和他人的法益，因而不应当规

① 参见陈兴良著：《刑法适用总论（上）》，法律出版社1999年版，第400～401页。

定为犯罪。但是，引诱未成年人参加聚众淫乱活动的，另当别论。这是因为未成年人心智发育尚不成熟，不能正确地认识到这一行为的性质和后果，法律由此推定其不是“自愿”参与聚众淫乱活动，因而该行为侵犯了未成年人的性权利，有必要规定为犯罪。[①] 这与卖淫不构成犯罪，但引诱幼女卖淫的成立犯罪，道理是一样的。

（三）赌博

赌博行为非犯罪化的理由首先在于赌博行为不具有法益侵害性。赌博是当事人对其个人财产的一种处分，赌博者是基于利益的权衡之后，甘冒失去财产的风险而参与赌博的，是一种自愿行为。即使通过赌博的方式获得他人的财产，看似侵犯了他人的财产权，但这是以事先得到对方的承诺为前提的，按照刑法理论，这种自愿的承诺具有阻却违法的效力。至于主流观点一直坚持的作为赌博犯罪化的重要理由——赌博侵犯了善良的社会风尚和社会管理秩序，[②] 这是所有越轨行为（包括违法、犯罪）的共同特征，非赌博所独有，而且这只是将越轨行为犯罪化的一个基本前提而非充分条件。将赌博容易诱发其他犯罪作为刑法禁赌的理由，[③] 也是站不住脚的。赌博与其他犯罪之间并无必然的因果关系。贫穷也可能使人起贪欲之心而去从事盗窃、抢劫等犯罪，正当的生产经营者也时时都有破产而流落街头的风险，但显然不能为了预防犯罪而将贫穷认定为犯罪或者禁止正常的经营活动。其次是对于赌博行为刑罚调控的无效性。我国刑法一直将赌博规定为犯罪加以禁止，但长期以来的实践表明，刑罚手段并没有收到预期的效果。与其耗费大量刑罚资源而无功而返，不如采取改“堵”为“疏”的政策，对此类行为进行非犯罪化处理，并且实施有效的引导。例如，通过国家开展

---

① 参见黄京平、陈鹏展：《无被害人犯罪非犯罪化研究》，载《江海学刊》2006年第4期。

② 参见高铭暄、马克昌主编：《刑法学》，北京大学出版社、高等教育出版社2000年版，第554页。

③ 参见陈兴良主编：《罪名指南》，中国政法大学出版社2000年版，第973页。

彩票事业，制定相关的规则，使博彩行业规范化、有序地运行，同时，对于一些非法赌博行为，将其纳入治安管理处罚的范围。

（四）犯罪嫌疑人、被告人亲属的窝藏、包庇行为

尽管我们一再强调法治，强调法与道德的界限，但是，作为维护社会秩序、引导人们行为的规范之一，法律维护的应当是社会最基本的道德，法律（包括刑法）至少不应当违背最基本的人伦感情。这是法律（包括刑法）的伦理基础。父母、子女、夫妻、兄弟姐妹等家庭成员之间的亲情是人最基本的情感，也是人类社会赖以存在的最基本的关系纽带，如果法律强迫人们抛弃人之为人的基本伦理情感，这样的法如何能称之为良法？如果“法治”要以牺牲甚至摧毁基本的人伦感情作为代价，那么，这样的“法治”的正当性必然会受到质疑，又怎么可能成为人们孜孜以求的目标呢？试想，如果一个人能够连自己最亲近的父母、子女、配偶、兄弟姐妹都背叛的话，他（她）还有什么事情做不出来呢？倘若公民人人以此为行为准则，社会还能够如立法者所期望的维持良好的秩序吗？将犯罪嫌疑人、被告人的亲属置于窝藏罪、包庇罪的主体范围内，一方面，会使刑法背上“恶法”的名声；另一方面，不但在法律效果上未必满意，而且在社会效果上也会适得其反。因此，应当对我国现行刑法中的窝藏罪、包庇罪进行部分非犯罪化，即将犯罪嫌疑人、被告人的亲属从窝藏罪、包庇罪的主体中排除出去。

关于“亲属”的范围，笔者认为，应限定为“近亲属”较为适宜。我国现行法律中不少地方使用近亲属概念，但关于“近亲属”的范围，尚没有一个统一的说法。我国刑事诉讼法第82条将“近亲属”的范围限定为夫、妻、父、母、子、女、同胞兄弟姊妹。对于《民法通则》中的“近亲属”，最高人民法院1988年4月2日《关于贯彻执行〈中华人民共和国民法通则〉若干问题的意见（试行）》（以下简称《试行意见》）中将其范围界定为包括配偶、父母、子女、兄弟姐妹、祖父母、外祖父母、孙子女、外孙子女；1990年12月5日颁布的该解释的修改稿将“祖父母”排除

在“近亲属”之外（此举颇令人费解和困惑）。现行《婚姻法》虽没有明确规定哪些人属于“近亲属”，但根据其中禁止近亲结婚的有关条款的规定可以推知婚姻法上的“近亲属”是指直系血亲和三代以内的旁系血亲。笔者认为，《刑事诉讼法》中的界定范围偏窄，但根据《婚姻法》的规定来理解“近亲属”，范围又过宽，相比之下，最高人民法院1988年《试行意见》中的解释是比较合理的。具体来说，可以对现行刑法第310条作如下修改，在该条第2款之后增加一款作为第3款，规定“下列人员犯前两款罪的，免除处罚：犯罪嫌疑人、被告人的配偶、父母、子女、兄弟姐妹、祖父母、外祖父母、孙子女、外孙子女。”

此外，应当提及的是，“安乐死”也是世界范围内的非犯罪化热点问题之一。迄今为止，除了荷兰、比利时、美国俄勒冈州以外，世界上绝大多数国家和地区都坚持法律上的否定态度。自20世纪80年代以来，我国理论界就对“安乐死”问题进行了热烈的讨论，如同在其他国家一样，争议始终存在。笔者认为，从理性的人道观念和人权保护的角度，“安乐死”在道义和法理上的正当性是毋庸置疑的。① 但是，我国现阶段的社会文明状况、医疗卫生与福利保障体系、从医人员的职业道德状况以及社会整体的法制状况等，的确尚不足以为“安乐死”的正确与适当适用提供充分的保障。② 在这种情况下，“安乐死”在法律上的非犯罪化不宜草率上马，而应慎重缓行。

---

① 对生命权利的保护不应当只是简单地保障生命的存在，更重要的是保障生命的质量，换句话说，对生命真正的尊重和保护不仅仅体现为要让他（她）活着，而是要让他（她）有尊严地活着。当生命的存续对于个人来说已成为一种不堪忍受的肉体摧残和精神折磨的时候，应当尊重个人理性地选择有尊严地死亡的权利。这才是真正的、理性的人道。

② 参见梁根林著：《刑事法网：扩张与限缩》，法律出版社2005年版，第303～306页。

第三节 刑罚结构的完善

一、完善刑罚结构的指导思想

（一）以特殊预防为本，兼顾一般预防

刑事政策是刑法的灵魂，而刑罚目的观念则左右刑事政策的走向。按照通说，我国刑罚的目的是特殊预防和一般预防，而这二者的关系是，刑罚的一般预防目的寓于特殊预防之中。[①]“实现特殊预防的关键是消除犯罪分子的人身危险性，实现一般预防的关键在于发挥刑罚的威慑效应，其必要条件则是刑罚轻重与罪行危害程度相当。”[②] 刑罚必须通过这两方面效应的发挥来达到预期的社会行为调整的最终目的，双管齐下，二者不能孤立存在，不可能靠单独某一方面而取得理想的社会效益。但是，为了把握刑事政策的核心精神，我们主观上对特殊预防与一般预防目标的追求也不可能是没有重点和主线的，总有一方面的侧重。尤其是当我们谈到宽严相济刑事政策的时候，从政策的制定到贯彻落实，都必须明确从宽与从严的政策目标，清晰地确立宽和严的依据与标准。从刑法思想史上的不同思维方式出发，人身危险性和行为危害性这两个判断犯罪及其刑事责任的基本标准，为刑事政策的依据提供了两种不同的判断基础。而这两种标准虽然在大部分情况下基本一致，能够通过主客观相结合、惩罚与教育改造相结合等刑法原则做到辩证的统一，但在反映到刑事政策方向的细节上时，却可能会产生不同的取向。事实上，通常一个国家的刑事政策总是在特殊预防和一般预防之间有所侧重，要么注重特殊预防，要么注重一般预防。因此，为了完善

① 参见杨春洗主编：《刑事政策论》，北京大学出版社 1994 年版，第 256 页。

② 储槐植、梁根林：《论法定刑结构的优化——兼评 97 刑法典的法定刑结构》，载《中外法学》1999 年第 6 期。

宽严相济刑事政策下的刑罚结构，我们必须在这特殊预防和一般预防之间明确二者的关系。

笔者认为，我国的刑罚结构应当体现以特殊预防为本、兼顾一般预防的刑罚目的。也就是说，刑罚的设立应主要基于实现特殊预防的需要，而相对抑制满足一般预防需要的冲动，以此防止将犯罪人作为预防其他人犯罪的手段。主张我国的刑罚目的应侧重特殊预防的理由是：首先，以特殊预防作为首选的刑罚目的，符合现代社会“人是目的，不是手段”的基本理念，符合我国构建“以人为本”的“和谐社会”的基本目标；其次，以特殊预防作为刑罚目的，较之一般预防目的也更为合理、有效、现实，也更为经济；最后，通过刑罚对特殊目的的追求，也可以同时实现一般预防的效果。这也正是所谓一般预防寓于特殊预防之中的含义之一。①

刑罚目的在刑法的总体运行机制中，不同的阶段应有不同的体现。“刑法立法阶段，刑罚目的主要是惩罚犯罪，保卫社会；司法量刑阶段，刑罚目的是惩罚为主并辅以预防；刑罚执行阶段，刑罚目的重在教育矫正罪犯以达预防犯罪之目的。这种说法在国内外刑法学界已有一定程度之共识。”② 本章所讨论的问题主要集中在刑罚结构的确立方面，因此对于刑罚目的的分析定位，用意在于如何通过刑罚体系及量刑制度的设置，建立有利于体现宽严相济刑事政策的刑罚制度，为刑事司法活动提供制度的前提。刑罚目的的实现，不仅要通过刑事立法对刑罚体系与量刑、行刑制度的确立，更需要通过刑事司法活动中的量刑与行刑过程来完成。刑罚目的在作为一个整体的刑罚制度中应当贯彻始终，包括量刑制度、行刑制度的立法与司法实践环节，相应地，刑罚结构的完善是一个基本的前提。有什么样的刑罚体系与结构，在刑罚裁量与执行中也就体现出

① 参见郭理蓉著：《刑罚政策研究》，中国人民公安大学出版社 2008 年版，第 60～63 页。

② 储槐植：《刑罚目的断想》，载《环球法律评论》2008 年第 1 期。

什么样的价值取向。例如，如果我们能够确立以特殊预防为本，兼顾一般预防的方向，那么在刑罚体系的设置中就应当更多地寄希望于能够承载教育与改造犯罪人的刑罚方法，重视社区改造等刑罚种类与方法的配置与适用，而不再倚重于死刑这样报应和一般预防色彩浓厚、几乎无从谈起特殊预防功能的刑种的配置与适用。

（二）刑罚结构的合理性

合理的刑罚结构，应当做到既适应于宽松政策的落实，又有利于严厉惩处恶性犯罪的刑事政策精神的体现。刑罚结构关系到刑法总则设定的各种刑罚种类的搭配与架构，以及分则体系中配置的法定刑体系的分布，还包括刑罚实际运作中形成的刑罚的规模与强度。本章讨论的主要是立法上配置的法定刑罚体系的结构组合方式。显然，只有在立法上设定合理的法定刑罚结构，才有可能使宽严相济的刑事政策存在选择的空间。如果是在刑罚结构偏重的前提下，要求司法机关大幅度地从宽处罚，是很难做到的。原因是罪刑法定原则、罪责刑相适应原则制约着刑罚裁量。只有在立法上设置轻重适中、合理的刑罚结构，才能保证宽严相济的刑事政策在司法、行刑的全过程中得以贯彻。① 一个立法上偏向于重刑主义的刑罚结构，只能体现出重刑的刑事政策，而司法者在实践中没有从宽的选择余地，也就不可能存在脱开立法去创造出宽严相济的机会。宽严相济的刑事政策之中一个基本的思想就是宽和严的相对性。任何一种宽和严都是相对而言的。基于这样一种考量，我们目前在贯彻宽严相济刑事政策当中，首先需要解决的就是我国的刑罚结构性的调整问题。只有完成刑罚的结构性调整，才能弥补刑罚的结构性缺陷，才能真正实现宽严相济。②

刑罚结构的合理化，包括以下几个方面的内容：

---

① 参见冯殿美：《刑罚结构改革之理性思考》，载《山东大学学报》（哲学社会科学版）2008 年第 1 期。

② 陈兴良：《宽严相济政策与刑罚规制》，载《法学杂志》2006 年第 4 期。

1. 刑罚结构所确立的法定刑罚体系从结构上应分布合理，轻重搭配合理，并达到最优化的配置

具体包括三个方面：

（1）刑法总则中规定的刑罚种类应当覆盖全面，既有侧重体现严厉打击恶性犯罪的重刑，也有侧重体现教育改造功能的轻刑。如前文所述，我国现行刑法存在重刑主义倾向，不仅表现为刑罚体系中重刑的比例过大，刑种的整体布局也失去了应有的平衡。在重刑主义下，由于刑罚结构的设计过于强调重刑威慑，死刑、自由刑成为刑罚体系的主流。宽严相济刑事政策要求刑事司法在认定和裁处犯罪时应当倾向于相对宽缓，要求严厉的刑事惩罚只适用于严重的刑事犯罪，鼓励适用相对轻缓的刑罚、非监禁刑、非刑事化措施裁处一般刑事犯罪和轻微刑事犯罪。因此，我们必须改变这种情况，使刑种覆盖更加全面，改善存在内部缺陷的刑种，使其真正体现其刑罚功能。

（2）刑法分则中为各罪所配置的法定刑结构也必须达到优化，不仅从罪种分布上合理定位重罪与轻罪，而且对各罪的轻重情节也预留出从宽与从严的法定刑选择幅度。“优化法定刑结构，首先应当牢固地确立刑法使命观的现实化、刑罚功能观的平衡化、犯罪观的科学化和刑罚观的理性化观念，贯彻确定刑罚量的谦抑性原则、罪责刑相适应原则和刑罚趋轻原则，使法定刑的设定既能满足罪刑相当的一般正义的需要，又能实现刑罚个别化的个别正义的要求，使所设定的法定刑的运作实现以最小限度的投入获得最大限度的产出的刑罚效益目标。”[①] 法定刑是刑法分则条文对类型化、模式化的法定罪种所规定的刑罚规格和标准，反映犯罪与刑罚之间质的因果性联系和量的对应性关系。

（3）刑罚幅度设置的合理化。刑罚幅度如果太窄，就相当于

① 储槐植、梁根林：《论法定刑结构的优化——兼评97刑法典的法定刑结构》，载《中外法学》1999年第6期。

绝对确定的法定刑，难以实现个案的区别对待；刑罚幅度如果过宽，又容易出现轻纵或过枉。只有法定刑幅度合理，才能为刑罚功能的正常发挥与刑罚目的的有效实现提供可靠保障。我国现行刑法中，自由刑幅度设置存在的一个突出问题就是法定刑幅度过大。这不仅缺乏科学性，而且在量刑时难以把握，因而是导致司法实践中量刑失衡的一个重要原因。因此，应对我国刑法中的刑罚幅度予以适当调整，使之趋于合理化、科学化。一般来说，合理的法定刑幅度应当根据犯罪的性质、情节和危害程度分别予以确定。根据对自由刑的边际改造效果的分析，对于越轻的犯罪，其法定刑幅度应当越小；而对于越严重的犯罪，其法定刑幅度则应适当予以扩大。①法定刑由对法定罪种所规定的不同刑罚种类，即刑种和刑罚幅度（即刑度）构成。法定刑的结构就是组成法定刑的不同刑罚种类的组合关系和刑罚幅度上下限的差别关系，优化法定刑结构的主要任务就是调整刑种组合关系和法定刑罚幅度。尽管罪刑法定原则要求明确化的法定刑，但一定的法定刑幅度是任何国家的刑法都不可避免的，因此相对的罪刑法定才能够在世界各地落地生根，而宽严相济刑事政策更是强调法定刑配置的灵活性，与罪刑法定原则并不发生矛盾。

2. 刑罚结构中的刑罚手段应当保持多样性与选择性

这样才能使适用刑罚的裁量者有机会针对具体案件的情势进行选择，从而体现从宽还是从严的政策精神。这种多样性和选择性不仅是刑法所规定的刑种在静态上数量多少的问题，而且是在可适用性的动态意义上，为司法裁量所用的选择价值的问题。我国现行刑法设置了管制、拘役、有期徒刑、无期徒刑和死刑 5 种主刑；罚金、剥夺政治权利和没收财产 3 种附加刑，另外还有两种针对特殊主体的附加刑，即对外国人适用的驱逐出境和对军人适用的剥夺勋章、奖章和荣誉称号。从内容看包括了生命刑、自由刑、财产刑和

① 参见郭理蓉：《自由刑政策研究》，载《法学家》2005 年第 2 期。

资格刑，应当说种类还是比较齐全的。但是，由于不少刑种内部缺陷或者社会背景变化的问题，司法实践中这些刑种并没有真正为刑罚的选择适用保持理想的多样性。例如，由于无期徒刑的名不副实的问题，在作为死刑的替代选择时不能完全胜任；管制、拘役因为本身存在的缺陷，在实践中适用极少或者效果不理想，等等。而且从刑罚手段的多样性需要来看，最主要的问题还是突出教育改造功能的一些开放性刑种、刑罚执行制度或者非刑罚措施在我国刑法中明显不足，给从宽处理带来先天的不便。我国刑罚结构的合理化，必须要解决这些问题。在刑罚手段的多样化方面，并非纯粹指数量上的多寡。犯罪是无穷变化的，而刑罚方法毕竟是有限的，我们只能通过不同刑罚方法的排列组合应对多种多样的犯罪。而扩展排列组合的结果的唯一途径就是增加组合的要素，即刑罚种类。① 针对我国目前刑罚种类（尤其是主刑）相对单调且开放性程度较低的状况，应当进行适当的调整和补充，如将罚金刑规定为主刑，完善资格刑的形式和内容，还可以考虑增设社区劳动刑，使刑罚种类得以丰富和充实，同时也可以改善我国的刑罚结构，增强其开放性、人本性和效益性。

3. 刑罚体系的价值取向应当能够在相应的量刑与行刑制度中充分地体现出来，所设置的刑种应当具有良好的可适用性

其一，刑种体系是刑罚体系赖以存在的规范性的基础，刑罚制度存在的基础就在于使每个刑种的功能都能在刑罚机制中得到充分的展开。因此，在刑罚体系建构的最初思路中，要求充分考虑刑罚体系中每个刑种所具有的实践性的意义，既要确保每个具体刑种的设置都能充分发挥其效能，又要避免出现设而不用的刑种。

其二，刑罚裁量与执行制度的立法与司法实践可以使我们对刑罚体系与结构从实践中进行观察，发现现有的具体刑种难以在整个

① 参见郭理蓉：《刑罚政策合理性之研究》，载《郑州大学学报》（哲学社会科学版）2007 年第 2 期。

刑罚体系的运行中得以充分适用的问题，缺乏最优化的效益配置的问题等。尤其是在宽严相济刑事政策之下，刑罚裁量与执行制度能否充分体现宽严适度、宽严有序、宽中有严、严中有宽的政策精神。

二、死刑规定的改革

死刑是历史上所有刑法的刑罚结构中最严厉的刑罚，其最高级的严厉程度决定了死刑只能体现刑罚严酷的一面，其在当今世界已面临废止的命运。在我国虽然还不具备立即废止的条件，但是在构建和谐的文明社会的背景下，在宽严相济的刑事政策中，其适用必然是应当加以最大程度的限制的。我们认为，在宽严相济的基本精神之下，对死刑的限制应当体现为，原则上以严重暴力犯罪可配置死刑为限。

我国学者公认，在贯彻宽严相济刑事政策的过程中，死刑是一个非常突出的问题。死刑问题必须置于国家整个刑罚体系当中去考虑。我们需要从宽严相济的角度对死刑问题乃至对我国整个刑罚结构的问题进行理性的检讨。[①] 从发展的眼光来看，除了废止死刑的方向我们实际上并无更多的选择。在人类社会已进入21世纪的今天，死刑尤其是非暴力犯罪的死刑，从全球范围看，已经成为一个与“反常”、“不人道”、“非理性”等字眼有某种关联的不合时宜的话题。[②] 然而由于我国的现实情况，全面废除死刑条件尚不成熟，我国学者的通识是限制死刑适用，并逐步在立法上完全废止死刑。其中一种三个阶段逐步废止中国的死刑的设想是：第一阶段先行逐步废止非暴力犯罪的死刑；第二阶段进一步在条件成熟时废止非致命犯罪（非侵犯生命的犯罪）的死刑；第三阶段在社会文明

① 参见陈兴良：《宽严相济政策与刑罚规制》，载《法学杂志》2006年第4期。

② 参见张远煌著：《中国非暴力犯罪死刑限制与废止研究》，法律出版社2006年版，第1页。

和法治发展到相当发达程度时，全面废止死刑。目前，应提倡大力限制死刑，坚决贯彻“少杀慎杀”、“可杀可不杀的坚决不杀”的刑事政策，并及时将非暴力犯罪死刑的逐步废止问题提上日程。[①]根据这种设想，废止非暴力犯罪的死刑已经是我们当前的任务，而废止非致命暴力犯罪的死刑也应当是不远的将来的任务。那么，在宽严相济刑事政策之下，作为“严厉”意义理解的“严”的核心，显然在这两个阶段应当被逐步聚焦到严重的暴力犯罪（危害公民生命健康安全的暴力犯罪）之上。

对于废除死刑的路径，有学者在分析其他国家的实践过程之后提出，我们可以设计出中国废止死刑的一条路径，即综合路径：立法上削减与废止死刑和司法上限制与搁置死刑互相配合，司法上限制和搁置先行，立法上逐步削减与废止跟进，最终在立法上和司法中完全废除死刑。考虑到中国的刑事法治建设目标与背景，国内多数学者的认识和这种设想基本上是一致的，都强调我国废除死刑的过程必须是逐步的，并应当从司法上的限制和立法的削减做起。[②]

因此，对于从立法上完善刑罚结构的目标而言，逐步削减死刑的任务应当从上述第一步即削减非严重暴力犯罪的死刑做起。

（一）减少死刑罪名，削减并废除非严重暴力犯罪的死刑

对于如何减少死刑的罪名，我国刑法学者持有不同的观点：有的学者认为，现阶段可判死刑的罪种应主要限于危害国家安全罪、危害公共安全罪、暴力性犯罪、军职罪；可将法条竞合的两个或几个条文所确定的数个罪种合并为一个罪，或者将一些具有相同特征的，较为相似、相近的罪种合并为一个罪种；对破坏社会主义经济

---

① 参见赵秉志：《论中国非暴力犯罪死刑的逐步废止》，载《刑法论坛》2005 年第 1 期。

② 参见卢建平、李山河：《中国废除死刑的路径选择》，载《甘肃政法学院学报》2006 年第 7 期；赵秉志：《我国现阶段死刑制度改革的难点及对策——从刑事实体法视角的考察》，载《中国法学》2007 年第 2 期；陈兴良主编：《中国死刑检讨》，中国检察出版社 2003 年版，第 99 页。

秩序罪、妨害社会管理秩序罪、侵犯财产罪、贪污贿赂罪中的死刑罪种，全部将其法定最高刑减为不可减刑、不可假释的无期徒刑。[①] 还有的学者认为，凡是不涉及侵害或危及人的生命的犯罪，如金融诈骗罪、盗窃罪、传授犯罪方法罪等，都可以取消死刑。[②] 我们认为，综观世界上保留死刑的国家，一般都把刑法中的死刑条文限于旨在剥夺他人生命权利的犯罪。废除非暴力犯罪的死刑，有利于在全体国民中树立和强化敬畏生命、尊重人权的意识，抑制因死刑的执行所产生的残酷化社会效应，削弱暴力犯罪赖以产生的社会基础。[③] 因此我们主张，作为我国逐步废除死刑的第一步，在调整刑罚结构的过程中尽快废除所有非暴力犯罪的死刑条款。而在此之前，从宽严相济刑事政策的角度出发，在刑事司法实践中，也原则上将死刑的适用限制在严重的暴力犯罪范围之内。

（二）通过刑事立法或司法解释进一步明确死刑的适用条件

根据刑法第48条的规定："死刑只适用于罪行极其严重的犯罪分子……"这是对适用死刑的条件所作的限制。但是"罪行极其严重"与非"极其"严重的界限并不明确，在司法实践中对此模糊的概念很难把握。因此，应当在立法中作出尽量明确的规定，或者通过司法解释解决这一问题。应当具体细化到各种犯罪的不同情况，在具体的罪名中也作出适用死刑的详尽规定，如抢劫罪、故意杀人罪等，并规定哪些情况适用死刑、哪些情况不适用死刑。在刑法条文中，应避免出现模糊笼统的术语，应对这些概括性过强的死刑条款予以明晰化和具体化，做到严格限定死刑裁量的具体标准，而不是笼统地规定，由法官来具体确定哪些情况属于"罪行

① 参见孙力、刘中发：《"轻轻重重"刑事政策与我国刑事检察工作》，载《中国司法》2004年第4期。

② 参见马克昌：《宽严相济刑事政策与刑罚立法的完善》，载《法商研究》2007年第1期。

③ 参见张远煌著：《中国非暴力犯罪死刑限制与废止研究》，法律出版社2006年版，第107页。

极其严重”，哪些情况属于“情节严重”。

（三）修改绝对法定刑的死刑条款

在我国刑法分则涉及死刑的条文中，还存在个别当今世界各国刑法大都很少采用的绝对确定的法定刑。例如，刑法第239条第1款规定：犯绑架罪“致使被绑架人死亡或者杀害被绑架的人，处死刑，并处没收财产”。刑法中像这样涉及死刑的绝对确定的法定刑共有7处，它们分别是劫持航空器罪，绑架罪，拐卖妇女、儿童罪，暴动越狱罪，持械聚众劫狱罪，贪污罪，受贿罪。对此，有的学者认为都应改为“处无期徒刑或者死刑”。[①] 在我国刑法分则凡有死刑的条文中，无期徒刑都是作为轻于死刑法定刑的选择刑种而紧随其后的。这样的规定，有利于法官在司法实践中根据案件的具体情况对案件作出最合适的处断。而这7处绝对法定刑的规定限制了法官裁量案件的余地，即使犯罪分子可能有其他的从轻处罚的情节，也难以在法定刑的幅度内从轻处罚。因此，将绝对确定的法定刑改为“处无期徒刑或者死刑”才能真正符合宽严相济的刑事政策的要求。

（四）完善“死缓”制度，最大限度地减少死刑的执行

“死缓”，即判处死刑，缓期二年执行，是限制死刑立即执行的制度，在我国刑法中发挥了积极的作用。死缓作为死刑的执行制度，保留了死刑作为极刑对犯罪分子最为严厉的否定的社会政治评价，但同时作为生命之刑又给受刑人以生的希望，从而实际限制死刑的最终执行。死刑缓期二年执行的死缓制度对于限制和减少死刑的适用起到了积极有效的作用，但在实际执行中还存在着一些问题，应从立法上予以完善。

1. 扩大死缓适用，限制死刑的立即执行

我国刑法第48条第1款规定：“……对于应当判处死刑的犯罪

---

① 参见马克昌：《宽严相济刑事政策与刑罚立法的完善》，载《法商研究》2007年第1期。

分子，如果不是必须立即执行的，可以判处死刑同时宣告缓期二年执行。”对于“不是必须立即执行”的条件，法律上并未作具体规定，在司法实践中也存在模糊的认识。我们认为应当以立法或司法解释的方式予以明确，以鼓励审判人员根据案情运用裁量权恰当作出死缓裁决。

2. 死缓考验期满后应减为长期自由刑

如前文所述，已经有学者指出我国死刑过重、生刑过轻的问题，其中的死缓改判造成生刑过轻，反而加重了死刑立即执行的适用压力。① 按照现行的规定，罪犯在死刑缓期执行期间如果有重大立功表现，2 年考验期满后，就可以减为 20 年甚至 15 年有期徒刑，并且不排除其具有假释的机会的话，理论上实际在狱中服刑可能只有十几年甚至更短。解决这一问题的途径，就是加强死缓改判后自由刑的严厉性。有学者认为，应当修改为“如果确有重大立功表现，2 年期满以后，减为 30 年以上 38 年以下有期徒刑”。② 我们认为，虽然减刑后具体的期限有待科学考量确定，这种观点的方向是值得肯定的。如果改判后自由刑与死刑之间落差过大，刑罚体系不是平稳衔接而是存在严重断档，罪责刑难以平衡，也不符合宽严相济刑事政策的实质要求。

三、监禁刑的改造

（一）无期徒刑

无期徒刑的主要问题是，现行刑法规定的最低服刑期限设定过低，导致无期徒刑不但名存实亡，而且其实际执行的期限与原判刑罚形成了过大的反差。无期徒刑是剥夺犯罪人终身自由的刑罚，从其严厉程度看是仅次于死刑的刑种，目前刑法规定的最低实际执行

---

① 参见陈兴良：《解读宽严相济的刑事政策》，载《光明日报》2006 年 11 月 28 日。

② 参见马克昌：《宽严相济刑事政策与刑罚立法的完善》，载《法商研究》2007 年第 1 期。

期限，确实造成了刑罚结构的失衡。在死缓改判制度以及作为死刑替代措施而适用的无期徒刑的背景下，考虑到刑罚严厉性和我国人均寿命延长的事实，以及考虑到无期徒刑与有期徒刑之间衔接的平衡关系，其最低执行期限应当予以延长。

首先，应当适当延长假释制度中无期徒刑的实际执行刑期。根据 1997 年刑法第 81 条的规定，判处无期徒刑的犯罪分子，实际执行 10 年以上即可以假释。这样的规定使无期徒刑很难与死刑的严厉性相衔接。为了解决这一矛盾，应当适当延长无期徒刑实际执行的刑期。其次，应当适当提高无期徒刑减刑后的最低刑限制。现行刑法规定，无期徒刑减刑后实际执行的刑期不能少于 10 年，和终身自由刑的差距明显过大，这就使无期徒刑失去了严厉刑种的性质，有违严重犯罪处以严厉刑罚的要求。有学者建议，考虑我国刑法现有的情况，可将现行刑法规定的“实际执行 10 年以上”可以假释改为“实际执行 20 年以上”。并对无期徒刑的减刑作如下修订：“无期徒刑服刑人，在执行期间，服刑 5 年以后，可以减刑。确有悔改表现并有立功或者立大功表现的，减为 25 年以上 30 年以下有期徒刑。经过多次减刑，实际执行的刑期不得少于 20 年。”① 我们认为，这样的幅度是比较合适的，这样适当延长无期徒刑的实际服刑时间，并对减刑的幅度进行合理的限制，便于惩处严重性次于判处死刑的犯罪，避免犯有重罪却未受到应有惩罚的后果，也为减少死刑罪名提供了可行的替代性措施。如此规定既能体现“宽严相济”刑事政策的精神，又保持了无期徒刑作为一种严厉刑种的属性。

（二）有期徒刑的完善

我国现行刑法规定的有期徒刑的主要问题是上限过低，尤其是数罪并罚的上限不能反映罪刑均衡关系。根据 1997 年刑法第 45 条

① 马克昌：《宽严相济刑事政策与刑罚立法的完善》，载《法商研究》2007 年第 1 期。

的规定，有期徒刑的期限为 6 个月以上 15 年以下，数罪并罚时最高不能超过 20 年。在考虑自首、立功等条件下的减刑、假释制度的影响后，即使判处有期徒刑最高刑期和数罪并罚决定执行最高上限刑期的犯罪人，也可能只需要服刑 10 年甚至更短时间就可以释放。这一规定在按照“宽严相济”刑事政策减少死刑罪名，修改“死缓”、无期徒刑立法的形势下，已明显不符合刑罚协调性的要求。而且考虑前文所说的对无期徒刑的法定实际执行刑期的调整，如果无期徒刑实际执行 20 年以上才可以假释，或者经过多次减刑实际执行的刑期不得少于 20 年，无期徒刑实际执行的刑期将大大延长，那么与有期徒刑刑期的现有规定之间又会产生更大的落差，难以相互衔接。为了有效地惩罚罪行严重的犯罪人，同时尽可能地减少死刑的适用，有必要延长有期徒刑的刑期。为了解决这一矛盾，我国可以借鉴国外或我国其他地区的立法。关于有期徒刑的期限，《意大利刑法典》第 23 条、第 78 条规定为 15 日至 24 年，数罪并罚时不得超过 30 年。我国《澳门刑法典》第 41 条、第 71 条规定为最低 1 个月，最高 25 年，数罪并罚时不得超过 30 年。根据前引学者的思路，参考上述规定，结合其提出的关于完善无期徒刑的设想，使有期徒刑能够与之衔接，认为有期徒刑刑期的上限宜提高至 25 年，数罪并罚时不超过 30 年，[①] 即有期徒刑刑期的上限与数罪并罚最高刑期均较现行刑法的规定增加 10 年，拟完善的无期徒刑实际执行的刑期比现行刑法规定的实际执行的刑期也是增加 10 年，这样两者之间就可以保持均衡。

（三）拘役刑的完善

拘役是我国刑法规定的主刑之一，属于的短期自由刑的类型。自 19 世纪中期始，实证学派的教育刑论对短期自由刑就产生了很

① 参见马克昌：《宽严相济刑事政策与刑罚立法的完善》，载《法商研究》2007 年第 1 期。

深质疑，大有穷途末路之势，我国法学界也一直存在废除拘役的主张。① 综观历史上的诸多争议，除了交叉感染外，尚有对犯罪人产生标签效应、行刑成本巨大、预防效果不佳等苛责。但必须承认的是，其中不少属于自由刑本身的弊害，而且在长期自由刑的场合更为明显。刑罚的实际效果与其长短并不成正比，而在于其是否具有针对性，能否得到很好的运用。时至今日，自由刑制度仍然占各国刑罚制度结构中之主导地位；同时，在现代刑事政策的引导下，现代刑罚制度已逐渐人道化，量刑缓和，自由刑刑期总体短期化也是必然趋势。② 在罪刑均衡这一刑法基本原则之下，短期自由刑有其必然价值；就刑罚目的与功能而言，其并不能完全被忽视。

从我国刑法分则的规定来看，绝大多数规定了适用3年以下有期徒刑的犯罪都同时规定了拘役作为选择刑，其数量之多、覆盖范围之广仅次于有期徒刑的重要刑种。尽管在司法实践中拘役刑适用较少，存在种种问题，但其作为一种短期剥夺自由的刑种，目前还无法用其他刑种代替。因为拘役刑具有其他刑种所不具备的特点，且处于自由刑刑罚阶梯的起点，从刑量的属性特征上其无法被其他刑种所代替，理应在宽严相济刑事政策的落实载体中占有一席之地。因此，对于拘役刑，我们应当考虑的是如何克服其在刑罚体系中的孤立地位，对其功能与配置进行完善。

1. 改善执行条件

目前拘役刑的所有重要弊病是在其执行的过程中体现出来的，因此需要坚决改变当前许多地方把拘役犯放在看守所或劳改队与未决犯一起关押的不良状况。在条件许可的地方，要建立专门的拘役所，以专门实施对拘役犯的刑罚执行。要以建戒毒所和监狱一样的

---

① 参见赵秉志主编：《刑法修改研究综述》，中国人民公安大学出版社1990年版，第173页；邓文莉：《“两极化”刑事政策下的刑罚制度改革设想》，载《法律科学》2007年第3期。

② 参见周娅：《短期自由刑之处遇改善与现代刑事政策》，载《深圳大学学报》（人文社会科学版）2007年第5期。

决心来对待拘役所的建设。因为现实中犯有轻罪应判处拘役刑的人犯大量存在，建立专门的以惩罚、教育、改造拘役犯和其他短期徒刑犯为主要职能的场所是十分必要的。

2. 使拘役刑获得生命力的一个重要途径，是通过易科制度将拘役与刑量相当的其他非监禁刑甚至非刑罚方法结合起来

刑罚易科制度，是指法院根据罪犯的刑罚适应能力和再社会化需要等因素以判决形式实现不同刑种之间的转换，以促进刑种资源的合理配置，保证取得最佳的行刑效益。为了避免短期自由刑的弊端，我国应该建立短期自由刑易科制度，即对应当判处短期自由刑的犯罪分子，如果不是非判处短期自由刑不可，可以易处非监禁刑。在我国现实情况下，可考虑建立对符合法定条件的短期自由刑犯易科管制、罚金、剥夺资格制度。[①] 事实上，除了我国刑法现有的刑种，正在热烈讨论和尝试中的社区劳动等非监禁刑罚或非刑罚方法，都可以和拘役刑建立对应的易科关联，使之成为一套可选的组合从而发挥宽严相济的效应。无论是管制、罚金、缓刑还是社区劳动，就范围和属性而言，它们中的任何一种都无法完全替代短期自由刑的作用。就目前情况看，也没有任何国家真正完全废除了短期自由刑。毕竟，轻刑化的趋势、减刑、假释以及一些国家罚金易科制度的存在造就了大量轻罪，这就构成了短期自由刑的现实基础。

四、非监禁刑的完善

（一）财产刑的完善

1. 罚金刑

在刑法学界关于罚金刑的改造呼声中，最主要的意见是将罚金刑上升为主刑，扩大其适用的范围，几乎已经成为共识。而建立罚

---

① 参见赵秉志、陈志军：《短期自由刑改革方式比较研究》，载《政法论坛》2003年第10期。

金易科、罚金缓刑等制度的意见也受到普遍关注。

(1)将罚金刑上升为主刑，并规定可以与自由刑并科适用。有学者担心罚金刑上升为主刑后可能存在与其他主刑并科的问题，对此，我们认为，由于罚金刑和其他任何刑罚方法都具有相容性，因此将其上升为主刑并不影响与其他刑罚方法的并科问题。德国、法国、日本刑法和我国台湾地区“刑法”都已经将罚金刑上升为主刑，并且规定可以和自由刑等并科。[①] 在我国，罚金刑一直处于附加刑的地位，且在刑法分则中对个人犯罪单处罚金的规定几乎是空白，这势必影响罚金刑的适用范围和实际适用率。1997 年修订后的刑法典对部分贪利性犯罪规定可以并科罚金或选科罚金，甚至对个别犯罪规定了单纯的选科罚金刑，说明立法者对少数贪利性犯罪并不排斥单科罚金刑，并不完全否定罚金刑于短期自由刑的功能替代作用。但通过对新刑法典刑罚结构的分析不难发现，立法者对罚金刑的功能替代作用的态度比较暧昧。对少数法定刑在 3 年或 3 年以下有期徒刑、拘役或者管制的贪利性犯罪，甚至个别法定刑为 5 年以下有期徒刑、拘役或者管制的贪利性犯罪，罚金刑可以替代短期自由刑而适用，而对绝大多数法定刑在 3 年以下有期徒刑、拘役或管制的轻微非贪利性故意犯罪和过失犯罪，则没有规定单科罚金刑。之所以出现这种前后不协调的现象，与立法者观念深处对罚金刑的性质和功能替代作用认识不足、始终视其为一种附加的刑罚不无关系。

(2)重视罚金刑的替代与互补作用，扩大罚金刑的适用范围。在当代刑法中，罚金刑与自由刑并科的功能互补作用和罚金刑替代自由刑的功能替代作用应当得到同样的重视。功能互补可以在发挥罚金刑的经济制裁作用的同时，间接提高自由刑的惩戒效果，从而加强刑罚的综合效应，而功能替代则可以减轻或避免自由刑特别是

---

① 邓文莉:《“两极化”刑事政策下的刑罚制度改革设想》，载《法律科学》2007 年第 3 期。

短期自由刑的负面影响，两者的正确运用都有利于最佳地发挥我国以自由刑为中心的刑罚结构的功能。① 因此，如果说通过罚金刑与自由刑的并科，实现对严重贪利性犯罪的功能互补是适当的和有益的，那么，通过规定自由刑与罚金刑选科，实现对轻微贪利性犯罪、非贪利性故意犯罪和过失犯罪的功能替代则同样具有正当性和必要性。我们认为，原则上，对法定刑为3年以下有期徒刑、拘役或管制的贪利性犯罪、非贪利性故意犯罪和过失犯罪，除少数具有强烈的伦理可谴责性、主观恶性比较大的犯罪外，都可以规定罚金为选科刑。为了实现罪刑相当和刑罚个别化，对法定自由刑为3年以下有期徒刑、拘役或管制的，原则上只能规定选科罚金刑；对法定自由刑为3年以上有期徒刑的贪利性犯罪，原则上只能规定并科罚金刑，不得同时规定可以选科罚金刑。这样，就可以避免前者并科时的刑罚过量，防止后者选科时的刑罚不足。

（3）应设立罚金刑的易科制度。罚金刑易科制度包含两方面内容：一是以罚金刑代替所宣告的自由刑；二是以其他刑罚或者强制措施代替所宣告的罚金刑。② 替代短期自由刑的一个重要措施就是易科罚金刑。《德国刑法典》第47条第2款规定："法定刑纵无罚金刑之规定，法院如认为有科处6个月或超过6个月自由刑的必要，且无前项所定必须科处自由刑的情形者，得科处罚金刑。法定刑如设有最低自由刑之规定者，则在前端情形，最低罚金刑即以最低自由刑为准，1个月自由刑相当于30日罚金。"《希腊刑法典》规定：法院对犯罪人适用的6个月以下监禁刑，必须同时在判决书中写明将转换为罚金刑，除非通过调查犯罪人的性格和其他情况，法院认为罚金不足以矫正犯罪人从而防止其进一步犯罪。在此情况下，法院必须对判决理由作出明确说明。一般而论，6个月以下的

---

① 参见储槐植、梁根林：《论法定刑结构的优化——兼评97刑法典的法定刑结构》，载《中外法学》1999年第6期。

② 林亚刚、周娅：《罚金刑易科制度探析》，载《法制与社会发展》2002年第1期。

监禁刑可以被转换为罚金刑。就设立以其他刑罚或者强制措施代替罚金刑的意义而言，刑法修订后，罚金刑适用面将进一步扩大，对许多犯罪必然处以罚金，因而司法实践中罚金适用率大幅度提高，罚金刑执行率低下所引发的问题凸显，相应地，罚金刑易科制度也将担任更重要的角色。

(4) 应设立罚金刑的缓刑制度。[①] 罚金刑的缓刑，是指对判处罚金刑的犯罪人，由于其具备法定条件而宣告在一定期间内暂缓罚金刑的执行，如果他在考验期内没有犯罪或者没有违反法律法规及有关缓刑的监管规定，缓刑考验期满后，原判的罚金刑就不再执行。对罚金刑能否适用缓刑，目前立法上有肯定和否定两种对立的态度，巴西、俄罗斯、瑞士、朝鲜以及我国刑法明确规定对罚金刑不适用缓刑或者没有规定对罚金刑可以适用缓刑，日本、法国、意大利、奥地利、西班牙、韩国刑法以及我国台湾地区的“刑法”则规定可以对罚金刑适用缓刑。我国刑法没有规定罚金刑缓刑制度。在刑法理论上，也存在赞成和反对两种对立观点。我们认为，罚金刑缓刑在发挥罚金刑的功能、实现刑罚目的方面有其特殊价值，从充分发挥罚金刑功能，实现刑罚目的的要求出发，应当在我国建立罚金刑缓刑制度。第一，罚金刑缓刑对于挽救部分偶犯有特殊作用。第二，罚金刑缓刑可以大大提高罚金刑的教育功能，有助于特殊预防目的的实现。第三，罚金刑缓刑在促进特殊预防目的实现的同时，还能够在一定程度上缓解因罚金刑完全得不到执行所造成的不公正性。第四，罚金刑缓刑制度还能够缓解罚金刑因受刑人贫富不均而面临的两难境地。第五，规定对罚金刑可以适用缓刑，可以在一定程度上避免因犯罪者本人不能实际缴纳罚金，其亲属只好代其缴纳而导致的株连无辜。

---

① 参见左坚卫、阴建峰：《论我国罚金刑执行制度的完善》，载《四川警官高等专科学校学报》2006 年第 4 期。

2. 没收财产

如前文所述，没收财产刑受到极大的怀疑，有众多学者认为该刑种应当废除。主要的理由集中在其可能株连无辜的财产共有人的问题和处罚过重不能做到罪责刑相均衡的问题。应当说，没收财产刑虽有种种的问题，但也存在其合理性，是罚金刑所不能替代的。最主要的，没收财产刑是打击严重的贪利型犯罪、国事罪的有效措施，对上述犯罪适用没收财产刑，不仅对犯罪人给予严厉的惩罚和教育，体现出国家对此类犯罪的最严厉的否定评价，而且也是对其再犯能力的剥夺和对其犯罪动机的打击，起到特殊预防和一般预防的作用。[①] 我们认为，废除没收财产刑的呼声基本是针对普遍适用的一般没收的，[②] 说明从其实质上恰恰是由于目前我国没收财产属于一般没收，适用面广泛，而且规定得比较粗糙。对于没收财产刑，我国应当对其适用范围进行大幅缩减，将其适用对象仅限于极其严重的国事犯罪和职业化或有组织犯罪。对于普通的刑事犯罪，适用罚金刑且依法没收犯罪所得即已足够。

（二）资格刑的完善

在我国现行刑罚体系中，资格刑是最为单薄的刑罚类型，适用形式单一，适用范围过窄。

1. 剥夺政治权利

剥夺政治权利属于特殊的资格刑，是对公民政治性权利的剥夺，因此对于普通刑事犯罪人并不适合。剥夺政治权利产生于特定历史背景之下，带有浓厚政治色彩的特定内容，因而其适用范围和功能发挥都受到限制，需要进行改造。在实践中，剥夺政治权利极

① 参见郭理蓉著：《刑罚政策研究》，中国人民公安大学出版社2008年版，第142页。

② 参见熊向东、司鲁：《再论没收财产刑的废止》，载《河南省政法管理干部学院学报》1998年第1期；曲新久：《没收财产，一种应当废除的刑罚》，载《检察日报》2000年3月16日；李洁：《论一般没收财产刑应予废止》，载《法制与社会发展》2002年第3期。

少作为资格刑独立适用。由于其一旦适用，选举权和被选举权，言论、出版、集会、结社、游行、示威自由的权利，担任国家机关职务的权利，担任国有公司、企业、事业单位和人民团体领导职务的权利这4项权利内容就被全部剥夺，没有针对性，不能根据具体犯罪选择部分剥夺。这种适用形式很容易造成刑罚的过剩，同时也极易造成其适用范围仅限于严重犯罪的情况。

针对这种情况，我们建议取消“剥夺言论、出版、集会、结社、游行、示威自由”的规定。从宪法的意义上，上述权利属于公民的基本权利，往往将言论、出版、集会、结社、游行、示威自由作为一般的“表现自由”（Freedom of Expression）纳入精神自由的范畴之中。西方刑法中的剥夺政治权利仅仅是指选举权和被选举权，而不包括言论、出版等其他的基本权利。从资格刑这一刑罚设立的目的来看，它是为了对罪犯在法律上及政治上一定资格、权利的限制和剥夺，为的是预防、惩罚犯罪。对于这6项基本权利并没有必要进行剥夺。

2. 增加“剥夺或限制从事特定职业资格”的规定

这里的“特定职业”中的从业人员是不包括前面所提到的国家工作人员的。前者是为了强调对犯罪人从事公共事务权利的限制，更侧重的是犯罪人参加国家事务和社会管理的权力。这里的“特定职业”指的是关系民生但又相对普通的一般职业。近年来利用某些特定职业或行业从事犯罪活动，严重侵犯、危害社会的典型案例已层出不穷。对此，许多学者主张不仅应增设禁止或剥夺从事特定职业的资格刑，而且还应将特定行为的权利作为资格刑的内容明载刑典。这与犯罪学逐渐盛行的“条件预防”理论是一致的。这一理论认为，预防、减少犯罪，与其在犯罪动机上进行遏制，不如在消除犯罪的环境——条件上下工夫来得更直接、更有效果。

对于从业资格的剥夺，我国资格刑只能适用于故意犯罪，而不能适用于过失犯罪，对于犯有医疗事故罪、交通肇事罪等过失犯罪的行为人而言，剥夺其从事某些职业的资格是有其合理性的。

（三）管制刑的完善

管制刑是我国刑法体系中最为接近社区矫正方法的刑罚，而且是作为主刑规定的，然而，无论是在立法上还是司法实践中，都存在相当严重的问题，导致管制刑形同虚设，没有发挥出其应有的功能。

1. 管制刑的问题

首先，管制的适用对象定位不明。一般认为，管制作为限制自由刑，适用于犯罪较轻，又不必关押的犯罪分子。如果按这一理解，管制的适用对象范围应该根据罪犯的人身危险性的大小和有无关押必要来确定，人身危险性因素才是确定罪犯适用管制刑的关键因素之一，然而现行刑法却没有提到这个问题。我国刑法分则是根据犯罪性质来确定管制适用范围的，这与管制的本身特征不相符合。犯罪性质与罪犯的人身危险性大小并不绝对存在相对应的关系，因此与罪犯需不需要关押没有必然的联系。按这一标准，管制和拘役的适用对象就难以截然分开，那些只规定可适用拘役的罪犯，也同样存在不需关押就足以避免其再次危害社会的情况，对这种罪犯不允许适用管制显然是不妥的。另外，管制刑在立法上的一个重大缺陷就是没有体现对未成年犯罪人的特殊保护。立法上应当特别规定对于未成年犯罪人一般情况下要考虑运用管制，至少应当明文规定在适用管制上对未成年犯罪人予以适当倾斜。

其次，管制刑的刑期不够合理。现行刑法第 38 条规定：管制的期限为 3 个月以上 2 年以下。这一期限过短，不利于扩大管制刑的适用范围，也不利于对管制刑罪犯的教育管理。如果适当延长管制刑的期限，就可以扩大管制刑的适用对象和范围，将罪行稍重但社会危害性较轻、主观恶性不大的罪行纳入管制刑的适用范围。

再次，将管制执行机关规定为公安机关不利于管制的执行。公安机关是我国的治安管理与刑事侦查机构，不是行刑机构，无论从权力分配的原理还是从监管改造职能的发挥来看，都不妥当。同时，由于公安机关任务过重，不可能投入专门的力量来执行管制刑，造成一些地方对被判处管制的罪犯的教育改造措施跟不上，刑罚惩罚力度不到位，犯罪分子没有得到应有的惩罚和改造。因此，对于被管制的犯罪分子，同样需要有专门力量对他们进行执行刑罚，对他们进行管理和监督，对他们进行教育改造，这样才能实现刑罚目的。

最后，管制刑的内容规定得不够合理。其中有的内容是公民原本应尽的义务，而有的内容又和教育改造的方法、方向相背离。例如，对被判处管制刑的犯罪分子不能外出经商的规定不合理，不利于稳定管制刑罪犯的正常生活，也不利于对其教育改造。在当今市场经济环境下，自谋职业，就业市场化是主要的就业渠道。在这种形势下，很有可能一些罪犯找不到工作，没有生活来源。对管制刑罪犯的监督管理，实际上与监狱执行刑罚一样，都是对罪犯执行刑罚，只是执行场所不同罢了，目的都是要使他们悔过自新，成为遵纪守法的好公民，预防他们重新走上犯罪的道路。这种情况说明现行管制制度的设计没有体现改造罪犯的刑罚机能，而沦落为一种放之社会的消极观察措施。

2. 管制刑的完善

首先，扩大管制刑的适用范围，明确其适用的对象属性。管制作为一种限制自由的轻刑，其适用对象不应根据犯罪性质来确定，而应根据犯罪行为的危害程度和罪犯的人身危险性大小来确定。对于一切危害较轻，罪犯本人又不会再次危害社会的罪犯，均可考虑适用管制。也就是说，管制应作为一种替代刑种适用于一切可以处以拘役的罪犯。在立法上，仍应保留管制刑的主刑地位，但应当在法律中明确规定："对于应当判处拘役的犯罪分子，如果认为不必关押的，可易处管制。"这样就使管制与拘役的适用范围等同。在分则条文中，就不用再分别规定对哪些犯罪可以适用管制。[①] 有的学者甚至认为，管制刑的适用对象可以扩大到那些罪行较轻、社会

---

① 马克昌主编：《刑罚通论》，武汉大学出版社 1999 年第 2 版，第 256 页。

危害性不大、主观恶性较小的罪犯，特别是有些过失犯罪，原刑法规定刑期在3年以下的犯罪都可以考虑增加管制的刑种，以便扩大管制的使用范围。[①] 另外，应当特别注意将未成年人纳入管制刑的适用对象，进行有针对性的改造。

其次，完善管制刑的内容，增强管制刑的惩罚性。一方面，为使管制刑能充分体现其既不剥夺自由，同时又是一种刑罚的特征，必须考虑增加能体现惩罚性的义务性规定。我国自由刑的主要特征之一都是进行劳动改造，管制刑也不应例外。但劳动作为一种改造手段，应与公民以正常的劳动作为谋生手段有些区别，这不但应体现在前者劳动带有强制性上，而且也应体现在劳动报酬的差别上。凡国外刑法规定的限制自由刑并要求进行劳动的，要么是无酬的，要么是低酬的，这是刑罚惩罚性的必然要求，而我国刑法规定管制犯在劳动中实行同工同酬，没有体现出劳动改造与一般劳动谋生的区别，故应予以修改。另一方面，需要建立和健全管制执行制度。为使管制能正常发挥作用，使管制内容落到实处，必须建立、健全管制刑的执行制度。根据受刑人的不同情况，确定罪犯在不同场所执行管制刑。过去，管制的核心内容是群众监督，因此，管制犯通常在本单位、本地区基层组织的监督下进行劳动改造。但鉴于我国目前的社会状况已发生重大变化，再依靠这样的基层单位已很难使管制得以正常执行，故应将管制的核心内容由群众监督改造转变为不剥夺自由的劳动改造，也就是说，对管制执行的重点应放在不剥夺自由的劳动改造，而不应过分强调群众的监督，群众监督改造只是辅助手段而不能代替执行机关的执行。可供选择的执行场所，一是罪犯原来的工作单位。对于单位比较固定，领导体制比较健全的机关、企业事业单位中的罪犯，可将其放在所在单位执行管制，由单位和群众协助执行机关监督改造，罪犯在熟悉的环境中接受监督

① 吴宗宪等著：《非监禁刑研究》，中国人民公安大学出版社2003年版，第609页。

管理。二是社区公共场所。具备义务工作环境的公共场所等可以成为管制刑的执行场所，受刑人必须为社区提供无偿的公益性劳动，在劳动过程中增强社会责任感，达到矫正、改造的目的。三是根据条件和需要设立专门场所。条件允许或现实需要的情况下，也可考虑设置专门的管制执行场所，接受矫治一些特殊的犯罪群体，如建立康复治疗中心，收治、矫正有心理障碍者、嗜毒者、酒精依赖者、传染病人、智力障碍者等；建立少年儿童收容教养院，收留教育那些有轻微犯罪行为、沾染恶习、流散于社会的少年儿童等。

最后，建立专门的执行机关，承担管制刑执行及其他监外执行的职责和其他社区矫正职责，并建立专门司法人员与专业人员、社区志愿人员相互协同的群防群控队伍。由于公安机关不适合管制刑的执行，必须成立专门的社会矫治机构来承担社区矫正的各项职能。具体职能如下：一是管制刑的执行。在社区矫正管理机构的指导下，鼓励社区群众、社区单位积极配合社区矫正管理者，参与对管制犯的监管、帮教和改造。二是监督考察缓刑犯、剥夺政治权利犯、假释犯和监外执行犯。这些罪犯在考察、考验期内或监外执行期间的生产、生活状况、遵纪守法状况、生理、心理状况等由社区矫正管理机构负责监督考察，可以及时了解情况，保证监督考察质量，有利于社会安全和罪犯矫正。三是负责判前调查工作。由于社区矫正管理机构掌握社区经济、文化、教育、人口、居住等社情民意，便于调查、了解本社区内犯罪行为人的个体情况，及时为法庭提供全面、真实的判前调查报告，有利于法庭正确定罪量刑，有针对性地开展罪犯矫正。四是社区矫正管理机构还可以为交由社区矫正的人员、重返社会的人员提供就业安置、帮助教育、社区扶助、心理咨询、行为导引等方面的帮助和指导。

由上述建议所涉及的方方面面可知，管制刑的改造是现行刑罚体系中需要投入规模最大的工程，这不仅是因为原有的管制制度的不足，也是因为管制刑代表了行刑社会化的方向。随着我国各方面建设的顺利进展，这一工程的基础条件已经具备，值得我们去投入。

第四节 刑罚制度的完善

一、减刑制度的完善

在探讨减刑制度的完善之前，我们必须对减刑制度的属性再次进行追问。为什么而减刑？减刑有何根据？减刑与原判的量刑之间究竟是什么关系？只有在圆满地回答了这些问题的时候，才能有充分根据地去探究如何减刑以及如何依据宽严相济的刑事政策构建我国的减刑制度。关于减刑的根据，国内有不少学者进行了全面的研究。有学者将减刑的根据分解为两个问题来讨论：为什么可以减刑？为什么减刑要有一定的限度？对于前者，答案是刑罚的特殊预防目的使然。首先根据再犯可能性考察，没有必要执行全部刑罚；其次从刑罚效益的角度考虑，多余的刑罚是一种浪费；最后从心理学的角度来看，减刑使犯罪人已有善行得到鼓励和保持。对于后者，答案是刑罚执行的一般预防目的使然。首先是刑罚的一般预防目的要求刑罚必须被严格执行；其次刑罚的一般预防目的要求减刑不能无限度；最后是刑罚的一般预防目的要求减刑不能有损审判的严肃性。最后的结论是，“刑罚只有作为预防有害行为的一种手段才能证明是正当的。”① 所以，“减刑制度的正当性在于追求刑罚的特殊预防，但必须兼顾一般预防，即在保证不对刑罚一般预防目的形成阻力的基础上，最大限度地实现特殊预防。”② 看来刑罚的特殊预防与一般预防目的的差异就是减刑所面临的矛盾的根源。如同前一节所述，我们主张，在根据宽严相济的刑事政策确立刑罚结构

---

① ［美］H. C. A. 哈特著：《惩罚与责任》，华夏出版社 1989 年版，第 224 页。

② 王作富、但未丽：《关于减刑制度的正当性思考》，载《法学家》2006 年第 6 期。

的指导思想方面，应当坚持以特殊预防为本，兼顾一般预防的方针。那么，在设计减刑制度等刑罚制度时，我们也同样应当保持这样的思路，当处理减刑制度中所调节的刑罚特殊预防与一般预防的关系时，应本着以特殊预防为本，兼顾一般预防的方针，以考虑受刑人的矫正与改造状况为核心，但也不能忘记原判刑罚所记载的其犯罪行为所表现的社会危害性，不能置宣告刑于不顾而无视其司法权威性。

如前所述，我国现行减刑制度的主要问题表现在三个方面，即刑法所规定的减刑制度过于简单化以及实践中的过度适用破坏了刑罚体系的内部平衡；减刑条件的模糊化导致减刑过程中的客观主义倾向，对罪犯人身危险性的考察不足；现有的减刑制度缺乏减刑撤销等制约机制，也没有相应的善后措施与之相配套，无法真正体现对改造质量的评价。针对这种情况，我们认为，必须在弄清减刑制度的价值定位与法律属性的前提下，认真检讨现行减刑制度的问题本源，采取相应的措施予以弥补，并进一步确立有利于贯彻宽严相济刑事政策的减刑制度。

（一）明确减刑制度的价值定位和法律属性

1. 减刑的价值在于实现刑罚目的，发挥矫正和改造功能

减刑，作为一种刑罚执行制度，其刑法价值基础在于刑罚目的的实现。减刑是为了更好地达到刑罚目的而存在的，服务于刑罚目的。也就是说，刑罚目的决定了减刑制度的基本价值目标和追求，是减刑制度的灵魂。刑罚目的不仅在刑罚创制与刑罚适用过程中得以实现，而且一直贯彻到刑罚执行的变更之中，指导着一个国家的行刑政策和行刑实践。为了收到满意的行刑效果，行刑的方式、内容、制度等都应当与刑罚的目的相吻合。因此，刑罚的目的是刑罚执行的指导方针之一，它对于刑罚执行的过程具有显而易见的重要意义。行刑中的减刑制度，是报应功利制约的基础上正义和效率的有机统一。根据犯罪人的良好改造表现对犯罪人予以适当减刑，充分体现了刑罚的特殊预防的功利目的。但根据刑法的规定，减刑的

幅度、限度、减刑的起始时间和间隔又要受到原判刑罚一定的限制，这就是报应主义在减刑适用中对功利主义制约的体现。教育刑和刑罚个别化的思想是减刑制度的理论根据。贝卡里亚指出："刑罚的目的既不是要摧残折磨一个感知者，也不是要消除业已犯下的罪行。刑罚的目的仅仅在于：阻止罪犯再重新侵害公民，并规诫其他人不要重蹈覆辙。因而，刑罚和实施刑罚的方式应该经过仔细推敲，一旦建立了确定的对应关系，它会给人以一种更有效、更持久、更少摧残罪犯躯体的印象。"① 刑罚的经济性原则决定了对受刑者的刑罚只有在其人身危险存在的时候才有正当性。"刑罚的执行（刑罚资源）的配置应当考虑供（施刑）求（受刑）关系，我们没有必要对可以不执行刑罚或者已经改造好的犯罪人继续进行无意义的消耗性刑罚，而应当根据刑罚损益兼备的特点，全面衡量，以保证刑罚执行的多产出。投入巨大而收效甚微的刑罚执行，除了导致人力和物力的无谓消耗外，还导致刑罚本身的疲软与无能，从而损害法律的尊严与权威。"②

2. 减刑的性质是惩罚执行的变更，不是改判

减刑是在肯定和承认原判刑罚有效性和正确性的前提下，在刑罚执行过程中对于刑罚所实行的刑种或刑期的变更和调节。减刑的根据不是原判决所依据的犯罪属性的变化，而是行刑过程中服刑人员的人身危险性的变化。从某种意义上说，减刑制度是刑责均衡原则在执行过程中的体现。刑事法律的严肃性决定了刑事判决的稳定性，刑罚一旦确定，就应当不折不扣地执行。但是，随着刑罚执行的逐渐进行，刑罚目的有时会提前达到，这时，行刑调控措施就变得有必要了。罪刑均衡或罪刑相当，不仅要考虑犯罪的客观社会危害性，而且要结合考虑行为人的人身危险性，即需要综合把握罪行

① ［意］贝卡里亚著：《论犯罪与刑罚》，黄风译，中国大百科全书出版社 1993 年版，第 42 页。

② 马克昌著：《刑罚通论》，武汉大学出版社 1995 年版，第 499 页。

和罪犯主客观多方面因素才能做到罪刑相称、罚当其罪。因此，减刑与罪责刑均衡原则并不矛盾，而且由于减刑制度对受刑人人身危险性消长的关注，减刑制度更具有激励罪犯矫正改造的功能。

3. 依法减刑是已经得到矫正和改造的服刑人员的一项权利

从我国刑法规定减刑制度的方式看，减刑应当是罪犯的一项权利，罪犯应当有申请启动减刑程序的权利。[①] 从理论上讲，刑事法律属于公法，是限制国家公权力的法律。只有法律有明确规定的，执法机关才能据此行使权力，法律没有规定的，执法机关不能没有依据地行使权力。法律的规定，既是对执法机关的赋权，也是执法机关的义务。按照现行刑法第78条的规定："被判处管制、拘役、有期徒刑、无期徒刑的犯罪分子，在执行期间，如果认真遵守监规，接受教育改造，确有悔改表现的，或者有立功表现的，可以减刑；有下列重大立功表现之一的，应当减刑：……"从法律的规定我们可以看出，罪犯如果符合条件，就可以或者应当获得减刑。对罪犯而言，只要符合条件，就有获得减刑的权利。如果罪犯有重大立功表现，则应当给予减刑。可见，法律的规定，重在对罪犯应有权利的设定，对于符合条件的罪犯国家机关应分层次对其减刑权利给予保障。事实上，在1992年8月国务院新闻办公室公布《中国改造罪犯的状况》中，已经认为，罪犯在服刑期间表现好的有获得依法减刑、假释的权利。把减刑作为罪犯的一项权利，对于鼓励罪犯积极改造、认真悔罪、成为新人是具有积极意义的。罪犯为了行使自己的权利，只能积极改造，认真悔罪，这样才能通过自己的努力缩减刑期，掌控一部分刑罚执行的主动权。罪犯的努力改造正吻合了国家执行刑罚的目的。当然，将减刑视为罪犯的权利，并不意味着每个罪犯都必然获得减刑待遇。我们必须强调，所谓减刑的权利，是根据罪犯的服刑表现，或者从另一个角度讲是行刑机关

---

① 参见郭宗才、鲍善昌、邓立：《宽严相济刑事司法政策视野下的减刑制度执行情况研究》，载《犯罪研究》2007年第6期。

行刑的情况，达到减刑条件的服刑人员才拥有的权利。这种权利的存在也是从刑罚正当性的原理而来。行刑机关和人民法院依法为其减刑，是对其合法权利的确认。同时，将减刑视为服刑人员的权利，不影响减刑对其积极进行改造的奖励价值，行刑机关和人民法院对其改造成就的确认正是体现这一奖励机制的表现。

(二) 在减刑制度中坚持以特殊预防为本，坚持区别对待

1. 减刑的根本性合理化根据是人身危险性的良性转化

依照我国现行刑法对减刑的规定，减刑只能适用于刑罚执行过程中确有悔改或立功表现的犯罪分子，这就是减刑的实质条件。应当说，减刑的实质条件才是减刑的根本性合理化根据。犯罪分子在刑罚执行期间是否有悔改或立功表现是犯罪分子的主观恶性与人身危险性是否减少以至消除的重要标志。因此，我国刑法把犯罪分子是否有立功或悔改表现作为减刑的最根本的实质性要件。

如前文所述，我国刑法中的减刑制度是基于刑罚目的的实现而规定的在执行过程中的一种刑罚变更制度，其价值是实现特殊预防与一般预防的平衡，其根据是刑罚经济性原则。那么，我国减刑制度与国外的善行折减制度一样，必须是以服刑人员在行刑期间的良好表现为依据。根据这样一种制度，虽然减刑已经成为改造良好的服刑人员的一种权利，但这并不意味着对于所有正常服刑人员都可以适用。也就是说，减刑的对象必然只能限制在一部分改造效果良好，确有悔改和立功表现的受刑者范围之内，而不能将其视为一种适用于所有受刑人的普遍的行刑福利，更不能被视为一种遵守监规的奖励措施。因此，我国行刑实践中实行以减刑为主、以假释为辅的政策导向是存在一定问题的，导致减刑的扩大化适用，使减刑的政策方向发生一定的偏差。这种局面应当予以纠正。

2. 减刑条件的考察应坚持主客观相结合原则

坚持以特殊预防为本，区别对待的方针，是保证宽严相济刑事政策的前提。根据前文对我国刑罚制度中存在的问题的分析，目前在我国行刑实践中，由于对减刑制度的价值方向存在理解上的偏

差，减刑适用扩大化，以至于存在减刑条件的模糊化问题，减刑的适用标准走向客观主义方向。目前，在我国行刑实践中减刑适用标准普遍以计分考核作为执行标准。这种计分考核在真实反映主观改造方面缺乏力度，使客观表面的表现成为评价罪犯改造的依据，考核内容呈现一种客观主义倾向。尤其是计分制度形式化、细节化之后，考核内容过于集中在生产劳动、生活卫生、集体活动等客观外在的行为方面，集中于较易量化的劳动定额的完成和日常行为评定等方面，以致很大程度上影响了对罪犯主观构成的准确评估。而真正反映罪犯的主观思想状况的指标比重不足。

当然，对人身危险性的主观评估有一定的难度，思想改造效果难以量化，这也是导致上述问题的主要原因之一。为了解决这一问题，我们认为，应当建立人身危险性评估的科学合理机制，设计更为科学合理和可行的减刑评估制度。人身危险性的评估，是刑事法律的法律判断问题，更是一个对个人的人格评价的科学判断的问题。只有建立科学的减刑评估系统，才能真正体现区别对待的方针，落实宽严相济的政策，实现减刑制度的真正价值。

我们设想，科学的人身危险性评估体系，应当包含两方面的内容：一方面，在我国现行刑法中关于减刑实质条件的规定，是体现人身危险性判断的法定标准。悔改和立功表现是客观的外在表现，这一部分可以坚持目前的量化系统，使之进一步合理化；另一方面，必须加强主观恶性评估，设置专门的减刑评估机构，从人格与心理状态方面，引入专业的评估机制。针对目前我国减刑制度的实践状况，后一个方面的内容是亟待解决的主要问题，也是有一定难度的问题，需要对现行制度的细节进行一定的调整，包括监狱等行刑部门加强专业人员的配置、减刑程序中专门的评估组织的介入等。

3. 建立减刑撤销制度，建立减刑事后约束机制

我国刑法未规定减刑的考验期和可撤销制度，减刑考核的善后制约机制的缺失，不可避免地导致对被减刑人员减刑以后的监督和

制约脱节。基于对这些问题的考虑，有学者提出了设立减刑考验期或减刑可撤销制度的设想。主张如果罪犯减刑后一旦表现不好，或有违法违纪行为，或证明其减刑确系伪装积极骗取的，就可以依法撤销其所获减刑。[①] 笔者认为这种主张值得考虑。国外有些国家规定因某些行为表现可以全部或部分撤销减刑，如美国有些州及联邦法规定：如果囚犯有伤害、脱逃及其他显著或重大违纪违规行为的，可取消其由于善行而减刑的待遇，惩戒委员会可以建议不给予犯人减刑或撤销其减刑的决定。[②] 减刑适用的实质条件是罪犯人身危险性的良性变化，其适用必须以罪犯确有悔改表现或者立功表现为前提，一旦这个前提不存在了，对其进行撤销是合理的。而且这种可撤销的做法弥补了通常情况下减刑缺乏预后性的弊端，能够起到促进受刑人遵守监规、保持善行的一贯性，为行刑部门更生动、积极地运用减刑及保障减刑对在监服刑的罪犯的全程督促作用，充分发挥其正面激励与评价功能提供了切实的可能。当然我们也以为，对减刑撤销的启动的理由和适用的条件应是严格的，从减刑的属性来看，只能对刑罚尚未执行完毕的罪犯适用，而不能扩大到适用减刑且已经刑满释放的人员。

（三）兼顾一般预防，减刑只能在一定限度内进行

减刑的法定幅度应当与刑罚结构的全局相统一。鉴于目前的减刑制度过于简单化以及实践中的过度适用的问题，从而使宽严相济刑事政策在刑罚适用中的体现无法做到自始至终。其表现在于导致无期徒刑等刑种之间应有的刑量等级协调关系混乱，导致宣告刑与执行刑的断裂，我们认为有必要在立法上针对一些刑种的减刑幅度限制予以调整。其中，无期徒刑的减刑幅度是比较突出的问题。在

① 参见王志亮、郑安昌：《关于设立减刑撤销制度的思考》，载《中国监狱学刊》2000 年第 4 期。

② 参见何鹏、杨世光著：《中外犯罪改造制度比较研究》，社会科学文献出版社 1993 年版，第 199 页；袁登明：《国外减刑制度的立法例及中外比较》，载《中国监狱学刊》2001 年第 4 期。

我国刑法中，无期徒刑是严厉程度仅次于死刑的刑罚方法，在废除死刑的呼声越来越高的情况下，无期徒刑的地位更加重要。鉴于无期徒刑是针对严重的罪行而设的，确实需要重视无期徒刑的宣告刑与实际执行刑之间的落差的问题。根据前文的分析，现行刑法规定其减刑后实际执行刑期不少于10年确实忽视了刑罚的一般预防效果。我们认为，应该提高无期徒刑减刑后实际执行的刑期，判处无期徒刑的，可将其实际执行的刑期由10年提高到20年或30年。而且，对本该判处死刑的严重犯罪，在废止其死刑后应严格限制减刑的适用。甚至可以对本该适用死刑的某些极其严重的犯罪情形，在废止其死刑后，禁止适用减刑。立法机关也可以在必要时，授权法官可根据犯罪人之罪行排除减刑的适用。[①] 同时，对于所有刑种的服刑人员进行减刑时，都不能忽视其原判刑罚所根据的犯罪的恶性程度及刑期的情况。

二、假释制度的完善

根据我国目前假释制度适用不足的现有问题，对假释制度及其实践的改造重点在于加强假释的可适用性，并在实践中予以充分的认识，改变以假释为辅的做法，而应当是以假释为主、以减刑为辅。

（一）充分认识假释制度的重要性，把假释作为教育改造罪犯的重要措施

首先，应当肯定假释制度对改造、教育罪犯的积极作用。假释绝不只是对少数改造表现突出罪犯的奖励。因为把所有罪犯不论轻重一律囚禁于大墙之内，并不能体现出教育改造的质量，而且容易造成犯罪手段、方式的交叉感染，同时也给国家财力、物力上带来沉重负担。根据罪犯改造与矫正的普遍规律，应当把假释视为服刑人员回归社会的必要的适应期。从这个意义上，应当对大多数能够

① 参见赵秉志：《中国废止死刑论纲》，载《法学》2005年第1期。

服从改造，接近刑满释放，准备回归社会的服刑人员适用假释，只有少数例外的情况，即拒绝接受改造，确认仍有人身危险性的罪犯才不能予以假释。

其次，充分认识扩大假释适用的刑事政策意义。我国《监狱法》第1条规定："为了正确执行刑罚，惩罚和改造罪犯，预防和减少犯罪，根据宪法，制定本法。"第3条规定："监狱对罪犯实行惩罚和改造相结合、教育和劳动相结合的原则，将罪犯改造成为守法公民。"我国的行刑属于典型的积极行刑，它要求刑罚执行同时具备惩罚性、教育性和社会防卫性，并认为刑罚要达到教育改造罪犯的目的，必须根据受刑人个人的具体情况，有针对性地运用相应的个别化措施。因此，在适用刑罚时采用缓刑、假释等，对于受刑者的行刑更偏重于特殊预防，刑罚的执行在很大程度上取决于受刑者的表现，受刑者由消极被动的行刑对象变成积极主动的受教育者。行刑的作用不只是执行判决，更重要的是改造罪犯、防卫社会，行刑机构也由消极的执行机器转为教育改造机关，具有更多的机动权。

（二）完善假释适用条件，加强假释的可适用性

让更多的犯人获得假释，回到社会接受教育改造，并不意味着降低假释条件，而是对适用假释条件的补充和完善。根据我国刑法第81条规定，适用假释的实质条件是"确有悔改表现，假释后不致再危害社会"。实践中对于"不致再危害社会"的实质条件在把握上有一定的难度，是假释不能被充分适用的主要原因之一。在社会公众看来，"不致再危害社会"是执法部门对社会所作出的承诺，因此一旦发生了个案上的失败，必然会引发整个社会舆论对假释适用的强烈而普遍的批评。[①] 就立法本意来说，"不致再危害社会"是指在现有条件下，法律能够作出的一种评价，而对罪犯"不致再危害社会的评价"只能是一种预测，它与出狱人"不再危

① 参见王利荣著：《行刑法律机能研究》，法律出版社2001年版，第318页。

害社会”的现实是两回事。

为弥补立法规定之不足，有必要在行刑实践中对这一规定制定一些客观的可操作性的标准，以供假释委员会在作出假释决定时作为执法依据。笔者认为假释委员会适用假释时应考虑以下因素：

1. 狱内表现

狱内表现，即对犯罪人监内改造情况的观察和调查。具体内容包括：（1）犯罪情况调查。具体包括犯罪原因和动机、犯罪前科情况、偶犯、初犯、惯犯、累犯、犯罪时的年龄。（2）狱内表现调查。主要考察犯罪人是否确有悔改或立功表现，有无抗拒改造情节。（3）身心鉴别调查。狱内生活很容易给罪犯心理带来一些病态症状，有的比较明显，及时矫治尚无大碍，有的则具有潜伏性，若不能在监内及时发现，一旦出狱极有可能复发。因此，假释委员会可委托专门的心理鉴定机构对假释犯的心理状态进行鉴定。以上三方面的调查是针对犯罪人的狱内表现情况，可以作为判断再犯可能的依据。

2. 考验期内预测

考验期内预测，主要是对假释犯出狱后的生活安置和社会保护的调查。包括：（1）假释后的生活计划，是否有固定的住所及获得工作的机会。（2）在心理和物质上获得社会援助之程度。（3）罪犯家庭的政治经济社会关系，家教的条件与方法以及亲情关系之疏密程度。（4）上报假释的罪犯其所属地区社会风气、治安状况、社区矫正工作情况。

（三）加强对假释犯的监督考察

1. 调整假释监督机关

针对目前假释制度中存在的问题，有必要修改我国刑法第84条的内容，如改“由公安机关予以监督”为“由司法行政机关予以监督”。对假释犯的监督考察应当由司法行政机关中的社区矫正司、处所设立的假释矫正部门及司法警察共同实施。假释矫正人员应全面掌握假释犯的个人基本情况、社区改造表现、居住环境、就业状况、社会交往情况等各方面的信息，给假释出狱者提出有针对性的督导意见。假释犯应该定期向假释矫正部门报告自己的社区改造情况，向假释矫正部门申请维护自己的假释权利，将假释考验期已满的情形告知假释矫正部门，对假释委员会违法撤销假释的有权向上级司法行政机关申诉，申诉材料应以书面或口头方式通过假释矫正部门向上级提交。假释犯对自己生活中遇到的困难也可以向假释矫正部门提出，通过假释矫正部门向社会各界寻求帮助。司法警察负责对假释犯监督考察中的具体执行工作，有权对违反法律、法规规定的假释出狱者采取强制措施，有权行使追捕、押解、临时羁押、扣押物证和文件，司法警察行使上述权力时，应依法履行相关法律手续。社区矫正部门要做好对假释犯的监督考察工作，还应动员街道、居民委员会、村民委员会等基层组织的力量，发挥自身与基层组织联系密切的优势，与社区各方面形成合力，解决对假释犯监督考察工作中的具体问题。

2. 调整假释的考验内容

我国刑法第 84 条对假释考验期内的考验内容作了规定：被宣告假释的犯罪分子，应当遵守下列规定：（1）遵守法律、行政法规，服从监督；（2）按照监督机关的规定报告自己的活动情况；（3）遵守监督机关关于会客的规定；（4）离开居住的市县或者迁居，应当报经监督机关批准。1997 年刑法中新增加的这些关于假释犯必须遵守的行为规范的规定，对于加强对假释犯的监督，增强假释考察的可操作性，促使假释犯积极改造具有重要意义。但与其他国家有关假释考验的内容相比，我国的规定略显单薄，不够具体。例如，美国关于假释遵守条件的规定很多，有的州有 20 多个条件。这些条件一般分为两类：一类主要规范罪犯的行为，使之保持守法的生活方式，如服从法律，积极工作，抚养家庭与子女，戒酒戒毒，不拥有武器等。另一类是为了使有关官员包括假释官、保护检察官或警察等掌握罪犯的行踪，如改变住址，改变工作，离开国界或州界，结婚或离婚需事先申请批准，并要求定期报告，接受有关官员的访问等，内容相当明确，易于罪犯遵守。[①] 这些规定的根本目的是为了使犯罪人尽可能避免再沾染恶习或受到不利其自新的影响，助其重返社会，成为守法公民。同时，针对具体的假释犯，法院责令作出具体的重新适应社会的个人计划，并使假释犯知悉该计划的内容，尽可能与其达成协议，以便使犯罪人自觉配合有关部门共同完成该项个人计划。

（四）修改假释适用的禁止性条件

现行刑法第 81 条对适用假释的禁止性条件的规定未能充分关照到实践中不同的案件性质、不同的案件起因以及不同的犯罪人个体原因等等，一律不得假释的制度设计有悖于刑罚个别化和区别对待、宽严有别的刑事政策精神。因此，可以考虑在未来刑法修订时，将因严重暴力犯罪而被判处 10 年以上有期徒刑、无期徒刑的罪犯也纳入假释适用范围之中，只是规定出更为严格的假释适用考察条件，如将这些罪犯的最低服刑限度条件提高，要求有期徒刑的实际服刑刑期必须达到原判刑期的 2/3 以上，无期徒刑的实际服刑刑期必须达到 15 年以上；同时，将这些罪犯的假释考验期间延长，并规定在考验期内应接受的更为严格的监管义务。

（五）适当增设新的假释类型，推行半监禁、部分假释制[②]

半监禁是相对于完全监禁而言的，指罪犯在监狱服刑期间，符合一定条件的，可以准许以一定的形式在社会上生活、学习和工作。半监禁又主要是通过部分假释制来施行的。部分假释制，是指对符合一定条件的罪犯，准许其白天在社会上工作、学习，但夜晚必须回到监狱服刑；或者是周末监禁、工作假释、学习假释等方式。以部分假释为基础的半监禁，有助于实现罪犯从完全监禁状态

---

① Gerdreau P. T. Cullen and J. Bonta. （1993） Intensive Rehabilitation Sogervision: The Next Generationin Community Correetions Federal Probation 58 （1）.

② 参见谢望原、卢建平等著：《中国刑事政策研究》，中国人民大学出版社 2006 年版，第 457 页。

到部分监禁状态再到完全释放的平稳过渡，以此形成内在联系的、合理的逻辑步骤，有助于提高罪犯适应社会的能力、提高行刑效益。[①] 这一新型假释类型也是我国封闭式监狱行刑的有效调控手段，有利于解决罪犯适应社会难、出狱后谋生难的实际问题，也是解决目前监狱内罪犯劳动问题的有效出路之一。从刑事政策角度观之，新型假释类型的设置，丰富了区别对待、宽其该宽刑事政策的实现方式，昭示了宽严相济刑事政策的基本内涵。

三、缓刑制度的完善

缓刑制度在我国目前的适用效果不够理想，与缓刑规定本身的缺陷有密切联系，所以完善缓刑制度本身是解决这一问题的根本出路。

1. 明确缓刑的价值目标，真正体现对人身危险性较轻的罪犯的从宽政策

在立法上，现行缓刑制度的重点在于刑罚轻重的度量，重视对缓刑人员的行为约束，而缺乏针对受刑人的个性特征定制社区回归方案的教育改造内涵。刑法关于缓刑适用条件和适用范围的规定过于笼统，界限也不明确。对于“悔罪表现”和“确实不致再危害社会”这一实质性条件的界定，主观性强，因而导致实践中缓刑适用存在一些偏差。对于性质相同的案件，有的法官认为可以适用缓刑，有的法官认为不能适用缓刑；对职务犯罪案件和贪污贿赂案件适用缓刑较多，对其他案件的适用率相对较少。应当说这是由于人身危险性的主观判断的难度造成的，和假释适用中对“不致再危害社会”的实质条件的把握存在难度属于同样的性质，因此应当参照前文对这一问题的论述，建立科学的评估机制。

---

① 参见谢望原、卢建平等著：《中国刑事政策研究》，中国人民大学出版社 2006 年版，第 458 页。

2. 明确并适当扩大缓刑的适用对象范围

对于我国刑法关于缓刑适用形式条件的规定，学者们认为存在的主要缺陷是缓刑适用范围规定得过窄，不利于充分发挥缓刑功能，表现在对可以适用缓刑的刑期上限规定得太短；对可以适用缓刑的刑种限制得太严。在此基础上，有学者提出了以下主张：（1）扩大对少年犯和过失犯适用缓刑的范围，对少年犯或者因过失犯罪被判处拘役或者5年以下有期徒刑者，一般应适用缓刑；（2）扩大对其他犯罪适用缓刑的范围，对被判处拘役、3年以下有期徒刑的成年犯，一般应适用缓刑；（3）刑法应当明确列举一些可以适用缓刑的情况，以指导审判人员扩大缓刑适用范围；（4）增设罚金刑缓刑制度。①

3. 建立和完善对缓刑犯的奖惩制度

应建立多层次的对缓刑犯的奖惩措施，对缓刑考验期内表现不好的予以延长缓刑考验期，在延长的考验期内仍表现不好的，应撤销缓刑予以收监执行；对缓刑考验期内改造表现较好或有主动表现的，予以减刑并缩减缓刑考验期，做到奖罚分明，以充分发挥缓刑考验的约束、激励机制。

四、累犯制度的完善

累犯制度是我国刑罚制度中一项体现对具有严重而顽固的人身危险性的罪犯从严惩处的制度。现行的累犯制度存在着客观主义倾向，从重处罚的力度没有体现区别对待，特殊累犯种类单一，没有对未成年人罪犯规定例外排除等问题。针对这些问题，我们认为应从以下方面进行完善。

（一）在理解累犯定义时应重视累犯的人身危险性方面因素

我国刑法中定义累犯的依据主要是犯罪的客观方面，包括用前

① 参见李文燕、左坚卫：《论我国缓刑适用制度的立法完善》，载《山东公安专科学校学报》2003年第5期。

后犯罪的时间条件、刑度条件、罪过条件等方面来限定累犯的范围，但对累犯主体的适格性则未作特殊要求。应当说，累犯从重处罚的根据主要应在于其难以改造的人身危险性，累犯制度中应当包括人身危险性这一要素，而且正在成为一种立法修改的趋势。中国刑法理论界关于累犯之人身危险性的认识，存在一个由否定到肯定的发展过程。可以说，目前刑法学界对累犯构成要件中应当评价犯罪人之人身危险性之一点是认可的。① 累犯制度重视人身危险性不足的一个重要表现是没有将未成年人排除累犯主体资格范围作出例外规定。我国刑法中规定的累犯制度并未将未成年累犯排除在外，未成年人也是累犯的适格主体，未成年人犯罪构成累犯的亦应从重处罚，并不得假释和缓刑。这种做法与我国刑法对未成年犯罪行为人进行倾向性保护的立法精神相悖，造成了立法上的不协调、不完整，和同样体现在刑法总则中的未成年人犯罪从宽处罚的政策相矛盾。

（二）对累犯的从重处罚力度应当根据具体的情况予以区别

对累犯的“从重处罚”应当针对其人身危险性进行等级划分，对症下药。不少学者认为，除了从重处罚以外应当有加重处罚的规定。我国刑法规定的累犯处罚原则，经历了从“加重处罚”到“从重处罚”的变化过程。新中国成立初期的一些单行刑事法规曾有对累犯应加重处罚的规定。1979 年实施的刑法对累犯未规定加重处罚情节，仅规定“应当从重处罚”。在“严打”时期，1981 年 6 月 10 日全国人民代表大会常务委员会《关于处理逃跑或者重新犯罪的劳改犯和劳教人员的决定》第 2 条第 2 款规定：“劳改犯逃跑后又犯罪的，从重或者加重处罚……”1997 年修订刑法时，为了避免“加重处罚”的幅度非法定化的争议，否定了加重处罚制度，从而在我国确立了对累犯“应当从重处罚”的刑事责任原

① 参见于志刚：《论累犯制度的立法完善》，载《国家检察官学院学报》2003 年第 2 期。

则。然而，司法实践中存在着以司法解释将某些犯罪的累犯情节解释为该罪的加重情节的情况，说明在一定情况下，对累犯应当加重处罚才符合其惩处的需要。而相比之下，外国刑法中对累犯有加重处罚的规定，日本、韩国、法国、俄罗斯等国家的刑法均规定对累犯的处罚应加重，并且一般是加重至两倍以下。①

（三）增加特殊累犯的类型，以适应犯罪形势和刑事政策针对性的需要

刑法将特殊累犯仍局限于危害国家安全罪，这一因袭完全忽视了国内外犯罪形势的变化，不能适应我国目前打击某些犯罪累犯的现实需要。将特殊累犯仅局限于危害国家安全罪，不符合我国设定特殊累犯的目的。② 我国之所以在普通累犯之外规定特殊累犯，是因为某些犯罪由于其自身的特殊性，需要予以重点、严厉的打击，如果拘泥于普通累犯的成立条件，势必不能很好地打击和预防该类犯罪的累犯，因而需要将某些犯罪规定为特殊累犯，放宽其成立累犯的条件。换言之，设定特殊累犯的目的，就在于便于更好地打击和预防某些犯罪的累犯。事实上，除了危害国家安全累犯外，我国刑法已经规定了“毒品再犯”的特殊的从重处罚制度，即刑法第356条规定的，“因走私、贩卖、运输、制造、非法持有毒品罪被判过刑，又犯本节规定之罪的，从重处罚。”由于毒品再犯的规定的特殊性，关于其与累犯之间的关系在理论和实践中都引起不少争论。鉴于其与累犯类似的从重处罚后果，我们认为，实际上其已经成为一种特殊的累犯，应当将其纳入累犯制度，以完善累犯制度的系统性和完整性。根据以上分析，我国应当规定包括危害国家安全罪累犯、毒品犯罪累犯在内的多种特殊累犯制度。

（四）取消累犯不得假释的规定

累犯不适用缓刑，是符合在量刑当时对犯罪人的人身危险性判

---

① 参见韩轶：《我国累犯制度立法之完善》，载《法商研究》2006年第3期。

② 参见苏彩霞：《现行累犯制度的不足及其完善》，载《法学》2002年第4期。

断的，也就是说在基于前次刑罚无效的情况下按当时犯罪人的状况，其再犯可能性大而不符合缓刑的条件。但是，在经过后次的刑罚改造之后，无论从理论上还是现实情况中，都不能绝对地说其不可能符合假释的形式与实质条件。之所以出现这样的排除，应当说是客观主义的报应思想的支配，是为了对累犯形成一般预防的威慑。我国累犯制度和假释制度的设立目的，都是基于改造犯罪人的人身危险性而出发的，如果剥夺累犯的假释机会，则不利于促进累犯人的教育改造和改过自新。累犯制度的设立，并非仅为了给予累犯人较重的惩罚，更重要的是为了促进累犯人的教育改造和矫正改善。如前文所述，假释制度应是促进犯罪人的教育改造和矫正改善的不可或缺的制度之一。虽然我国刑法学界对于减刑的广泛适用有不少质疑的声音，而对假释却几乎众口一词地认为，还远远不用忧虑适用过度的问题，因而对于累犯禁止假释的规定，值得反思。

（五）体现未成年人犯罪的从宽处理政策，将未成年人排除累犯适格主体范围

我国累犯制度没有将未成年人犯罪排除适格主体范围之外，是与未成年人犯罪从宽处罚的总体刑事政策相矛盾的。

首先，从未成年人犯罪的特点来考察其合理性。未成年人在接受刑罚处罚后再次犯罪，其主观上的可谴责性和人身危险性较未成年初犯固然要大，但他终究还是未成年人，生理和心理发育尚未成熟，认识世界、辨别是非和控制自我的能力毕竟有限，性格和心理上的可塑性强。因此，即使符合累犯条件的未成年人再犯，其矫正改善的可能性依然大于成年人再犯，仍应坚持教育为主、惩罚为辅的方针。把未成年人像成年人一样，作为累犯的适格主体，只要符合条件的，就从重处罚，并剥夺其被缓刑和假释的机会。这显然没有考虑到未成年犯罪人的心理、生理特点，也不利于未成年再犯的矫正改善。

其次，从我国一向对未成年人特殊保护的立法精神来考察。未

成年人作为一个特殊的社会群体，一直以来是我国法律强调保护的对象。从我国设立累犯制度的初衷和目的来考察，设立累犯制度，主要是针对那些主观恶性深、人身危险性大的再犯人，通过规定较严厉的法律后果予以打击，并预防其复次犯罪。同时也能防止初犯者变成累犯。规定累犯的范围应宽严适度：过于狭小，则不能很好地实现打击和预防的目的；过于宽泛，则一方面使那些主观恶性不那么深、人身危险性不那么强的再犯者遭受了不应有的严厉处罚，另一方面不利于集中力量打击那些主观恶性深、人身危险性大的再犯人。

未成年人在刑罚执行完毕或赦免后5年内，又故意犯罪的，其主观恶性和人身危险性固然比其他未成年犯要大，但由于其未成年人可改造性强、可塑性大的特点，故尚达不到屡教不改、应按累犯处理、不得适用缓刑假释的程度。并且，与成年累犯相比，其主观恶性和人身危险性显然要小得多，将主观恶性和人身危险性不那么强烈的未成年再犯与主观恶性和人身危险性较强的成年再犯一同纳入累犯的范围，不但不适当地扩大了我国累犯的范围，同时也违背了集中力量打击和预防主观恶性深、人身危险性大的累犯的初衷。

五、自首与立功制度的完善

自首、立功制度在体现宽严相济刑事政策方面有显著的意义，对于自首和立功的从宽处理既体现特殊预防的刑罚目的，又体现一般预防的价值取向；既有涉及犯罪分子人身危险性的内容，又有刑事司法效益的程序选择功能。从目前立法与司法实践中存在的问题出发，对于自首、立功制度主要应当从明确自首与立功制度价值取向和从宽处罚的具体幅度、适用前提方面进行完善。

（一）明确刑法中自首、立功制度的价值取向，以追求量刑公正、体现刑罚特殊预防的实体价值为主要目标

我国刑法中的自首、立功制度试图达到对公平与效率两大价值的平衡，而公平与效率的追求并不是永远都完全能够两全其美的，

因而不加区别地用一种制度体现两个目标，在现实中实际上很容易导致一定的冲突。因此，在立法上应当对此予以明确，通过不同的制度设计，以区分基于犯罪人人身危险性考量与基于刑事司法追诉效益考量的两种不同的从宽处罚政策。1997 年刑法自首与立功制度的功利趋向太明显，以至于出现了对于立功与自首的从宽处理法定幅度规定过于简单僵化的情况，也存在量刑立功与行刑立功关系不明的问题。

出现这些问题的主要原因就在于其追求双重的价值而导致的取向发生混同，由于现行刑法试图在一种制度中实现两个价值目标，而司法实践偏重于诉讼效益的考量，因而导致在对罪犯的处罚量刑时对其真正的人身危险性问题不能作为首选的因素加以甄别，无法平衡罚当其罪与司法效益之间的矛盾。我们认为，解决这一矛盾的出路在于，对于作为刑事实体法的刑法，应当坚持刑法的主要追求目标是刑罚的公平性，以包括客观危害性与人身危险性在内的罪刑均衡为主线。为司法效益而设计的追诉与定罪量刑问题，主要是刑事诉讼制度的问题，刑事实体法只规定相应的量刑原则即可，过于具体可能出现“一刀切”的弊病。

（二）对追求司法效益的自首与立功制度进行结构性改造，还程序选择的本来面目，将其规定为程序性制度

事实上，从司法效益价值的角度体现宽严相济的刑事政策也是我们实现刑事司法现代化的一个有机组成部分，而自首、立功制度的刑事司法效益价值，应当在刑事程序法中得到体现，通过诉讼制度的设计实现效益价值目标是比较理想的方式。这样就可以避免对于犯罪人员的实体性刑事责任的判断标准受双重因素干扰的问题。对于自首、立功的程序价值认可，我国刑事诉讼法学界也进行了不懈的努力，在辩诉交易制度、污点证人豁免制度等相关领域内展开了深入的探索研究，取得了相当丰硕的成果。其中，国外引入的所谓辩诉交易制度，与我国余罪自首的规定有一定的相似性；而污点证人制度与我国的立功制度更为接近，只是细节上对立功者是否直

接作为证人出具有诉讼意义的证人证言的问题，即污点证人制度中对立功者的要求更高，不但提供有关犯罪的线索，而且必须成为正式的证人。辩诉交易，也称为答辩交易，美国的《布莱克法律词典》将其定义为：在刑事被告人就较轻的罪名或数项指控中的一项或几项作出有罪答辩，以换取检察官的某种让步，通常是获得较轻的判决或撤销其他指控的情况下，检察官和被告人之间经过协商达成的协议。辩诉交易被认为是一种替代正式审判程序处理案件的非正式的定罪方式。[①] 污点证人豁免，是指具有犯罪污点的人为了国家利益或公共利益成为控诉方证人，从而可以免受刑事追究，或被给予刑事上从轻、减轻或免除处罚，或因此而取得对其不利的证据材料不被采用的一种刑事司法措施。污点证人豁免制度是法律规定的关于污点证人、污点证人条件及适用范围、污点证人豁免类型、污点证人权利与义务及适用的机关等一系列规则的总称，是现代法治国家一项重要的刑事司法制度。[②] 我国现行刑事诉讼法在立法层面上并未规定辩诉交易制度和污点证人刑事豁免制度，因为对于类似的情况在我国实际上是通过实体刑法的方式，在刑法中规定特别自首制度以解决主动认罪人员的刑事责任减免，而规定立功制度以解决检举他人犯罪的人员刑事责任的减免。我们认为，这就意味着本应属于在求刑的程序意义上通过追诉选择解决的司法效益问题被纳入了本应集中解决实体刑事责任的公正性的实体法体系。这种体系不利于将宽严相济的宽严责任根据与社会根据清晰地予以表达，因此我们认为，将自首与立功制度中基于司法效益考量而从宽的机制归还到刑事诉讼法之下解决，才符合其制度的本意，也可以避免从宽根据不明、幅度偏颇的实践问题。

---

① Black's Law Dictionary, 1190. 8th Edition. 2004, West Group, St Paul, Minn.

② 参见张春霞：《论污点证人之豁免》，载《华东政法学院学报》2003 年第 2 期；倪铁：《污点证人豁免及其博弈分析》，载《华东政法学院学报》2004 年第 1 期；申小红：《污点证人豁免制度研究》，载《法学杂志》2006 年第 3 期。

(三) 加强自首、立功制度中人身危险性考察因素，增加坦白从宽的法定从轻情节

坦白从宽制度是我国既有的惩办与宽大相结合政策的有机组成部分，从而也是宽严相济刑事政策的根据之一。现行的自首与立功制度无法将单纯的坦白行为包括在内，于是不具备投案条件和立功条件的罪犯积极坦白认罪的表现在量刑的过程中只能作为酌定的从轻情节予以考虑。实际上，不具备投案与立功条件的罪犯，在刑事诉讼活动的过程中进行积极的坦白，从主观上来说确实是认罪服法的表现，也完全可以视为其人身危险性良性转化的表现之一，而且其认罪服法的意义和检举他人犯罪的情形相比并不低。同时，坦白供述在司法实践中仍是重要的犯罪证据，具有诉讼效益，刑事诉讼中犯罪嫌疑人和被告人如能认罪，对于诉讼的顺利进行仍然具有实际的意义。在此情形下，对于不具备自首条件的犯罪嫌疑人、被告人等如实供述自己的罪行在量刑上如何对待，关系到宽严相济刑事政策的正确贯彻问题。将坦白列为自首、立功之后的从轻处罚法定情节，配置一定的处罚可减幅度，对于明确宽严相济的刑事政策也是具有重要意义的。

第五节 诉讼制度的完善

一、立案制度的完善

(一) 取消立案阶段的独立地位

为了有效地追诉犯罪，对刑事诉讼的启动不应当附加不必要的程序限制，而应充分保持刑事案件启动上的主动性和随机性。我国应当逐渐淡化立案程序的案件分流功能，取消其作为刑事诉讼的一个独立阶段的地位，可以将之改造为刑事诉讼的前期工序，即只作为一种犯罪信息登记程序，用以获悉和记载犯罪信息，作为刑事诉

讼发动的动力（信息）来源。[①] 在我国未来刑事诉讼法修改中，应将立案作为侦查中的一个程序予以规定而不是在侦查之前，也就是说，取消现行立案程序的独立地位，把立案程序纳入侦查程序之中，将立案作为侦查前的一个步骤。如果未来刑事诉讼法设“侦查篇”的话，该篇第一章即为“立案”，第二章为“侦查行为的实施”。

（二）降低立案的标准

在我国目前没有对强制性侦查行为采取严密的司法控制的情况下，通过设立较高的门槛来限制不符合一定条件的案件进入刑事诉讼中来，强化立案的屏蔽功能，防止因国家追诉权的扩张而危及公民的正常生活。这种做法实际上无法实现既定目标。相反，我国必须在把立案阶段纳入侦查程序的基础上，强化对侦查手段的司法控制，以维护犯罪嫌疑人的诉讼权利。同时，将我国立案的适用条件修改为“有犯罪嫌疑”，“有犯罪嫌疑”的含义包括有犯罪嫌疑的事实或有犯罪嫌疑的行为人。

（三）规范立案之前的初查行为

未来刑事诉讼法修改中，在把立案程序纳入侦查程序的基础上，应将立案阶段的初查改造为初步侦查，并对初步侦查的具体方式、程序进行详细规定。侦查机关在接到公民或单位的报案、检举、控告、自首或其他案件的线索后，应当进行犯罪消息的登记（这里的登记并非立案决定），认为有必要就可以展开侦查，并立即向检察机关报告。在初步侦查中，原则上只能采取包括勘验、检验、鉴定、询问、查询等不限制被处分人基本权益的措施。但是在以下情形之下，可以采用强制到案的手段：（1）正在预备犯罪、实行犯罪或者在犯罪后即时被发觉的；（2）被害人或者在场目击者指认他犯罪的；（3）在其身边或者住处发现有犯罪证据的；（4）犯罪

① 参见谢佑平、万毅著：《刑事侦查制度原理》，中国人民公安大学出版社 2003 年版，第 307 页。

后企图自杀、逃跑或者在逃的。初步侦查结束后，只要侦查机关认为有犯罪嫌疑，在进行刑事立案登记后，应提交人民检察院并移交初步侦查中获得的全部证据材料；经人民检察院批准后，转入正式侦查。如果经过初步侦查，侦查机关认为嫌疑人不构成犯罪或依法可以免除刑事责任的，在进行不立案登记后，应提交人民检察院并移交初步侦查中获得的全部证据材料；人民检察院如果认为不立案决定错误，可以责令侦查机关予以立案。

二、强制措施制度的完善

（一）强制措施的体系

现行刑事诉讼法意义上的刑事强制措施仅仅局限于对人身自由权予以限制、剥夺的手段。对于财产权的干预措施规定在侦查一章，对于诸如监听、测谎等对隐私权的干预措施只是在《警察法》、《国家安全法》作为“技术性侦察”手段看待，对于职业利益的干预措施则根本无法可依。因此，我国未来刑事诉讼法的修改，应当将对财产权的干预措施（如搜查、扣押、勘验、检查、通缉等）纳入强制措施一章，同时，将刑事诉讼法之外的监听、测谎等对隐私权的干预措施也纳入强制措施一章中予以具体规定。这样规定，有利于在实践中树立一种观念，那就是突出这些现在被视为刑事侦查行为的强制措施，促使司法机关在执法过程中，不光注重收集证据、查获犯罪人，而且更为注重把强制侦查行为与任意侦查行为分开，突出强制侦查行为中基本人权保障的重要性。此外，刑事诉讼法还应当规定对被告单位的强制措施，如停业、关闭机构、限制经营等。对于羁押性强制措施应当改革，使逮捕、拘留与羁押分开，将羁押单独列为一种刑事强制措施。

（二）强制措施的适用条件和对象

按照宽严相济的基本精神，刑事强制措施的实施主体应当依据犯罪嫌疑人、被告人的罪行轻重、可能判处的刑罚、人身危险性的大小等因素来确定羁押措施或者非羁押措施的适用。对于那些罪行较重（如恐怖犯罪、黑社会犯罪、毒品犯罪）、可能判处刑罚较重、可能妨碍刑事诉讼程序进行的犯罪嫌疑人、被告人，可以适用较为严厉的羁押性强制措施；反之，则对其适用较轻的非羁押性强制措施。

对于逮捕，有学者认为，应将现行刑事诉讼法所规定的逮捕证明标准“有证据证明有犯罪事实”修改为“对有确实证据证明有重大犯罪嫌疑”，将刑罚要件从“可能判处徒刑以上刑罚”修改为“可能判处三年有期徒刑以上的刑罚”。[①] 我们认为，在将逮捕和羁押分开之后，逮捕就是一种到案措施，没有必要为逮捕设置更高的证明标准（事实上，在侦查的初期阶段也无法达到更高的证明标准），将目前的“有证据证明有犯罪事实”修改为“有证据证明有犯罪的重大嫌疑”即可。当然，逮捕毕竟是一种严厉的强制措施，为了体现宽严相济的刑事政策，将其只适用于较为严重的犯罪，将刑罚要件修改为“可能判处三年有期徒刑以上的刑罚”确有必要。对于逮捕的“必要性”要件则可以由司法机关在实践中制定具体的标准予以细化。在羁押单独列为一种强制措施之后，立法应当为其设置有别于逮捕的条件，即犯罪嫌疑人有可能妨碍诉讼顺利进行，以及犯罪嫌疑人有可能重新犯罪。

对于非羁押措施，取保候审和监视居住的适用范围应当有所区别，监视居住的适用条件可以修改为“对于罪该逮捕但证据不足或者不宜逮捕，同时又没有固定住处的犯罪嫌疑人、被告人”。对于取保候审来说，应当将其视为被追诉者的一项权利，扩大取保候审的适用范围。尤其应取消三机关司法解释中对于取保候审的禁止性规定，取消适用取保候审的罪名标准，并进一步细化刑事诉讼法第51条中关于“社会危险性”的标准，制定统一的《取保候审指南》，规定取保候审决定者必须考虑被告人所涉嫌的罪名、可能判

① 参见陈光中：《〈刑事诉讼法修改专家建议稿〉重点问题概述》，载《人民检察》2006年第21期。

处的刑罚、自身品性以及有无前科等因素，综合作出是否给予取保候审的评断，对于未成年人、正在怀孕、哺乳婴儿的妇女或者患有严重疾病的人要放宽适用。

（三）强制措施的适用方式

对刑事强制措施的选择与适用对象是密不可分的。司法人员首先面临的就是羁押与不羁押（在我国目前主要是“捕与不捕”的问题）的选择，如果适用羁押，那么羁押的期限就成为区分宽缓和严厉的重要标准；如果采用非羁押措施，也会面临究竟是选择取保候审还是监视居住的问题，即使适用取保候审也会遇到选择哪种方式保证的问题。

未来刑事诉讼法的修改中，取保候审的保证措施应当进一步多样化。对于适用保证金，不能仅限于人民币，而且，法律必须规定类似于“不得对被取保候审者收取过高保释金”的条款，对保证金的具体收取标准也应制作相应的规则和标准，通过统一的规则来引导司法的自由裁量，这些影响保释金的因素具体包括“被告人所受指控的严重性、被告人的犯罪记录、被告人的经济能力、工作状况、被告人的社会关系等”。在保证人方面，可借鉴国外保释中的“中间人制度”。当犯罪嫌疑人、被告人没有保证人，也没有钱支付保证金的情况下，由中间人向办案机关提供一定量的保证金。同时，应当允许多种保证方式灵活组合，视案件需要予以综合运用。为了保证取保候审的约束力，应当强化相关人员的义务规定并完善违反取保候审义务的制裁机制；赋予办案机关在决定取保候审时附加相应义务的裁量权；对于遵守取保候审义务的犯罪嫌疑人、被告人，在案件的程序和实体处理上应当从宽。

（四）强制措施的适用期限

针对实践中拘传常常演变为变相羁押的现象，立法应当规定每次拘传应间隔 8 小时，以保障公民的正常休息和生活。对于取保候审、监视居住的期限，应当取消有关司法解释所规定的公安机关、安全机关、人民法院或者人民检察院中的任何一个机关都可以单独控制被取保候审人12个月、被监视居住人6个月。未来刑事诉讼法应当分别规定侦查、起诉及审判阶段各个具体程序中最长取保候审、监视居住的期限。对于拘留后的期限，一般情况下最长为7日，特殊情况下（如跨国（境）犯罪），可以延长至30日。羁押的期限应当与办案期限分离，在审查起诉、一审、二审程序中，对犯罪嫌疑人、被告人的羁押一般情况下均不得超过1个月，但是，可以根据犯罪嫌疑人、被告人自身的情况（是否有可能妨碍诉讼进行，是否有可能重新犯罪等）通过严格的听证程序进行延长。

（五）强制措施的适用程序

对取保候审、监视居住、逮捕、羁押的审批应建立诉讼化的听证程序，犯罪嫌疑人、被告人及其法定代理人、辩护人、被害人、办案机关、中立的司法机关都能参与到听证程序中发表意见。立法还应赋予被强制处分的对象以各种权利，对抗国家强制处分权的行使。尤其是被处分者认为刑事强制措施本身不合法、不合理时，有权要求强制措施的实施者予以纠正，请求有关机关对强制措施的实施者予以各种方式的制裁。防止在追诉利益的影响之下，作为追诉机关的侦查机关和公诉机关突破刑事强制措施的保障目的，或者说，在保障目的范围内突破刑事强制措施的适用限度。

（六）强制措施适用的证明标准

刑事强制措施适用的证明标准取决于不同的强制措施给实施者带来的收益、给被处分者带来的损失。一般而言，强制措施实施者的收益就是对可能发生的危害性行为进行调查，被处分的犯罪嫌疑人、被告人的损失就是人身自由、人格尊严、财产权益的限制甚至剥夺。一般意义上讲，刑事强制措施相比刑罚给相对人带来的利益损失要小，所以，强制措施适用的证明标准要低于定罪的证明标准。但是，就整个刑事强制措施系统而言，各种强制行为所涉及的对被处分人的权利侵犯程度不同。一般意义上来讲，羁押、逮捕、拘留相比拘传、取保候审、监视居住等强制措施对被处分对象的权益侵犯更为严重，因此，适用更高的证明标准；同时，在各种刑事强制措施内部，适用期限较长的强制措施，相比适用期限较短的强制措施，也应有更高的证据门槛。总之，宽严相济刑事政策要求刑事强制措施适用的证明标准多元化。

三、侦查程序的完善

（一）强制性侦查行为的司法控制

为了防止强制性侦查措施的滥用，保证公民的合法权益不受无理的侵犯，立法应从诉讼程序上对公安机关采取限制或剥夺公民人身自由、财产权利的强制性侦查措施加强监督制约。未来修改后的刑事诉讼法应当规定，公安机关采取的所有强制性侦查措施原则上都要事前交由检察机关审查批准，但是，在紧急情况下或者出于侦查人员安全的考虑，侦查机关在没有得到授权的情况下实施了强制性侦查措施，事后应当向检察机关呈报审查。待时机成熟，在消除错案追究制、国家赔偿制度、司法不独立三重障碍之后，立法再将所有刑事案件的强制侦查手段的决定权交给中立的人民法院行使。

（二）侦查中犯罪嫌疑人诉讼权利的保障

强制性侦查手段往往会对犯罪嫌疑人的各种权利予以限制或者剥夺，因此，现代法治国家要求，司法机关在实施这些手段时必须注意保障犯罪嫌疑人的诉讼权利。但是，因案件类型以及犯罪情节严重程度的不同，立法会对犯罪嫌疑人、被告人的诉讼权利予以区别对待。未来刑事诉讼法的修改，既要赋予犯罪嫌疑人在侦查过程中畅通地与律师沟通的权利，充分的律师帮助权，以及对案件和自身诉讼权利的知情权。同时，在经济犯罪、黑社会犯罪、恐怖犯罪之中，为了实现追诉犯罪和保障人权的平衡，针对被追诉者的非基本权利予以适当限制，以体现宽严相济的基本精神。当然，任何对诉讼权利的限制都必须严格依照法定程序，法外的限制被追诉者的手段应当禁止使用。

（三）秘密侦查手段和特殊侦查手段的规范化

在侦查活动中贯彻宽严相济刑事政策，意味着针对不同类型的案件，应采用强制性程度不同的侦查手段。某种意义上，对于智能化、组织化程度比较高及预谋性、计划性隐蔽性强的犯罪案件，应当允许侦查机关采用监听、测谎、诱惑侦查等特殊侦查手段；对于一般犯罪，则采用搜查、讯问等传统的侦查手段，尽量不用强制手段，不对有关人员的权益强制性地损害，而采用由有关人员自愿配合的侦查行为；只有对于重大复杂案件，才使用扣押、强制性人身检查等强制侦查手段。侦查行为的任意和强制之分，与宽严相济刑事政策中的“宽”与“严”相对应。

在未来刑事诉讼法修改中，应当明确这些特殊侦查手段的运用程序以及通过这些手段所获取证据的法律效力。具体而言，首先，应当规定只有在有组织犯罪等特定的犯罪中才能使用特殊侦查手段；其次，特殊侦查手段的运用必须具有必要性，即在常规的侦查手段难以达到侦破目的的情形下，才能作为最后的手段加以运用；再次，除非经过中立的法官的审批或者授权，侦查人员不得运用特殊侦查手段，当然，在紧急情况下，人民检察院也可以进行审批或者授权，但是，最后都应呈报相应的法官予以备案；最后，侦查人员必须按照令状的授权，对特定的对象在特定的权限范围内，于特定的地点和期限内，严格按照法律实施特殊侦查手段。对于通过非法程序运用特殊侦查手段所获取的证据都应当排除，不得作为定案的根据。

（四）完善现行立法所规定的侦查手段

对于讯问犯罪嫌疑人的程序，我国刑事诉讼法应明确、细化讯问时的相关时间限制，如规定“两次讯问的时间间隔不得少于十二小时”，“严禁夜间讯问犯罪嫌疑人，但符合以下条件的除外：（一）因扭送而夜间到案的；（二）因紧急拘留夜间到案的；（三）为解救人质、阻止已着手实施的恐怖犯罪、危害公共安全犯罪或其他关系个人生命健康的重大犯罪活动而进行讯问的。”① 同时，明确讯问犯罪嫌疑人时的律师在场权，以及讯问犯罪嫌疑人的同步录音录像制度。

对于人身检查制度，立法应当将证人纳入身体检查的范围。立法应当对身体检查的具体启动条件加以规定。原则上，对如采集体内分泌物等的侵入性身体检查应比非侵入性身体检查的要求高；对第三人实施身体检查的要求应比对被追诉人实施检查的要求高；实施预防性身体检查应比追诉性身体检查的要求高。在具体规定中，可以借鉴德国的立法例，只有为了确定对程序具有重要性的事实时，才能对被追诉人实施抽血等侵入性检查。对于非被指控人的其他人员，如果他们有可能充当证人，只能在为了调查事实真相必须查明身上是否带有犯罪行为的特定痕迹、后果时，才允许不经他们同意进行检查。立法应当区分非侵入性身体检查和侵入性身体检查，原则上禁止对被害人、证人实施侵入性身体检查。但是，法律可以规定以下几种例外，如抽血检测；为确认第三人身体状态而影响犯罪成立要件判断的情形；受检测第三人同意的例外；最后是为了审查判断目击证人证言的证据价值，而对其进行有无生理缺陷的检查。

对于搜查制度，未来的立法必须严格有证搜查启动的证据要件，改革搜查的审批授权体制，完善附带搜查、建立同意搜查机制，而且，应当规定无证搜查的事后审查机制。完善搜查的执行规范，如明确侦查人员在搜查前应持相关证件并履行如实告知义务；明确搜查的时间限制；以及搜查人员应为被搜查人承担保密义务，等等。

（五）完善侦查终结制度

针对我国侦查终结制度存在的问题，我们建议，首先，未来刑

① 陈光中：《〈刑事诉讼法修改专家建议稿〉重点问题概述》，载《人民检察》2006 年第 21 期。

事诉讼法应当兼顾侦查终结证明标准的主观性和客观性，将其表述为“侦查机关认为案件基本事实清楚，基本证据确实、充分”。其次，在侦查终结的处理方式上，刑事诉讼法应补充规定，对于证据不足，且在规定时限内无法查清事实的，应当撤销案件。最后，针对侦查终结作出的不同撤案处理，应给予当事人不同的申诉、抗辩权。

四、起诉制度的完善

（一）完善我国提起公诉的标准

针对现行刑事诉讼法所规定的提起公诉的标准过高，而且难以把握的现状，我们认为，未来刑事诉讼法修改中，应当以“高度盖然性”的证明标准作为提起公诉的标准。提起公诉的法律标准应当将目前的“依法应当追究刑事责任”改为“在公共利益衡量的前提下，检察机关认为‘有追究刑事责任之必要’”。①

（二）扩大不起诉的适用范围

公诉是实现法律监督的重要手段，通过公诉权的行使，检察机关以控制刑事审判程序的入口和关注裁判结果来实现对审判权的制衡。检察机关在贯彻宽严相济刑事政策的过程中，应当合理掌控起诉裁量权，在依据事实和法律的基础上，依法作出起诉或不起诉的决定。

对于符合提起公诉条件的黑社会性质组织犯罪、恐怖犯罪、毒品犯罪以及杀人、爆炸、抢劫、强奸、绑架、投放危险物质等严重危害社会治安的刑事犯罪，严重破坏金融秩序、侵犯知识产权、制售严重危害人身安全和人体健康的伪劣商品等严重破坏社会主义市场经济秩序的犯罪，重大环境污染等破坏环境资源犯罪，该起诉的要坚决起诉，体现“严”的精神；对于符合刑事诉讼法第 15 条规

---

① 参见陈卫东：《公诉的提起条件研究》，载陈卫东著：《程序正义之路（第二卷）》，法律出版社 2005 年版。

定的法定不予追究刑事责任情形之一的，检察机关没有任何的裁量余地，应当果断地作出不起诉决定；对于犯罪情节轻微，依照刑法规定不需要判处刑罚或者免除刑罚的，检察机关应充分考虑起诉的必要性，可诉可不诉的不诉；对于符合存疑不起诉条件的，在慎重判断证据和事实的基础上，作出存疑不起诉的决定，以体现宽缓的刑事政策。

在未来刑事诉讼法修改中，对于法定不起诉的范围应当进一步扩大，不仅仅限于刑事诉讼法第 15 条所规定的 6 种情形。司法实践中，对于发现犯罪嫌疑人没有违法犯罪行为，以及发现犯罪事实并非犯罪嫌疑人所为这两种情形，都要退回侦查部门处理，实际上，这两种情形下检察机关也应当作出不起诉处理。[①]

此外，应当在起诉阶段确认刑事和解对不起诉决定的影响，适当扩大不起诉的适用范围，增设附条件不起诉制度，即检察机关对应当起诉的犯罪嫌疑人，根据其行为的性质、年龄、危害程度等情况综合考虑之后暂时不予起诉，给予其一定的考验期限，令其进行自我改造和反省，根据其悔罪表现决定是否起诉。

（三）对提起公诉的内容进一步细化规定

如果案件符合提起公诉的法定条件，公诉人在支持公诉过程中也要充分体现宽严相济的政策导向。这主要体现在以下两个方面：

首先，控方对比较轻缓的犯罪应当建议适用简易程序或者对于认罪案件适用普通程序简化审，实现程序分流，从而避免浪费诉讼资源，给被追诉者带来不必要的讼累。同时，让司法机关将审判资源投入到重大、复杂、疑难案件的审判中去，真正做到案件类型与审判方式相适应。对于符合法定条件的轻微刑事案件，人民检察院应当建议适用简易程序；被告人及其辩护人提出适用简易程序，人民检察院经审查认为符合法定条件的，应当同意并向人民法院提出

---

① 类似观点参见龙宗智主编：《中国刑事诉讼法再修改研究》，法律出版社 2005 年版，第 238 页。

建议；人民法院建议适用简易程序，人民检察院经审查认为符合法定条件的，应当同意。对于被告人认罪的普通刑事案件，符合有关规定条件的，人民检察院应当建议适用简化的审理程序。

其次，检察人员应充分运用定罪请求权和量刑建议权来影响法院的最终裁决。定罪请求权和量刑建议权是公诉权的重要内容，前者是请求法官确认被告人的行为构成某一种罪名，后者是在前者的基础上提出对该被告人怎样处以刑罚的较为具体的意见。基于案件的事实和法律，检察机关在公诉意见中，对于主观恶性小、社会危害性不大的犯罪、初犯、偶犯应提出轻缓的处遇请求，建议合议庭适用缓刑、假释、社区矫正等非监禁的行刑处遇方式；而对于一些严重刑事犯罪，要求合议庭依法从重惩处，以保障法律的正确实施，遏制犯罪，恢复被破坏了的法律秩序。总之，在贯彻宽严相济的刑事政策过程中，要合理掌控量刑建议权，就要既重视犯罪嫌疑人的自首、立功、未遂、中止、从犯、认罪态度和悔罪表现良好等“宽”的情节，又重视累犯、主犯、惯犯、社会危害性和主观恶性大、社会影响恶劣、手段残忍、后果严重等“严”的情节，真正做到“严中有宽、宽中有严、宽严互补”。

五、审判程序的完善

（一）完善庭前审查程序

我国的公诉案件庭前审查程序缺乏对公诉权的制约、对被告人程序性权利保护不力、庭审准备不足、浪费诉讼资源，没能很好地衔接公诉与审判，造成了刑事诉讼程序的断层，进而影响了整个诉讼机制的有效运转。为充分发挥庭前程序在整个刑事诉讼程序中应有的作用，体现宽严相济的基本精神，实现刑事诉讼所追求的公正与效率双重目标。我们认为，应当改变目前的主要证据复印件的移送制度，恢复卷宗移送制度，在此基础上重新改造我国的对公诉案件的审查程序。

1. 预审程序的运行模式

(1) 预审程序的启动和适用范围。基于审判权的被动性和消极性，预审程序的启动权只应赋予控方，在我国只有经过人民检察院申请，才能对案件进行预审，法官不得依职权主动启动预审程序。同时，对于能够提起预审的案件范围，也应由法律将其限定为案情复杂或情节严重的刑事案件，对于案情较为简单或者情节较轻的犯罪案件，可赋予检察官以自由裁量权以决定是否预审，若决定不提起预审，可直接进入审判程序。

(2) 预审程序的主体。为了防止庭审法官的先入为主，预审程序应由独立于庭审法官的预审法官进行。目前，我国可以考虑设立预审庭，或者由目前的立案庭来进行主持预审程序。

(3) 预审的审查内容。由于预审是决定检察机关是否有合理的根据将刑事被告人交付法院审判的诉讼活动，它旨在对案件进行过滤。所以，应当赋予预审机构以实体审查的权力。具体而言，包括对起诉书是否符合法律要求，对案件有无管辖权，附带民事诉讼请求和对证据的关联性、合法性以及证人的适格性的初步审查，对案件法律适用的审查，以及对被追诉机关对追诉人强制措施决定的审查，等等。但是，预审机构对证据事实和法律适用的审查应当是初步的，只需确信案件达到交付审判的标准即可，否则，就可能与庭审重复，造成诉讼的拖延。

(4) 预审的运作模式。预审程序毕竟不同于审判程序，它对于被告人不具有最终的意义，故而预审的性质和法律地位决定了它在保障程序最低公正标准的前提下，更注重于对诉讼效率性的追求。基于这一理论预设，在设计我国预审程序时，我们主张采用书面方式为主、言词方式为辅的模式。言词预审主要适用于被告人没有辩护人或预审法官认为起诉方证据存在重大疑问的情况。对于重大、复杂、疑难案件，宜适用言词模式。在预审过程中，双方均可提出本方的证据、传唤证人，并且可就有关的证据和法律问题与对方进行质证、辩论。预审的整个过程除了特定情况外，必须公开。

预审法官应当在预审程序中起到一定的主导作用，它对于预审程序的启动、进行、终结的整个过程享有管理、控制的权力；对于控辩双方故意拖延预审的行为可予以制止；对于符合审判条件的案件可在尊重当事人选择权的前提下，作出采用何种程序（包括普通程序和简易程序）进行审判的决定。最后，预审程序的期间一般限于10日，但被告人未被羁押的可延长至20日。

（5）预审的内容。预审程序中不仅要对提起公诉的案件进行审查，而且应当为庭审程序作充分的准备。我们认为，对于我国刑事诉讼法第151条应当作出如下修改：首先，增加庭前告知审判组织的程序。其次，增加庭前确定审判日期的规定。再次，庭前程序中，应当对案件的争点和有争议的证据进行整理，就证据调查的范围和顺序协商一致。又次，增加证据保全的规定。最后，在预审过程中，为了充分尊重被告人的程序选择权，应当在预审开始时明确告知被告人是否承认犯罪和指控的犯罪事实，并且告知其如果选择承认犯罪和指控的犯罪事实，法庭将通过简易程序进行审理，被告人将会被从轻或者减轻处罚。当然，这一做法取决于两个预设的前提：一是必须通过修订刑法，将被告人在预审中的认罪作为法定的从轻或者减轻处罚的情形，即真正将“坦白从宽”的刑事政策法律化；二是要对现行的简易程序进行改造，将现行的简易程序改造成为速决程序，同时从现有的普通程序中将被告人认罪的案件分离出来，形成另一种模式的简易程序。

（二）完善简易程序

针对我国刑事诉讼法对简易程序规定过于粗疏、单一的现状，有必要进一步完善我国的刑事简易程序立法，让简易程序分流更多的案件，使得司法机关将更多的人力、物力投入到复杂案件之中，真正做到宽严相济。具体而言，第一，未来刑事诉讼法应将刑事简易程序和普通程序简化审相关司法解释的规定纳入刑事诉讼法中，以避免出现法定程序之外的程序和规定。第二，应建立多元化的简易程序。对可能判处10年以下有期徒刑的案件均可适用简易程序审理，同时，建立处罚令程序，对于可能判处1年以下有期徒刑、有期徒刑缓期执行、拘役、管制、单处罚金或免予刑事处分，事实清楚、证据充分，被告人对所指控的基本犯罪事实没有异议的公诉案件，经协商程序未达成协议的，根据人民检察院的申请，人民法院可以不经开庭审判直接签发处罚令。第三，应赋予被告人适用简易程序的选择权和否决权。对于自诉案件，自诉人没有提出适用简易程序建议的，被告人有权请求人民法院适用简易程序。第四，应切实保障被告人获得律师法律帮助的权利。第五，对于适用各种简易程序的被告人，法律都应规定可以酌定从轻处罚。对酌情的幅度，应当限定在法定最高刑的三分之二以下。第六，除了处罚令程序之外，检察机关应当派员出庭。

（三）完善第二审程序

检察机关抗诉权是其履行法律监督职能的重要体现，应合理运用抗诉权贯彻宽严相济刑事政策，应当做到既对有罪判无罪、量刑畸轻的案件及时提出抗诉，又要重视对无罪判有罪、量刑畸重的案件及时提出抗诉。对于被告人认罪并积极赔偿损失、被害人谅解的案件、未成年人犯罪案件以及具有法定从轻、减轻情节的案件，人民法院处罚偏轻的，一般不提出抗诉。

在第二审程序中，二审人民法院应当对上诉方和抗诉的人民检察院一视同仁。无论是检察机关提起抗诉还是被告人提起上诉，二审人民法院都应当一视同仁地实行开庭审理方式。控辩双方都有权出庭陈述有利于本方的意见，并可进行相互辩论，不得以书面审查代替言词审理；在对查清案件事实或澄清争议有必要时，控辩双方还可传唤有利于本方的证人、鉴定人等出庭作证。不论是只有被告方上诉的案件，还是人民检察院提出的“为了被告人利益”的抗诉，二审人民法院都应遵循上诉不加刑原则，不得作出对被告人更加不利的裁判。

此外，二审人民法院对二审案件的裁判方式应当改革，尤其应对“撤销原判、发回重审”这一裁判方式进行修正，具体而言，应对发回重审的理由进行重新界定，取消“证据不足”这一发回重审理由；应对发回重审的次数作严格的限制；为了保障被告人不会因为提起上诉而承受更加严重的法律后果，对于只有被告人一方上诉或者人民检察院为了被告人利益抗诉而发回重审的案件，原审人民法院重新审理后，除非重审后的事实发生变化，不得加重被告人的刑罚。

（四）完善死刑复核程序

死刑复核权的收回仅仅是迈出了第一步，完善死刑复核程序不光是死刑核准权的变更问题，关键在于如何使死刑案件诉讼程序本身更加慎重、更加适应国情、符合司法活动规律，以体现宽严相济的刑事政策。

首先，被告人、人民检察院和被害人应能在不同程度上参与死刑复核程序。刑事诉讼法应当明确规定，被告人在死刑复核程序中有权委托律师进行辩护。被告人没有委托辩护律师的，最高人民法院应当指定律师为其提供辩护。人民检察院认为必要的时候可以派员参与死刑复核活动。被害人、被害人的近亲属及其委托的诉讼代理人经申请也可以参与死刑复核活动。

其次，在死刑复核程序中，应建立听审制度。刑事诉讼法应当明确规定，被告人及其辩护人对原审判决认定的关键事实提出异议的，最高人民法院应当举行听审。听审由最高人民法院死刑复核庭合议庭主持，检察人员、被告人及其辩护人、被害人及其诉讼代理人就案件事实、法律问题进行陈述、辩论。合议庭认为必要时应当通知证人、鉴定人到场。

再次，在审判组织上，由于死刑案件关系重大，刑事诉讼法应当明确规定，最高人民法院复核死刑案件应至少由5名审判员组成合议庭，评议时并实行绝对多数原则。

最后，增设死刑复核的审理期限，由于死刑案件关系到被告人的生命权，为保障死刑案件审理程序的正当性，为死刑案件的审判尤其是一审、二审开庭审理提供足够的法庭调查和法庭辩论的时间，死刑案件应比其他案件有更长的审理期限。

（五）完善审判监督程序

我国刑事诉讼法将发动再审的权利赋予最高人民法院、上级人民法院和各级人民法院的院长，这种做法明显不符合诉讼的基本特征，因而，未来刑事诉讼法的修改，应当取消人民法院主动的再审启动权，将诉权归还于控辩双方。

我国应当在区分有利于被告人的再审和不利于被告人的再审基础上，对再审提起理由加以细化。对不利于被判决人利益的再审应设置理由、次数以及时效上的限制。从禁止双重危险原则出发，不利于被告人的再审应当以一次为限，有利于被告人的再审则不应受到次数限制。

为了体现再审的严肃性和人民法院纠正错误的慎重性，同时使得再审这种非常救济途径真正落到实处，接受再审申请、对再审之诉进行审查并作出裁判的人民法院一般拥有较高的级别。未来刑事诉讼法的修改，应提高我国再审受理、审查、裁判人民法院的级别，至少应当提高到高级人民法院一级。

此外，未来的立法还应明确再审不加刑原则，凡是因有利于被告人的理由而启动的再审程序，一律不得加重被告人的刑罚。

六、执行制度的完善

（一）完善社区矫正制度

社区矫正工作作为一种刑罚执行活动，必须有较完备的法律作依托。目前，我国与社区矫正相配套的法律尚不完善，无法充分体现宽严相济的刑事政策。因此，我国需要修改《刑法》、《刑事诉讼法》、《监狱法》等现行法律，制定社区矫正的专门法律，对社区矫正的性质、方式、内容、程序、机构设置、人员编制、经费、工作人员的职责、矫正对象的权利与义务等作出明确规定。

1. 社区矫正主体

按照最高人民法院、最高人民检察院、公安部、司法部《关于依法加强对管制、剥夺政治权利、缓刑、假释和暂予监外执行罪犯监督考察工作的通知》的规定，社区矫正对象的执行工作由县级公安机关负责。在工作中，县级公安机关指定罪犯居住地的公安派出所、驻乡人民警察或交罪犯所在单位、基层组织作为具体负责监督考察的执行单位。我们认为，在刑事诉讼法中确立社区矫正制度之后，应当将其交由司法行政部门统一行使较为合适，这样有利于解决目前行刑权主体过于分散及行刑权的非均衡性等问题，从而实现刑事司法权力资源的合理配置。具体而言，在司法部成立专门的社区矫正工作管理机构——社区矫正局，省、自治区、直辖市司法行政机关相应设立分支机构，作为社区矫正的法定执行主体，负责对缓刑、假释、暂予监外执行、管制、剥夺政治权利等不同的对象进行社区矫正。当然，刑事诉讼法还应当规定鼓励民间力量（如志愿者）参与到社区矫正中来。

2. 社区矫正的适用范围

未来刑事诉讼法修改应当明确规定，社区矫正的适用范围主要包括下列5种罪犯：（1）被判处管制的。（2）被宣告缓刑的。（3）被暂予监外执行的，具体包括：有严重疾病需要保外就医的；怀孕或者正在哺乳自己婴儿的妇女；生活不能自理，适用暂予监外执行不致危害社会的。（4）被裁定假释的。（5）被剥夺政治权利，并在社会上服刑的。在符合上述条件的情况下，将罪行轻微、主观恶性不大的未成年犯、老病残犯，以及罪行较轻的初犯、过失犯等作为重点对象，适用社区矫正。

3. 社区矫正的任务

社区矫正的任务主要包括以下几个方面：（1）按照我国刑法、刑事诉讼法等有关法律、法规和规章的规定，加强对社区服刑人员的管理和监督，确保刑罚的顺利实施；（2）通过多种形式，加强对社区服刑人员的思想教育、法制教育、社会公德教育，矫正其不良心理和行为，使他们悔过自新，弃恶从善，成为守法公民；（3）帮助社区服刑人员解决在就业、生活、法律、心理等方面遇到的困难和问题，以利于他们顺利适应社会生活。

（二）设立自由刑的停止执行制度

我国刑事诉讼法设立了死刑立即执行的停止执行制度，但是，没有设立自由刑的停止执行制度。我们认为，为了体现刑罚执行的人道主义，节省执行成本，提高行刑的效益，有利于被执行人的改造，可以在刑事诉讼法中设立自由刑的停止执行制度。这种停止执行制度不同于我国刑法中所规定的缓刑，二者的适用对象和条件有着一定的区别。我国的缓刑制度只适用于罪行较轻、社会危害性和人身危险性较小，具有悔罪表现，认为暂缓执行刑罚不致再危害社会的犯罪分子。而停止执行制度主要适用于一些客观上在某段时间内不适宜于执行刑罚的被执行人。

具体而言，未来刑事诉讼法修改，可以借鉴《日本刑事诉讼法》第480条、第481条和第482条的规定，设立必要的停止执行和任意的停止执行两种。所谓必要的暂缓执行，就是对被判处拘役、有期徒刑和无期徒刑的罪犯，如果其处于心神丧失的状态时，依据法院的裁决，在其状态恢复之前，停止执行刑罚。但是，执行机关应当将其移交给负有监护义务的人或者地方公共团体的长官，让其进入医院或者其他场所进行治疗。另外一种情形就是酌定的停止执行自由刑制度。这种制度主要适用于以下几种情形：（1）因执行刑罚而显著损害健康时，或者有不能保全其生命的危险之时；（2）年龄在70岁以上时；（3）怀孕150日时；（4）分娩后没有经过60日时；（5）因执行刑罚有可能产生不能恢复的不利情况时；（6）祖父母或者父母年龄在70岁以上，或者患重病或者残疾，而没有其他照顾他们的近亲属时；（7）儿子或者孙子年幼，而没有其他保护他们的亲属时；（8）类似的其他重大事由时。必须注意的是，第二种停止执行是裁量性的，对于此种情形，人民法院或者执行机关可以根据特定的情形决定是否停止执行。待这种情形消失之后，再恢复刑罚的执行。

（三）完善刑事执行变更程序

目前，理论界和实务界充分注意到我国行政化的刑事执行变更程序中存在的种种问题。尤其是，一些地方的人民法院在审理减刑、假释案件时引入了“听证”程序。应该说，这种改革与以前的书面审理方式相比有了较大进步，但是，由于这一改革还在起步和尝试阶段，不同的人民法院所采取的“听证制度”各不相同，[①]而且有突破现行法律的违法嫌疑。

我们认为，未来刑事诉讼法修改中，应当改变目前减刑、假释、死刑缓期二年执行的减刑和暂予监外执行决定的行政化程序，相应地建立诉讼化的听审程序。具体而言，减刑、假释和暂予监外执行案件的听审程序应分为以下几个步骤：

1. 执行刑罚的监狱根据刑罚执行中出现的实际情况提出减刑、假释、死刑缓期二年执行的减刑或者暂予监外执行的意见，由监所检察机关依法进行审查，监所检察机关认为应当减刑、假释、死刑缓期二年执行的减刑或者暂予监外执行时，由监所检察机关向人民法院提出减刑、假释、死刑缓期二年执行的减刑和暂予监外执行建议，人民法院收案后应在 3 日内将建议书及相关书面材料副本送达罪犯、被害人。

2. 人民法院应于收案后由审判员组成合议庭，在开庭 3 日以前将开庭时间和地点书面通知执行机关和人民检察院，传唤当事人。

3. 由于庭审所需查明的事实较为简单，因此，庭审过程不必区分具体阶段。审判长宣布开庭后，首先由执行机关宣读提请减刑、假释、死刑缓期二年执行的减刑和暂予监外执行建议书，之后由罪犯向人民法庭陈述自己对所犯罪行和劳动改造的认识以及对减

---

① 参见潘亦华、汪志勇：《阳光作业入高墙：湖南对罪犯减刑假释实行开庭听证》，载《法制日报》2002 年 12 月 17 日第 12 版；顾淑龙：《兰州中院首次减刑假释听证会》，载《甘肃日报》2003 年 7 月 16 日。

刑、假释、死刑缓期二年执行的减刑和暂予监外执行的意见；罪犯陈述后，由人民检察院对该罪犯的减刑、假释、死刑缓期二年执行的减刑和暂予监外执行发表意见。在审判长主持下，执行机关、罪犯和监督人、被害人可以展开辩论并向人民法庭提供证据。在对所有罪犯的调查都结束后，审判长应当宣布休庭，合议庭进行评议，对于符合减刑、假释、死刑缓期二年执行的减刑和暂予监外执行条件的罪犯，应裁定予以减刑、假释、死刑缓期二年执行的减刑和暂予监外执行，对于不符合减刑、假释、死刑缓期二年执行的减刑和暂予监外执行条件的罪犯应裁定不予减刑、假释、死刑缓期二年执行的减刑和暂予监外执行。

4. 对于减刑、假释、死刑缓期二年执行的减刑和暂予监外执行裁决不服或者认为有错误的，罪犯可以提出上诉，人民检察院可以提出抗诉。

七、其他诉讼制度的完善

（一）设立独立的未成年人犯罪案件诉讼程序

对未成年人违法犯罪，应当坚持教育、感化、挽救的方针，坚持教育为主、惩罚为辅的原则，因此，追究未成年人刑事责任时坚持宽严相济、适当从宽，是宽严相济刑事政策的一个重要组成部分。为贯彻实施对未成年人犯罪的宽严相济政策，需要专门设置未成年人案件的诉讼程序。①

我们认为，未来的刑事诉讼法修改，应增设专门的“未成年人案件特别程序篇”，所涉及的内容主要包括：② 应当明确审理未成年人案件的基本原则，即审判未成年人刑事案件，必须以事实为根据，以法律为准绳，坚持教育、感化、挽救的方针和教育为主、

① 参见龙宗智：《通过程序实现“宽严相济”刑事政策》，载《社会科学》2007年第5期。

② 参见固重、双塘：《〈刑事诉讼法〉应单独设置“未成年人案件特别程序”篇》，载《青少年犯罪问题》2005年第5期。

惩罚为辅的原则，坚持分案处理、迅速简化和个别化审理，积极参与社会治安综合治理；应当明确办理未成年人刑事案件，必须实行社会调查制度，以考虑未成年人的生理和心理特点，根据其在校表现、家庭情况、犯罪原因、悔罪态度等实施针对性教育；应当明确保护涉案未成年人的隐私，不得公开或者传播涉案未成年人的姓名、住所、照片及可能推断出涉案未成年人的资料；应当明确规定合适成年人参与未成年人诉讼工作的制度；应当规定对特殊的未成年犯罪嫌疑人、被告人提供法律援助的制度；应当明确规定对于未成年犯罪嫌疑人、被告人严格限制和尽量减少使用限制自由的强制措施；应当明确规定公安机关、人民检察院、人民法院应根据办理未成年人刑事案件的特点和需要，建立专门机构或指定专人负责办理未成年人案件；应当明确规定办理未成年人违法犯罪案件的人员应当具有心理学、犯罪学、教育学等专业基本知识和有关法律知识，并具有相应的资格；应当明确规定对未成年犯罪嫌疑人、被告人适用心理测试程序，以全面评估和确认未成年犯罪嫌疑人、被告人的心理成熟程度、主观恶性程度，为正确审理案件和矫治未成年人提供依据；应当明确规定未成年人犯罪实行有条件前科消灭制度，即对具备一定条件的犯罪未成年人，在其人事档案中隐匿其犯罪记录，但公安司法机关的犯罪纪录继续保留，等等。

（二）健全我国单位犯罪案件诉讼程序

未来刑事诉讼法修改，应当为单位犯罪案件设置系统的、特殊的诉讼程序，具体从以下几个角度入手：

第一，应当将最高人民法院《关于执行〈中华人民共和国刑事诉讼法〉若干问题的解释》中关于单位犯罪案件审理程序的相关规定纳入刑事诉讼法之中，作为专章加以规定。

第二，诉讼代表人的产生必须经过被告单位的正式授权和委派，并有书面的授权或委托证明。

第三，对于单位犯罪的管辖相对自然人犯罪要较为复杂，尤其是在可能适用双罚制的场合之下，单位被告的刑事责任和单位直接责任人的刑事责任出现冲突的时候，我们认为，应当以直接责任人来确立单位犯罪的管辖法院。也就是说，对单位犯罪的级别管辖、地域管辖应依据个人被告的刑事责任的大小来确定，被告单位的管辖从属于其直接责任人的管辖。

第四，增加对单位的强制措施的规定。由于单位是虚拟的个体，不同于自然人，因此，不可能对其采取限制或者剥夺人身自由的强制措施，只能采取一些限制或者剥夺其财产权益或者经营权的措施，如对单位设置监督经营管理；暂时停产、停业；划拨、拍卖、变卖；限制登记制度，等等。

第五，单位犯罪审理过程中，单位被告人可以委托辩护人，但是，刑事诉讼法应当明确规定，被告单位委托的辩护人与其直接负责的主管人员或者其他负责人员委托的辩护人不能是同一人。

第六，刑事诉讼法应规定，单位犯罪案件的审理不宜适用简易程序审理。一般而言，单位犯罪案件体现的是单位意志的犯罪，认定起来比自然人犯罪难度要大，同时要实行双罚制，为了保证案件的审理质量，有必要适用普通程序审理。①

总之，除了单位犯罪的一些特殊规定之外，其他的法律适用直接参照刑事诉讼法关于自然人的规定。例如，管辖、辩护与代理、证据适用、普通程序等，当然，有人可能会认为需要对刑事诉讼法中的“人”、“公民”、“犯罪嫌疑人”、“被告人”等作出扩张解释，使单位纳入其中。我们认为，这实际上是立法的本意，并不需要画蛇添足进行额外的解释。

（三）确立多元化的刑事证明标准

理论上讲，不同证明责任承担主体、在不同的诉讼阶段、针对不同的证明对象履行证明责任所需达到的证明标准也不相同，具有层次性。由于证明责任承担主体的证明能力不同，证明标准也应不

① 参见白山云：《单位犯罪案件审理程序中存在的问题及探讨》，载《法律适用》2001年第1期。

同。控方对于实体法上的事实证明必须达到排除合理怀疑，被告人只需证明到优势证据或者清楚而明确的证明的程度即可。立法者通过对证明标准的不同设置将天平倒向弱势的被告方，以实现诉讼程序在实质上的“平等武装”。在不同的诉讼阶段，承担证明责任的诉讼主体证明待证事实应达到的证明标准也往往不同。刑事诉讼阶段，是指刑事诉讼过程中，按顺序进行的相对独立而又互相联系的各个部分。按照人类的认识规律，对于案件事实的认识过程往往是循序渐进的。在侦查、审查起诉以及审判阶段，追诉机关实施诉讼行为所要达到的证据标准往往会越来越高。最为明显的就是每个阶段终结后，转交下一个阶段时，所需具备的证明标准呈现递增趋势。侦查终结、提起公诉和对被告人的定罪往往要达到不同的证明标准。此外，就每个诉讼阶段本身而言，每一个阶段实施诉讼行为需要达到的标准也会不同。具体而言，侦查机关在侦查过程中可以依照法律开展专门性的调查工作或采取有关的强制措施。这些诉讼行为带有一定的强制性，因此需要设置相应的证明标准予以限制，以免侵害犯罪嫌疑人的合法权益。刑事证明标准与证明对象有着密切的联系。大陆法系在证据调查程序上，有严格证明（Strengbeweisverfahren）程序与自由证明（Freibeweisverfahren）程序的区别。对于实体法事实，即有关犯罪事实与刑罚问题的相关问题，须严格证明。而无关可罚性事项的程序法事实，则无须遵循严格的法定程序，不受直接审理原则、言词辩论原则、公开审理原则的约束，称为自由证明。

未来刑事诉讼法修改中，对侦查、提起公诉、审判定罪应当规定层层递进的证明标准。只要求侦查、检察机关掌握“足够的证据”，能够证明案件的基本事实即可，换言之，根据现有的证据，有定罪的较大可能性。而在人民法院判决被告人有罪时，必须达到“排除合理怀疑”的标准。

（四）建立污点证人制度

争取“胁从”及“胁从”人员配合以打击主要犯罪，这是各国刑事司法必采策略。这种做法在打击有组织犯罪的活动中尤为普遍，也是“宽严相济”刑事政策实现的一种方式。[①] 在我国刑事诉讼法中，应当引入污点证人豁免制度。这种制度对涉嫌犯罪的“污点证人”依法免予追究其刑事责任，它具体包括“证据使用豁免”和“罪行豁免”。“证据使用豁免”，是指经许诺豁免的涉嫌犯罪的证人所提供的证词或者其他资料以及根据这些资料所获得的材料，不得在随后进行的任何刑事诉讼中用做不利于该证人的证据。“证据使用豁免”并没有彻底免除证人的刑事责任，如果检察官根据“独立的来源”（即不是来源于该证人的证词或者他所提供的证据）掌握了证人犯罪的足够证据，仍然可以对他进行追诉。“罪行豁免”，是指经过许诺豁免的涉嫌犯罪的证人在就其涉嫌参与的犯罪行为作证或者提供其他资料后，对于该人不得再因其证词或者提供的证据所涉及的犯罪行为提出指控，证人因作证或提供证据而被彻底免除刑事责任。在刑事诉讼中，检察机关为取得某些重要的证据或比较重大案件的证据，或者为追究首恶分子的严重罪行，对同案或其他案件中罪行较轻的犯罪人作出承诺，如果他们放弃拒证权而提供某些关键的证据，将不再对其进行刑事追究。这种退而求其次的选择主要适用于共同犯罪和对行性犯罪案件（如贿赂案件）中，它不仅可以增强检控方的控诉能力，有利于震慑、打击罪行重、主观恶性大的首犯、主犯，而且有利于罪行较轻的犯罪分子回归社会，充分体现刑事起诉中的严厉与宽缓。

---

① 参见龙宗智：《通过程序实现“宽严相济”刑事政策》，载《社会科学》2007年第5期。

第七章　宽严相济刑事政策下刑事制度的创新

第一节　暂缓起诉制度

宽严相济是以保障人权、追求公平正义为核心，继承和发展了"明德慎刑"、"德主刑辅"等中国古代刑事政策思想，吸收和借鉴了世界上刑罚轻缓化思想的现代刑事政策。宽严相济刑事政策中的"宽"，主要体现为非犯罪化、非监禁化和非司法化。"严"主要表现为入罪化，严密刑事法网，严格法律适用。

在我国，"犯罪"是一个极具道义评价性的概念。法院经过司法裁判对一个公民定罪，也就意味着该公民被贴上了犯罪的标签。无论是否导致刑罚的科处，犯罪评价都足以使犯罪人的名誉和前途受到一系列的负面影响。即使行为人以后完全回归社会，不再实施任何违法行为，这一"刑事污点"也不会随之消失，甚至影响其一生的生活、工作。

随着社会的发展，以及对于犯罪和刑罚等理论问题的深入研究，学者们逐渐认识到犯罪本身也是遵循着一定规律进行的。在现有的社会经济条件下，犯罪态势是不可能通过单纯的刑罚作用得到大幅度改变的。刑罚具有惩罚犯罪的功效，同时也是预防犯罪的手段。因此，对于犯罪情节轻微，且有悔改表现，不会再对社会造成危害的犯罪嫌疑人，可以考虑采取非刑罚化的措施。而且，较之通过一般程序进行定罪量刑，非刑罚化的措施更加经济，可以减少社会资源的浪费。

在我国现有的法律规定下，尚缺乏非刑罚化处理的有效方法和途径。在司法实践中，对于未成年人犯罪情节轻微的案件，有采取退回公安机关作撤案处理的方法。但是，应该说这种“退处”是有违反正当程序之嫌的法外措施。

近年来，暂缓起诉作为非刑罚化的措施，开始在我国的一些基层人民检察院试行。但是，由于暂缓起诉制度在我国没有明文的法律规定，缺少法律依据，因此，各人民检察院的做法各不相同，并且引起了学术界及实务界的诸多争议。当前，正值我国刑事诉讼法处于酝酿修改之际，总结各地的试点经验，探讨在我国建立暂缓起诉制度的必要性和可行性，对于贯彻宽严相济的刑事政策、实现公诉权、维护法治秩序、保障权利、化解矛盾、构建和谐司法，都具有积极的现实意义。

一、暂缓起诉的概况

（一）暂缓起诉的概念

暂缓起诉，[①] 又称缓予起诉、缓起诉、缓诉和附条件不起诉，是指检察机关在审查起诉过程中，对于符合法定条件且没有必要立即追究刑事责任的犯罪嫌疑人，依法暂时不予起诉，而设定一定期限的考验期，待考验期满后，再根据具体情况对犯罪嫌疑人作出起诉或者不起诉决定的制度。

暂缓起诉作为一种介于“起诉”与“不起诉”之间的中间措施，实体上体现了刑罚经济思想，程序上体现了起诉便宜主义。起诉便宜主义赋予了检察官广泛的自由裁量权。检察官的自由裁量

① 日本的起诉犹豫是对已构成犯罪而无须提起公诉的犯罪嫌疑人采取的一种不起诉制度，而非暂缓起诉制度。根据日本内阁法制局法令用语研究会编的《法律用语词典》的定义，“起诉犹豫，是指虽然犯罪侦查的结果，有足够的犯罪嫌疑且具备诉讼条件，但是出于对犯罪嫌疑人的性格、年龄和处境、犯罪的轻重和情节及犯罪后的情况的考虑，认为不需要处以刑罚时，不提起公诉的检察官的处分（刑事诉讼法第248条）。”（参见《法律用语词典》，日本有斐阁1997年版，第227页。）

权，即检察官对某些具备起诉条件的案件，对案件的具体情况进行裁量后，依法可以不提起公诉。广泛的自由裁量权的存在对于减少刑事关押场所的不必要的羁押具有重大的意义。这一点在实行近代法制制度的初期阶段就开始采用起诉便宜主义的日本也得到了肯定。[①] 对此，我国刑事诉讼法第142条第2款规定："对于犯罪情节轻微，依照刑法规定不需要判处刑罚或者免除刑罚的，人民检察院可以作出不起诉决定。"这就赋予了检察官自由裁量权。

而在司法实践中，暂缓起诉与酌定不起诉制度一并成为检察官行使自由裁量权的主要方式。其目的是使对犯罪的追究更符合刑事诉讼的目的，适应刑事政策的需要，强调诉讼的目的性和合理性。例如，《英国王室检察官条例》规定："在决定某个案件是否该起诉到法院时，王室检察官应当考虑起诉的替代措施。"

暂缓起诉制度具有四个要素：（1）暂缓起诉是检察机关对刑事案件进行审查后采取的一种法律处置方式；（2）暂缓起诉的根据在于此类案件不提起诉讼更妥当；（3）暂缓起诉决定的法律效力在于不将案件交付人民法院审判而终止刑事诉讼；（4）在规定期限内履行附加条件后，公诉机关的暂缓起诉决定具有确定的不起诉效力，如其不具有法定条件不得再行提起公诉。[②]

暂缓起诉制度具有特别预防和再犯防止的功效。为了促进犯罪嫌疑人的再生、防止其再犯、尽早挽回犯罪行为造成的损失，应该充分发挥暂缓起诉制度作为替代刑事制裁制度的积极职能。

（二）德国及我国台湾地区的暂缓起诉的立法状况

德国《刑事诉讼法》和我国台湾地区"刑事诉讼法"对暂缓

---

① 参见［日］小田中聪树、大出良知、川崎英明编著：《刑事诉讼法》，现代人文社1998年版，第211页。日本《刑事诉讼法》第248条对起诉便宜主义进行了规定："根据犯人的性格、年龄和境遇、犯罪的轻重和情节，以及犯罪后的情况，认为没有必要予以追诉时，可以不提起公诉。"

② 参见黄维智：《暂缓起诉制度探析》，载《政治与法律》2005年第2期，第117页。

起诉制度进行了较为详细的立法规定。下面分别介绍德国和我国台湾地区的暂缓起诉制度的规定。

1. 德国

在德国，从1877年《刑事诉讼法》生效至20世纪50年代，一直实行起诉法定主义，检察官不起诉裁量权受到了严格的限制。20世纪60年代以后，随着犯罪率的不断增长，犯罪形势的严峻与司法资源不足的矛盾日趋突出，德国的起诉法定主义受到了前所未有的挑战。司法界开始逐渐接受起诉便宜主义，对《刑事诉讼法》逐步进行了修订。

德国《刑事诉讼法》第153a条对暂缓起诉的适用对象、费用负担事项和要求遵守事项、期限等进行了规定："检察官对于罪行轻微的案件，认为法律规定之费用负担事项或要求遵守事项适合于抵消通过提起刑事诉讼而实现的公共利益，且责任之程度于此并无妨碍的，可以在就开始进行公开审判拥有管辖权的法院及犯罪嫌疑人同意的基础上，暂缓提起公诉，并责成犯罪嫌疑人负担费用事项或者遵守有关事项。作为费用负担事项或者要求遵守事项，特别可以考虑以下事项。1. 为了挽回因犯罪行为发生的损失，作出一定的给付。2. 向公共设施或者为国库缴纳金钱。3. 其他对公共有益的给付。4. 履行一定金额的抚养义务。5. 认真地努力与被害人和解，此时，挽回因自己的犯罪造成的全部或者大部分损失，或者为了挽回损失进行努力。6. 根据道路交通法第2条b第2款第2项或者第4条第8款第4项参加讲习。"此外，"为了负担费用事项或者要求遵守事项的履行，检察官就第1项至第3项和第5项、第6项给予6个月以下，就第4项给予1年以下的期限。检察官可以事后撤销负担费用事项及遵守事项，或者一次性地延长履行期限3个月。""犯罪嫌疑人按期履行了负担费用事项或者要求遵守事项的，其犯罪行为不能作为轻罪提起公诉。犯罪嫌疑人不履行负担费用事项或者要求遵守事项的，不退还为了履行已经缴纳的款额。"

2. 我国台湾地区

在我国台湾地区，暂缓起诉被称为“缓起诉”。台湾“刑事诉讼法”[①] 第253－1条第1款规定：“被告所犯为死刑、无期徒刑或最轻本刑三年以上有期徒刑以外之罪，检察官参酌刑法第五十七条所列事项及公共利益之维护，认以缓起诉为适当者，得定一年以上三年以下之缓起诉期间为缓起诉处分，其期间自缓起诉处分确定之日起算。”同条第2款规定：“追诉权之时效，于缓起诉之期间内，停止进行。”

对于实施了暂缓起诉的被告人应遵守和履行的事项，我国台湾地区“刑事诉讼法”第253－2条规定：“检察官为缓起诉处分者，得命被告于一定期间内遵守或者履行左列各款事项：一、向被害人道歉。二、立悔过书。三、向被害人支付相当数额之财产或非财产上之损害赔偿。四、向公库或指定之公益团体、地方自治团体支付一定之金额。五、向指定之公益团体、地方自治团体或社区提供四十小时以上二百四十小时以下之义务劳动。六、完成戒瘾治疗、精神治疗、心理辅导或其他适当之处遇措施。七、保护被害人安全之必要命令。八、预防再犯所为之必要命令。检察官命被告遵守或履行前项第三款至第六款之事项，应得被告之同意……”

对于暂缓起诉的撤销，我国台湾地区“刑事诉讼法”第253－3条规定：“被告于缓起诉期间内，有左列情形之一者，检察官得依职权或依告诉人之申请撤销原处分，继续侦查或起诉：一、于期间内故意更犯有期徒刑以上刑之罪，经检察官提起公诉者。二、缓起诉前，因故意犯他罪，而在缓起诉期间内受有期徒刑以上刑之宣告者。三、违背第二百五十三条之二第一款各项之应遵守或履行事项者。检察官撤销缓起诉之处分时，被告已履行之部分，不得请求返还或赔偿。”此外，台湾“刑事诉讼法”对于不服申请再议等程序均作出了详细规定。

---

① 2007年7月4日修正。

3. 德国及我国台湾地区暂缓起诉制度的主要要件

根据以上法律的规定，暂缓起诉在德国及我国台湾地区的主要要件可以总结为如下内容：

第一，暂缓起诉的适用对象。适用暂缓起诉的案件均限于轻罪案件。德国《刑事诉讼法》对于何谓轻罪没有具体的规定。而我国台湾地区的“刑事诉讼法”将暂缓起诉的适用对象具体规定为犯罪嫌疑人可能被判处最轻本刑为3年以下有期徒刑之刑罚的案件。

第二，暂缓起诉是否须经法院和犯罪嫌疑人的同意。德国《刑事诉讼法》对此作了肯定的规定，即暂缓起诉要经负责开始审理程序的法院和被指控人的同意。而我国台湾地区“刑事诉讼法”对于检察官的暂缓起诉决定没有明确规定须经犯罪嫌疑人同意。而只在“刑事诉讼法”第253－2条中规定了在暂缓起诉期限内，犯罪嫌疑人所遵守和履行的事项的第3项至第6项，应征得犯罪嫌疑人的同意。从中可见，经犯罪嫌疑人同意是检察官决定暂缓起诉的一个重要参考依据及条件。

第三，暂缓起诉应遵守或者履行的事项及期限。可以说，规定被暂缓起诉人应遵守和履行的事项及暂缓起诉期限是暂缓起诉制度必备的条件。对于应遵守或履行的事项，德国和我国台湾地区作了大致相同的规定，即均规定了与被害人和解，对犯罪行为造成的损失作出给付，向公库或公共设施缴付金钱，进行公益活动等事项。我国台湾地区还要求犯罪嫌疑人立悔过书。

对于期限，德国为6个月以下和1年以下，并可一次性延长3个月。而我国台湾地区是1年以上3年以下。两者存在很大的差别。

第四，暂缓起诉的撤销。对于暂缓起诉的撤销，德国和我国台湾地区均规定了违反规定的应遵守或者履行事项的，撤销暂缓起诉决定，提起公诉。并且均规定犯罪嫌疑人已经履行的部分不予返还。此外，我国台湾地区还规定了暂缓起诉期间内故意犯罪及暂缓起诉前的故意犯罪被判有期徒刑以上刑罚的情节。

第五，暂缓起诉的效力。德国《刑事诉讼法》规定，被告人履行要求、责令的，对行为不能再作为轻罪予以追究。不履行的，重新予以追究，已经履行的部分不予返还。我国台湾地区“刑事诉讼法”规定，暂缓起诉在暂缓起诉考验期内，没有被撤销的，作出不起诉处分。不起诉处分作出后，除非发现新的事实或者证据者，或者有法定再审之原因者，不得再行侦查或者起诉。暂缓起诉在考验期内被撤销者，继续侦查或者起诉。暂缓起诉作出后，视为撤销羁押，释放被羁押的犯罪嫌疑人，并应及时通知法院。扣押物应立即发还。但法律另有规定、再议期间内、申请再议中或者申请法院交付审判中遇有必要情形，或者应没收或者为侦查他罪或者他被告之用应留存者除外。

第六，暂缓起诉的送达。我国台湾地区“刑事诉讼法”规定，检察机关作出暂缓起诉处分的，或撤销暂缓起诉的，应制作暂缓起诉处分书或撤销暂缓起诉处分书。自书记官接受处分书原本之日起5日内，将正本送达告诉人、告发人、被告及辩护人。暂缓起诉处分书，还应送达与遵守或履行行为有关的被害人、机关、团体或社区。

第七，暂缓起诉期间公诉效力停止进行。德国《刑事诉讼法》第153a条第3款规定：“在履行期限进行期间，时效停止进行。”我国台湾地区“刑事诉讼法”第253－1条第2款也规定：“追诉权之时效，于缓起诉之期间内，停止进行。”

（三）我国暂缓起诉的状况

暂缓起诉制度，作为起诉便宜主义的一种具体表现形式，在我国现行刑事诉讼法中尚无明文规定。但是，由于近年来未成年人犯罪越来越多，且犯罪低龄化趋势明显，特别是那些即将面临高考的高中生和在校大学生犯罪的案件日益增加，如何解决这类犯罪案件就成为摆在各级人民检察院面前的一大难题。此外，各地的看守所和监狱普遍存在超负荷的工作状态。因此，暂缓起诉这种非刑罚化处理方式的试点就应运而生了。

1992年，上海市长宁区人民检察院作出了我国第一个暂缓起诉决定（当时称之为“诉前考察”）。此后，暂缓起诉这项改革经历了初创、发展推广到停顿三个阶段。在该项改革的发展高潮时期，全国有1/3的人民检察院曾经试行过暂缓起诉。在这个过程中，适用暂缓起诉的人员和案件数量有了明显的增多。对暂缓起诉制度的探索和适用也从开始的仅适用于未成年人犯罪案件，扩大到未成年人犯罪案件、在校学生犯罪案件和轻微刑事案件，甚至出现了对于单位犯罪适用暂缓起诉的探索，还出现了决定暂缓起诉的公开咨询制度，等等。①

例如，北京市海淀区人民检察院制定了《实施暂缓起诉制度细则》，规定暂缓起诉的适用对象为涉嫌犯罪的未成年人，且需满足以下条件：（1）案件的犯罪事实清楚，证据确实、充分；（2）犯罪情节较轻，可能判处3年以下有期徒刑；（3）犯罪嫌疑人犯罪后有悔改表现，不致再继续危害社会；（4）犯罪嫌疑人系初犯、偶犯或者是共同犯罪中的从犯、胁从犯；（5）具备良好的帮教条件。②

再如，郑州市金水区人民检察院制定了《刑事案件暂缓起诉规则》，明确规定未成年人和在校学生犯罪，依法可能判处3年以下有期徒刑、管制、拘役的案件，根据案件的情节及犯罪嫌疑人的悔罪表现，适用暂缓起诉不致再危害社会的，可以适用暂缓起诉。同时制定了《暂缓起诉的办理程序》，并要求主诉检察官随时与被暂缓起诉人所在学校、机关及所在地政府部门和帮教小组联系，了解和掌握被暂缓起诉人在暂缓起诉期间的表现。被暂缓起诉人在暂缓起诉期间内，自觉接受监督和教育，有悔罪表现，并且没有新的

① 参见孙力主编：《检察实务中诉讼参与人合法权益保障研究》，中国检察出版社2006年版，第89页。

② 参见孙力主编：《检察实务中诉讼参与人合法权益保障研究》，中国检察出版社2006年版，第89页。

违法犯罪行为发生的，暂缓起诉期满后 1 个月内，经检察委员会研究，决定不起诉。①

还有，《无锡市检察机关暂缓起诉办法（试行）》规定，暂缓起诉的适用对象是未成年人犯罪、在校学生犯罪、涉嫌职务犯罪、经济犯罪和其他普通刑事犯罪，情节轻微、社会危害不大的犯罪嫌疑人（单位）。凡涉及严重危害国家安全犯罪，严重危害公共安全犯罪，严重暴力性犯罪，毒品犯罪，黑恶势力犯罪等社会危害性大的犯罪嫌疑人，则不适用暂缓起诉。②

虽然各地人民检察院积极试行暂缓起诉制度，但是暂缓起诉自其诞生之日起，就一直存在着争议。赞成者认为，暂缓起诉制度体现了先进的司法理念，有利于犯罪嫌疑人回归社会，是积极可行的。反对者则认为，暂缓起诉制度无法律依据，应当禁止；站在被害人或者诉讼代理人的立场上，检察机关实施暂缓起诉制度有放纵犯罪行为并且漠视被害人的人权之嫌，会影响社会的稳定和安全；站在被告人的立场上，检察机关实施暂缓起诉制度是有意逃避审判，以避免受到证据排除法则的挑战，并可能使无辜的被告人为避免进入繁复的诉讼程序而同意认罪，以换取刑事诉讼程序的尽早终结。

那么，暂缓起诉制度在现代刑事司法程序中是否可行，我国到底是否需要构建暂缓起诉制度呢？

二、我国构建暂缓起诉制度的必要性

首先，从刑事政策的层面考虑，暂缓起诉制度有利于和谐社会背景下宽严相济刑事政策的实施。当前，我国正在积极构建社会主义和谐社会，而和谐社会应当是以人为本、宽容和睦、协调有序的

---

① 参见范俊：《宽严相济刑事政策在检察诉讼环节的适用》，载《中国检察官》2007 年第 1 期，第 25 页。

② 参见李巧芬、刘中发：《暂缓起诉的实践与探索》，载《人民检察》2006 年 4 月（上），第 18 页。

社会，对于犯罪不仅要打击，更要预防教育。宽容地对待犯罪，是和谐社会刑事政策的必然选择。

坚持宽严相济刑事政策，就应当紧密联系和谐社会的社会形势，在依法打击和震慑犯罪的同时，积极发挥刑法谦抑性功能，通过对犯罪的区别对待，尽可能减少社会对抗，解决纠纷，促进和谐安定。体现在刑事司法工作中，就是要改革和健全与构建和谐社会相配套的相关司法制度，加强社会和谐的司法保障。其中，暂缓起诉制度在严格设定相关程序规范的基础上，对主观恶性不深、社会危害性不大，且犯罪嫌疑人已认罪悔过的案件暂缓提起公诉，以观后效。对其中确已改过自新、不再危害社会的犯罪嫌疑人不再追究刑事责任，使其正常地回归社会，既可以减少社会不稳定因素，减轻改造压力，又可以教育挽救使其成为社会有用人才。暂缓起诉制度是对社会、犯罪嫌疑人和被害人各方都有利的一项制度。它体现了非刑罚化、非监禁化趋向和慎刑思想，是和谐社会所提倡的人文关怀和宽容在刑事司法中的体现。

暂缓起诉制度符合刑罚个别化和轻刑化等刑事政策。暂缓起诉制度通过检察官运用自由裁量权，使犯罪嫌疑人可以尽早脱离刑事司法程序，免予有罪判决宣告，避免遭受前科之烙印，易于回归社会，符合宽缓的刑事政策。从预防犯罪的刑事政策而言，考虑到在暂缓起诉期间若再行犯罪，将被再行起诉，可期（待）犯罪嫌疑人谨慎行事。暂缓起诉制度在回避因起诉带来的重返社会方面的弊端、追求犯罪人的改过自新、防止再犯方面具有刑事政策上的意义。因此，构建符合国情的暂缓起诉制度，符合我国和谐社会刑事政策的要求。

其次，从诉讼效率、诉讼经济上看，暂缓起诉是非刑罚化、人道化思想的体现，有利于实现诉讼分流，节约司法资源，体现诉讼经济原则。通过这一制度使那些社会危害性较小、对公共利益侵犯程度较低的犯罪行为在进人审判程序之前，以简易的方式得到消解。从而把有限的司法资源用于严重的、社会影响较大的犯罪案件的追究和审判上，实现诉讼资源的合理配置，提高刑事诉讼的效益。对社会而言，暂缓起诉制度可以合理使用司法资源，具有诉讼经济效益价值。

再次，暂缓起诉是检察机关自由裁量权的具体表现形式，体现了起诉便宜主义及非刑罚化等刑罚思想。1990 年第八届联合国预防犯罪和罪犯待遇大会通过的《关于检察官作用准则》中规定："根据国家法律，检察官应在充分尊重嫌疑人和受害人的人权的基础上适当考虑有条件或无条件地中止诉讼程序或使某些刑事案件从司法系统转由其他办法处理。"① 暂缓起诉中，检察机关在行使自由裁量权时并不局限于案情，同时要更多地考虑犯罪嫌疑人的悔过情况及社会的公共利益。

最后，暂缓起诉决定仅有暂时中止诉讼的效力，是阶段性的结论，诉讼是否继续进行，取决于被告人在考验期内的表现情况。暂缓起诉对于督促犯罪嫌疑人悔过自新，并对被害人和社会给予一定的补偿具有积极的作用。被害人可以通过犯罪嫌疑人履行暂缓起诉决定附加的条件，及时得到补偿，增加其对处理结果的理解和认同。

随着现代司法文明的发展，要求司法机关在保障一般公正的同时，还必须要兼顾个别公正；在平等适用刑罚的同时，也要实现刑罚的个别化。暂缓起诉制度正是通过对符合法定条件的轻微犯罪的宽容，实现司法公正的目标的。

三、我国暂缓起诉制度的构建

在将来刑事诉讼法修改过程中，可以单设一节对暂缓起诉制度加以规范，并就暂缓起诉的适用对象、适用条件、法律后果等加以详尽规定。

---

① 转引自徐益初：《再论免予起诉》，1992 年全国诉讼法学术讨论会论文。

(一) 暂缓起诉的适用对象

暂缓起诉的适用对象主要是指何种行为主体可以适用暂缓起诉。

目前，关于暂缓起诉的适用对象有三种不同的观点。如前所述，各地人民检察院的试点中也同样存在三种做法。(1) 暂缓起诉只应适用于未成年犯罪嫌疑人，不得适用于其他行为主体。①(2) 暂缓起诉不仅可适用于未成年犯罪嫌疑人，而且也可适用于老年犯罪嫌疑人和偶犯嫌疑人。②(3) 凡依法可能判处3年以下有期徒刑、拘役、管制及免予刑事处分的犯罪嫌疑人，均可适用暂缓起诉。③在案件性质方面，主要分歧在于故意犯罪是否可适用暂缓起诉。

笔者认为，凡依法可能判处3年以下有期徒刑、拘役、管制及免予刑事处分的犯罪嫌疑人只要其符合暂缓起诉的适用条件，不论其是否为故意犯罪均可适用暂缓起诉。并应当用列举的方式规定不得适用暂缓起诉的对象，即依法可直接决定不起诉的犯罪嫌疑人；有前科的犯罪嫌疑人；涉嫌数罪的犯罪嫌疑人；没有监管条件的犯罪嫌疑人等不得适用暂缓起诉。

(二) 暂缓起诉的适用条件

暂缓起诉必须具备一定的实体条件，遵循一定的程序条件。

实体条件：(1) 犯罪情节轻微；(2) 犯罪后有悔改表现，客观上有改造可能，不致再危害社会。对于犯罪嫌疑人是否具备此条件，检察机关可以大致分为有关犯罪嫌疑人的情况、有关犯罪本身

---

① 参见章建新：《在未成年人刑事检察中试行暂缓起诉的思考》，载《上海政法管理干部学院学报》2000年第5期，第91页；诸葛、陈丽玲：《和谐社会呼唤建立暂缓起诉制度》，载《西南政法大学学报》2007年第4期，第120页。

② 参见杨诚、单民主编：《中外刑事公诉制度》，法律出版社2000年版，第223页。

③ 参见洪道德：《改“免予起诉”为“暂缓起诉”》，载《法学研究》1989年第2期，第83页。

的情况和有关犯罪后的情况三个方面加以考虑。具体来说，犯罪嫌疑人的情况包括：品性、智力能力、生活史、健康状态、有无前科、犯罪时及现在的年龄、家庭环境、职业、社会关系等广义上的包含于性格、年龄和环境的事项；犯罪本身的情况包括：法定刑的轻重、被害的大小、有无加重减轻情节、有无共犯、犯罪行为的动机和方法、与被害者的关系、犯罪的社会影响力等有关犯罪的轻重及情节的事项；犯罪后的情况包括：有无悔改表现、有无积极赔偿被害损失和谢罪的情况、是否取得被害人的谅解、社会状况的变化、犯罪嫌疑人的生活状况、有无监护和帮教条件等。

程序条件:（1）案件的犯罪事实清楚，证据确实、充分。（2）不具有不起诉的法定条件。（3）犯罪情节较轻，可能判处3年以下有期徒刑、拘役、管制或者免予刑事处分的。（4）在征得犯罪嫌疑人同意的基础上，由案件具体承办检察官提出审查意见并报部门研究，部门负责人签署意见，由检察长或者检察委员会决定是否暂缓起诉。决定暂缓起诉的，由检察长或者检察委员会作出暂缓起诉决定。（5）对被逮捕的犯罪嫌疑人办理取保候审手续。（6）定期考察、报告与回访。

有观点认为，应该让犯罪嫌疑人与人民检察院签订保证书。笔者认为，没有签订保证书的必要。因为暂缓起诉决定是对犯罪嫌疑人具有法律约束力的。犯罪嫌疑人在考验期限内没有遵守或者履行决定中的相关事项的规定时，检察官就可以随时撤销暂缓起诉决定，并提起公诉。不需要再通过签订保证书的形式来约束被暂缓起诉人。

（三）暂缓起诉的犯罪嫌疑人应遵守和履行的事项与考察期限

在检察官作出暂缓起诉的决定时，应在决定书中写明被暂缓起诉的犯罪嫌疑人应该遵守和履行的事项及暂缓起诉的考验期限。应该遵守和履行的事项可以包括：（1）向被害人赔礼道歉，积极寻求与被害人和解。对因犯罪行为发生的损失作出赔偿或者缴纳罚金。（2）国家可设立专门的机构或者基金会，由犯罪嫌疑人向该机构支付一定数额的款项。（3）向指定的公益团体或者社区提供规定时间的劳务或者进行其他公益性的服务。犯罪嫌疑人应遵守和履行的事项、支付的赔偿金及罚金应当与犯罪的性质、危害程度以及犯罪嫌疑人的个人情况相适应。①

目前，从各地检察院的实践及学者的观点来看，对于考验期限规定长短不一，没有一个相对一致的认识。暂缓起诉作为一种不具有终局性的处分决定，必须设置一个适当、合理的期限。时间过短无法达到考验观察的目的，难以保证对犯罪嫌疑人进行足够的教育改造，促使其悔过自新。而时间过长也会使被暂缓起诉人长期处于不稳定的公诉状态中，容易加重被暂缓起诉人的心理负担，不利于其积极回归社会、重新做人。

笔者认为，暂缓起诉的考察期限要与实体法所规定的量刑标准相适应，“应该确定为1年以下，检察机关认为有必要时，可以一次性地延长3个月”。同时，考察期限在最初确定后也并非不可改变。检察机关可以根据被暂缓起诉人在考察期内的认罪及遵守和履行事项等的情况，适时地缩短或者延长考验期限。期限的起始时间为“自暂缓起诉决定确定之日起”。

（四）暂缓起诉决定的撤销

有下列情形之一者，检察机关应当依职权或者告诉撤销暂缓起诉决定，并对犯罪嫌疑人提起公诉。（1）在考察期内实施了故意犯罪，被检察机关提起公诉的；（2）发现犯罪嫌疑人在被暂缓起诉决定之前实施了其他故意犯罪，可能被判处有期徒刑以上刑罚的；（3）犯罪嫌疑人没有遵守和履行暂缓起诉决定中规定的事项的。

此外，被撤销暂缓起诉决定并提起公诉的犯罪嫌疑人就其已经履行的事项，不得请求返还或者赔偿。

---

① 参见宋聚荣、浦爱华：《暂缓起诉制度研究》，载《中国司法》2006年第11期，第104页。

（五）暂缓起诉的监督制约机制

为了健全暂缓起诉制度，防止司法实践中暂缓起诉决定权的滥用，可以通过对被告人、被害人权利和公安机关权力的立法，在程序上起到制约作用，维护诉讼参与人的合法利益。主要应包括以下内容：

1. 被告人的权利

凡是要作暂缓起诉处理的案件，人民检察院在作出决定之前，必须征得犯罪嫌疑人的同意。有辩护律师的，还要听取辩护律师的意见。根据司法公正的原则，任何人都有要求接受公正审判的权利。接受审判是犯罪嫌疑人的一项权利，犯罪嫌疑人可以要求接受审判，也可以在一定条件下放弃审判。只有在犯罪嫌疑人放弃审判，同意接受暂缓起诉决定时，人民检察院才能作出暂缓起诉决定。当犯罪嫌疑人拒绝暂缓起诉、要求接受人民法院的审判时，只要符合起诉条件，人民检察院就应当放弃暂缓起诉的处理方法，依法向人民法院提起公诉。

2. 被害人的权利

对于有被害人的案件，人民检察院决定暂缓起诉的，应当将暂缓起诉决定送达被害人。被害人不服的，有权在法定期限内向上一级人民检察院申诉。对复查结果仍不服的，可以以自诉人的身份将案件起诉到人民法院。被害人也可以不经申诉，直接向人民法院提起自诉。

3. 公安机关的权利

对于公安机关移送起诉的案件，人民检察院决定暂缓起诉的，应当将暂缓起诉决定书送达公安机关。公安机关认为暂缓起诉决定不当的，可以要求复议。如果意见不被接受，可以向上一级人民检察院提请复核。

此外，还可以对暂缓起诉的案件实行人民监督员专项监督制度，即定期或不定期组织人民监督员对检察机关作出的暂缓起诉决定进行专项监督。对发现违反法定程序或者认为不适宜暂缓起诉的案件，人民监督员经评议后，可以建议检察机关再行审查，并提交检察委员会由其作出决定。

（六）暂缓起诉的法律后果

被暂缓起诉人在考验期内，遵守和履行了暂缓起诉决定中规定的事项，在考验期满后，只要没有发现有严重违法行为或者再犯新罪，人民检察院应当作出不起诉的决定。此决定具有终结诉讼程序的效力。除非发现新的重大犯罪事实或者犯罪证据，检察机关在任何时候不得对该行为再行起诉。

反之，在考验期内，被暂缓起诉人未遵守或者履行暂缓起诉决定的有关事项的，人民检察院应当撤销暂缓起诉决定，并提起公诉。再犯新罪或者发现有旧罪者，人民检察院应当将新罪、旧罪一并起诉到人民法院，提请人民法院审判。原考验期不得折抵刑期。

暂缓起诉制度的创设是顺应国际刑事司法潮流，体现我国宽严相济刑事政策的创新。它对维护秩序、保障权利、平衡公益，发挥检察机关的自由裁量权，实现案件分流等具有不可替代的作用。应注意完善相关的配套措施，避免可能出现的流弊，以便实现暂缓起诉利益的最大化。

第二节　辩诉交易制度

近些年来，辩诉交易以其提高刑事诉讼的效率和效益的功能，受到了理论界与实务界的广泛关注，并就其在我国的可适用性问题展开了激烈的讨论。本节首先研究国外的辩诉交易制度，在此基础上，通过分析，结合我国国情，研究论证辩诉交易作为“宽容”的新形式，及其在我国的确立及立法问题。

一、辩诉交易的基本内容

（一）辩诉交易的含义及确立

辩诉交易（plea bargaining），是指刑事案件在法院开庭审理之前，控方检察官通过被告人的辩护人与被告人达成的被告人作出有罪答辩，检察官作降格指控、减少指控或者允诺向法官提出有利于被告人量刑建议的协议的一种司法制度。根据《布莱克法律辞典》的解释，“辩诉交易是指控方和刑事被告人达成的一项协议，根据该协议，被告人就一项较轻罪行或者多项指控中的一项认罪，以换取控方的让步，通常是更宽容的量刑或者取消其他指控。”①

辩诉交易制度发源于美国。被告人的有罪答辩（plea of guilty）作为辩诉交易的前提，最早的报告可以追溯到美国建国之初。② 此后，在1970年，美国联邦最高法院在Brady v. United States的判决中正式确认了辩诉交易的合法性。③ 1971年，联邦最高法院在Santobell v. New York的判决中指出：“如果每一项刑事指控均要经受完整的司法审判，那么州政府和联邦政府需要将其法官的数量和法庭设施增加许多倍。”“辩诉交易是刑事司法制度不能欠缺的构成要素（essential component），如果运用得当，它应当受到鼓励”，再次确立了辩诉交易的合法性。④ 1974年4月，美国修订的《联邦地区法院刑事诉讼规则》规定了辩诉交易的一般原则及程序，以立法的形式确认了辩诉交易在司法制度中的法律地位。

“在美国刑事程序中，约九成的案件是通过有罪答辩终结的，而且其中的很多还是某种交易的结果”的说法已经成为美国学者和实务家的共识。⑤

---

① Bryan A. Garner, editor in chief, Black' Law Dictionary, 8th Ed, p. 1190, West Publishing Co. 2004).

② Commonwealth v. Battis, 1 Mass. 95(1804).

③ Brady v. United States, 397 U. S. 742(1970).

④ Santobell v. New York, 404 U. S. 257, 260(1971).

⑤ See, e. g., United States Sentencing Commission, Federal Sentencing Guidelines Manual Ch. 1, pt. A(4)(c), intro. comment.(Oct. 15, 1993)(West 1994 ed.); Fed. R. Crim. P. 11(e)(6) advisory committee's note(1974 amendment), 62 F. R. D. 271, 280 - 281; Alschuler, The Changing Plea Bargaining Debate, 69 Cal. L. Rev. 652, 652& n. 1(1981)(hereinafter Alschuler, Changing Debate).

美国的辩诉交易主要分为指控交易（charge bargain）和量刑交易（sentence bargain）两类。其中，指控交易又分为降格指控和减少指控。降格指控，即被告人作有罪答辩后，检察官将指控减至证据所支持的控诉，将指控的罪名由较重罪名降为较轻罪名。减少指控，即被告人作有罪答辩后，在被告人犯有数罪的情况下，检察官仅指控数罪中的一种罪行或者几种罪行，其余罪行不予指控。量刑交易，是指被告人作有罪答辩，则检察官同意请求法官判处较轻的刑罚，保证或者承诺向法官建议判处被告人较轻的刑罚或者不阻止法官判处被告人较轻的刑罚。

（二）辩诉交易程序

《美国联邦刑事诉讼规则》将辩诉交易通过立法形式加以确认。依此规则，美国辩诉交易的内容包括：

1. 适用案件的范围

立法中并未对辩诉交易适用案件的范围加以限制。也就是说，在联邦系统辩诉交易适用于所有的刑事案件。

2. 交易的主体

辩诉交易通常由检察官与被告人通过辩护律师进行讨论以达成协议。当被告人自行辩护时，则辩诉交易在检察官与被告人之间进行。根据《美国联邦刑事诉讼规则》第11条（e）的规定，法庭不应参加任何这样的讨论。

检控方和被告方均可以提出辩诉交易，但通常由检控方提出。检察官与辩护律师通过非正式协商或者谈判达成初步协议，再由辩护律师与其当事人进行探讨。辩护律师与其当事人的商讨主要是让被追诉者认识和理解交易的内容和后果等，并对其进行疏导，劝其接受交易。

3. 交易的内容

根据《美国联邦刑事诉讼规则》第11条（e)(1）的规定，被告人对被指控的犯罪，或者轻一点的犯罪或者其他相关犯罪作承认有罪的答辩或者不愿辩护也不承认有罪的答辩，检察官应当提议撤销其他指控；或者建议法庭判处被告人一定刑罚；或者同意不反对被告人请求判处一定刑罚，并使被告人理解检察官的建议或者被告人的请求对法庭均没有约束力；或者同意对本案判处一定刑罚是适当的处理。

4. 辩诉交易的程序

（1）答辩协议的时间。

检察官与辩护律师或者被告人之间达成协议之后，除具有适当理由外，应当在传讯时或者在法庭确定的审判前的其他时间通知法庭存在答辩协议。

（2）通知答辩程序。

如果双方当事人已达成答辩协议，法庭应要求在公开法庭宣布该答辩协议并记录在案；或者如果有充足的理由，在提供答辩时可不公开进行。如果辩方作了答辩，控方提议撤销其他指控，或者同意对本案判处一定刑罚是适当的处理时，法庭可以接受也可以拒绝该协议，或者在有机会考虑提交的报告前，推迟作出接受或者拒绝的决定。如果被告人已作答辩，而检察官建议判处被告人一定刑罚，或者同意不反对被告人请求判处一定刑罚，并使被告人理解检察官的建议或者被告人的请求对法庭没有约束力时，法庭应当忠告被告人，如果法庭不接受有关建议或者请求，被告人也无权撤回答辩。

（3）接受答辩协议。

在接受有罪答辩前，法院必须在公开法庭亲自告知被告人并确定被告人理解指控的性质和内容，确认有罪答辩是自愿的（voluntary）、明知的（knowingly）和理智的（intelligent）。法官必须向被告人说明按有罪答辩宣告有罪后可能科处的刑罚。

如果法庭接受答辩协议，应当通知被告人，答辩协议中商定的有关处置将在判决和量刑中体现。

（4）拒绝答辩协议。

如果法庭拒绝答辩协议，应当通知被告人法庭不接受协议并记录在案。

（5）撤回有罪答辩程序。

《美国联邦刑事诉讼规则》第 32 条（d）“撤回答辩”规定：“如果在科刑前申请撤回有罪答辩或者不愿辩护但也不承认有罪的答辩，法庭根据被告人说明的正当理由，可以允许撤回答辩。此后，只能在直接上诉或者按照美国《统一法典》（Uniform Code）第 28 编第 2252 条的申请中，才可以对答辩不予考虑。”同时，《美国联邦刑事诉讼规则》第 11 条规定，对于已被撤回的有罪答辩，不能作为不利于曾作过答辩或者参加过答辩讨论的被告人的证据。《统一法典》第 444 条（E）也规定，如果检察官能够表明依赖答辩将不会产生不公正，那么在判刑之前被告人都可以基于合理的原因撤回答辩。法庭还应忠告被告人，如果被告人坚持作有罪答辩或者不愿辩护也不承认有罪的答辩，案件的处理对被告人而言可能比答辩协议中所期望的更为不利。

（6）确定答辩的准确性。

虽然接受有罪答辩，但是法庭也必须在调查查明答辩存在事实基础后，方能依据答辩作出判决。

（7）诉讼记录。

被告人作出答辩的程序应当逐字记录，如果作有罪答辩或者不愿辩护也不承认有罪的答辩，记录应当不加限制地包括法庭对被告人的忠告，对答辩（包括答辩协议）的接受是否出于自愿的调查和对答辩准确性的调查。

（8）违反答辩协议的救济程序。

违反答辩协议的情形主要有两种：一种是检察官违反答辩协议；另一种是被告人违反答辩协议。

如果检察官违反答辩协议，没有履行对于被告人减少指控、降格指控或者减轻指控的承诺，法庭应当确认被告人的有罪答辩无效，并且可以允许被告人撤回有罪答辩。

如果被告人违反答辩协议，可将被告人恢复到他在执行答辩协议之前的地位上进行裁判，甚至在将案件移交审判时，检察官可以作出比原来答辩协议中罪名更加严重的指控。①

（9）例外上诉程序。

在通常情况下，通过辩诉交易程序解决的案件既不能上诉也不能申诉。但是，现在在美国的一些管辖区，如果被告人声称审判遵循了不正当的程序，则被允许对基于有罪答辩的有罪判决可以直接提起上诉。最高法院似乎认定，如果被告人被剥夺了宪法上的权利或者其他一些权利，且该权利的剥夺导致了被告人被说服进行了有罪答辩，则可以对有罪判决提出异议，尽管被告人通过有罪答辩承认了有罪。②

二、辩诉交易在美国以外的发展

（一）德国③

在德国，辩诉交易被称为协商、协议、谅解和交易。20 世纪 70 年代初期，在实践中形成了作为程序性解决方法的协商。最初，协商仅适用于轻微犯罪的诉讼程序中，20 世纪 70 年代末，协商开始用于涉及面广泛、在证明技术上有困难、部分也是因为在法律上有困难的诉讼程序中，以对付经济犯罪、毒品犯罪、环境犯罪和税收犯罪。同时，严重犯罪案件也被包含进来，甚至暴力犯罪和故意杀人的案件的诉讼程序也适用协商。现在，辩诉交易已经成为德国刑事诉讼制度中不可缺少的组成部分。

在这个发展过程中，最初，由于没有明确的法律依据，协商是秘密进行的。虽然德国学术界因为协商违反了宪法和刑事诉讼法的

---

① 参见冀祥德著：《建立中国控辩协商制度研究》，北京大学出版社 2006 年版，第 11、12 页。

② 参见［美］爱伦·豪切斯泰勒·斯黛丽、南希·弗兰克：《美国刑事法院诉讼程序》，陈卫东、徐美君译，中国人民大学出版社 2002 年版，第 458 页。

③ 参见［德］约阿希姆·赫尔曼：《德国刑事诉讼程序中的协商》，王世洲译，载《环球法律评论》2001 年冬季号，第 411～422 页。

组织原则，几乎毫无例外地反对这种协商，但是由于通过协商，在没有证据调查或者部分证据调查之后就能作出判决，而且这种判决由于是在所有诉讼参与人的合意中获得的，判决不会引发高等法院的审查。因此，协商作为节省诉讼各方劳动的高效率的解决纠纷的方式被普遍接受。1997 年，德国联邦法院在开创性的判决中原则上肯定了协商的实践。①

1. 协商的形式

在德国，协商有三种形式：

（1）以被告人支付金钱为条件撤销案件的协商。根据德国《刑事诉讼法》第 153a 条的规定，在轻罪案件中，如果被告人的罪责较轻，并且公众对追究其刑事责任不感兴趣，就可以暂时考虑不起诉，同时规定被告人特定的义务或者指示，并根据其完成情况决定最终撤销诉讼程序等方式结案。根据 1993 年通过的一个附加条款，对《刑事诉讼法》第 153a 条中的“轻微罪责”的要求加以补充，即当“罪行的严重程度不与之相对抗”的时候，撤销案件是允许的。如果一个诉讼程序的对象不是轻微犯罪行为，检察官在使用这种结案方式时就需要有法官的批准。这种借助约定而撤销案件的方法后来得到了扩展，从开始只适用于诉前程序中，发展到也适用于起诉后的主审判程序，但是对象限于经济犯罪案件或者其他涉及面较广的刑事案件。

（2）刑事命令程序中的协商。刑事命令是一种简易的书面程序，即在不经过主审判程序的情况下对被告人作出的判决。刑事命令程序中的协商，是指在轻微案件中，以被告人同意接受法官发布的刑事命令为条件结束诉讼程序的方式。这种协商是在辩护人与检察官之间进行的。先由检察官提出建议，如果被告人接受检察官所

① 参见［德］托马斯·魏根特：《德国刑事诉讼程序的改革》，樊文译，载陈光中主编：《21 世纪域外刑事诉讼立法最新发展》，中国政法大学出版社 2004 年版，第 245 页。

建议的处罚，检察官便向法官申请发布刑事命令，法官经过审查一般均会同意并签署该命令。在协商遇到困难的案件中，法官也有参与协商的情况。

（3）以被告人认罪为对象的协商。这种方式也可以称作认罪协商。根据协商的诉讼阶段的不同，可以分为以下三种协商：

①诉前协商。诉前协商，是指检察官在提起公诉之前，答应被告人仅仅起诉其众多犯罪行为中的某个或者某些罪行，同时放弃对其他行为的追诉，而被告人则要承认检察官所要提起的指控。此外，检察官也可以许诺向法官建议轻微的刑罚为条件换取被告人的认罪。虽然检察官的量刑建议对法官没有法律上的强制约束力，但是在实践中检察官的建议对法官的影响是十分巨大的。当法院判处的刑罚超出了协商的范围时，就必须将理由告知被告人，并且给被告人提供一个表达自己意见的机会。

②审前准备阶段的协商。对于有些事实不清，必须进行费时费力的证据采纳工作，主审判程序将可能持续几个星期甚至几个月的案件，法官可以提醒被告方是否需要在程序开始时考虑认罪，并且提出一个刑罚上限。当被告方接受这个刑罚时，便可以以认罪而结束审判。

③主审判程序阶段的协商。在诉讼程序持续很长时间之后，法官便会指出，如果被告人能够认罪，就会产生对该部分进行从轻处罚或者撤销部分已经起诉的犯罪行为的可能性。而被告人如果要与法官达成协议从而获得刑罚优惠的话，不仅要认罪，而且需要允诺撤回已经提出的证据申请，并不再提出已经宣告的证据申请以及其他法律救济手段。

2. 协商主体

协商一般是在检察官和辩护人之间进行的。被告人不出席协商，被认为可以使协商参加人能够坦率地讨论事实和法律。辩护人只能在事先与其当事人商定的可以与对方妥协的范围内与检察官进行协商。对于协商的结果，辩护人必须告知其当事人。法官有时也参与到协商中来。

3. 协商的程序

在德国的三种协商形式中，程序最具有代表性的是以被告人认罪为对象的协商。其程序包括以下内容：

（1）协商时间可以发生在刑事诉讼程序的各个阶段，包括起诉书尚未提出时，从起诉到主审判程序开始，法官准备诉讼程序阶段、主审判程序阶段都存在协商的机会。

（2）在诉前程序中，协商辩护人有权查阅检察官的案卷，辩护人和被告人可以一起评价证据，评估和预计认罪将会带来的好处。若认罪，检察官许诺将在主审判程序中申请轻微的刑罚，虽然法官在判决时并不受检察官刑罚申请的约束，但作为量刑决定时将会注意这种申请。

（3）从起诉到主审判程序开始，法官向辩护人指出，被告人已进入罪责谴责阶段，但由于证据和法律事实不清楚，必须进行费时费力的证据采纳工作，因而主审判程序将可能持续几个星期或者几个月。这种情况下，辩护人将反问如果被告人作出认罪，从而缩短了主审判程序，将被判处何种刑罚。如果法官为判处的刑罚提出一个上限，双方达成一致，辩护人就会建议其当事人认罪。

（4）主审判程序阶段，辩护人向其当事人建议：先承认起诉书的谴责，然后看证据采纳的结果如何。在诉讼程序持续很长时间之后，通常是法官先提出建议，指出如果被告人认罪，就存在着从轻处罚或者撤销部分已经起诉的犯罪行为的可能性。辩护人方面在同意认罪的同时，要同时允诺撤回已经提出的证据申请，不提出已经宣告的证据申请，以及不提出其他法律救济手段。检察院的代表也要出席。协商本身必须在公开的主审判程序中，且在所有诉讼参加人的参与下进行。此时，法院仍有义务查明真相，查明这种认罪在什么程度上充分地包含了细节，从而可以作为判决的事实基础；并且确定在认罪以后，在什么范围内必须提供进一步的证据。

（5）当辩护人、检察官、法官滥用协商时，被告人可以提出补救，检察官也可拒绝法官的无理要求。

(二) 意大利

1988 年，意大利颁布了新的《刑事诉讼法典》。新《刑事诉讼法典》对原刑事诉讼法典所作的重要改革之一就是增设了 5 种特别程序，即简易审判程序、依当事人的要求适用刑罚程序、快速审判程序、立即审判程序和处罚令程序。其中，新《刑事诉讼法典》第 444 条至第 448 条规定的“依当事人的要求适用刑罚程序”，即被称为“意大利式辩诉交易程序”。

依当事人的要求适用刑罚程序，是指在宣布开始第一审法庭审理之前，未提出适用简易审判程序申请的被告人和检察官可以要求法官按照其双方协议的刑罚种类和标准适用替代性刑罚或者减轻财产刑、监禁刑，法官即以判决的形式确认双方协议的简易程序。

1. 辩诉交易的适用范围

意大利《刑事诉讼法典》第 444 条规定，辩诉交易程序适用范围是替代性刑罚或者减轻 1/3 的财产刑，或者监禁刑，只要根据案件情节并在减少 1/3 以后该监禁刑不超过单处或者与财产刑并处的两年有期徒刑或者拘役。

2. 辩诉交易的主体

根据意大利《刑事诉讼法典》的规定，参加辩诉交易的主体为检察官、被告人及其辩护律师。被告人还可以不管检察官同意与否，越过检察官直接向法官请求适用刑罚。

3. 辩诉交易的内容

根据意大利《刑事诉讼法典》的规定，检察官和辩护律师不得就被告人的犯罪性质进行交易，只能就量刑问题进行协商。量刑的协商限定最高减刑幅度为法定刑的 1/3，并且交易不能违背起诉的合法性原则，即检察官不能自由决定撤销指控。协议不能涉及是否起诉的决定。意大利《刑事诉讼法典》规定，不得就指控的罪名进行交易，以减轻被告人的刑罚。

4. 程序

意大利辩诉交易的程序包括以下内容:

(1)辩诉交易的时间。

在初期侦查阶段,任何一方当事人都可以向法官提出适用该程序的要求;初期侦查结束后,在初步庭审中,法官认为“条件具备”,可以决定适用该程序;在宣布开始第一审法庭审理之前,当事人可以提出适用辩诉交易程序的请示。

(2)检察官掌握了充分的有罪证据,控辩双方对被告人有罪问题不存在争议的前提下,就判刑达成协议。

(3)法官审查协议。法官对辩诉交易内容的审查不仅仅是形式上的审查,除了要审查被告人对辩诉交易的自愿性外,还要审查指控罪名是否与被告人犯罪事实相符以及减刑是否在法定幅度内。辩诉交易的最高减刑幅度为法定刑的1/3。

(4)依据这一程序解决的案件,其上诉是否受到限制,要视辩诉交易对案件的处理而定。

5. 与美国辩诉交易的不同

意大利辩诉交易与美国的辩诉交易相比,主要有以下六点不同:

(1)意大利辩诉交易不以被告人作有罪答辩作为辩诉交易的前提条件。

(2)意大利辩诉交易的适用范围较之美国大大地缩小了,仅限于按照由控辩双方提议的种类和标准,适用替代性刑罚或者减轻1/3的财产刑,或者适用监禁刑,只根据具体情节并在减少1/3后该监禁刑不超过单处或者与财产刑并处两年有期徒刑或者拘役。

(3)意大利辩诉交易适用的刑事案件一般是在检察官掌握了被告人有罪的充分证据后,控辩双方对于被告人有罪的问题不存在争议。[1] 而美国辩诉交易处理的是事实不太清楚、证据不够充分的案件。

(4) 意大利辩诉交易只能就量刑进行协商，禁止控辩双方就犯罪性质进行交易。

(5) 意大利辩诉交易中法官以检察官移送的案件材料为基础，对交易情况进行审查和监督，以确保刑罚的正确性。

(6) 意大利辩诉交易不论检察官是否同意进行辩诉交易，被告人都可以直接向法官请求适用该程序。

三、目前我国刑事司法实践中运作的“交易”

我国的刑事诉讼法中没有明确的有关辩诉交易的规定。但是，在我国的刑事诉讼司法实践中，却一直存在着符合辩诉交易特征的一些做法。其主要包括：

(一)“坦白从宽”政策的贯彻

作为众所周知的刑事政策，“坦白从宽”可以说是我国司法实践中包含辩诉交易元素的最为典型的形式。“坦白”即要求犯罪嫌疑人、被告人承认犯罪、供述犯罪行为及事实。“从宽”即犯罪嫌疑人、被告人因其坦白认罪的行为，而在量刑上获得从轻或者减轻。该交易行为突出体现在三个方面：(1) 被告人在侦查、控诉、审判阶段作出有罪供述，以换取从轻处罚；(2) 检察官在提起公诉时，对于在侦查起诉阶段作出有罪供述的被告人，通常会在公诉书中提出诸如“鉴于被告人认罪态度较好，建议法庭从轻处罚”等量刑建议；(3) 法官在裁判时，对于接受“坦白从宽”交易的被告人通常也会在量刑上从轻处罚，给予一定程度的优惠，如在判决书中载明“鉴于被告人认罪态度较好，依法从轻处罚”等。

---

① 参见卞建林、刘玫著：《外国刑事诉讼法》，人民法院出版社、中国社会科学出版社2002年版，第314页。

（二）自首、立功的情况

我国刑法第67条第1款规定："犯罪以后自动投案，如实供述自己的罪行的，是自首。对于自首的犯罪分子，可以从轻或者减轻处罚。其中，犯罪较轻的，可以免除处罚。"第68条规定："犯罪分子有揭发他人犯罪行为，查证属实的，或者提供重要线索，从而得以侦破其他案件等立功表现的，可以从轻或者减轻处罚；有重大立功表现的，可以减轻或者免除处罚。犯罪后自首又有重大立功表现的，应当减轻或者免除处罚。"此即通过法律规定明示可以进行量刑交易。也就是说，通过主动投案自首或者检举他人等立功表现，换取量刑上的从轻或者减轻。

（三）"普通程序简易审"

"普通程序简易审"更是吸收了英美法系国家辩诉交易中认罪和合意的因素。从1999年开始，为了提高诉讼效率，北京等省市的司法机关进行了"普通程序简易审"的尝试，即将本应适用普通程序审理的第一审刑事案件采用简易化审理的方式进行审理。此后，最高人民法院、最高人民检察院和司法部联合颁布了《关于适用普通程序审理"被告人认罪案件"的若干意见（试行）》，并于2003年3月14日开始在全国试行。根据该意见第1条和第3条的规定，被告人对被指控的基本犯罪事实无异议，并自愿认罪的第一审公诉案件，经人民法院、人民检察院、被告人及其辩护人的同意，可以进行"普通程序简易审"。该意见第9条还规定："人民法院对自愿认罪的被告人，酌情予以从轻处罚。"

（四）酌定从轻情节的运用

在我国刑事司法实务中，侦查机关、检察机关对于行贿人指证受贿人的免责处理，共同犯罪中的污点证人制度，检察制度改革中的量刑建议，刑事诉讼中的认罪悔罪、刑事附带民事诉讼中的被告人积极赔偿可作为量刑处罚的酌定从轻情节等。

四、我国引入辩诉交易制度的必要性

改革开放后，随着我国经济的高速发展，特别是加入 WTO 之后，社会已进入转型时期，犯罪案件日益增多。现有的司法资源越来越不能适应案件的增多。司法资源的匮乏日益凸显。1996 年刑事诉讼法修改后，增加了简易程序，使一些较轻犯罪案件通过简化诉讼程序得以解决。简易程序虽然较之普通程序简单，但是毕竟简易程序适用案件的范围有限，且必须经过审判并根据案件材料作出判决。因此，简易程序在一定程度上节约了司法资源，但是还是存在局限性的。随着诉讼实践的发展，可否借鉴辩诉交易制度已经成为法学界和司法部门共同关注的话题。特别是在 2002 年 4 月 11 日牡丹江铁路运输法院运用辩诉交易审结一起故意伤害案（号称“中国辩诉交易第一案”）后，辩诉交易更是引起了法学界的激烈争论。

作为“中国辩诉交易第一案”的指导机构黑龙江省高级人民法院刑事审判第一庭曾总结了该案的几点收获：“1. 保证了司法公正。通过诉辩交易，使事实证据存有缺陷的案件以被告人作出有罪供述并接受审判结果来得以审结，从某种意义上讲，对国家、对社会、对民众乃至对犯罪人都是一种现实的公正。2. 提高了诉讼效率。一起诉辩双方对事实证据有严重分歧的案件，能用短短 25 分钟的时间迅速审结，充分体现了制度创新的效益，体现了诉辩交易快捷高效的特点。3. 节约了诉讼成本。通过诉辩交易，案件得以迅速审结，且无上诉、抗诉、申诉，节省了大量的人力、物力、财力，使诉讼经济原则得以切实地落实。4. 实现了多方满意的结局。以本案为例，当庭宣判后，处理结果达到了公诉方、被告方、辩护方、被害方及旁听群众的‘五满意’。合议庭的法官们也从中体会到了作为一名裁判者公正、快捷执法的满足感。”①

笔者认为，辩诉交易在我国具有可借鉴性，将辩诉交易机制引入我国是司法改革的需要，具有现实的必要性。

第一，辩诉交易符合我国司法现状的需求。如前所述，辩诉交易正是在美国社会控制犯罪的刑事司法制度面临严峻挑战的背景下产生的。可以说，我国目前也正处于当年辩诉交易在美国产生时的社会状况之中，即社会正处于转型期，刑事案件不断增加，而有限的司法资源很难在短时间内增加。司法资源的匮乏难以适应刑事案件增长的需要。而辩诉交易提高诉讼效率、降低诉讼成本、节约司法资源的特点正可以尽快结案，减少积案，解决案件拖延甚至久拖不决的问题。

第二，辩诉交易有利于保护被害人、保障被告人的合法利益，体现了刑事诉讼的民主性。对于被害人来说，在遭受人身和财产的损害后，从其切身利益出发，无疑渴望尽早从讼累中解脱出来，能够看到犯罪行为人受到惩罚，而自己尽快获得赔偿。案件未决的时间越长，对被害人造成的损失和伤害越大。司法实践中，被害人往往难以实际得到被告人的民事赔偿，合法权益得不到维护。确立辩诉交易程序，不但能够节省被害人在诉讼过程中的开支，降低其诉讼成本，而且可以大大提高诉讼效率，加快案件的审结速度，从而保护被害人的利益，对被害人及其家属也会起到安慰的作用。

对于犯罪嫌疑人、被告人而言，处于国家刑事追诉下的压力和痛苦是极为沉重的。特别是被采取了强制措施的犯罪嫌疑人、被告人，他们最需要的就是能够恢复人身自由和获得精神上的解脱。辩诉交易是对被告人程序主体地位的肯定，有利于培养尊重被告人程序主体地位的观念，并使其获得实际的好处。也就是说，因被告人认罪，可以使其尽早地结束羁押的不稳定状态，并且被判处较少的

① 黑龙江省高级人民法院刑事审判第一庭写给院党组的《关于牡丹江铁路运输法院审结国内诉辩交易第一案有关情况的报告》。

刑罚，有利于减轻被告人的心理压力和抵触情绪。在一定意义上，也有利于他们尽快地回归社会。

第三，辩诉交易有利于将我国长期实行的“坦白从宽”的刑事政策与宽严相济刑事政策法定化，并真正贯彻执行；有利于促使犯罪行为人认罪和悔罪；有利于犯罪行为人回归社会。在一定程度上，还有利于解决司法实践中普遍存在的刑讯逼供与超期羁押等问题。

第四，辩诉交易顺应了迅速处理刑事案件的国际趋势。《公民权利和政治权利国际公约》第9条第3款规定：“任何因刑事指控被逮捕或者拘禁的人，应被迅速带见审判官或者其他经法律授权行使司法权力的官员，并有权在合理的时间内受审判或者被释放。”《少年司法最低限度标准规则》（又称《北京规则》）第20条也规定：“每一案件从一开始就应迅速处理，不应有任何不必要的拖延。”以上的国际公约、规则的规定均要求迅速及时地处理案件。因此，导入辩诉交易制度能够更好地执行国际公约、规则的规定。

总之，辩诉交易制度有利于增强判决结果的可预见性，有利于节省各方的诉讼投入、降低司法成本、提高诉讼效益。如果运用得当，对于实现刑事诉讼公正与效率的双重价值目标具有重要意义。对于我国刑事司法资源短缺的现状，引入辩诉交易制度，是具有积极意义的。

当然，目前在我国法律未规定辩诉交易的情况下，专门法院及地方法院自己决定实行辩诉交易的探索，虽然具有其现实意义，但是缺乏法律依据，应尽快通过立法将辩诉交易制度法律化。

五、我国辩诉交易制度的设计

在我国，辩诉交易制度是一个全新的制度。如何构建这样一个全新的制度需要慎之再慎。如果不顾我国的国情和司法现状，完全照搬美国或者其他国家的辩诉交易模式，不仅难以在司法实践中发挥其应有的作用，还会因公众难以接受辩诉交易的理念而阻碍该制度的运用和发展。因此，必须结合我国的实际情况，构建适应我国国情的辩诉交易制度。为此，作为我国引进与借鉴辩诉交易制度的前提，对我国刑事诉讼构造、侦查中司法控制机制、辩护律师的辩护权、检察官的起诉裁量权，以及审判方式的改革都是至关重要的。

我国辩诉交易制度主要应该包括以下内容：

（一）辩诉交易的适用范围

对于辩诉交易的案件适用对象，当前学界和实务界大体存在以下争议：

1. 对罪行轻重的意见分歧

考虑到我国的实际情况和社会的接受程度，有学者认为，适用辩诉交易的对象应限定为轻罪案件，即可能判处 3 年以下有期徒刑、拘役、管制、单处罚金的轻微刑事案件。[①] 另一种意见认为，轻微刑事案件在总的刑事案件数目中所占的比例不是很大。因此，只限定于轻微刑事案件，对于辩诉交易提高诉讼效率的作用无法充分体现。因此，应将适用辩诉交易的案件限定在法定刑为 10 年以下有期徒刑、拘役、管制和单处罚金的案件。

2. 对案件的证据是否存疑的争议

有学者认为，只能对有一定证据但证据又不充分的案件适用辩诉交易。如果证据确实充分就不必适用辩诉交易，而应适用简易程序。[②] 另一种观点认为，案件证据是否充分本来就没有一个具体的标准，控辩审三方也不一定能有统一认识，是否采用辩诉交易，应取决于控方和辩方是否愿意且是否达成协议，而不应以证据是否充分作为标准。

---

① 参见陈卫东：《从建立被告人有罪答辩制度到引入辩诉交易——论美国辩诉交易制度的借鉴意义》，载《政法论坛》2002 年第 6 期，第 12 页。

② 参见陈卫东：《从建立被告人有罪答辩制度到引入辩诉交易——论美国辩诉交易制度的借鉴意义》，载《政法论坛》2002 年第 6 期，第 12 页。

3. 对首要分子、累犯、暴力犯等是否适用辩诉交易的争议

有学者认为，对犯罪性质严重、犯罪情节特别严重和犯罪集团的首要分子、累犯，对危害国家安全、杀人、爆炸、抢劫、强奸、绑架等暴力性犯罪分子的案件不应当适用辩诉交易。反对意见则认为，不宜对此类案件加以特别限制。

对于以上各争议，也有学者认为，对辩诉交易案件的适用范围不应当进行限制，应当适用于所有的案件。①其理由为：一是所有案件的被告人在法律上都应当是平等的，因此应平等地给予进行协商的机会；二是法定刑较高的案件的被告人也有可能被判处轻微的刑罚，因此在判决前就以法定刑的高低划分被告人，有欠科学并违反无罪推定原则。

笔者同意对辩诉交易案件的适用范围不应当加以限制，应当适用于所有的案件。但是，对于其理由持保留意见。

（二）辩诉交易的主体

对于参与辩诉交易的主体，学界也存在两种观点：一种观点认为，公诉人、被告人、被害人三方参与协商并达成一致意见方可适用辩诉交易。另一种观点认为，辩诉交易的主体只有作为控方的检察官和辩方的被告人及其辩护律师。被害人或者其法定代理人、诉讼代理人不能够直接参与协商，但享有知情权和表达意见权。检察官应当听取被害人的意见，通报协商的进程和结果，并在协议内容中给予被害人足够的补偿。被害人坚决反对控辩双方进行协商的，检察官不应轻易与辩方达成协议。②

笔者认为，在辩诉交易程序中，交易的主体是控辩双方，即检察官与被告人及其辩护人。被害人不得参与交易，其不是辩诉协议的当事人，而是独立于检察官的辩诉协议的第三人。检察官应当将

---

① 参见冀祥德著：《建立中国控辩协商制度研究》，北京大学出版社 2006 年版，第 122 ~ 123 页。

② 参见冀祥德著：《建立中国控辩协商制度研究》，北京大学出版社 2006 年版，第 123 页。

辩诉交易内容通知被害人。被害人虽无权直接参与辩诉交易，但是有权在辩诉交易过程中向检察官提出不同意见。在不满辩诉协议时，有权向人民法院提出抗议，并可以作为被害人进行陈述和提出量刑建议。为了充分保护被告人的利益，建议辩诉交易应当通过辩护律师进行。因为通常被告人对法律和证据等均缺少准确、充分的认识，因此求助于有法律专业知识的律师的帮助是最佳的选择。律师能够从被告人的最大利益出发，在辩诉交易过程中维护被告人的利益。

（三）辩诉交易的内容

只有在被告人认罪后，控辩双方才开始在辩诉交易过程中对指控的具体问题展开协商。如果双方经协商无法达成协议，则被告人的认罪应被认为是无效的，案件将进入普通程序进行审理。

辩诉交易的内容主要包括：（1）经协商，被告人可以同意控方指控的犯罪事实、证据及罪名。或者在有被害人的案件中表示积极赔偿并兑现对被害人造成的损失，或者放弃对控方指控涉嫌犯罪事实证据不足的辩护意见。（2）检察官承诺向法官建议对被告人减轻或者从轻处罚，并提出具体的罪名和量刑建议。这中间包括对罪名的协商和对量刑的协商。

罪名的协商，即通过控辩双方协商，使检察官降低或者减少指控，以较轻的罪名来取代本应指控的较重的罪名，或者将本应指控的数个罪名改为只指控其中的一个罪名。

量刑的协商，即检察官承诺向法官建议对被告人适用较低幅度的刑罚。应当注意的是，协议后的求刑只是一个量刑建议，量刑的最后决定权还是属于法官。当然，从一定意义上说，控辩双方通过辩诉交易达成的协议，对于法官也是有约束力的。除非出现法定的违背协议的情况，法官都应当按照协议的内容进行定罪量刑。有学者建议，为了防止控方作出无限制的让步，应将量刑折扣的幅度限制在法定刑的1/3以内，即辩诉交易达成的协议中的刑罚年限不能少于其法定刑的2/3。[①] 对此，笔者认为，需要通过司法实务界对以往案件的量化分析及对犯罪行为人的调查研究方能确定一个比较科学、可行的比率。

（四）辩诉交易的程序

辩诉交易的基本程序为：

1. 程序的启动

检察官或者辩护律师在征得被告人同意后均可以提议启动辩诉交易程序。控辩双方中的一方提议或者申请辩诉交易程序，而另一方也表示同意时，则正式启动辩诉交易程序。检察官应当在人民法院第一次开庭审理前，将该案已经启动辩诉交易程序的情况通知受理人民法院。

2. 协商程序

检察官和被告人及其辩护律师进行协商。在被告人明确表示认罪的基础上，双方就被告人的罪名及量刑进行协商。有被害人的案件中还应考虑被害人的意见。法官不应介入协商过程。

被告人除认罪外，还应承诺愿意接受法庭审判，自愿赔偿被害人因被告人犯罪而遭受的经济损失等事项。辩护律师应放弃事实不清、证据不足的辩护意见，同意检察机关指控的事实、证据及罪名。检察官则应承诺降低或者减少对被告人的指控，或者向人民法院建议对被告人从轻、减轻处罚或者不反对辩护方的量刑请求等。

辩诉双方就以上事项达成一致意见的，则应制作书面协议。协议载明辩诉交易的提起方及参与人、进行协商的时间及地点、协商的具体内容，并由达成协议的控辩双方签字盖章。如果案件有被害人的，则应在协议中注明被害人的意见。

辩诉双方未能达成协议的，则被告人的认罪应被认为是无效的，案件将进入普通程序进行审理。被告人此前所作的认罪，不能

---

① 参见冀祥德著：《建立中国控辩协商制度研究》，北京大学出版社2006年版，第123页。

作为被告人有罪的依据或者进行其他不利的推断。

3. 法庭审查

控辩双方达成协议后，应在法定的时间内告知人民法院。法院开庭时，应当当庭宣读协议书。法官应对协议进行司法审查，确认协商的正当性。法官可以通过询问被告人、听取辩护律师及检察官的意见等方式，审查和确认协议的合法性及事实根据，以及协议是否出于被告人的明知和自愿。在有被害人的案件中，人民法院还应询问被害人或其法定代理人、诉讼代理人的意见。

4. 审查结果

法官对协议进行审查后，认为协议符合自愿合法的要求，应当接受该协议，当庭作出判决。判决自送达之日起生效。对于依辩诉交易程序作出的判决，被告人不能上诉，检察官不能抗诉。

此外，法官经过审查认为协议有违被告人自愿原则，或者不存在认罪的事实基础的，或者一方存在违反协议约定的内容的，则可以拒绝该协议。被告人在法官作出判决前，也有权随时撤回该协议。

(五) 辩诉交易程序相关的保障机制与制度

根据我国现有刑事司法制度，引入和实行辩诉交易制度，还必须建立起相关的保障机制与制度，才能保证辩诉交易顺利、有效地实行。这些保障机制与制度大致应当包括以下内容：(1) 完善犯罪嫌疑人、被告人的权利保障机制，赋予犯罪嫌疑人、被告人更多的防御性、救济性权利的保障制度。例如，确立犯罪嫌疑人、被告人“不被强迫自证其罪”的权利，完善犯罪嫌疑人、被告人的辩护权。(2) 建立非法言词证据排除规则，使违背被告人自由意志作出的陈述作为非法证据得以排除。(3) 加大辩护律师参与诉讼的程度。建立辩护律师从侦查开始即充分发挥作用的机制。切实保障辩护律师的在场权、会见通信权和调查取证权等权利。(4) 建立完善的辩护律师阅卷制度、证据开示等制度，从而使辩护律师得以全面知悉控方掌握证据情况，更好地帮助犯罪嫌疑人、被告人作出是否进行交易以及作何交易的决定。（5）赋予检察官广泛的自由裁量权。建议适用辩诉交易程序，经被告方同意从而启动辩诉交易程序。在被告人自愿认罪后，检察官有权向人民法院提出降低或者减少指控、从轻或者减轻量刑的建议等。（6）法律人才制度的配套。引入辩诉交易程序成败，人的因素至关重要。引入辩诉交易程序的成败也取决于有没有高度职业化的法律专业队伍。因此，应当培养精英的法官、检察官和律师队伍，并依照司法运行规律进行管理。这就需要进一步改革和完善我国的司法考试制度。(7)完善对司法工作人员的监督机制。加强司法机关内部外部的监督机制。（8）加强律师行业的内部管理，提高律师的职业道德，从而保障辩护律师能够忠诚地为被告人的利益而服务，等等。

引入辩诉交易制度，既符合我国宽严相济的刑事政策，也是现阶段刑事司法的需求。但是，毕竟辩诉交易生成的制度基础与文化背景均与我国的国情存在着较大的差异。如前所述，引入辩诉交易需要建立和整合的保障机制及制度很多，因此，辩诉交易制度的引进不是一蹴而就的，要非常慎重。必须从我国的国情出发，在有良好的司法监督机制和高水平的司法人才队伍的保障下，坚持公正与效率并重的原则，方能构建中国式的辩诉交易制度。

第三节　刑事和解制度

一、刑事和解制度概说

（一）刑事和解制度的发展脉络

刑事和解制度，又被称为被害人与加害人和解（Victim - Offender - Reconciliation，即简称 VOR）、被害人与加害人会议（Victim – Offender – Medition)、恢复性司法（Restorative justice）[①] 等，是指在犯罪后，经由调停人（或组织）介入，通过加害人与被害人直接商谈、协商，解决刑事纠纷，以弥补被害人所受到的伤害、恢复被加害人所破坏的社会关系，并促进加害人的回归社会，最终实现加害人与被害人之间社会关系的和睦化。被害人与加害人之间的和解，最早可以追溯到原始社会状态下的私力救济，因为在当时，除了血亲复仇、同态复仇以外，也存在着较为平和的、被害人与加害人之间的弥补性、补救性措施。[②] 当然，我们现在论及的刑事和解制度，是指现代语境下的一种刑事政策机制或者说刑事司法机制。

现代刑事和解制度的产生是20世纪中后期即60、70年代在发达国家逐渐发展起来的。1974年始于加拿大安大略省基陈纳县（Kitchener）的被害人与加害人和解计划（VORP）成为这一领域的榜样。1978年，美国的第一个VORP是在印第安纳州厄克哈特市由门诺派教徒中心委员会（Mennonite Central Commttee）和罪犯与社区共同体组织（Prisoner and Community Together）共同进行的。而同样在美国，更早的类似工作可以追溯到20世纪60年代由公共刑事司法局（主要是在缓刑部）尝试的少年司法系统中被害人与

① 有学者认为，英文中的 Restorative justice，应翻译为“恢复正义”（参见向朝阳、马静华：《刑事和解的价值构造及中国模式的构建》，载《中国法学》2003年第6期），但笔者认为，justice 一词应该是一个实体性概念，这从相类似词语的表达中可以看出。在表述司法活动的语境中，例如 community probation（社区缓刑）一词又可称为 community justice（邻里司法，参见 Joan Petersilia，A Decade of Experimentioing With Intermediate Sanctions：What Have We Learned? Federal Probation，December1998，pp. 3 – 9），显然，这里的 justice 是用以指称一种司法活动或者制度的，而不宜理解为“正义”。相应地，虽然刑事和解中包含有恢复正义的价值蕴涵，但主要还是作为一种运行机制来理解的，所以译为“恢复性司法”应该更妥。

② 如在高加索地区奥赛特部落中，杀人者可以到被杀的人家里去当养子；在西伯利亚地区的楚克奇部落中，杀人者则到被害人家里去做奴隶。参见［法］米海依尔·戴尔玛斯 – 马蒂著：《刑事政策的主要体系》，卢建平译，法律出版社2000年版，第192页。

加害人调解的调解计划，在1965年至1979年间，有34个相关计划在公共刑事司法局的推动下实践。① 之后，这一制度也相继在加拿大、英国、德国、法国等西欧国家及澳大利亚等国的司法实践中得到适用。进入20世纪90年代，刑事和解制度得到了更广泛和深入的发展。在美国，已有14个州的少年法典规定了刑事和解制度，并成立了大量的刑事和解组织与机构。1999年，加拿大矫正局所属的相关组织已经资助了14项示范性刑事和解计划。而在2000年春，加拿大司法部发起了全国性的与被害人协商活动，该国最高法院也在一些个案中体现出了支持刑事和解的态度。② 在英国，截至1990年已成立了14个和解组织。③ 在德国，1998年1月修订的《少年法院法》中，明确载入了刑事和解制度的有关规定，而在同年11月该国新颁布的《刑法典》中，则进一步对成年人犯罪后的刑事和解制度加以规定。④ 在澳大利亚，首都地区已在法律上确定了犯罪人与被害人的协商会形式。自1995年起，该国大学还实施了一项名为"重建耻辱试验"的研究计划，对堪培拉的协商会议进行研究。⑤ 2002年7月由英国内政部长、上议院大法官及总检察长提交议会的司法改革报告中提出，"扩大运用司法矫正计划，如罪犯能与被害人（如被害人愿意）、社会代表和其他人士见面，以消除如何处理犯罪的后遗症及让罪犯看到未来的希望。这样做有助

---

① 参见［美］博西格诺等著：《法律之门》，邓子滨译，华夏出版社2002年版，第659~660页。

② 参见彭海青：《论恢复性司法》，载《中国刑事法杂志》2004年第3期。

③ ［日］奥村正雄：《英国被害人学的产生和发展》，载《被害者学研究》1996年第3期。转引自刘凌梅：《西方国家刑事和解理论与实践介评》，载《现代法学》2001年第2期。

④ 参见《德国刑法典》，徐久生、庄敬华译，中国法制出版社2000年版，第57页、255~256页。

⑤ 参见彭海青：《论恢复性司法》，载《中国刑事法杂志》2004年第3期。

于被害人向罪犯转达其罪行的后果以及影响罪犯为其罪行做补偿。”①

（二）刑事和解制度的价值分析

作为自20世纪末以来在发达国家得到蓬勃发展的新型刑事司法制度，其自身所具有的多重价值是其旺盛的生命力的最好诠释；不仅如此，在宽严相济刑事政策的视角下，刑事和解制度的价值尤为凸显。

首先，刑事和解制度的兴起，使被害人的权益得到了主体化的关照，从而使刑事司法进程中的公正性得到了全方位的体现。自近代以来，随着西方启蒙思想的发端，并在其中“自由、平等、博爱”理念的人性关怀之下，伴随着资产阶级政权的建立，在刑事司法领域中被告人由刑事诉讼的客体地位不断跃升为刑事诉讼的主体之一；同时，罪刑法定原则、无罪推定原则、禁止双重危险原则等规则以及证据制度、辩护制度等机制的设立，为被告人的权利保护提供了实体和程序上的相当保障。而反观被害人的权益保护，却似乎显得极不平衡。自从结束了人类社会早期的自诉形式转由国家追诉犯罪以后，公诉垄断主义或者说公诉至上主义成为追诉犯罪的最主要模式。“在传统的刑法观念中，一切犯罪人与受害人之间的直接接触应予避免，惩罚的权力是专属于国家的，因为国家的主权曾经受到了犯罪的侵害。”② 这样，在国家的阴影之下，被害人往往被“作为一个客体，一件证据，而不是一个有感觉和利益的

① 最高人民检察院研究室编译：《所有人的正义（英国司法改革报告）》，中国检察出版社2003年版，第31～32页。转引自彭海青：《论恢复性司法》，载《中国刑事法杂志》2004年第3期。

② ［法］米海依尔·戴尔玛斯－马蒂著：《刑事政策的主要体系》，卢建平译，法律出版社2000年版，第82页。

人"[①]，并且"受害人实际上是从刑法舞台上消失了"。[②] 正是因为自己的权益完全被湮没，"一些人（即被害人——笔者注）甚至觉得，刑事司法系统给他们的非个别化的待遇使他们遭受了第二次伤害"。[③] 这种厚此薄彼的做法显然背离了公平、正义的基本原则，也并不符合刑事政策的基本要求。正是注意到了被害人权益未能得到有效关照的现实，自20世纪中叶以降，研究被害人的成因与处境、被害预防、在诉讼中的地位及对被害人的补偿的被害人学逐渐发展成为一门新型学科，至20世纪60年代已经形成世界性的规模。[④] 在具体司法制度层面，发达国家都开始重视并提升被害人的地位。目前，在英美法系和大陆法系的主要国家，被害人在刑事诉讼中都获得了当事人的地位，同时，在美国、英国、加拿大、德国、法国、日本等国家还普遍建立了对犯罪中的被害人的国家补偿与社会援助制度。[⑤] 在这一大背景下，刑事和解制度的产生，既是对被害人权益关照的产物，又是对被害人充分关怀的机制延伸。在刑事和解制度中，被害人摆脱了客体或证据的被动角色，成为相关刑事活动中的主导者和完全意义上的主体，他可以基于自己的判断，自主考量、处分自己的权利，并通过这一处分行为影响甚至决定此后刑事司法活动的进程。正是由于自己的利益受到了充分的眷顾，自己的诉求得到了充分的实现，被害人的权益通过刑事和解机制得到了主体化的极大维护。随着刑事司法活动中居于天平两端的

① ［美］博西格诺等著：《法律之门》，邓子滨译，华夏出版社2002年版，第661页。

② ［法］米海依尔·戴尔玛斯－马蒂著：《刑事政策的主要体系》，卢建平译，法律出版社2000年版，第84页。

③ ［美］博西格诺等著：《法律之门》，邓子滨译，华夏出版社2002年版，第661页。

④ 参见许永强著：《刑事法治视野中的被害人》，中国检察出版社2003年版，第43页。

⑤ 参见许永强著：《刑事法治视野中的被害人》，中国检察出版社2003年版，第170页以下。

被告人与被害人的权益同时得到了全面兼顾，刑事司法进程的公正性也随之得以更为全面地实现。

其次，刑事和解制度的应用，促进了纠纷与冲突的有效化解。在传统的刑事司法制度下，通过国家的追诉，犯罪人固然受到了国家的制裁，但并不因此意味着纠纷与冲突同时得到了有效的化解，甚至在特定案件（如过失伤害案件或因民事矛盾、纠纷而引发的故意伤害案件）中，被告人及其家人往往会对己方承担刑事责任产生极大的对抗心理和抵触情绪，由此导致相关的民事纠纷、冲突非但未能化解，反而会因刑事制裁的产生而进一步恶化。而刑事和解制度则创设了一种更易于解决纠纷与冲突的化解平台。在这一平台上，双方共同参与、理智对话、理性协商，以恢复、修补相关受损法益而非完全归责、惩罚的思路来解决纠纷。有了这一平台，被告人可以更直观、真切地感受到自己的犯罪行为给被害人造成的物质、肉体和精神上的巨大痛苦，从而帮助其唤醒内心的负罪感、耻辱感，促进其悔罪心理的产生和悔改举动的作出；就被害人而言，向加害人面对面地叙说自己遭受的伤害及由此带来的痛苦，这一过程本身，就是“一种有效的心理治疗方式”，① 同时，相关研究表明，“一般公众，特别是犯罪被害人，远不像人们想的那么具有报复性”，② 因此，当叙说了自己的不幸并得到了犯罪人较为真诚的悔罪表示后，被害人方往往并不会一味执著地追求对犯罪人予以刑事处罚的结果，而是会选择和解方式以最终化解纠纷。③ 因此，“在调解活动中，赔偿只不过是一种手段，其首要目标（无疑也是

① Gehm. John R：“Victim—Offender Mediation Programs：An Exploration of Practice and Theoretical Frameworks.”Western Criminology Review 1（1998）。转引自向朝阳、马静华：《刑事和解的价值构造及中国模式的构建》，载《中国法学》2003 年第 6 期。

② ［美］博西格诺等著：《法律之门》，邓子滨译，华夏出版社 2002 年版，第 661 页。

③ 当然，以刑事和解方式解决纠纷是有一定条件范围而非无条件的，在文后还将专门谈及。

更宏伟的目标）是要在以往民事诉讼或刑事诉讼的‘对立双方’之间通过协商重建和谐”。[①] 这种被杜尔凯姆称作复原性制裁的手段正适用于建立在有机连带主义基础之上的、有着社会劳动分工的社会（工业社会），而建立在机械连带主义基础之上的传统社会所适用的惩罚性制裁[②]又是无法实现此种功能的。

再次，刑事和解制度的运行，推动了犯罪人与被害人共同的再社会化。传统的刑事司法机制中，如果被告人被追究刑事责任，也就同时意味着该被告人被贴上了“罪犯”的标签。而一旦一个人已经被公开界定为一个罪犯，这个人就可能会发现他和其他被认为是罪犯的联系与他与那些被认为守法的人的联系的比率发生了巨大的变化。这种变化导致了对罪犯身份的接受，并且犯罪活动就成了自然而然的过程，这就是西方犯罪学中的标签理论，也被犯罪学家称为标签的“罪恶的戏剧化”。[③] 传统刑事司法制度将无须标签化的行为人罪犯化，其直接后果是使大量轻微犯罪或主观恶性并不突出的犯罪行为的行为人受到“罪犯”标签的影响，“背负着‘犯罪人’这副沉重的十字架，面对着社会信任、社会尊重和社会机会的严重丧失”，[④] 这种状况，显然是与对罪犯予以刑事处罚的目的和犯罪人再社会化的目标相背离的。同时，就被害人而言，传统的刑事司法机制看似包办了被害人的利益保护，但实际上在很多情形下，被害人未能得到应有的心理抚慰，痛苦、焦虑、不安仍然会困

① ［法］米海依尔·戴尔玛斯－马蒂著：《刑事政策的主要体系》，卢建平译，法律出版社2000年版，第106页。

② ［法］米海依尔·戴尔玛斯－马蒂著：《刑事政策的主要体系》，卢建平译，法律出版社2000年版，第89页。

③ ［英］韦恩·莫里森著：《理论犯罪学——从现代到后现代》，刘仁文等译，法律出版社2004年版，第300页。

④ 张远煌：《犯罪解释论的历史发展与当代趋势——社会反应与犯罪关系论要》，载《法学家》2004年第5期。

扰着被害人,[①] 这也影响了被害人的再社会化。在刑事和解机制下，由于对被告人予以不再启动（或终止）刑事追诉的处置，使其避免了被贴上“罪犯”的标签及其不利影响，保障了其再社会化的进程；同时，由于双方是在平等、理性的基础上展开的协商，加害人不仅给予了被害人物质补偿，也进行了精神上的悔悟，使被害人的物质损失得以弥补，精神上也得到了尽可能的慰藉，能以更佳状态回归社会。而且，和解的结果也降低了被害人再次受到行为人侵害的可能性，这些无疑都促进了被害人再社会化的实现。

另外，通过刑事和解制度的适用，在司法实践中已经取得了良好的绩效。一方面，刑事和解中的有关当事人普遍对这一机制予以了积极评价。据美国调解与恢复性司法中心昂布里特博士在1994年对全美的被害人—犯罪人调解程序中所做调查显示：参加这一程序的被害人中，79%的人对这种模式表示非常满意，83%的人表示调解程序非常公平；同时，参加这一程序的被告人中，87%的人对程序非常满意，89%的人表示程序非常公正，另外，超过90%的调解程序最终达成了协议，81%的被告人执行了协议的赔偿义务，而经法院判决承担赔偿责任的犯罪人中仅有58%实际执行了判决规定的赔偿内容。[②] 另一方面，就刑事和解制度对犯罪人的特殊预防而论，也收到了相当理想的效果。美国明尼苏达大学调解与恢复性司法中心1996年的随机调查显示，参加恢复性司法的青少年犯的再犯率为18%，而正规司法程序处理的青少年中的再犯率则为27%。英国专家在1990年的调查中也发现，恢复性司法处理的犯

① 尤其是在前述谈到的因民事矛盾、纠纷而引发的故意伤害案件中的许多被害人，通常也对矛盾的产生或激化负有直接或间接责任，因此，在加害人受到刑事追究后，被害人往往会担心自己将来会受到犯罪人及其家人的进一步伤害。

② 参见郭建安、郑霞泽主编：《社区矫正通论》，法律出版社2004年版，第461页。

罪人的再犯率比正规司法系统的再犯率低10%。[①] 而英国牛津郡警察局针对当地商店盗窃案件较多的情况，在1994年对此类案件采取了刑事和解措施予以解决，结果使当年零售商店的被盗率降为4%，而邻近地区商店的被盗率则高达35%。[②]

最后，刑事和解制度的施行，有助于体现并实现宽严相济刑事政策中刑法宽缓的一面。在当前中国社会转型过程之中，犯罪率居高不下，暴力犯罪频繁发生。其中，故意伤害犯罪一直居于高位。[③] 而大量的故意伤害案件往往都发生在亲友、邻里、同学、同事等熟人之间，且多是由于琐事引起或由于激情发生。对于此类案件，如果完全按照刑法的相关规定办理，并不一定能在定罪量刑之后起到维护法益、恢复正义的作用，相反却可能产生新的矛盾和社会不安定因素。[④] 相反，通过刑事和解制度的推行，通过被害人和犯罪人之间的沟通与交流，最大限度化解矛盾，平息被害人的情绪，使被害人及时得到赔偿，从而实现纠纷的终局性解决，使司法活动取得良好的社会效益。[⑤] 同时，正是在双方的沟通过程之中，犯罪人的行为在一定程度上得到了被害人的谅解，从而国家与犯罪人之间的对抗状态也能得以消除或缓和，国家对犯罪人予以宽缓化

① 参见张庆方：《恢复性司法——一种全新的刑事法治模式》，载陈兴良主编：《刑事法评论》（第12卷），中国政法大学出版社2003年版，第483~487页。转引自郭建安、郑霞泽主编：《社区矫正通论》，法律出版社2004年版，第461页。

② 参见王运生、严军兴著：《英国刑事司法与替刑制度》，中国法制出版社1999年版，第145页。转引自向朝阳、马静华：《刑事和解的价值构造及中国模式的构建》，载《中国法学》2003年第6期。

③ 最近几年的统计资料显示，故意伤害案件数量一直在我国刑事案件立案总数中居于前列。

④ 近年来，许多故意伤害的刑事案件，在人民法院作出判决之后，被告人、被害人双方均不满意，被告人反复申诉、被害人一再上访的现象屡见不鲜。这也提醒我们应对长期以来国家单一化、垄断式处理刑事案件的做法进行反思。

⑤ 参见周光权：《论刑事和解的价值》，载赵秉志主编：《和谐社会的刑事法治：中国刑法学年会文集》（2006年度），中国人民公安大学出版社2006年版，第508~509页。

处理也就具有了法理基础，获得了正义性；而且，这部分犯罪人也自然与那些拒不认罪、怙恶不悛的犯罪人拉开了距离，为刑法进行区别对待提供了前提。也正是在这一意义上讲，刑事和解机制成为了实现宽严相济刑事政策区别对待、宽其该宽、严其该严精神的又一机制路径。

二、对我国刑事和解制度的总体观察

（一）我国刑事和解制度的特性分析

在中国，虽然如马蒂教授所言，调解在西方文化中向来不受青睐，而在其他文化尤其是远东文化（主要指中国——笔者注）中，调解是处理纠纷的基本方法。在远东，法官在审理案件时多喜欢用调解手段而不愿制裁。[①] 但同时，我们也应当看到，自明清以降，国家对于民间就刑事案件而进行的和解，还是作出了很多限制的。民间和解的刑事案件范围限于轻微的刑事纠纷，徒流以上罪行和犯奸罪等严重犯罪均不得私和。[②] 不但如此，明清律中还把违反规定的私和作为犯罪。[③] 尽管这样，在当时，刑事案件的民间和解还是较大量存在的，如在清末广东的许多地区，民间私和命案的现象极为普遍。[④] 新中国成立初期，在国家高层“大民主观”理念和群众运动式国家治理模式支配下，在民事案件领域普遍推行了调解制

---

① ［法］米海依尔·戴尔玛斯－马蒂著：《刑事政策的主要体系》，卢建平译，法律出版社2000年版，第255页。

② 范愉：《试论民间社会规范与国家法的统一适用》，载谢晖、陈金钊主编：《民间法》（第1卷），山东人民出版社2002年版，第84页，注释11。

③ 如《大清律例·刑律·人命》中规定：“凡祖父母、父母及夫，若家长为人所杀，而子孙、妻妾、奴婢、雇工人私和者，杖一百，徒三年。期亲尊长被杀，而卑幼私和者，杖八十，徒二年。”参见［清］沈之奇著：《大清律辑注》（下），怀效锋、李俊点校，法律出版社1998年版，第710页。转引自徐昕著：《论私力救济》，中国政法大学出版社2005年版，第379页，注释167。

④ 参见赵娓妮：《国法与习惯的交错：晚清广东州县地方对命案的处理》，载《中外法学》2004年第4期。这也再一次表明了民间社会与官方（国家）的相异性。

度，并形成了以此为特色的“马锡五审判方式”。[①] 但在刑事案件范畴，对于民间的和解，我国一直持非常审慎的态度。目前，现有的法律对刑事和解制度仅有概括性的简略规定。根据刑事诉讼法第172条的有关规定，人民法院对自诉案件，可以进行调解；[②] 自诉人在宣告判决前，可以同被告人自行和解或者撤回自诉。这也就表明了目前我国刑事和解机制存在的空间及可以适用刑事和解机制的刑事案件范围。

在我国，刑事和解制度除了具备在当下发达国家中所有的前述诸多价值以外，还在两个方面拥有更为显著的优长。一方面，刑事和解机制的适用，契合了中国文化中的和谐观念。“从思维方式上看，中国传统哲学是讲和谐的。”[③] 这一点，无论是从强调“天人合一”的宇宙观，还是主张“知行合一”的认识观，或者是“情景合一”审美观上都是能得到充分印证的。长期以来，中国文化

① 对于“马锡五式审判”，当时的国家高层是极为推崇的，毛泽东就曾经提到：“还是马青天那一套好，调查研究，就地解决，调解为主。”转引自刘作翔著：《迈向民主与法治的国度》，山东人民出版社1999年版，第148页。

② 根据我国刑法的相关规定，自诉案件中的告诉才处理的案件包括侮辱罪、诽谤罪（但是严重危害社会秩序和国家利益的除外）、暴力干涉婚姻自由罪（致使被害人死亡的除外）、虐待罪（致使被害人重伤、死亡的除外）、侵占罪；根据最高人民法院、最高人民检察院、公安部、国家安全部、司法部、全国人大常委会法制工作委员会《关于〈中华人民共和国刑事诉讼法〉实施中若干问题的规定》中第4条的规定：“刑事诉讼法第一百七十条第二项规定由人民法院直接受理的‘被害人有证据证明的轻微刑事案件’是指下列被害人有证据证明的刑事案件：（一）故意伤害案（轻伤）；（二）重婚案；（三）遗弃案；（四）妨害通信自由案；（五）非法侵入他人住宅案；（六）生产、销售伪劣商品案件（严重危害社会秩序和国家利益的除外）；（七）侵犯知识产权案件（严重危害社会秩序和国家利益的除外）；（八）属于刑法分则第四章、第五章规定的，对被告人可以判处三年有期徒刑以下刑罚的其他轻微刑事案件……”

③ 汤一介：《对中国传统哲学的哲学思考》，载谢龙主编：《中西哲学与文化比较新论——北京大学名教授演讲录》，人民出版社1995年版，第84页。

中就强调“人与人，人与自然乃至整个宇宙之间的洽和无间”，[①]正如国学大师钱穆所言：“中国人的天性，所谓我们的国民性，‘和合’的分数是比较多过‘分别’的。”[②] 在法律文化中，“和为贵”理念之下的无讼思想更是中国自古以来的价值取向，对此，孔子“听讼，吾犹人也。必也使无讼乎！”[③] 的表达就是最好的注脚。可以说，刑事和解机制在中国，是有着深刻的文化观念认同和深厚的传统积淀的。[④] 在这种背景下，通过适用刑事和解机制，使因轻微犯罪行为而受损的社会关系恢复到原初状态的处理[⑤]显然更容易体现和实现中国民众追求和谐、重视和睦的心理和认知。尤其是在当前构建社会主义和谐社会的背景下，通过刑事和解机制化解部分社会纠纷，及时恢复受损的社会关系，其积极意义更是不言而喻。另一方面，刑事和解制度的适用，实现了犯罪消解手段的多元化，促进了司法资源的有效、合理配置，这一点，在中国具有更为突出的价值。正如本书已反复提到的，在我国，抗制犯罪的司法资

① 梁治平著：《寻求自然秩序中的和谐——中国传统文化研究》，中国政法大学出版社 1996 年版。转引自翁开心：《认真对待基层人民调解制度》，载谢晖、陈金钊主编：《民间法》（第 1 卷），山东人民出版社 2002 年版，第 176 页。

② 钱穆著：《晚学盲言》，东大图书公司 1987 年版，第 35 页。转引自彭海青：《论恢复性司法》，载《中国刑事法杂志》2004 年第 3 期。

③ 《论语·颜渊》。

④ 近 10 余年来，随着法律的传播和其在国家政治体系中地位的凸显，并伴着民众法律意识的普遍提高，积极主张权利，运用诉讼机制解决纠纷的现象开始大量涌现并层出不穷，甚至出现了“一元钱”、“一分钱”官司等极端案例，传统的“厌讼”、“无讼”观念一定程度上有所式微。但即便如此，也不可否认，长期以来形成的植根于民众之中的思维习惯和文化定式还是不会轻易改变的。例如，在 20 世纪 90 年代里，虽然人民法院受理的案件（民事案件）数量呈大幅上升趋势，但同期每年由人民调解机构和法律服务所调解的民事案件之和还是数倍于人民法院受理的案件（参见这一期间里每年的《中国法律年鉴》），而且这还不包括一些具有受理纠纷处理职权的行政机构（如公安局、旅游局、劳动局等）或半官方机构（如消费者协会等）所调解的大量民事纠纷。可见，重视和谐、期待和睦仍然在中国民众观念中占有的重要地位，也仍然会继续深刻地影响着民众对纠纷的判断与处置行为。

⑤ 也从这一意义上讲，“恢复性司法”一词的译法还是更为妥帖的。

源相对短缺的现状将在相当长的时间内延续，因此，司法资源如何有效配置和合理使用，将是在治理犯罪进程中必须予以考虑的重要课题。而在目前的司法实践中，大量本可以通过刑事和解制度予以消解的犯罪行为仍然通过司法机制解决，这无疑占用了大量宝贵的刑事司法资源，加剧了抗制犯罪的国家力量相对短缺的矛盾。而刑事和解正是一种主要利用民间社会力量来消解犯罪的机制，其在对被告人和被害人均能带来益处的同时，降低了“生产正义的成本”，① 给国家抗制犯罪整体进程带来的直接附随效应就是使国家专业犯罪抗制力量能从一些轻微犯罪行为的处置中抽身而出，投入对更为迫切的犯罪行为的抗制之中，使有限的司法资源能得到最大化和最优化的利用，② 从而在更广领域上实现公正与功利的兼得。

（二）对当前我国刑事和解机制的运行状况考察

目前，在我国刑事和解机制的运行中还面临着来自几个方面的制约。一方面，在现实中存在的刑事和解现象，很大程度上是非机

① 参见［日］棚濑孝雄著：《纠纷的解决与审判制度》，王亚新译，中国政法大学出版社2004年版，第272～282页。

② 在可以适用刑事和解机制的刑事案件中，伤害案件（含故意和过失，但进入刑事司法视野的通常还是故意伤害案件）是一个主要的组成部分。近年来，伤害案件占全国公安机关立案总数的比例一直较高。如1995年，全国伤害案件的总立案数为72259起，占总立案数的4.27%，居于盗窃（占总案数的67.01%）、抢劫（占总案数的9.73%）之后列第三位（参见1996年《中国法律年鉴》）；而到2002年，全国伤害案件的总立案数为141825起，占总立案数的3.27%，居于盗窃（占总案数的65.99%）、抢劫（占总案数的8.18%）、财产诈骗（占总案数的4.41%）之后列第四位（参见2003年《中国法律年鉴》）。而在伤害案件中，应该说，轻微伤害案件又占相当比例，据笔者对西部某省会城市的两个基层法院2004、2005年度故意伤害案件的判决结果的调研发现，被判处3年以下有期徒刑（含适用缓刑）的案件比例分别占总数的66%和89%（2004年度），71%和78%（2005年度）。应该说，被判处3年以下有期徒刑（含适用缓刑）的故意伤害案件，都属于情节较为轻微，而且根据相关司法解释的规定，也是可以适用刑事和解机制的。因此，我们完全可以考虑在实践中，对大量的轻微故意伤害案件转由刑事和解机制的管道分流消解，而一旦在全国范围内适用这一机制，则可以节约相当可观的司法资源转而投放到严重犯罪行为或严重影响公众安全感的犯罪行为的打击中。

制化运行的。由于现有的法律机制并未明确确立起刑事和解制度，也就不可能相应地建立起刑事和解的适用机制。因此，目前社会生活中存在的刑事和解现象往往缺乏基本的和解规则，从而具有了浓厚的“私了”色彩，而这也就容易面临被法律否定的风险。① 另一方面，我国现有的刑事和解机制缺乏有效的沟通平台。作为第三方参与到刑事和解机制中去的社会机构有待培育和完善。在我国，法定的民间调解组织是人民调解委员会，② 根据国务院1989年颁布实施的《人民调解委员会组织条例》的有关规定，人民调解委员会的主要任务是“调解民间纠纷”，这一界定显然就已经将对刑事案件的调解排除在人民调解委员会的任务之外了。③

三、对我国刑事和解制度的构建完善设想

与发达国家已经普遍开展起来的刑事和解机制相比较，我国的

① 在现实中存在的刑事和解现象中，许多解决方式本身就是严重违法的，此类现象在目前还并不鲜见。例如，“村党支部和村委会主持达成的‘私了’人命协议”（中央电视台《社会经纬》1997年8月28日）；“强奸案竟当民事纠纷调解”（《武汉晚报》1998年4月30日）；“12岁女儿被人强奸，父亲贪财私了敲诈对方5万元”（《现代快报》2005年6月6日）；“荒唐：法盲村官调解强奸案”（《人民法院报》2005年11月15日）。这种“私了”型的刑事案件解决方式，从其适用范围、解决手段、法律效果上看，已与刑事和解机制相去甚远，也就自然会被法律所否定。

② 根据《人民调解委员会组织条例》的规定，“人民调解委员会是村民委员会和居民委员会下设的调解民间纠纷的群众性组织”，因此，可以认为是典型的民间组织。同时，乡镇（街道）法律服务所也是基层民事纠纷的主要处理机构。但是，其具有的官方性质使其显然难以归入民间组织之列。

③ 近年来，一些地区人民调解委员会的调解范围实际上已经超出了《人民调解委员会组织条例》所规定的“民间纠纷”的范围，如浙江省台州市黄岩区综治委颁发的《黄岩区各类纠纷调处暂行规定》中将法人之间、公民与法人之间的纠纷纳入调解范围之内（参见何兵著：《现代社会的纠纷解决》，法律出版社2003年版，第198页，注释1）；又如，山东省陵县将指导刑满释放人员的安置帮教工作也纳入调解工作之中［参见《关于陵县经验的两则背景资料》，载谢晖、陈金钊主编：《民间法》（第2卷），山东人民出版社2002年版，第312页］。但尽管如此，人民调解委员会参与到刑事和解之中的事例似乎还并未出现。

刑事和解机制尚处于起步阶段，可以适用刑事和解机制的案件范围过窄，民间社会力量参与其中的程度更是较低，这些因素都影响了刑事和解机制的效果。因此，构建民间社会参与下的我国刑事和解机制，可以考虑以下几个方面的设想。

（一）在刑事法律中明确、系统地确立刑事和解制度

作为一项先进的、体现新型刑事司法理念的刑事政策机制，在我国现有的刑事法律框架下尚未系统确立，不能不说是一个遗憾，也由此制约了这一机制在实践中的发展与完善。因此，在刑事法律中明确、系统地确立刑事和解机制显得尤为必要。为此，可以考虑将刑事和解机制在刑法和刑事诉讼法中分别予以明确。

在刑法中，主要是确立刑事和解机制的实体性架构。具体而言就是：在刑法总则中明确规定刑事和解制度并将适用范围扩展至部分公诉案件。由于刑事和解制度是一个对犯罪行为予以实质上的出罪化机制，[①] 属于对犯罪总体规定的范畴，因此，可以考虑在刑法总则第二章“犯罪”的第一节“犯罪和刑事责任”中加以明确，即在现第 13 条犯罪概念之后紧接着另起一段（如通过修正案修改则作为第 13 条之一），相关表述可以设计为：“犯本法规定告诉才处理之罪的，如犯罪人与被害人之间自愿达成赔偿协议并履行的，不再追究刑事责任；犯本法规定的告诉才处理之罪以外，属于本法

① 通常意义上理解的出罪化（非犯罪化），是指将原被刑事法律规定为犯罪的行为从刑事法律的调整范围中排除出去，即不再作为犯罪行为处理，这种出罪化模式可以称之为形式上的出罪化（非犯罪化）。由于此种出罪化方案往往是以社会生活形态、面貌的重大演进为基础，并关涉到国家和公众对一种行为认知观念的巨大改变，还涉及刑事法律的较大调整，因此，形式上的无罪化都并不多见，其被采用也十分谨慎。而通过“放弃刑事追究”的“事实上的非犯罪化”（参见［法］米海依尔·戴尔玛斯－马蒂著：《刑事政策的主要体系》，卢建平译，法律出版社 2000 年版，第 255 页），则是一种较为渐进的、波动性较小的出罪化方式，也是消解犯罪的较好选择。

分则第四章、第五章之规定，最高刑[①]为三年以下有期徒刑、拘役或者管制的，[②] 如犯罪人与被害人之间自愿达成赔偿协议并履行的，可以减轻或者免除处罚，但严重危害社会秩序和国家利益的除外；犯本法第一百三十三条之规定（即交通肇事罪——笔者注），最高刑为三年以下有期徒刑或者拘役的，如犯罪人与被害人之间自愿达成赔偿协议并履行的，可以减轻或者免除处罚，但严重危害社会秩序和国家利益的除外。”通过这样规定，适用刑事和解机制的犯罪就不仅仅局限于部分自诉案件，而是将公诉案件中的轻微犯罪行为也纳入其中；同时，刑事和解制度的适用后会产生两种法律后果：对于告诉才处理的犯罪，经过刑事和解机制，对行为人不再追究刑事责任，即事实上的完全出罪化；对于部分公诉犯罪，刑事和解机制的适用，成为法定的减轻或者免除刑罚的情节。

在刑事诉讼法中，主要是在刑法已经确立刑事和解机制的基础上，跟进完善刑事和解机制的程序性框架，作为对刑法中相关规定

---

① 这里的最高刑并不是指犯罪人所触犯罪名法律所规定的最高刑，而是按照其罪行应当适用的量刑幅度的法定最高刑，这与刑法追诉时效中的法定最高刑的理解是完全一致的。

② 之所以将适用刑事和解的公诉案件的范围界定在法定最高刑为 3 年有期徒刑，主要是基于两方面考虑：一方面，在我国刑事实体法和程序法中，3 年有期徒刑通常都被作为了重罪与轻罪的分水岭（如刑法中有关属人原则和保护原则的适用时，都是以 3 年有期徒刑作为分界点的，又如，缓刑的适用上限也是 3 年有期徒刑；刑事诉讼法中，可以适用简易程序的公诉案件也是以可能判处 3 年以下有期徒刑为界的），因此，在刑事和解机制的适用范围设定时，也可以考虑以 3 年有期徒刑为其适用上限，以尽可能与现有制度无缝对接；另一方面，由于刑事和解机制是被害人与被告人通过协议形式达成和解，从而减轻或免除被告人的刑事责任，和解协议的主要内容通常又是被告人给予被害人一定的经济赔偿，因此，这往往容易给公众造成“以钱赎罪”或“以钱换刑”的错觉，这势必会影响公众对刑事和解机制的理解和对该制度正常运行的态度。在此情况下，将刑事和解的适用范围限定在 3 年以下有期徒刑是必要的，因为，被判处 3 年以下有期徒刑的罪犯，其社会危害性通常不大，其主观恶性通常也不强，通过其本人向被害人表示悔过并给予赔偿之后，对其减轻或免除处罚的做法，不会给公众的正义感和公平观造成太大冲击，也不会形成重罪因赔偿而轻判的强烈反差，从而可以最大限度地降低公众误识的产生。

的配套。具体而言：首先，将可以适用刑事和解机制的部分公诉案件，纳入人民检察院的酌定不起诉之中。根据刑事诉讼法第142条第2款规定："对于犯罪情节轻微，依照刑法规定不需要判处刑罚或者免除刑罚的，人民检察院可以作出不起诉决定。"一旦在刑法中将刑事和解机制的适用作为可以免除刑罚的情节，则自然可以对此类行为作不起诉处理。其次，在审判阶段，刑事诉讼法可以规定："对于依照刑法规定可以适用刑事和解机制的公诉案件，人民法院可以进行调解；在宣告判决前，被告人与被害人可以进行和解。"这样，刑事和解机制就可以适用于刑事诉讼的主要环节。①

（二）依托现有的民间社会资源（人民调解委员会），引导民间社会力量作为刑事和解的调解人参与到刑事和解之中

在刑事和解机制为相关刑事法律正式确认后，除了鼓励和保护犯罪人与被害人之间的和解以外，还应积极动员民间社会力量作为调解人参与到刑事和解之中。在刑事和解中，由于犯罪人毕竟对被害人实施过加害行为，甚至很多情况下的加害行为就是双方长期积怨所引起的。因此，如果没有第三方介入而完全由犯罪人与被害人之间自行和解往往较为困难，故而在刑事和解过程中，调解人的介入、斡旋、调停，对于双方的沟通、纠纷的化解、调解协议的达成显得非常必要。对于调解人员的身份，许多发达国家是由非官方的民间机构来完成的。例如，在美国，至20世纪80年代，就有超过

---

① 在公安机关侦查阶段，也应鼓励符合条件的犯罪嫌疑人与被害人积极进行和解，但这一阶段还不能因达成和解协议并已经履行而撤销案件。因为，因刑事和解而免除或减轻被告人的刑罚处罚，涉及对刑罚权的处分，从本质上讲已是一种司法行为，理应由司法机关行使，而在我国，检察机关、法院是司法机关而公安机关则不是，因此，这一决定权还是应由法院和检察院掌握，此其一；其二，刑事和解是一种新型机制，在司法实践中应尽量考虑利用既有的现成机制，目前检察机关的酌定不起诉制度和人民法院对自诉案件的刑事和解制度已经存在，完全可以在这些机制基础上加以改造、完善。当然，这并不意味着刑事和解只能在检察院审查起诉之后才能进行，相反，应鼓励双方尤其是加害人方尽早进行和解协商，如在侦查阶段，被告人已经履行了对被害人的和解协议的，侦查机关则不应采取羁押性强制措施，已经采取的，应立即变更强制措施。

30个州约140个城市建立了“居民纠纷调解中心”、“邻里审判中心”、“社区调解中心”等从事刑事和解的民间机构；在德国，绝大多数州的调解主要是由自愿调解者组织负责进行的。[①] 应该说，由民间人员或机构来承担对加害人和被害人之间进行调解的任务，较之于官方机构的调解，是更优选择。因为，一方面，如果由国家专业力量进行调解，会导致国家在这一事务的处理上投入大量资源，这样势必不能收到节约司法资源的功效；另一方面，民间机构和人员进行调解，由于熟练掌握地方性知识，往往更容易发现加害人与被害人之间难以在司法文本中深刻阐明的深层次矛盾与冲突（这在邻里或亲友间的伤害型案件中较为多见），也就容易找到双方的利益结合点，寻求到化解思路，促进纠纷的化解。因此，在我国刑事和解机制中也需要积极动员民间社会力量作为调解人参与到刑事和解之中。而现有的人民调解委员会完全可以充当刑事和解机制中的调解人角色。人民调解委员会是新中国成立以前就逐渐开始建立的纠纷解决模式。由于它依托居委会、村委会这一最基础的国家治理单元，经过数十年的建设，已经形成了庞大的系统和广泛的覆盖面，并在长期的解决民间纠纷中发挥了巨大作用，因此完全可以作为刑事和解的平台。当然，现有的《人民调解委员会组织条例》也随之需要进行相应修改，将刑事和解中的调解作为人民调解委员会的主要任务之一，使人民调解工作引入到刑事和解过程之中。

（三）刑事和解保障机制的同步跟进

从形式上看，刑事和解机制的确具有以经济赔偿换取刑事宽大处理的表征，因此，容易在部分民众中造成“花钱消灾”的错觉。为此，更需要建立起刑事和解的保障机制。首先，在适用刑事和解时，需要严格遵循刑事和解的适用条件，杜绝不应适用刑事和解的

---

① 参见梁根林：《作为一项刑事政策运动的非犯罪化》，载陈兴良主编：《公法》（第5卷），法律出版社2004年版，第66、69页。

犯罪行为及犯罪人借这一机制逃避法律追究。其次，建立刑事和解的救济机制，对于不符合刑事和解条件的犯罪人或其近亲属、辩护人通过威胁、利诱等手段进行所谓“刑事和解”的，应当追究相关人员的刑事责任；对于其间的司法工作人员有徇私枉法行为的，要追究司法工作人员的法律责任。

第四节　社区矫正制度

一、社区矫正制度概说

（一）社区矫正制度的发展源流

社区矫正（community correction，community - based correction），又称社区处遇、社会内处遇或社会基础处遇，是相对于传统的机构式或监禁式处遇（institutional treatment）而言的一种新兴的罪犯处遇方式。[①] 在发达国家中，社区矫正制度的兴起与发展是近现代刑罚理念变革的产物。进入近代以来，在科学实证主义的刑事法学思想的指导下，传统的报应主义刑罚观逐渐为功利主义刑罚观所取代，教育刑思想日益成为指导行刑的主流思潮。早在1872年，在英国伦敦召开的第一届国际监狱会议上，就确立了让罪犯复归的宗旨，促进了刑罚目的由传统的“惩罚”转变为“矫正”。[②] 二战以后，倡导刑罚制度人道化，促使犯罪人重新回归社会的新社会防卫运动开始勃兴，尤其是以法国刑法学家马克·安塞尔为代表的“新社会防卫论”的刑事政策思想在1954年的第三届国际社会防卫大会上得到确认，这一理念所主张的“摆脱监狱”，将剥夺自由刑作为在任何其他方式和方法都行不通以后的与犯罪作斗争的

---

① 参见冯卫国著：《行刑社会化研究——开放社会中的刑罚趋向》，北京大学出版社2003年版，第178页。

② 参见郭建安、郑霞泽主编：《社区矫正通论》，法律出版社2004年版，第19页。

“最后手段”的基本观点在全世界范围内得以传播，直接推动了20世纪后半叶的刑法和监狱改革运动。[①] 而在此后的1990年联合国大会通过的《联合国非监禁措施最低限度标准规则》（东京规则）中，则以国际法律渊源的形式对社区矫正制度予以了大力提倡。在该规则决议中明确指出：“坚信监外教养方法可以是在社区内教养罪犯对罪犯和社会来说最有效益的有效手段。”同时，在规则第9条“判决后处置”中指出：“主管当局应可使用广泛的一系列的判决后替代办法，以尽可能避免监禁，并协助罪犯早日重返社会。”[②] 当前，社区矫正已发展成为发达国家中主要的刑罚执行方式。[③]

（二）对社区及相关范畴的分析

1. 社区概念

社区是社会学中的一个基本概念，最初的研究是由德国著名社会学家裴迪南德·腾尼斯（Ferdinand Tönnies）进行的。1887年，腾尼斯在其所著的《共同体与社会》（《Gemeinschaft und Gesellschaft》）一书中首次使用了“社区”这一概念。19世纪末20世纪初，美国的查尔斯·罗密斯翻译了腾尼斯的《共同体与社会》一书，将德文的“Gemeinschaft”一词译为“Community”。1933年，费孝通等燕京大学的一批青年学生在翻译美国著名社会学家罗伯

① 参见［法］马克·安塞尔著：《新刑法理论》，卢建平译，香港天地图书有限公司1990年版，第9～28页。转引自梁根林著：《刑事政策：立场与范畴》，法律出版社2005年版，第156页。

② 卞建林、杨宇冠著：《联合国刑事司法准则撮要》，中国政法大学出版社2003年版，第251～252页。

③ 根据近年来较新的资料统计，在美国，被监禁的犯人总数不到社区矫正犯人总数的1/3；在法国，监狱犯人的数量仅为社区矫正犯罪人总数的38.06%；在加拿大，监狱人口只占社区矫正犯罪人总数的26.70%；在澳大利亚，监狱人口只占社区矫正犯罪人总数的43.32%；我国的近邻韩国，监狱人口也只占社区矫正犯罪人总数的98.42%；在日本，近年来大约有3/5受到矫正处遇的罪犯被放到社区，接受缓刑官的监督。分别参见郭建安、郑霞泽主编：《社区矫正通论》，法律出版社2004年版，第99～100页；林遐：《日本罪犯社区处遇制度》，载《犯罪与改造研究》2002年第7期。

特·帕克（Robert E. Park）的社会学论文时，第一次把“Community”译为“社区”，将社区概念引入中国并一直沿用至今。[①] 在腾尼斯看来，社区就是人们凭感官能感觉到的具体化的社会，它具有地域、人口、区位、结构和社会心理五因素。[②] 由于社区概念被广泛应用于社会学领域，也有众多学者对这一概念予以不同的界定，目前，我国有关“社区”的概念多达150种。其中，有代表性的概念主要有三种：第一种观点认为，“社区是一定数量的居民组成的，具有内在互动关系与文化维系力的地域性的社会共同体”，具有地域、人口、组织结构、文化几个基本因素；[③] 第二种观点认为，“社区是指聚居在一定地域范围内的人们所组成的社会生活共同体”，通常具有人群、地域范围、社会组织及相关制度、必要的生活服务设施、社区内居民的共同利益五个特征；[④] 第三种观点认为，“社区指居住在一定地域，结成各种社会关系，从事各种社会活动，具有特定的生活方式的人们所结成的社会实体组织”。[⑤] 我们认为，社区矫正制度中的“社区”主要是社会学的概念，也主要应在社会学领域加以理解；同时由于社区矫正必然会以社区的有关组织形式为平台，并以社区的有关机构为依托，因此，“社区”概念中应包含有“社会组织”或“组织结构”这一基本特征，相较之下，第一和第二种概念较准确、全面地反映了社区的内涵和外延，可以作为对社区矫正制度中“社区”概念的界定。另外关于社区的范围，社区并不等同于城市，后者是商品经济发展到一定阶段的产物，是与“乡村”相对应的概念，而社区则是随着人口、

---

① 参见潘小娟著：《中国基层社会重构——社区治理研究》，中国法制出版社2004年版，第2页。

② 参见黎熙元著：《现代社区概论》，中山大学出版社1998年版，第4页。

③ 参见徐永祥著：《社区发展论》，华东理工大学出版社2000年版，第29页。

④ 参见徐勇、陈伟东主编：《中国城市社区自治》，武汉大学出版社2002年版，第24页。

⑤ 参见李会欣、刘庆龙主编：《中国城市社区》，河南人民出版社2002年版，第4页。

地域、组织结构等要素的出现并结合而自然发展起来的，既在城市里出现，也在农村中产生，因此，我国的社区矫正制度既要在城市实施，也会逐渐在农村施行。同时，根据我国社区发展的现状，只有乡镇社区和街道社区才具备现代社区的完整形态和整体性功能，因此，“现代社区的边界应以乡镇社区和街道社区为限。”[①] 综上所述，社区的概念应是，聚居在一定地域中人群所组成的、具有利益相关性的社会生活共同体。它包括以下基本特征：一定的地理区域；一定数量的人口；成员之间有共同的意识和利益，并有着密切的交往等。[②]

2. 社区与相关概念辨析

（1）社区与社会。

社会是社会学中的一个基本范畴，而社区只是社会的一个具体化形态，在外延上，社区是社会概念的种概念。二者的区别在于：社会并不强调文化的同一性，社区则强调共同性，此其一；其二，社会并不注重地域性，社区注重特定地域；其三，社区概念强调社区中人际关系的紧密联系性，而社会概念却并不包含这样的内容。

（2）社区与城市。

城市是人类社会商品经济发展到较高程度后的产物，是具有政治、经济、文化等诸多功能的较固定的群落；而社区强调的是具有一定关系的人们共同生活的区域，因此，从社区理论上说，社区并不仅仅存在于城市之中，在农村也应该存在社区。

（3）社区与小区。

“小区”完全系俄文翻译而来，指城市中相对集中的居住地段，[③] 是一个地理现象，并不包含人与人之间联系和社区文化等内

---

① 徐永祥著：《社区发展论》，华东理工大学出版社 2000 年版，第 86 页。

② 参见潘小娟著：《中国基层社会重构——社区治理研究》，中国法制出版社 2004 年版，第 5 页。

③ 参见潘小娟著：《中国基层社会重构——社区治理研究》，中国法制出版社 2004 年版，第 16 页。

涵。当然，如果是大型成熟社区，也会逐渐形成一定的小区文化和共同理念，会成为社区的雏形。

3. 当前中国社区发展状况分析

在当下，“社区化”已成为中国社会样态发展变革的一个重要表征。从宏观角度观之，随着国家民主进程的加快，在“扩大公民有序的政治参与”的最高层政治指针导向下，社区自治成为中国基层民主化进程的重要组成，社区自身也成为国家治理的重要平台，社区的发展也由此得到了持续、有效的后续推动。从中观层面考察，随着市场经济体制的确立，传统计划经济体制下政府的“全能化”角色和泛化的管理职能受到了挑战，也使得政府将其原有的“办企业”、“办市场”、“办社会”的职能分化、复归到应然的主体中，其中，许多对社会的管理职能也随之转由社区承担，使社区的功能实质化和职能化；同时，随着改革开放以后市场经济主体的日益多元化和社会成员获取社会资源途径的不断多样化，原有的“单位人以自己对单位的全面依附，以接受单位对自己的全面控制为代价来换取生存与发展所必需的资源的生存格局”① 已不再普遍，大量的社会成员由“单位人”转变为“社区人”，为社区的功能提升、影响力增强注入了丰富的实体内涵。从微观层面来看，当下中国社会成员的生活空间日益社区化。随着城市住房商品化、补贴货币化、交易市场化的住房制度改革，过去在计划经济条件下，按照单位坐落，聚集在同一区域（往往也就是单位所在区域）的状况逐渐被小区化、开放化的社区所取代，因此，社区正逐渐成

① 揭爱花：《单位：一种特殊的社会生活空间》，载《社会学》2001 年第 1 期。

为社会成员最基本的生活场域之一。① 正是目前中国社会发展中出现的社区化趋势，以及在这一趋势之下社区在社会系统中的地位不断提升、功能不断完善、影响力不断增强的事实，为社区矫正的实施提供了较为坚实的物质基础和现实的场域空间。

（三）社区矫正制度的概念

对于社区矫正的概念，美国学者博姆等人认为，社区矫正可以被广义定义为“在看守所和监狱环境之外监督犯罪人并向他们提供服务的一个矫正领域。由于这个原因，人们往往把社区矫正与非机构矫正（noninstitutionnal correction）同等看待”。② 日本学者大谷实认为，社区矫正“是指不将犯罪人收容于设施之内，而是让其在社会上一边过一般生活，一边用指导援助等使其改造自新的措施。”③ 加拿大将社区矫正界定为“以社区为基础的矫正项目，属于法庭的一种监督性制裁，并为法庭判决系统提供另一种选择”。④ 虽然社区矫正在各国尚无完全一致的定义，但从主要发达国家对社

① 在目前对社区矫正的研究中往往会忽略农村社区。究其原因，很大程度上是对社区进行了狭隘的“城区化”理解，即认为社区都是在城市（镇）中存在的。为此，也就确有必要对农村社区作一说明。由于社区并不等同于城市，后者是商品经济发展到一定阶段的产物，是与“乡村”相对应的概念，而前者则是随着人口、地域、组织结构等要素的出现并结合而自然发展起来的，既在城市里出现，也会在农村中产生。因此，在农村中显然也是存在社区的。也正因如此，在关于社区矫正的《通知》中也明确指出，社区矫正试点“主要在城市社区进行，有条件的农村、乡镇也可以根据情况进行试点”。可见，农村社区并未排斥在社区矫正之外。当然，根据目前我国社区发展的现状，只有街道社区和乡镇社区才具备现代社区的完整形态和整体性功能，因此，“现代社区的边界应以乡镇社区和街道社区为限”（参见徐永祥著:《社区发展论》，华东理工大学出版社2000年版，第86页）。而农村中自然形成的聚居村落，因缺乏相应的组织结构，不能称为社区。据此，笔者认为，《通知》将社区矫正主要置于城市街道社区和农村乡镇社区施行的规定反映了我国社区发展的实际情况，也是较为科学的实践路径。

② 参见郭建安、郑霞泽主编:《社区矫正通论》，法律出版社2004年版，第93页。

③ ［日］大谷实著:《刑事政策学》，黎宏译，法律出版社2000年版，第258页。

④ 参见王增铎、杨诚著:《中加矫正制度比较研究》，法律出版社2001年版，第134页。

区矫正制度的相关设置上看，还是具有基本的共同特征的。首先，社区矫正对象为犯罪人；其次，社区矫正的场所是在社区环境之中；再次，社区矫正包含着对犯罪人控制和帮助两方面的内容；最后，社区矫正的矫正主体是专业人员与非专业人员的结合等。①

二、宽严相济刑事政策视角下社区矫正制度的价值分析

（一）社区矫正制度的通常价值分析

在西方社区矫正制度确立100多年来，其突出的行刑社会化价值得到了充分体现：第一，社区矫正彰显了民主主义、人道主义理念，凸显了由这些理念而产生的教育刑思想；第二，社区矫正最大限度地避免了罪犯“监狱人格”和行刑烙印的形成，有利于罪犯的改造和再社会化；第三，社区矫正很大程度上避免了罪犯间的“交叉感染”，最大限度地避免了“反社会俱乐部”② 在监狱中的形成；第四，社区矫正使罪犯可以通过更多的社区参与活动而获得健康、良性的生活体验与自我实现，有利于罪犯的真诚悔罪与改过自新；第五，社区矫正制度有利于节约国家的刑罚执行投入，体现刑罚经济性原则。③ 上述诸多价值的存在使得社区矫正制度为当今世界发达国家所普遍采用的最主要动因。

（二）从宽严相济刑事政策角度分析我国社区矫正制度的特有价值

第一，社区矫正制度反映了刑罚人道化的历史发展趋向，符合

---

① 参见郭建安、郑霞泽主编：《社区矫正通论》，法律出版社2004年版，第94～96页。

② ［法］米歇尔·福柯著：《规训与惩罚》，刘北成、杨远婴译，生活·读书·新知三联书店2003年版，第301页。

③ 我国目前狱内押犯超过150万人（参见郭建安、郑霞泽主编：《社区矫正通论》，法律出版社2004年版，第84页），按照2002年的官方统计，全国在押犯的人均费用为9300元（参见刘强：《社区矫正与人文关怀》，载《社会》2004年第4期），这样，中国每年为在押犯所支付的开支高达100多亿元。因此，社区矫正所具有的刑罚经济性在中国的现实中，具有更为突出的价值。

宽其当宽的刑事政策精神。

18世纪以后，随着人权运动与人道观念的兴起，人类社会延续了数千年的以生命刑、肉体刑占主流的刑罚结构逐渐被以自由刑、财产刑为中心的刑罚结构所取代。进入20世纪以后，联合国等国际组织先后通过了《囚犯待遇最低限度标准》、《禁止酷刑和其他残忍、不人道或有辱人格的待遇或处罚公约》、《联合国少年司法最低限度标准规则》等一系列文件，并为大多数发达国家国内立法所采纳，由此，刑罚的人道化成为国际社会的共识和历史发展的必由方向。由于社区矫正的适用对象主要是罪行较轻、主观恶性不大、社会危害性较小的老残病犯、过失犯、未成年犯、偶犯等，通过社区矫正的方式，使这些人在没有脱离社会、家庭的情况下进行改造，这切实体现出了刑罚的人道化精神。[①] 同时，宽其当宽是宽严相济刑事政策的基本内涵之一，社区矫正制度针对上述罪行较轻的犯罪人作出，也符合区别对待、宽其当宽的刑事政策精神。

第二，社区矫正制度有助于促进国家司法资源的整合，使有限的刑事司法资源更好地投入抗制严重犯罪的进程中去，保障了严其当严刑事政策要旨的实现。

由于监禁刑是将犯罪人关押在监狱中，限制其人身自由，因此，监禁成本是监禁刑的必然副产品。而监禁成本的不断提升已成为发达国家所共同面临的课题。据统计，在美国，每一个罪犯在监狱中的费用高达1.5万~2.5万美元。[②] 在我国，监狱成本的高昂也是一个不容忽视的问题。据统计，2000年，罪犯的人平均年费

① 参见荣容、肖君拥主编：《社区矫正的理论与制度》，中国民主法制出版社2007年版，第85页。

② 参见刘强著：《美国社区矫正的理论与实务》，中国人民公安大学出版社2003年版，第33页。

用为7266元,[①] 到2002年时，人均年费用已增加到9300元。[②] 如果，采用社区矫正，可以大幅度降低行刑成本，从而将有限的监狱资源投入治理严重危及社会治安的犯罪中去，从这一意义上讲，保障了严其当严精神的贯彻。

第三，社区矫正制度有利于克服监禁刑的弊端，避免了服刑人员“标签化”和“监狱化”。

自从自由刑成为刑罚结构中的主流刑种之后，监禁刑在惩处犯罪人、矫正其恶行、促使其重返社会方面起到了积极作用。但同时也应当看到，监狱并非万能，而且，许多犯罪人一旦被贴上“罪犯”的标签，就会在其心理上留下耻辱的烙印，产生“自我降格”的意识，并努力按照“标签”的形象塑造自己的角色；同时，罪犯在监狱服刑过程中，也容易在特定的监狱氛围中屈从强者、欺凌弱者，形成阳奉阴违或丧失主体人格、卑微、一味顺从等人格缺陷，最终形成“监狱人格”。而社区矫正制度，克服了监禁刑自身无法解决的上述弊端，服刑人员有较高的自由度，社区的开放性、宽缓性和较为正常的工作学习空间有助于犯罪人的反思与改造，也有利于服刑人员顺利地再社会化。

第四，社区矫正制度有利于改善监管环境、提高教育改造效果。

长期以来，我国监禁刑适用的比例都较高，而监禁刑的物质条件——监狱的配套设施却并不完善，监内在押罪犯数量庞大，监狱拥挤已经给监狱安全带来巨大隐患。同时，文化教育和一定的职业培训一直是我国教育改造的主要方式，但是，在监狱人口众多、教育、培训条件有限的情况下，教育、培训的效果肯定会大打折扣，

---

① 参见吴珊:《“社区矫正”的中国试验》，载《中国新闻周刊》2003年7月14日。

② 参见刘强:《社区矫正与人文关怀》，载《社会》2004年第4期。

必然会影响对服刑人员的改造成效。[1] 而社区矫正制度的推行，显然有利于减少监狱人口，能适当缓解监狱改造条件严重滞后于改造任务需要的现实，为提高改造效果奠定基础。

第五，社区矫正制度有利于与国际刑事司法领域通行做法的接轨。

随着全球经济、文化的一体化趋势的不断增强，以及中国不断融入国际社会之中，当前发达国家的先进法律制度会不断被我国所引进和吸纳。同时，社区矫正制度的确立和施行，也有利于缩小我国同发达国家在这一领域的差距，便于我国同有关国家的对话与合作，从而促进我国社区矫正制度的进一步发展、完善。

三、社区矫正制度在我国的建立考察

对我国而言，社区矫正制度是典型的舶来品，但是属于社区矫正范畴的管制、缓刑、假释等刑罚制度却早已存在，[2] 甚至其中的管制刑还是新中国成立后我国所独创的、专门机关与群众路线相结合的刑罚方法和对罪犯的改造方式。改革开放后，尤其是最近10余年来，随着国家经济发展和社会的进步，社区逐渐成为社会生活中的基本场域之一。相应地，原有的管制、缓刑、假释等刑罚制度也需要在社会不断“社区化”[3] 的这一新背景下通过一种新型机制平台加以整合；与此同时，发达国家中社区矫正制度的日趋成熟，又无疑为中国的实践提供了有益的参照与现成的样本。2002年初，

---

① 据近年来对曾在监狱中服刑的罪犯的调查统计，认为通过监狱中的文化教育使自己的文化水平提高的服刑人员数量大大减少，认为监狱中的技术教育对他们找工作有帮助的仅占一半。这两项指标都比过去大为降低，这反映出监狱提供的教育、培训从方式和内容上已不能满足对服刑人员改造的需要。相关统计资料参见周路著：《犯罪调查十年——统计与分析》，天津社会科学院出版社2001年版，第431～443页。

② 在中国第一部具近代意义的刑法典《大清新刑律》中就已经出现了缓刑与假释制度的规定，在中华民国时期的刑事法律中也有相关的规定。新中国成立后的单行刑事法规和之后颁布的刑法也明确将缓刑与假释制度纳入刑罚的具体运用部分加以规定。

③ 对于我国社会样态中不断“社区化”的趋势，文后将有相关分析。

司法部便组成了社区矫正制度研究课题组，对国外社区矫正经验进行了研究，对建立和完善我国的社区矫正制度提出了初步构想。2003年，司法部将社区矫正试点列为司法行政工作六大改革任务之一。同年7月10日，最高人民法院、最高人民检察院、公安部、司法部联合下发了《关于开展社区矫正试点工作的通知》（以下简称《通知》），[①] 这一事件标志着我国借鉴发达国家相关经验，逐步在司法实务领域开展社区矫正制度建构的开始。在《通知》中，我国的社区矫正制度被明确定义为“将符合社区矫正条件的罪犯置于社区内，由专门的国家机关在相关社会团体和民间组织以及社会志愿者的协助下，在判决、裁定或决定确定的期限内，矫正其犯罪心理和行为恶习，并促进其顺利回归社会的非监禁刑罚执行活动”。

根据《通知》的规定，我国社区矫正具有三大基本特征。

首先，适用社区矫正的罪犯具有特定性。目前，在我国适用于社区矫正制度的罪犯只有三种，即被判处管制的罪犯；被宣告缓刑的罪犯；被暂予监外执行的罪犯（具体又包括：有严重疾病需要保外就医的；怀孕或者正在哺乳自己婴儿的妇女；生活不能自理，适用暂予监外执行不致危害社会的；被裁定假释的；被剥夺政治权利，并在社会上服刑的）。同时，《通知》强调，在符合上述条件的罪犯中，罪行轻微、主观恶性不大的未成年犯、老病残犯，以及罪行较轻的初犯、过失犯等，是实施社区矫正的重点对象。总之，目前在我国能适用社区矫正的罪犯都是没有被判处监禁刑或者虽被判处监禁刑但符合监禁刑执行变更条件且不致危害社会的罪犯。

其次，矫正方式具有非监禁性。《通知》将社区矫正的方式明

---

① 虽然《关于开展社区矫正试点工作的通知》从法律位阶上看，其级别是很低的，甚至这份“通知”是否属于法律渊源之一都还值得探讨。但需要注意的是，由国家最高司法机关（广义上的）联合发布这一通知的事实已经足以说明这份文件的极高权威性。而且，当前中国社区矫正制度的雏形正是由《通知》规划出的，这是毋庸置疑的事实。

确为“将符合社区矫正条件的罪犯置于社区内”，因此，与国外的非机构矫正一样，罪犯是不被收容于有关设施之内的。

再次，矫正主体具开放性和多元性。《通知》在表述社区矫正定义时明确赋予了相关社会团体和民间组织以及社会志愿者的矫正主体身份，使得矫正主体中有了非官方（国家）的民间主体。随着《通知》的颁布，社区矫正制度从北京、上海、天津、浙江、江苏、山东等地开始试点，到2005年初社区矫正试点规模和范围已扩大到18个省（自治区、直辖市）。① 尽管这样，当前，我国对犯罪人运用社区矫正模式行刑的比例还非常低，② 因此，社区矫正还有很大空间。

四、对我国现有社区矫正制度的运行考察

当前社区矫正机制运行中存在以下不足：

（一）矫正手段存在简单化、形式化的流弊

从目前国内有关社区矫正试点的报道看，社区矫正的实施方式还正处在摸索阶段，相关的矫正手段还未形成系统化与模式化。而在现有的矫正手段中，公益劳动与思想汇报是较为主要和固定化的矫正方式。但从有关资料的反映及笔者的调查来看，这些矫正手段存在着简单化、形式化的不足。例如，据有关媒体的报道，接受社区矫正的服刑人员的矫正内容主要还是“公益劳动”和“思想汇报”等两三种，而公益劳动的内容也是以在社区内“搞卫生”、

① 参见王珏：《我国的社区矫正试点工作概述》，载《法律适用》2005年第10期。

② 据最高人民法院、司法部监狱管理局的有关资料统计：2000年，全国法院判处管制的罪犯仅占当年被判处刑罚罪犯总数的1.21%，2001年为1.26%；2000年，全国法院的缓刑适用率为15.85%，2001年为14.71%；另外，2000年全国服刑犯的假释率为1.63%；2001年，全国监狱系统监外执行的罪犯占在押犯总数的1.13%，2002年和2003年的假释与监外执行率也基本保持2001年的适用比例。参见郭建安、郑霞泽主编：《社区矫正通论》，法律出版社2004年版，第49、84页。

"拔草"等简单劳动为主，另有平均一月左右的思想汇报。① 此外，在一些地方，"接受社区矫正的人员每周五下午必须亲自到司法所汇报一周的生活和工作情况。每个月的25日，他们必须要到司法所交一份思想汇报。"另外，"接受社区矫正的人员每周必须参加10个小时的公益劳动"，"打扫社区卫生是公益劳动的主要内容之一"。② 笔者认为，思想汇报与带有社区服务性质的公益劳动等形式在动态了解罪犯思想状况并促进罪犯建立自律机制，培养健康的生活态度，促进罪犯同社区民众的沟通、融和等方面具有积极意义。但如果将矫正手段仅限于此显然不够。因为，社区矫正的对象毕竟还是犯罪人，对犯罪人进行改造必须有相应的矫正手段的适用，从这两点上看，无论是社区矫正还是设施内矫正（即监禁矫正）都是别无二致的。同时，由于社区矫正在场域上的开放性使得其矫正手段既要符合开放式处遇的基本特征，又要满足对犯罪人进行改造的最终要求，所以，对犯罪人适用的矫正手段的实质化与多样化显得尤为重要。只有实质化的矫正手段，才能促进被矫正对象真正悔过自新并掌握再社会化的相关机能；只有多样化的矫正手段，才能"因材施矫"，实现改造的个别化。

（二）社会力量参与社区矫正的程度较低，不符合社区矫正制度的初衷

在当前我国的社区建设中，积极引导社会力量进入社区，不断唤起社区成员的主体意识、广泛推动社区自治，是当前官方所倡导的社区发展的主线。因此，在这样一个大背景下，社区矫正机制就是要充分发挥社区这一特殊场域在改造犯罪人过程中的积极价值。充分发挥社会力量与官方在这一平台上的密切合作，因此，民间社会力量参与其间并发挥积极作用本身就是建立社区矫正制度的应有

---

① 《"社区矫正"的中国试验》，http://www.bj.xinhuanet.com/jdwt/，2003年8月4日。

② 孟谦：《社区矫正对象不会影响居民的正常生活》，载《社区》2003年8月15日。

之义。对此，我国推行社区矫正制度的权威官方文件中，也体现了这样的精神。从目前有关资料来看，在试行社区矫正的地区，民间社会力量已经有了一定程度的参与，并形成了上海新航社区服务总站、北京阳光社区矫正服务中心等较典型的民间机构参与。[①] 同时，我们应该看到，虽然社区矫正的愿景在很大程度上是希望借助于民间社会力量实现对特定犯罪人的改造，但在目前，社会力量参与社区矫正时也容易出现浅层次参与、仪式性参与的倾向。究其原因，一方面，社区矫正中，动员社会力量参与其间的主要基层机构是城市的居委会和农村的村委会。然而，由于居委会和村委会毕竟只是群众性自治组织，其威权性较低，另外，“资源获取方式的多样化也使居委会对居民的控制能力非常有限”，[②] 在这种情况下，完全由群众性自治组织动员社会力量的社区矫正参与容易出现浅层次化和流于形式。另一方面，引导社会力量参与到社区矫正之中的有关良性利益导向机制阙如，导致民间社会力量参与社区矫正的动力缺乏后续支撑。在官方（国家）的高调宣扬之下，社区矫正从其理念到实践正逐步为社会公众所了解和接受。但在社会力量已经参与的社区矫正中，很多参与其中的社会力量（民营的公司、企业、个体工商户等）往往又是在官方（国家）带指派性任务的“号召”之下进行的，没有与其利益机制相联系，显然缺乏主动性，其参与也就自然带有仪式化色彩（如在春节等传统节日向被矫正对象赠送少量生活用品、让被矫正对象参观企业生产等等），这样的参与一旦离开了官方（国家）的威权性要求，自然就会缺乏后继动力。另外，目前社区矫正的实践主要在城市社区中进行。

① 以上海新航社区服务总站为例，该机构是民办的非企业单位，有新航总站、区县工作站和街道（乡镇）社工组三级工作网络，覆盖全市 19 个区县的 218 个街道（乡镇），截至 2004 年底，总站在全市设立了 19 个工作站，工作网络已覆盖全市街道（乡镇）总数的 93%；同时，该机构中的社区矫正社会工作者（即社工）中有 73% 系从社会上招聘的。本资料由上海市司法局提供。

② 杨敏：《公民参与、群众参与与社区参与》，载《社会》2005 年第 5 期。

由于在城市社区中，“人际关系是一种建立在业缘基础上的‘片面感情投入’关系，是高度角色化的人际关系，这是由城市社区的专业化和高度分工决定的”，缺乏乡村社区的那种“全面感情投入”型的人际关系，[①] 因此，如果在社区矫正中相应的利益引导机制和人文关怀理念的宣扬未能跟上，也容易使社区资源对矫正对象的帮助流于形式。

（三）社区矫正工作实践反映出相关法律规定的阙如，一定程度上出现无法可依的局面[②]

虽然社区矫正制度已被国家最高司法机关的权威性文件即几部门的《通知》所确立，并在各地如火如荼地推进，但是，由于目前《通知》中所规定的社区矫正形式尚未在刑法、刑事诉讼法中得到配套的跟进规定，因此，当前社区矫正实际上还处在无法可依的尴尬境地。例如，《通知》中规定的有严重疾病需要保外就医的罪犯，可以适用社区矫正，但这在刑事诉讼法中并没有依据；同时，在一些地方的矫正实践中规定的被矫正人员参与公益劳动形式，与刑法第 39 条第 2 款“对于被判处管制的犯罪分子，在劳动中应当同工同酬”的规定相悖，即公益劳动于法无据。这些都暴露出当前社区矫正过程中与现行法律不相一致的现象。

（四）当前刑事法律中规定的矫正主体仍然为公安机关，不利于宽严相济刑事政策的贯彻

我国当前的刑法及刑事诉讼法均将公安机关作为管制、缓刑、假释罪犯的执行机关。但是，公安机关自身所具有的主要犯罪抗制机关的首要角色，往往不利于宽严相济刑事政策的贯彻。因为，作为国家针对犯罪的主要治理机关，公安机关是以打击犯罪的刚性面貌出现的，其工作习惯、办事风格、思维惯性往往都具有浓厚的犯

① 束锡红等著：《西北回族社区现代化实践的新探索》，商务印书馆 2004 年版，第 219 页。

② 参见荣容、肖君拥主编：《社区矫正的理论与制度》，中国民主法制出版社 2007 年版，第 323 页。

罪打击色彩。而在对于因为宽缓化处遇而进行社区矫正的罪犯，仍然由公安机关来予以矫正，可能在矫正主体与被矫正人员的管理、沟通上带来不便，甚至可能产生抵触情绪或者出现执行机关的人员就是曾经办案的人员的尴尬。①

五、对我国社区矫正制度的完善展望

（一）适时修改现行刑法、刑事诉讼法，解决社区矫正无法可依的尴尬局面

如前所述，当前我国社区矫正的实践已经远远走在了立法的前面，而相关基本刑事法律已显滞后。因此，对社区矫正进行立法就显得十分迫切。对此，有两个方案可以考虑。一是在现行刑法、刑事诉讼法中列出专章，结合当前社区矫正中逐渐形成的、较为成熟的做法，分别就社区矫正的实体要件、程序要件等作出专门规定；二是尽量保持现行刑法、刑事诉讼法体例的完整性，另行制定《社区矫正法》，以专门法律条文的形式，对社区矫正的适用对象、适用条件、执行机关、参与主体、矫正内容、法律责任等作出详尽规定，以使社区矫正的立法反映并规范当前乃至以后相当长时间内社区矫正的实践。

（二）建立人性化、回归性的社区矫正质量评判指标

社区矫正质量的指标体系是衡量这一机制运行效果和实施效能的关键。而在这一指标的建立中，应注意将被矫正对象回归社会的程度和实效作为主要的考核指标参数，具体而言，就是将被矫正对象的就业率、升学率、成婚率等作为考核正指标，将再犯率、收监

---

① 在笔者的调查中曾经发现过这样一件事：某公安派出所刑侦民警在辖区内抓获一名未成年盗窃犯罪嫌疑人，并作为主要办案人员承办此案。数个月后，该被告人被所在地基层人民法院判处缓刑，并在辖区内接受社区矫正，主要执行机关确定为办理此案的派出所。同时，该办案民警因为工作调整，恰恰又开始从事社区矫正工作，其管理的矫正对象中正好有这名几个月前自己办理的案件的嫌疑人。这样一来，双方的角色非常尴尬，其矫正效果也可想而知。

率等作为考核负指标。就业率、升学率、成婚率等指标都是反映被矫正对象获得社会认可、重返社会的重要体现；而再犯率、收监率则是考察被矫正对象矫正成效的基本标准。应该说，如果建立以上述参数为主体的质量评判指标体系后，既能为社区矫正提供较为科学的评价标准，也能引导矫正主体不断开发并施行更多、更能实现被矫正对象再社会化的相关矫正手段。①

（三）加强官方（国家）的动员与引导

虽然社区矫正在很大程度上是民间社会的参与，但这并不因此而否定官方（国家）的存在。尤其在目前社会力量还处于培育阶段的情形下，在民间社会力量的动员、有关引导和激励机制的建立、社区矫正运行的监督等方面仍然离不开官方（国家）的主导。②

（四）导入推动社会力量参与社区矫正的长效机制

在社区矫正中，要促进民间社会力量主动、持久地参与到社区矫正之中，除了要树立社区共同体观念之外，还应针对市场经济条件的特征，建立良性利益导向机制，使民间社会力量参与到社区矫正之中有自发的动力需求推动。为此，可以考虑将参与社区矫正与民间社会力量的合理利益诉求挂钩，如私营企业招收被矫正对象做工后，对企业发展给予一定优惠政策等。

（五）创造实质化、多样化的社区矫正手段

首先，建立起技能性、教育性矫正手段。如前所述，由于接受社区矫正的人员仍然是罪犯，既然如此，在监狱对罪犯改造中已被证明行之有效的一些矫正手段（如文化学习、职业技术教育等）完全可以同样适用于接受社区矫正的罪犯，不会因此类罪犯处于何

① 可以预见，一旦采用回归性的社区矫正质量评判指标，前文中提到的一些地方对被矫正对象采取每月定期交思想汇报、每周若干公益劳动时间的矫正形式也会为更有实效性的矫正手段所取代。

② 也是从这一意义上讲，官方（国家）在犯罪治理进程中的主导性地位是自始至终存在且无法动摇的。

种监禁状态而有所不同。因为这些矫正手段更着眼于使罪犯获得进行正常社会生活的能力，包括社会资源的合法获取能力、正常的人际沟通能力、对社会环境的适应能力等。并且，由于社区的开放性和矫正主体的多样性，在社区矫正中，矫正管理机关通常能获得比监狱更为充分的文化、技能培训条件。城市社区完全可以依托当地的文化教育机构、社会职业培训机构对罪犯进行文化和职业技能教育，而且，相对于监狱中的文化和技术教育而言，社区中的这些专业机构对新型教育形式、新兴教学内容和当前劳动力市场的需求、新型职业技术的发展等有着更敏锐的把握和较迅速的反应，在社区这个平台上，运用这些专业化教育、培训机构显然能为罪犯提供更有效的文化、技能教育。而文化水平的提高、一定技能的掌握对罪犯主观世界的正向影响和其再社会化能力增强的效果往往是显著的。在这方面，发达国家社区矫正中有众多职业培训机构及从事文化教育、心理治疗的专业人士广泛参与的做法很值得我们借鉴。

其次，针对特定犯罪行为的犯罪人建立起补偿性的矫正方式。在社区矫正过程中，我们还可以考虑在对被侵害法益具有可弥补性或可恢复性的情况下，对相关犯罪的被矫正对象采取补偿性的矫正手段。具体而言，这种矫正方式就是让相关的被矫正对象通过进行特定劳动或服务，对因其犯罪行为而造成的损失进行弥补。这样，既能最大限度地减少因犯罪所导致的损失，体现恢复性司法的思想，又能使被矫正对象在相关劳动和服务中认识到自己罪行所造成的危害，匡正自己的价值观念，形成正确的社会责任感，促成其再社会化。从这一意义上讲，“矫正方案与社区之间的这种联系是社区矫正区别于传统的在狱内实行的矫正工作的最为显著的特点。”①在这方面，四川省古蔺县人民法院于2002年对因失火罪而被判处缓刑的罪犯作出罚其栽种被毁林木的判决颇具新颖性，也完全可以

① ［美］克莱门斯·巴特勒斯著：《矫正导论》，孙晓雳译，中国人民公安大学出版社1991年版，第81页。

视作补偿性矫正方式的样本。① 无独有偶，在2002年北京某名牌大学学生刘某用硫酸泼伤动物园的黑熊之后，其母表达了希望司法机关判令刘某在动物园做5年义工的愿望，而一些网友也提出了类似看法。可见，这种社区服务性质的矫正方式也是有着群众基础的。②

（六）引导社会力量的实质性、功能性参与

在目前社会力量的参与中，更多的还是形式化的参与，这种参与现状显然影响了矫正的效果。为此，一方面，应当动员专业人士，如医生、教师、律师、心理咨询师等大量参与，发挥这些专业人士在矫正中的专业优势；另一方面，还应充分发挥民间社会力量中机构性平台的作用，如利用职业介绍所、婚姻介绍所、职业技能培训机构等为被矫正对象的回归提供帮助。

（七）建立与社区矫正相适应的执行管理机构

如前所述，根据我国刑法的有关规定，对被判处缓刑、管制的罪犯的执行以及对被假释的罪犯在假释考验期内的监督都由罪犯所在地的公安机关执行。随着社区矫正制度的逐步建立，完全可将包括上述工作在内的社区矫正执行活动交由司法行政机关完成。这主要基于以下几点考虑：第一，公安机关作为我国的专职治安管理机关和主要的犯罪侦查机关，其工作重心在于保障社会治安和对犯罪的控制，若再承担起对社区矫正罪犯的管理，无疑会加大其工作负担，影响工作效果。近年来，在对缓刑、管制以及适用假释考验的罪犯的执行工作中出现的管理薄弱的情况不能不说与公安机关无法

---

① 2002年4月6日上午，被告人黎某在责任田里烧杂草，因遇上大风，燃烧着的杂草被吹进附近石宝林场的原始森林中，引发森林火灾。共烧毁林地面积457.7亩，造成直接经济损失41.06万元。同年8月1日，古蔺县人民法院以失火罪判处黎某有期徒刑1年，缓刑2年，并同时判处他在2002年10月至2007年8月期间，补种因他而烧毁的29484株林木，恢复457.7亩林地。参见《烧了森林罚栽树，四川创新司法手段引导习俗变迁》，载《中国青年报》2002年9月27日。

② 参见冯卫国著：《行刑社会化研究——开放社会中的刑罚趋向》，北京大学出版社2003年版，第197页，注释1。

投入充足精力有关。第二，根据我国《监狱法》、《未成年犯管教所管理规定》等法律、法规规定，对监狱、少年犯管教所中罪犯的执行、改造工作都由司法行政机关负责。相应地，将接受社区矫正的罪犯的执行、管理工作也交由司法行政机关负责是与之协调一致的做法。第三，由于社区矫正自身具有的开放性、宽缓性特点，由司法行政机关执行矫正工作，易于使矫正管理机关与矫正对象之间的管理关系更趋于“柔性”，有利于减少罪犯的对立心态和逆反心理的产生，也便于社区其他矫正主体的积极参与。在许多发达国家，社区矫正的执法机关也通常是司法行政机关，这也可作为一个例证。第四，目前我国基层司法行政机关及其派出机构的较完善体系已基本建立，完全可以适应社区矫正工作的需要。1996 年以来，司法部在全国各地开展了在县（区）街道、乡镇建立司法所的工作，经过若干年建设，现有的基层司法行政机构体系为社区矫正提供了较充足的管理资源。

第五节　前科消灭制度

刑事政策是国家依据犯罪态势对犯罪行为和犯罪人运用刑罚和有关措施，以期有效地实现惩罚和预防犯罪的方略。宽严相济刑事政策包括刑事立法、刑事司法和刑事执法三方面的政策。宽严相济的“宽”，往往落实于对积极改造的罪犯给予优等的处遇，体现了刑罚对罪犯的感化，鼓励犯罪分子改过自新。宽严相济的“严”，是指法网严密、有罪必罚，循法而治、不徇私情。宽严相济的“济”，是指宽严有度，宽严适当，宽严协调。宽严相济刑事政策体现了打击犯罪与保护人权的双重功能。正如罗干同志在全国政法工作会议上所指出的：“宽严相济的实质，就是对刑事犯罪区别对待，做到既要有力打击和震慑犯罪，维护法制的严肃性，又要尽可能减少社会对抗，化消极因素为积极因素，实现法律效果和社会效果的统一。”只有以社会效果和法律效果的统一来衡量“宽”与

"严"之间的"相济"，才能在宽与严之间把握好平衡的标准，实现二者之间的互相衔接，形成良性互动。

前科及前科消灭制度作为一项基本刑罚制度，被世界多数国家所采纳，在刑罚裁量与执行体系中具有不可忽视的重要作用。犯罪行为人因犯罪而受到国家有罪宣告，承担刑事责任，并且在一定期限内承担前科的法律后果。但是，有前科的人在社会生活中受到许多限制和不平等待遇，使其回归社会变得非常困难。为了使前科人容易回归社会，有必要恢复其权利或者法律上的资格。也就是说，如果犯罪行为人事后能够洁身自好、弃恶从善、悔过自新，那么在一定期限后，应当消灭其前科。前科消灭制度体现了宽容精神和谦抑精神，符合我国宽严相济的刑事政策。

前科是前科消灭制度产生的前提条件，没有前科，就无所谓前科消灭制度。因此，在探究前科消灭制度之前，有必要先对前科概念作一个科学的界定。

一、前科的含义及法律后果

（一）前科的含义

在前苏联的刑法教科书中，前科被界定为"被法院认定犯有罪行并被判处某种具体刑罚方法的人的一种特殊法律状态"。①

《俄罗斯联邦刑法典》第 86 条规定，因实施犯罪而被判刑的人，自法院的有罪判决生效之日起至前科消灭或撤销之时，被认为有前科。

在西方国家，如德国、英国等，前科是指曾受确定判决有罪宣告的事实，是否被科刑或者刑罚执行与否不影响前科的成立。②

在我国法律中，虽然没有出现"前科"一词，立法和司法机

① ［苏］H. A. 别利亚耶夫、M. H. 科瓦廖夫主编：《苏维埃刑法总论》，马改秀、张广贤译，群众出版社 1987 年版，第 391 页。

② 参见张甘妹著：《刑事政策》，台湾三民书局 1979 年版，第 128 页。

关也没有对“前科”作过解释，但是在诸多法律中，却存在着限制具有前科者的权利和法律上的资格的规定。

例如，(1)《中华人民共和国法官法》第10条、《中华人民共和国检察官法》第11条和《中华人民共和国人民警察法》第26条均分别规定，“曾因犯罪受过刑事处罚的”，不得担任法官、检察官和人民警察。(2)《中华人民共和国教师法》第14条规定：“受到剥夺政治权利或者故意犯罪受到有期徒刑以上刑事处罚的，不能取得教师资格；已经取得教师资格的，丧失教师资格。”(3)《中华人民共和国拍卖法》第15条规定：“……因故意犯罪受过刑事处罚的，不得担任拍卖师。”(4)《中华人民共和国兵役法》第3条第3款规定：“依照法律被剥夺政治权利的人，不得服兵役。”(5)《中华人民共和国会计法》第40条规定：“因有提供虚假财务会计报告，做假账，隐匿或者故意销毁会计凭证、会计账簿、财务会计报告，贪污，挪用公款，职务侵占等与会计职务有关的违法行为被依法追究刑事责任的人员，不得取得或者重新取得会计从业资格证书”。(6)《中华人民共和国注册会计师法》第10条规定：“因受刑事处罚，自刑罚执行完毕之日起至申请注册之日止不满5年的”，不予注册。(7)《中华人民共和国公司法》第147条第2项规定：“因贪污、贿赂、侵占财产、挪用财产或者破坏社会主义市场经济秩序，被判处刑罚，执行期满未逾五年，或因犯罪被剥夺政治权利，执行期满未逾五年的”不得担任公司的董事、监事、高级管理人员。(8)《中华人民共和国执业医师法》第15条第2项规定，“因受刑事处罚，自刑罚执行完毕之日起至申请注册之日止不满二年的”不予注册，等等。

上述资格的禁止或者丧失、法定期间禁止，均是刑罚使用的后遗性结果，实质上都属于前科制度的具体表现，只是在法律上未使用“前科”一词。

同样，前科制度在我国刑法中也未被加以明确承认，但通过前科报告制度的规定，以及前科对于刑罚适用的直接影响予以了体现。1997 年刑法第 100 条规定："依法受过刑事处罚的人，在入伍、就业的时候，应当如实向有关单位报告自己曾受过的刑事处罚，不得隐瞒。"这一制度，在我国刑法理论界被称为"前科报告制度"。[①] 通常情况下，前科的刑事法律后果是在一定的范围内，前科是构成累犯、再犯的必要条件，而累犯、再犯则是从重处罚的法定情节。根据我国刑法第 65 条的规定，累犯分为一般累犯和危害国家安全累犯两种。从累犯中前罪的前科意义上讲，一般累犯中前罪的前科之刑事法律后果在 5 年内存在。刑法第 356 条规定："因走私、贩卖、运输、制造、非法持有毒品罪被判过刑，又犯本节规定之罪的，从重处罚。"此外，在单行刑法中也存在一些对于累犯、再犯的规定。

因此，综上所述，前科制度在我国是存在的。有必要统一对前科的含义的理解，客观分析前科的利弊，并在此基础上，探讨前科消灭的创设问题。

我国现行立法与司法解释均未正面承认前科及其消灭制度，关于前科的解释，刑法理论界及司法实践中也没有一个较为统一的认识。总结起来，目前主要有以下几种观点：（1）前科是指历史上因违反法纪而受过各种处分的事实。（2）前科是指因犯罪而受到刑罚处罚并足以构成累犯的事实。（3）前科是指曾因犯罪被判处有期徒刑以上的刑罚且已执行完毕的事实。[②]（4）前科是曾因违法犯罪而受过劳动教养或者刑罚处罚的事实。[③]（5）前科是指曾经被宣告犯有罪行或者被判处刑罚的事实。被宣告犯有罪行可以是人民法院进行的，也可以是人民检察院进行的。被宣告的罪行和刑罚的

---

① 参见赵秉志主编：《刑法学》（补充教材），中央广播电视大学出版社 1997 年版，第 82 页；陈兴良主编：《新旧刑法比较研究》，中国人民公安大学出版社 1998 年版，第 200 页。

② 参见喻伟主编：《刑法学专题研究》，武汉大学出版社 1992 年版，第 367、368 页。

③ 参见鲍遂献：《论前科》，载《法学评论》1987 年第 1 期。

种类，以及刑罚是否执行，均不影响前科的成立。[①]（6）前科是被人民法院宣告犯有某种罪行或者被判处刑罚的事实。[②]

从以上观点可以发现关于前科的定义的争议主要集中在：（1）是只要受过有罪宣告就构成前科，还是必须同时受到刑罚处罚？（2）受刑罚处罚的，刑罚是否执行完毕是否影响前科的成立？

笔者观点如下：

首先，只需要宣告有罪，而不需要同时受到刑罚科罚，即受到有罪判决而基于各种因素免予刑事处罚的，也应当认为成立前科。从前科导致的对后罪从重处罚着眼，从对后罪从重处罚是在于通过对后罪加重刑罚的量来弥补前罪刑罚在量上的不足的观点[③]来看，前罪不论是否存在刑罚都可以认为量上存在不足。如果将前罪处以刑罚的量看做是正数，那么前罪免予刑罚的量就是零。免予刑罚在量上的不足，只是比受过刑罚处罚的量上的不足更大而已。因此，无须要求前科必须具备受到过刑罚打击这一要素。

其次，刑罚的执行完毕与否不影响前科的成立。因为，有罪宣告一旦生效，前科就成立了。刑罚执行完毕与否并不能改变前科已成立的事实。有学者认为，刑罚未执行完毕时不成立前科，是因为刑罚执行中再犯新罪时的处理方式是对新旧罪进行数罪并罚，而不成立累犯，在后罪的量刑上不能从重处罚。虽然累犯的必要前提条件是犯罪人有前科，且前科的刑事法律后果在现行刑法中主要体现为构成累犯、再犯，但是我们不能只从现行成文法来讨论理论问题，更不能因为现有法律无此规定就不承认理论的合理性，毕竟理论是立法的基础，而非反之。

最后，刑罚前科作为刑法中的概念，其界定不能偏离刑法意义。前科的外延不能扩大，也不应缩小。第一种观点将前科界定为

---

① 参见马克昌主编：《刑罚通论》，武汉大学出版社2001年版，第709页。

② 党日红：《前科制度研究》，载《河北法学》2006年第3期，第128页。

③ 参见于志刚著：《刑罚消灭制度研究》，法律出版社2002年版，第632页。

受过各种处分的事实，将一般违法行为受过行政处分或者刑罚处罚的情形等也包括在内，扩大了前科的外延；第二种观点将前科限定为构成累犯的事实；第三种观点将前科限定在曾因犯罪被判处有期徒刑以上的刑罚且已执行完毕的事实之内，将被宣告有罪但免予刑事处罚、被判处拘役或者3年以下有期徒刑宣告缓刑等刑法处分都排除在外，缩小了前科的外延；而第四种观点将不属于刑法处分情形的受过劳动教养的情况纳入了前科的范围，又将受过刑罚处罚之外的刑法处分的情形排除在了前科的范围之外，既有扩大前科范围的倾向，同时也有缩小前科范围的倾向。因此，前四种观点均在前科的范围认识上存在欠妥之处。而第五种观点认为人民检察院也具有审判机关的职能的认识是不正确的。我国现行刑事诉讼法明确规定了“未经人民法院依法判决，对任何人不得确定有罪”，并同时废除了“人民检察院对犯罪嫌疑人实体定罪但又不予起诉”的免予起诉制度。因此，定罪只能由人民法院进行，而人民检察院无权宣告某人犯有罪行。

其实，前科中的“科”字一为法律条文之意，如金科玉律、作奸犯科；二为判定（刑罚）之意，如科罪、科刑。[①] 综上所述，笔者同意第六种观点，即曾经被人民法院宣告有罪，至于被宣告何种罪行、是否判处刑罚和刑罚是否执行，均不影响前科的成立。

（二）前科的法律后果

前科的法律后果一方面会引起一些民法上或者行政性质的法律后果，另一方面还会引起刑法上的后果。民法上或者行政性质的法律后果在前面已有介绍，在此不再赘述。

前科在刑法领域的后果主要表现为：（1）前科在一定范围内是构成累犯的前提条件，没有前科，行为人即失去成立累犯的前提。我国刑法第66条规定：“危害国家安全的犯罪分子在刑罚执

① 参见中国社会科学院语言研究所词典编辑室编：《现代汉语词典》（修订本），商务印书馆1999年版，第710页。

行完毕或者赦免以后，在任何时候再犯危害国家安全罪的，都以累犯论处。”第356条规定：“因走私、贩卖、运输、制造、非法持有毒品罪被判过刑，又犯本节规定之罪的，从重处罚。”因此，不论一般累犯，还是危害国家安全犯罪和毒品犯罪的特殊累犯，都应当依法从重处罚，且不得适用缓刑或者假释。这是前科最直接的法律后果。（2）在不构成累犯的情况下，前科又是一定范围内从严把握的量刑情节。

在一定时期内，对被判有罪的人保持其前科状态的存在，认定其为有前科的人。使有前科者可能会丧失某些资格或者权利，并在其再次犯罪时，受到从重或者加重处罚。应该说，在一定时期内，前科制度对于犯罪行为人来说，具有特殊预防的效果，是具有现实意义及合理性的。

但是，前科的存在也会产生许多负面影响。前科除了法律上的后果外，还可能引起道义上和政治上的后果，如遭到社会舆论的谴责和他人的歧视，名誉的损失，会在生活、就学和就业等诸多方面遇到困难等。前科的永久存在，使有前科者的各项权利受到限制，使之无法融入正常的社会生活。法律上的后果限于一定的范围且是一时的，而道义上和政治上的后果则可能影响到整个生活环境且是连续的，因而严重影响有前科者重新做人的信心，成为阻碍他们回归社会、恢复正常生活的最大障碍。由于有前科者无法融入社会，导致有些有前科者因此精神受到压抑，丧失重新做人的信心，甚至导致他们重新实施犯罪，不利于预防犯罪。

从这一点来看，前科的保留不但不能引导有前科者顺利回归社会，反而有导致再次犯罪的可能性。此外，并非所有的犯罪行为人都是十恶不赦的。对于那些因一时过错而失足，主观恶性不大的罪犯而言，如过失犯罪、防卫过当、避险过当、犯罪中止等，前科无限期的保留无疑是极不人道的。

因此，为了抑制前科的这些负面影响，采用前科消灭制度是很有必要的。前科消灭的法律后果就是使前科所引起的法律后果消失。只有完备前科制度和前科消灭制度，才能符合公正、人道的法律精神。当前，前科消灭制度已经被世界各国所广泛采用。前科消灭制度的设立和完善也是符合我国的宽严相济刑事政策的，是有效预防犯罪的重要手段。

正是由于以上这些原因，世界上大部分国家实行前科消灭制度，其理由包括两个方面：第一，符合人道主义精神，避免因行为人一时的过错而永久性地丧失某种资格或者社会信誉，永远承受实际的惩罚和心灵的煎熬；第二，为有前科者提供了一种激励机制，鼓励他们认真悔过在各方面良好表现，以争取撤销前科，从而避免社会歧视，使其早日回归社会，防止再次犯罪。

二、前科消灭的定义及其法律规定

（一）前科消灭的定义

所谓前科消灭，是指有前科者具备法定条件时，依法定程序被宣告注销其犯罪记录，恢复正常法律地位的一种制度。

前科消灭的法律后果简单地说就是消灭前科所引起的法律后果。这些后果从宏观方面来分析，包括：（1）法律评价的改变。罪行记录一并注销后，当事人在法律上应视为没有犯过罪的人，任何人不得对其加以歧视。（2）合法权益的恢复。消灭前科以后，应当立即恢复当事人因犯罪和存在前科而丧失的政治权利、民事权利和其他合法权益。（3）社会生活的保障。消灭前科以后，当事人在就学、就业等方面，应当与其他公民享受同等待遇。①

前科消灭制度中所消灭的是犯罪记录，而不可能是犯罪事实，因而前科消灭所抹消的是法律事实而非客观事实，所恢复的也是行为人的正常法律地位。

世界上许多国家的刑事立法中都设立了前科消灭制度。前科消

① 参见马克昌主编：《刑法学全书》，上海科学技术文献出版社1993年版，第684页。

灭在各国法律中还被称为复权，或者刑罚失效，或者注销登记。虽然各国的提法不一，但是都是指受过有罪宣告或者被判处刑罚的人，在具备法定条件时注销其犯罪记录的制度。

（二）前科消灭制度的法律规定

1. 法国

1994 年法国《刑法典》第 133－13 条规定，被判刑的自然人在以下确定的期限内，未再次被判处任何重罪或者轻罪之刑罚者，自然得到恢复权利：（1）对被判处罚金、日罚金刑、自支付罚金或者日罚金总额，民事拘禁期或者第 131－25 条所规定的拘禁期限届满或者完成时效之日起，3 年期限之后；（2）对于单一判处不超过 1 年监禁，或者判处徒刑、拘押、监禁、罚金或者按日罚金刑之外的其他刑罚，自刑罚执行或者完成时效起，5 年期限之后；（3）对单一判处不超过 10 年之监禁，或者对多次被判监禁，总刑期不超过 5 年者，自服刑期或者完成时效起，10 年期限之后。

在法国无论是法定的复权还是裁判上的复权，均能使有罪判决消失并使由有罪判决所引起的所有“无能力处分”均告停止，任何人不得提出经复权而消失的有罪判决，如果当事人以后又犯罪，任何法院在评判被告人适用刑罚时，都不得考虑该项已经消失的有罪判决。①

另外，法国还在《刑事诉讼法》第五卷“执行程序”第九编“被判刑人的复权”详细规定了前科消灭（恢复权利）的程序。根据法国《刑事诉讼法》第 783 条的规定，权利可以通过当然取得或者由预审法庭依法律规定的条件同意通过两种途径恢复。由预审法庭依法律规定条件同意的具体程序为：

（1）申请。法国《刑事诉讼法》第 785 条第 1 款规定：“被判刑人生前恢复权利，只能由被判刑人向法院提出请求，或者如被判

---

① 参见房清侠：《前科消灭制度研究》，载《法学研究》2001 年第 4 期，第 83 页。

刑人受到禁止，由其法定代理人提出请求；被判刑人死亡且具备法定条件时，恢复权利的请求，由其配偶或直系尊、卑亲属继续提出，甚至可以由其配偶或直系尊、卑亲属（第一次）提出请求，但以自被判刑人死亡之日起1年时间内提出为限。”

（2）提出申请的时间。法国《刑事诉讼法》第786条第1款规定：“复权申请，对判处重罪刑罚的人，只能在5年期限之后提出；对判处轻罪刑罚的人，只能在3年期限之后提出；对判处违警罪的人，只能在1年期限之后提出。”同条第2款规定：“前述期限，对被判处罚金的人，自有罪判决不可撤销之日起开始计算；对被判处自由刑的人，自被判刑人最终确定获释之日起计算，或者按照第733条第3款的规定，如获得的假释未被撤销，自获得假释之日起开始计算。”同条第3款规定：“被判刑人受到监禁刑或罚金刑以外的刑事制裁并且是以主刑作出宣告时，上述期限自被判刑人服刑期满开始计算。”另外，法国《刑事诉讼法》第787条还规定了累犯的恢复权利请求的时间。

（3）对于罚金和损害赔偿的要求。法国《刑事诉讼法》第788条第1款、第2款规定：“除已经完成时效之情况外，被判刑人应当证明其已经支付了罚金和损害赔偿，或者证明其已获准免予支付。在不能提供此种证明的情况下，被判刑人应能证明其已受到法律规定的司法强制，或者证明国库已放弃此种执行方法。”

（4）特别规定。法国《刑事诉讼法》第789条规定：“如被判刑人自犯罪以来为国家作出了杰出贡献，复权申请不附任何时间条件与执行刑罚之条件；在此情况下，法院应同意恢复其权利，即使罚金与损害赔偿未予支付。”

（5）被判刑人向其居所地的共和国检察官送交复权申请（第790条）。共和国检察官将有罪判决的副本、被判刑人服刑时在关押场所登记簿的节录和犯罪记录的“一号登记表”，以及其意见转送检察长（第792条）。由检察长提请法院受理申请。法院依检察长的意见，在2个月内作出审理决定。

(6) 对预审法庭的裁定不服的，可以向最高司法法院提出异议。

法国《刑事诉讼法》还规定了法人的前科消灭。法人的复权申请由其法定代表人提出。只能在法人被判处制裁的期间届满2年之后提出。

2. 德国

1998年德国《少年法院法》第97条规定，少年法官确信，被判刑少年的行为无可挑剔，证实已具备正派品行时，少年法官可依其职权，或者被判刑少年、其监护人或法定代理人的申请，宣布消除前科记录，如涉及依普通刑法典第174条至第180条或者第182条所为之裁判[①]不得宣布之。

在德国，行为时已满14岁不满18岁的少年，前科记录无论是被判决消除还是自然消除都被视为无前科。

3. 俄罗斯

《俄罗斯联邦刑法典》第86条第2、3、4、5款规定："在下列情况下前科消灭：(1) 被判处缓刑的人，考验期届满；(2) 被判处比剥夺自由更轻刑种的人，服刑期满后1年；(3) 因轻罪或者中等严重的犯罪被判处剥夺自由的人，服刑期满后过3年；(4) 因严重的犯罪被判处剥夺自由的人，服刑期满后过6年；(5) 因特别严重的犯罪被判处剥夺自由的人，服刑期满后过8年。如果被判刑的人按法律规定的程序被提前免予刑罚或者未服满部分的刑罚改判较轻的刑种，则消灭前科的期限根据实际服完的刑期自免予服主刑和附加刑之时起计算。如果被判刑人在服刑期满后表现良好，则法院可以根据他本人的请求在前科消灭的期限届满之前撤销前科。"《俄罗斯联邦刑法典》不仅规定了上述一般的前科消灭与撤销制度，还在第95条中对于未成年人前科消灭的期限予以特殊的规定，即"对年满18岁之前实施犯罪的人，本法典第86条第

---

① 是指性方面犯罪。

3 款规定的消灭前科的期限应予缩短，分别为：（1）因轻罪或中等严重的犯罪而服剥夺自由刑的，服刑期满后经过一年；（2）因严重犯罪或特别严重犯罪而服剥夺自由刑的，服刑期满后经过三年。”

另外，《俄罗斯联邦刑法典》第 86 条第 6 款规定了前科消灭的后果，即“前科消灭或撤销后，与前科有关的一切后果便不复存在”。

4. 日本

日本《刑法》第一编“总则”第六章“刑罚的时效和刑罚的消灭”第 34 条之二第 1 款规定：“监禁以上的刑罚已经执行完毕或者被免除执行的人，经过 10 年，未被判处罚金以上刑罚时，刑罚的宣告丧失其效力。罚金以下的刑罚已经执行完毕或者被免除执行的人，经过 5 年，未被判处罚金以上刑罚时，亦同。”同条第 2 款规定：“被宣告免除刑罚的人，在宣告确定后，经过 2 年，未被判处罚金以上刑罚时，免除刑罚的宣告丧失其效力。”作为“刑罚的宣告丧失其效力”的结果，应当将该人从犯罪者名册（即前科人名册）上勾销，被视为无前科之人。

5. 韩国

韩国《刑法典》第 81 条“刑罚的失效”规定：“劳役、徒刑执行完毕或者被免除者，在补偿被害人的损失后，未再被判处停止资格以上的刑罚，经过七年的，依本人或者检察官的申请，可以宣告其判决失效。”①

6. 其他国家

此外，《瑞士联邦刑法典》第 80 条、蒙古《刑法》第 52 条、朝鲜《刑法》第 62 条、阿尔巴尼亚《刑法》第 56 条、意大利《军事刑法典》第 70 条等都对前科消灭有明确的规定，在此不一

---

① 《韩国刑法典及单行刑法》，金永哲译，中国人民大学出版社 1996 年版，第 14 页。

一赘述。

7. 各国前科消灭的共有特征

综上所述，虽然各国对前科消灭的立法规定表述不一，内容也各有特色。例如，各国对前科界定的范围大小不同，法定考察期限长短不同，但在消灭前科的实质条件上各国的规定还是存在共同特征的。总结起来，有以下三点：（1）前科消灭的先决条件都是行为人受到有罪宣告或者刑罚已经执行完毕。其中包括因特赦刑罚得到免除或者刑罚已经完成时效的情形。此先决条件是符合前科消灭的本质的。因为所谓前科消灭，消灭的是前科对犯罪行为人带来的法律后果及后遗影响，而不是消灭没有执行完毕的具体刑罚。（2）具备时间条件，即前科的消灭必须是在有罪宣告或者服刑完毕或者被赦免后经过一定时间才能引起前科消灭。且该时间的长短均取决于原判刑罚的轻重。各国根据原判刑罚的轻重将必须经过的时间划分为长短不同的档次，但是在具体规定上差别很大。（3）对个人表现的要求，即前科消灭只有在法定的期限内，具备法律所规定的个人表现方能进行。从各国法律来看，个人表现一般是指犯罪行为人在法定期间内是否重新犯罪。除此之外，有些国家还有一些特别的要求。例如，韩国要求赔偿被害人的损失后方可进行前科消灭。再如，德国要求被判刑少年的行为无可挑剔，证实已具备正派品行。

三、我国前科消灭制度的设计

目前，我国刑事立法中尚未承认前科制度及前科消灭制度。但是，2003 年 12 月，河北省石家庄市长安区人民法院首开先河，提出了《未成年人前科消灭》的实施办法，2005 年上海市也出台了类似的规定，引起了社会各界的广泛关注。尽快在充分借鉴世界各国立法经验的基础上，建立符合我国国情及刑事政策的前科及前科消灭制度，是具有重大意义的。

（一）建立前科消灭制度的理由

关于前科消灭制度应当体现于立法的理由，我国学者认为包括三个方面的内容：（1）前科消灭制度符合人道主义的要求。避免因犯罪行为人一时的过错而永久性地丧失某种资格或者社会信誉，永远承受实际的惩罚和心灵上的痛苦煎熬。（2）前科消灭制度有利于预防有前科人的再次犯罪，使其真正地回归社会。前科消灭制度为具有前科者提供了一种激励机制，可以鼓励具有前科者认真悔过，在各方面有良好的表现，以争取撤销前科。（3）前科消灭制度已经成为世界各国刑事立法的潮流和趋势，建立前科消灭制度有利于我国刑事立法走向世界。①

前科制度作为国家评定刑罚执行效果的配套评估体系和国家犯罪信息收集的统计体系，是国家制定刑事政策及调整刑事立法的重要根据之一，更是在刑罚实际执行完毕之后的一定时间内能够继续发挥刑罚固有效应，防止犯罪人继续犯罪的必要手段之一。但是，刑罚的最终目的在于改造犯罪行为人，预防犯罪。如前所述，前科制度的永久存在是弊大于利的。而在适当的条件下，通过前科消灭制度消灭犯罪行为人的前科，可以促使其早日回归社会，预防再次犯罪，符合国家和社会的固有利益。也就是说，前科制度的存在是基于国家和社会自我防卫的需要；而前科消灭制度则是保护具有前科者利益的需要，但是归根结底也是符合国家和社会自我防卫的利益的。②

（二）前科消灭制度的设计

1. 前科制度的确立

前科消灭制度应该是在建立完备的前科制度的基础上，与前科制度相配套的制度。如前所述，目前我国虽然在法律、行政法规中

---

① 参见马克昌主编：《刑罚通论》，武汉大学出版社 1999 年版，第 713、714 页。

② 参见于志刚著：《刑罚消灭制度研究》，法律出版社 2002 年版，第 753、754 页。

有承认前科效应的规定，但是并没有明确的前科制度的规定。因此，应该整合现有法律、行政法规中的有关前科效应的相关规定，在立法上明确前科制度的法定体系及其运用机制，建立完备的前科制度。

首先，应当将前科的范围确定为以下内容：（1）凡被人民法院判决有罪的均构成前科。不论是否判处刑罚和刑罚是否执行完毕均存在前科。也就是说，依法受到人民法院有罪宣告但是被免除刑罚的人，存在前科；被判处缓刑的人，存在前科；被判处刑罚，刑罚执行中，存在前科。（2）前罪为外国判决，其前科成立与否应当基于司法主权独立性，根据具体情况进行判断。（3）中国内地与香港、澳门和台湾各法域之间的前科认定，应该在两地共同承认行为属于犯罪的前提下加以评价和认定。（4）法人也可构成前科。

其次，整合各行政法规中的有关前科效应的规定，统一用语，形成有体系、逻辑严密的前科制度。

再次，修改现行刑法中危害国家安全罪累犯和毒品犯罪累犯。将前科存续期限由无限期存在，修改为前科有期限地存在。可以考虑修改为加倍前科期限。

最后，就前科消灭制度，建议在刑法中增设“刑罚消灭”一章，并将前科消灭作为“刑罚消灭”章中的一节加以规定。将现行刑法第 100 条规定的“前科报告制度”列入前科消灭的规定之中。

2. 前科消灭条件的设计

前科消灭制度只有在有前科者满足一定的法定条件时才能启动。可以说前科消灭的条件对前科消灭的运用起着重要的作用。条件过多，不利于形成一种有效的激励有前科者特别是未成年犯罪人的机制。反之，条件过宽，既不利于考察有前科者，也会使前科制度流于形式，不利于预防犯罪。因此，前科消灭的条件要宽严适宜，使前科消灭制度充分发挥使有前科者尽快回归社会、预防犯罪的作用，最大限度地降低前科消灭制度的负面影响。

时间条件和个人表现条件作为前科消灭的条件是世界各国的一致做法，也得到了国内学者的普遍认可。但就是否要有罪质条件予以限制，各国立法的规定情况不同，国内学者也意见不一。多数国家的刑法典没有对犯罪性质予以严格限制，即无论前科属何种罪质，均可以在符合法定条件后得以消灭。例如，《俄罗斯联邦刑法典》规定，前科一律可以消灭，只是时间条件的长短不同而已。但也有国家将罪质设定为前科消灭的条件。限制某些犯罪的前科不得消灭。例如，阿尔巴尼亚《刑法》规定，前科消灭只对轻罪适用，重罪犯则保留前科。再如，匈牙利《刑法》第70条也规定，凡因违反管理秩序的犯罪（国事罪），以及军职罪和侵犯劳动人民利益的犯罪而被判刑的人，法院不得消灭其前科。①

国内学者也分为限制派和不限制派两种意见。限制派认为，目前我国应对前科消灭进行限制，即对于一般累犯、惯犯和瘾癖性犯罪和危害国家安全的特殊累犯保留前科；对于严重刑事犯罪和职务犯罪暂缓消灭。② 不限制派认为，无论一个人曾经犯过哪一种罪，曾经被判处过何种刑罚，均不能阻止和影响前科的消灭。笔者同意无限制论者的主张，不对罪质加以限制，可以给有任何形式前科的人提供消灭前科的机会，最大限度地发挥前科消灭制度的积极作用。③

对于前科消灭的条件的具体立法应当设计为：

(1) 时间条件。

前科消灭的时间条件，是指被判有罪者或者被判处刑罚且刑罚已经执行完毕者，其前科消灭所必须经过的期间。对于前科消灭的时间条件可以根据是否被判处刑罚，以及具体的刑罚种类与刑期的

---

① 参见马克昌等主编：《刑法学全书》，上海科学技术文献出版社1993年版，第684页。

② 参见房清侠：《前科消灭制度研究》，载《法学研究》2001年第4期，第92页。

③ 参见马克昌主编：《刑罚通论》，武汉大学出版社1999年版，第715页。

长短的不同而确定，同时应适当缩短未成年人前科消灭的时间。

前科消灭的期间具体可分以下几种情况：a. 对受到有罪宣告但未被判处刑罚的，前科消灭期间为2年；b. 对被判处缓刑的，前科消灭期间为3年；c. 对被单处资格刑、罚金、没收财产刑的，前科消灭期间为5年；d. 被单处管制刑的，前科消灭期间为5年；被判处拘役刑的，前科消灭期间为7年；被判处10年以下有期徒刑的，前科消灭期间为10年；被判处10年以上有期徒刑的，前科消灭期间为15年。在上述时间范围内还可根据未成年人的表现，作一些特殊规定，如有重大立功表现的可适当缩短等等。

当然，以上的期间只是笔者的简单考虑，最终的合理期间的确定，应当由立法机关在充分、全面地考虑国情的基础上，通过调研来确定。

关于前科期间的起算时间应当作以下规定：对被判有罪但免除刑罚的，从判决生效之日起算；对被判处罚金、没收财产刑的，从罚金、没收财产刑已经执行完毕之日起算；对被判处有期徒刑、拘役、管制及单处资格刑的，从刑罚执行完毕之日起算；对被判处死刑缓期二年执行、无期徒刑的，从被减为有期徒刑的刑罚执行完毕之日起算。对判处缓刑、假释的，应自缓刑、假释考验期满之日起算。此外，有两点是应该特别提出的：一是如果判决中同时存在主刑和附加刑的，必须从判决全部执行完毕之日起算；二是在前科考验期内又犯新罪的，考验期从后罪刑罚执行完毕之日重新起算。

另外，立法应当考虑设立提前消灭前科制度。规定有前科者如果表现突出或者为国家作出重大贡献的，可以不受法定前科消灭期间的限制，缩短前科消灭期间，以更好地发挥前科消灭制度对有前科者的鼓励和激励作用。对于不满18周岁的未成年人前科者，可以比照成年人的前科消灭期间的规定，统一缩短前科消灭期间，另行规定，为未成年犯罪人早日回归社会创造条件。

（2）个人表现条件。

参照世界各国的立法通例，个人表现条件应当规定为有前科者在前科存续期间内未再犯新罪。有学者认为，在法定期间内除未再犯罪外，未实施其他比较严重的违法行为也应作为对有前科者个人表现方面的要求。[①] 笔者不同意此种观点。

3. 前科消灭的方式及程序

根据我国目前的国情，遵循宽严相济的刑事政策，在刑事立法上，前科消灭通过自然消灭和申请消灭两种方式进行更为适宜。

（1）自然消灭的方式。

自然消灭是前科消灭的基本方式，是指有前科者在法定期间内未犯新罪，法定期间届满后，前科自然消灭的前科消灭方式。自然消灭的方式应当适用于大多数犯罪和大多数犯罪人。从量刑上讲，被免除刑罚，被判处 10 年以下有期徒刑、拘役、管制，被判处缓刑，以及被单处罚金刑、没收财产刑、资格刑的，都可以通过自然消灭的方式，在前科期间届满后自然消灭；从犯罪人方面讲，结合现行刑法的规定，将危害国家安全罪、毒品罪等刑法予以严厉打击的犯罪用排除法，规定不能适用自然消灭方式而只能通过申请撤销的方式的罪名，除此之外的犯罪，均可在前科的法定期间届满后自然消灭。

（2）申请撤销的方式。

申请撤销，是指由有前科者或者其近亲属申请，经人民法院审查后，裁定前科消灭的一种前科消灭方式。申请撤销可以分为申请按时撤销和申请提前撤销。

申请按时撤销作为限制前科消灭的制度，只能适用于严重犯罪和某些特定犯罪行为人。前者，如被判处 10 年以上有期徒刑的犯罪行为人；后者，如危害国家安全罪的犯罪行为人。[②]

申请按时撤销作为前科消灭制度的一种方式，必须遵循一定的程序：①申请。提出申请者为有前科者本人或者其近亲属。有学者

---

① 参见马克昌主编：《刑罚通论》，武汉大学出版社 1999 年版，第 715 页。

② 参见于志刚著：《刑罚消灭制度研究》，法律出版社 2002 年版，第 757 页。

提出，申请者也可以是有前科者所在单位或者居住地街道居民委员会、农村村民委员会。[①] 此范围过于宽泛，不利于实践操作，不宜采纳。法人犯罪的，可以由法定代表人提出申请。②提交的材料。申请人应当制作撤销前科申请书，在提交撤销前科申请时，还应当一并提交其表现情况的详细说明。③申请提交的机关。申请人应当向作出最终判决的人民法院提交撤销前科申请书及相关资料。④申请的审查。人民法院在接到撤销前科的申请后，应在规定的期限内进行审查，并依法作出是否撤销前科的决定。

申请提前撤销，是指根据犯罪人具有突出表现或者为国家作出重大贡献的，由有前科者或者其近亲属提出提前撤销前科的申请，由人民法院加以裁定。申请提前撤销的程序比照申请按时撤销的程序进行。在提交的资料中，应当附加表现突出或者为国家作出重大贡献的相关证明。

4. 前科消灭的效力

应当在法律中明确规定前科消灭的效力。应当包括：(1) 在法律上抹消犯罪行为人的犯罪记录，使其在法律地位上恢复未犯罪人身份。(2) 不再履行刑法第100条规定的前科报告义务。(3)前科消灭后，该公民恢复因前科而依民事、行政法律所剥夺和限制的资格和权利，依法享有权利、承担义务。(4) 在刑法上，再次犯罪不再构成累犯、再犯，不再适用从重或者加重处罚的规定。(5) 任何机关、单位、团体、社会组织或者个人，不得给予该公民不公正的待遇。

---

① 马克昌主编：《刑罚通论》，武汉大学出版社1999年版，第715页。